# 어둠과 위선의 기록

**박근혜 탄핵백서**

# 어둠과 위선의 기록
## 박근혜 탄핵백서

우종창 지음

거짓과 진실

## 역사의 기록을 남기기 위하여

　나는 조선일보와 주간조선, 월간조선에서 23년간 사건기자로 활동한 전직 기자다. 이른바 촛불이라는 광장의 광란(狂亂)이 시작되던 2016년 10월에 나는 서울 광화문 광장에 있었다. 그때부터 나는 박근혜 대통령 재판이 끝난 2021년 1월 14일까지, 4년 6개월 동안 사건 현장을 누볐다.
　고영태가 최초 개설한 서울 삼성동 사무실에서부터 미르재단, K스포츠재단, 더블루K, 테스타로싸 카페 등 사건 현장을 찾아가, 남아있는 단서들을 추적했다. 대통령 주변에 어른거리는 최태민이라는 유령의 실체를 확인하기 위해, 최태민 기사를 최초로 쓴 기자를 만나 최태민 자료의 출처와 취재 과정을 파악했다. 대통령 사건 관련자들이 증인으로 출석한 날에는 법정에서 취재하고, 30만 쪽에 달하는 검찰 수사기록과 법정녹취록도 읽었다.
　대통령 사건은 모든 게 거짓에서 시작했다. 대통령이 최순실의 꼭두각시라는 좌파들의 논리는 JTBC가 날조 보도한 태블릿PC에서 비롯됐다. 이러한 광기(狂氣)어린 언론 보도와 촛불 난동이 우리 사회를 혼란에 빠뜨렸고, 공명심에 사로잡힌 일부 검사들은 과거에 일어났던 일을 밝혀낸 게 아니라, 과거를 새로이 만들어냈다.
　능수능란한 법 기술을 보인 일부 판사와 일부 헌법재판관은 그동안 힘들게 쌓아온 자유 대한민국의 근간을 훼손했다. 대통령 탄핵과 수사와 재판은 증거를 외면하거나 묵살하면서 미리 정해놓은 목표를 향해 달려가는 요식절차로 진행되었고, 법치의 외관을 빌린 정치보복은 대법원 판결이라는 형식으로 완결되었다.

　이것은 실체적 정의가 아니고, 절차적 정의도 아니다. 진실이 아니며 단순한 거짓을 넘어선 위선과 조작이다.

　대한민국이 이룩한 성장과 번영 등 기적의 원천은 우리 선배 세대들의 피와 땀과 눈물로 쌓아올린 것이다. 오늘의 내가 편하려고 우리 후손들의 어깨에 빚을 걸머지게 할 수는 없다.

　박근혜 탄핵백서는 어둠과 위선의 기록이다. 전직 기자의 시각에서 대통령 사건을 정리한 것이다. 어둠에 갇힌 대한민국을 어둠의 터널에서 벗어나게 하기 위해, 그리고 희망과 번영의 자유 대한민국이 대대손손 이어지기를 기원하며 나는 이 책을 썼다.

　대통령 사건의 모든 역사를 꿰뚫고 있는 주인공은 박근혜 대통령 본인이다. 내가 기록하지 못했던 사실과 진실을 대통령만은 알고 있을 것이다. 그동안 침묵으로 저항해 왔던 대통령은 옥중에서 사건기록 전체를 복사해서 읽었다. 대통령을 배신하고, 대통령 등에 칼을 꽂은 정치인과 고위 공직자들의 정체는 언젠가는 드러날 것이다.

　길고 긴 기다림의 시간이 언제 끝날지 나도 모른다. 그러나 불가능하다고 여겼던 파란장미도 열정과 노력이 쌓이고 쌓여 세상에 나왔듯, 어둠과 위선의 시대가 가고 빛과 진실의 새로운 시대가 기적처럼 도래하기를 희망하며 나는 걸어왔다.

　혼자라면 지쳤을 것이다. 태블릿PC 속의 진실은 IT 전문가 장종수의 도움을 받았고, 김경철 변호사는 멀리서 나를 지원했다. 책을 쓰는 동안, 나를 편안하게 해준 집사람과 내가 필요로 하는 기사와 자료들을 찾아준 딸과 아들에게도 고마움을 전한다.

## I. 박근혜 정부와 국민행복 시대 · · · · · · · · · · · · · · · 012

| | |
|---|---|
| 득표율 51.6%…33년 3개월 만에 청와대 복귀 | . 13 |
| 박근혜 대통령이 걸어온 길 | . 16 |
| 8권 분량의 「박근혜 정부 정책백서」 | . 20 |
| 코레일, 10조원의 흑자 기록 | . 23 |
| 해외 순방과 원전(原電) 수출 | . 25 |
| 대통령의 소통 수단은 「전화 독대」 | . 28 |
| 창조경제의 오해와 진실 | . 31 |
| 원샷법과 검찰 수사 | . 36 |
| 대통령을 비방한 어둠의 세력들 | . 42 |
| 세월호 괴담과 "고맙다"는 의미 | . 46 |
| 최서원의 경력과 재산관계 | . 52 |
| 최서원 개인금고의 실상 | . 56 |
| 대통령과 최서원의 40년 인연 | . 60 |
| 최서원이 '최 원장'으로 불린 사연 | . 64 |
| 최태민 기사를 쓴 기자를 만나다 | . 67 |
| 정윤회 괴담과 발설자의 정체 | . 72 |

| 검찰과 최서원의 치열한 법정공방 | . 77 |
| 국정농단이 아닌 「기획된 국정농단」 | . 84 |
| SK그룹 89억 뇌물 요구 사건의 진실 | . 89 |
| 대통령이 재판거부를 선언한 이유 | . 95 |

## Ⅱ. 거대한 음모 … 태블릿PC 날조 ············ 097

| 최서원과 고영태의 만남 | . 98 |
| 대통령의 전속 패턴사 | . 100 |
| 대통령 "옷값과 치료비 직접 지급" | . 104 |
| 의상실 CCTV 불법으로 설치 | . 108 |
| 고영태와 이진동, 이현정의 특별한 관계 | . 110 |
| 「김수현 녹음파일」 공개되다 | . 112 |
| 고원기획과 이성한의 관계 | . 115 |
| "한겨레신문의 비선(祕線) 실세 기사는 허위" | . 118 |
| 테스타로싸 카페와 차은택의 친구들 | . 121 |
| 차은택 해외 도피…"최순실이 죽일까봐" | . 125 |
| 우병우 민정수석의 손발을 묶다 | . 128 |
| "차은택의 콤플렉스와 과시욕" | . 130 |
| 차은택의 청와대 인맥 | . 134 |
| 최서원과 고영태는 불륜인가? | . 138 |
| K스포츠재단 설립과 안종범 | . 141 |
| 더블루K 출입문의 비밀 | . 144 |

| | |
|---|---|
| 검찰, 범죄 발생시점을 조작하다 | . 149 |
| 평창 올림픽을 겨냥한 사기극 | . 152 |
| 한강 둔치 만남과 "박정희 체제의 종언(終焉)" | . 154 |
| 태블릿PC 보도는 명백한 날조 | . 159 |
| 손용석 취재팀장 증인 출석 | . 161 |
| 심수미의 교묘한 말 바꾸기 | . 163 |
| 태블릿PC 속의 연락처 | . 167 |
| 김도형 수사관, 공용메일 비밀 풀다 | . 170 |
| 태블릿PC는 증거물이 아니었다 | . 173 |
| 검찰이 조서를 까맣게 색칠한 이유 | . 176 |
| 드레스덴 연설문 유출경로 | . 178 |
| 공무상 비밀에 해당하는가? | . 181 |
| 태블릿PC 입수 과정의 위법성 | . 185 |
| 정호성의 애매모호한 처신 | . 188 |
| 빌딩 관리인 노광일 등장 | . 192 |
| L자 잠금패턴과 김필준의 위증 | . 196 |
| 느닷없이 등장한 이춘상 보좌관 | . 199 |
| 검찰 포렌식 보고서 공개되다 | . 202 |
| 국과수, 태블릿PC 현장검증 실시 | . 204 |
| 위치정보에 찍힌 장소들의 진실 | . 206 |
| 독일 영사 콜과 셀카 사진 | . 208 |
| 자료 검색자는 김한수로 추정 | . 211 |
| 판단의 기준점을 이탈한 법은 폭력 | . 213 |
| 홍석현의 대권 행보 | . 216 |

## III. 검찰 수사와 안종범 업무수첩 · · · · · · · · · · · · · 219

| | |
|---|---|
| 한국을 대표하는 중견기업 64곳 고발 | . 200 |
| 민노총 서울본부의 위상 | . 222 |
| 오영훈 의원과 고영태 관계 | . 224 |
| 고영태에 대한 「황제 수사」 | . 227 |
| 검찰 수사, 청와대를 겨냥하다 | . 229 |
| 개헌(改憲) 추진과 추미애의 계엄령 유포설 | . 232 |
| 현직 대통령을 「공범」이라 적시하다 | . 235 |
| 「방기선」과 「한국 메세나협회」 | . 239 |
| 방기선이 작성한 재단설립 안(案)의 진실 | . 244 |
| 대통령 "처음 보는 문건이다" | . 247 |
| 검찰, 청와대 문건을 조작하다 | . 250 |
| 「악마의 미소」를 보았다 | . 254 |
| 메세나협회와 메디치 가문 | . 257 |
| 구본무 회장, "재단이나 돈 얘기는 없었다" | . 261 |
| 중국과 MOU 체결의 진실 | . 265 |
| 재단출연금이 500억으로 증액된 사연 | . 271 |
| 미르재단 이사장이 3번 조사받은 이유 | . 275 |
| 김수남과 이영렬의 특별한 이력 | . 280 |
| 안종범 업무수첩 63권의 정체 | . 285 |

## Ⅳ. 특검 발족과 배신의 정치인 · · · · · · · · · · · · · · · 292

| | |
|---|---|
| 파격적인 내용의 특검법 | . 293 |
| 정진석과 유승민, 김무성의 본모습 | . 296 |
| 특검, 특수활동비로 6억6400만원 사용 | . 300 |
| 삼족(三族)을 멸한다는 협박성 수사 | . 304 |
| 국회 청문회는 소문을 퍼뜨린 대형 확성기 | . 308 |
| 노승일, "영어와 독일어 할 줄 모릅니다" | . 310 |
| 「위대한 증인」 노승일의 주장 근거는 "감지했다"는 것 | . 313 |
| 안민석과 노컷뉴스…상주 승마의 진실 | . 315 |
| 신부 박창일, 범민련 북측 의장과 사진 찍어 | . 320 |
| 노태강이 체육국장에서 경질된 사유 | . 322 |
| 대통령과 이재용, 대구에서의 면담 | . 327 |
| 특검이 주장하는 이재용 승계작업 | . 329 |
| 진퇴양난에 빠진 문형표 장관 사건 | . 333 |
| 증거서류 대부분은 언론 기사 | . 335 |
| 말 3마리의 소유권에 대하여 | . 338 |
| 박원오와 박상진의 은밀한 거래 | . 344 |
| 이재용이 박상진을 질책한 이유 | . 347 |
| 영재센터 뇌물사건의 진상 | . 352 |
| 최서원, 정유라, 장시호의 불편한 관계 | . 357 |
| 이규혁의 솔직하지 못한 태도 | . 360 |
| 특검 수사와 인권유린 | . 363 |
| "사람을 어떻게, 이렇게 더럽게 만듭니까!" | . 368 |
| 대법원 소수의견 속에 숨어있는 진실 | . 373 |

## V. 대한민국 탄핵, 거리로 나선 태극기 · · · · · · · · · · 379

| | |
|---|---|
| 대통령 권한대행 황교안의 모호한 처신 | . 380 |
| 강일원 주심 재판관의 「진검승부」의 의미 | . 383 |
| 탄핵심판의 위법, 부당성에 대한 주장 | . 389 |
| 강일원 부친과 박정희 대통령 관계 | . 395 |
| 2017년 3월 10일의 대한민국 | . 398 |
| 대한민국을 수호하는 태극기 등장 | . 402 |
| 박근혜 대통령 탄핵은 대한민국 탄핵 | . 406 |
| 민초(民草)들의 탄원서 대(對) 특검의 의견서 | . 413 |
| 대법원에 직권파기 의견서 제출 | . 416 |
| 대통령의 안위와 품위 | . 419 |

## 부록. 박근혜 대통령 취임사 전문 · · · · · · · · · · · · · · 424

# I
# 박근혜 정부와
# 국민행복 시대

　대한민국 제18대 대통령을 선출하는 선거에서 박근혜 새누리당 후보가 51.6%의 득표율로 대통령에 당선되었다. 박근혜 후보는 1987년 직선제 개헌 이후 치러진 여섯 번의 대통령선거에서 과반수(過半數) 이상을 득표한 최초의 대통령이자, 사상 첫 여성 대통령이며, 첫 부녀(父女) 대통령이 되었다.

　박근혜 대통령은 누구도 건드리려고 하지 않았던 공공기관 구조조정을 해냈다. 경제, 외교, 국방, 교육 분야 등에 메스를 가한 개혁정책은 열거할 수 없을 정도로 많다. 자신감과 용기가 없으면 할 수 없는 일이다. 박근혜 대통령은 원칙을 중시한 「개혁 대통령」이라는 이미지로 역사에 기록될 것이다.

## 득표율 51.6%…33년 3개월 만에 청와대 복귀

　2012년 12월 19일 대통령 선거가 있었다. 대한민국 제18대 대통령을 선출하는 이 선거에서 박근혜 새누리당 후보가 51.6%의 득표율로 대통령에 당선되었다. 박근혜 후보는 1987년 직선제 개헌 이후 치러진 여섯 번의 대통령선거에서 과반수(過半數) 이상을 득표한 최초의 대통령이자, 사상 첫 여성 대통령이며, 첫 부녀(父女) 대통령이 되었다.
　경쟁자인 민주통합당 문재인 후보의 득표율은 48%였다. 개표 초반부터 리드를 잡은 박근혜 후보는 시종 문재인 후보를 앞서 나간 끝에 3.6%포인트 차이로 승리했다. 박근혜 후보가 1577만3128표, 문재인 후보는 1469만2632표를 얻었다. 박근혜 후보는 서울과 호남을 제외한 전(全) 지역에서 승리했다.
　18대 대통령선거는 처음엔 3파전으로 출발했으나 좌파 성향인 통합진보당 이정희 후보가 투표 2일 전에 갑자기 사퇴하면서, 우파 후보 박근혜와 좌파 후보 문재인 사이의 1대1 대결구도로 치러졌다. 양 진영 간에 유례없는 세력결집이 이뤄져, 75.8%라는 높은 투표율을 기록했다.
　KBS(한국방송공사)는 제18대 대통령선거 결과에 대해 이렇게 보도했다.
　"박근혜 당선인은 원칙과 약속을 중시한다는 이미지로 믿음을 주면서 보수진영의 결집을 이끌어냄으로써 승리했다. 반면, 문재인 후보는 선거 초기에는 노무현·박정희, 후반에는 노무현·이명박 프레임에 갇히는 전략적인 실수를 저질렀다는 평가를 받는다. 또 안철수 후보와의 단일화도 매끄럽지 못했고, 일사불란한 선거전이 되지 못했던 점도 패인으로 꼽힌다."
　박근혜 대통령은 2013년 2월 25일 새벽 0시를 기해, 대통령으로서의 임무를 시작했다. 그 시각, 정승조 합참의장이 대통령의 서울 삼성동 자택에 전화를 걸어, 국군의 근무 상황과 군사대비 태세를 보고했다. 이에 앞서 대통령 사저(私邸)에는 국군통수권을 이양(移讓)받는 시기의 안보 공백을 메우기 위해 국가지휘통신망이 설치됐고, 대통령경호실의 경호가 시작됐다.

같은 시각, 청와대에서는 박근혜 정부의 초대 국가안보실장 김장수가 안보상황을 넘겨받았다. 김장수는 국가원수가 청와대에 들어오기 전까지 청와대를 통제했다. 이날 새벽 0시, 서울 보신각에서는 18대 대통령의 임기 시작을 알리는 타종(打鐘) 행사가 열렸다. 300여 명의 시민이 역사적인 순간을 함께 했다.

박근혜 대통령은 첫 공식 일정인 국립현충원을 참배하기 위해 오전 10시, 서울 삼성동 자택을 출발했다. 대통령 취임식은 오전 11시, 서울 여의도 국회의사당 광장에서 열렸다. 국내외 귀빈과 일반 국민 등 7만여 명이 참석했다.

대통령은 취임사에서 "국가가 아무리 발전한다 해도 국민의 삶이 불안하다면 아무 의미가 없을 것입니다. 노후가 불안하지 않고, 아이를 낳고 기르는 것이 진정한 축복이 될 때 국민행복 시대는 만들어지는 것"이라며 "부강하고, 국민 모두가 함께 행복한 대한민국을 만드는데 저의 모든 것을 바치겠다"고 선언했다.

대통령 취임사에는 대한민국 국민의 강인함과 저력(底力), 도와주고 배려하는 상부(相扶)와 상조(相助)정신, 국가 안보의 중요성 등이 담겨 있다.

대통령 취임사 중에서 몇 대목을 인용한다.

"저는 우리 대한민국의 국민을 믿습니다. 역동적인 우리 국민의 강인함과 저력을 믿습니다. 이제 자랑스러운 우리 국민 여러분과 함께 희망의 새 시대, 제2의 한강의 기적을 만드는 위대한 도전에 나서고자 합니다."

"소상공인과 중소기업들을 좌절하게 하는 각종 불공정행위를 근절하고 과거의 잘못된 관행을 고쳐서, 어느 분야에서 어떤 일에 종사하던 간에 모두가 최대한 역량을 발휘할 수 있도록 적극 지원할 것입니다."

"어려운 시절 우리는 콩 한쪽도 나눠먹고 살았습니다. 우리 조상은 늦가을에 감을 따면서 까치밥으로 몇 개의 감을 남겨두는 배려의 마음을 가지고 살았습니다. 계(楔)와 품앗이라는 공동과 공유의 삶을 살아온 민족입니다. 그 정신을 다시 한 번 되살려서 책임과 배려가 넘치는 사회를 만들어 간다면, 우리 모두가 꿈꾸는 국민행복의 새 시대를 반드시 만들 수 있습니다."

"아는 사람은 좋아하는 사람만 못하고, 좋아하는 사람은 즐기는 사람만 못하다고 했습니다. 배움을 즐길 수 있고, 일을 사랑할 수 있는 국민이 많아질 때, 진정한 국민행복 시대를 열 수 있습니다."

"저는 국민의 생명과 대한민국의 안전을 위협하는 그 어떤 행위도 용납하지 않을 것입니다. 최근 북한의 핵실험은 민족의 생존과 미래에 대한 도전이며, 그 최대 피해자는 바로 북한이 될 것이라는 점을 분명히 인식해야 할 것입니다."

국정(國政)운영 방향을 제시한 대통령 취임사(제목; 희망의 새 시대를 열겠습니다) 전문(全文)은 맨 뒷장의 부록에 게재했다.

조갑제닷컴의 조갑제 대표는 대통령 취임사를 이렇게 평가했다.

"공산당과 싸우고, 가난과 싸우고, 봉건적 잔재와 싸우면서 발달한 한국 민주주의는 드디어 여성을 대통령으로 뽑기에 이르렀습니다. 최근 영국의 이코노미스트 인텔리전스 유닛이란 정보회사가 한국을 일본보다 앞서는 아시아 최고의 민주국가로 평가했습니다. 정말 쓰레기통에서 장미꽃이 핀 겁니다. 오늘 박근혜 대통령의 취임사도 좋았고, 절도 있고 품위 있는 모습, 그리고 떠나는 이명박 대통령에 대한 배려 등 참 좋았습니다.

'나라의 국정(國政) 책임은 대통령이 지고, 나라의 운명은 국민이 결정하는 것입니다'는 말은 명언(名言)입니다. 민주주의 국가에선 국민과 대통령이 함께 나라를 이끌어 가야 한다는 뜻이죠. 독재자처럼 대통령이 모든 것을 다 할 순 없다는 의미로서, 민주주의의 본질을 잘 보여준 말입니다."

취임식을 마친 대통령은 서강대교 입구까지 카퍼레이드를 펼친 뒤, 국민들에게 희망 메시지를 전달하는 복주머니 개봉 행사에 참석하기 위해 광화문 광장에 도착했다. 대통령은 짙은 남색 치마 위에 매화를 수놓은 자주색 두루마기의 한복을 입었다.

대통령은 서울 종로구 청운동과 효자동 주민들의 환영을 받으며 청와대에 도착했다. 2층 집무실로 올라간 대통령은 국무총리 후보자 정홍원의 임명동의안을 전자(電子) 결재(決裁)하는 것으로 청와대에서의 공식 업무를 시작했다. 청와대를 떠난 지, 33년 3개월 만에 박근혜 대통령은 다시 청와대로 복귀했다.

## 박근혜 대통령이 걸어온 길

정치인 박근혜는 6·25전쟁 중이던 1952년 2월 2일, 대구에서 박정희(朴正熙)와 육영수(陸英修) 사이의 1남2녀 중 장녀로 태어났다. 본적은 경북 구미시 상모동 171이며, 본관은 고령(高靈)이다.

박근혜는 1958년 서울 장충국민학교에 입학했다. 정주영(현대그룹 창업주)의 아들 정몽준과 김종희(한국화약 창업주)의 아들 김승연이 국민학교 동기다.

국민학교 1학년 생활기록부에는 「온순하고 침착하고 차근차근하며 실수가 별로 없음」이라고 기록돼 있고, 3학년 때는 「자존심이 강한 어린이」, 4학년 때는 「약간 냉정한 감이 흐르는 편이며 굳게 다물어진 입가에는 위엄이 엿보임」이라고 적혀 있다.

박근혜는 아버지가 대통령에 당선된 1963년 2월부터는 청와대에서 살았다. 1964년에 입학한 서울 성심여중에서는 1학년 2학기부터 3학년 졸업할 때까지 반장을 도맡았다. 성적은 줄곧 반에서 1등이었다. 2학년 때 검사한 지능지수(IQ)는 127이다.

성심여고에서도 1학년부터 3학년까지 반에서 1등이었다. 1학년 담임은 의견란에 「스스로 정당한 일을 할 줄 아는 용기를 지녔음」이라고 적었고, 2학년 때는 「지나치게 어른스러움이 흠」으로 지적됐으며, 3학년 때는 「지나친 신중성 때문에 과묵한 편」이라고 평가됐다.

박근혜는 1970년 서강대 전자공학과에 입학했다. 등교 시엔 청와대 관용차를 이용했으나 신촌로터리에서 내려 학교까지 걸어 다녔다. 청와대 경호원들도 정문까지만 따르도록 했다. 대학 4년간 평균 성적은 4점 만점에 3.82로, 수석 졸업이었다.

대학 졸업 후, 프랑스로 유학을 떠났으나 6개월 만인 1974년 8월 15일 귀국 길에 올랐다. 어머니 육영수가 광복절 행사장에서 문세광에 의해 피살되었기 때문이다. 박근혜는 어머니를 대신해 스물두 살에 퍼스트레이디가 되었다. 5년 후인 1979년 10월 26일에는 10·26사태로 아버지 박정희 대통령마저 서거(逝去)했다.

퍼스트레이디 박근혜는 1979년 11월 21일 청와대를 떠났다. 부모가 살았던 서울 신당동 집으로 돌아갈 때, 이삿짐은 트렁크 6개가 전부였다고 한다. 신당동과 장충동에서 생활하던 박근혜는 1990년 서울 삼성동에 안착하고, 1992년부터 단전호흡을 시작했다.

박근혜는 한국문인협회 회원이자 수필가다. 1993년 「평범한 가정에서 태어났더라면」이라는 책을 냈고, 1995년에는 「내 마음의 여정」이란 수필집을 출간했다. 그동안 틈틈이 써왔던 일기 중에서 일부 내용을 책에 수록했다.

1998년에는 「결국 한줌, 결국 한 점…그러므로 소중한 삶」이라는 에세이집을 펴냈다. "삶은 소중한 것이기에, 한계가 있는 것이기에 이 세상에서 생을 허락받은 시간 동안 그 가치를 충분히 느끼고, 그 기쁨을 만끽하고 그리고 후회 없이 마감해야 하는 것이다"라고 적었다.

청와대를 떠난 날부터 1998년까지 18년 동안, 박근혜는 국민의 뇌리에 잊힌 존재가 되었다. 1998년 김대중 정부가 출범하고, 그 해 4월 대구 달성군에서 보궐선거가 있었다. IMF 외환위기로 우리 경제가 위기에 처해 있을 때였다.

중앙정보부 기조실장과 김대중 정부의 초대 병무청장을 지낸 엄삼탁이 일찌감치 여당 후보로 나섰다. 지역 언론에서 실시한 여론조사에서는 엄삼탁이 20~30% 차이로 1위였다. 박근혜는 선거 보름을 앞두고 야당인 한나라당 후보로 차출됐다.

당시 한나라당 제1사무부총장이었던 김영일(金榮馹)은 "패배가 확실한 선거에서 이회창 총재가 박근혜 투입을 결정했다"고 밝혔다. 이 선거에서 예상을 뒤엎고 박근혜 후보가 승리했다. 처음으로 국회의원이 된 박근혜는 산업자원위원회와 통일외교위원회, 여성특별위원회에서 활동했다.

이회창 총재의 한나라당은 2002년 대통령선거 과정에서 있었던 불법 정치자금 모금과 노무현 대통령 탄핵을 주도하면서 국민의 지지를 잃었다. 침몰해 가던 한나라당이 구원투수로 선택한 카드가 박근혜였다. 2004년 한나라당 대표를 맡은 박근혜는 천막당사 시대를 열고 국민들 곁으로 다가갔다.

대한민국을 강하게 만들겠다는 분명한 소신, 자기가 한 말에 대해서는 책임을 지는 모습, 그리고 헌신하고 희생하는 박근혜의 진정성은 국민들에게 신뢰감을 주었다. 국민들은 원칙과 약속을 중시하는 박근혜를 믿었다. 냉소적이었던 여론도 박근혜를 지지했다.

군소정당으로 전락할 위기에 처했던 한나라당은 2004년 제17대 총선에서 열린민주당(152석)에 이어 2위(121석)를 차지했다. 민주노동당이 국회의원 10명을 확보하며 원내진출에 성공했고, 민주당이 9석, 자민련은 4석을 건졌다.

2년4개월 동안 당(黨)을 이끌었던 박근혜는 지방선거와 재보선에서 연전연승했다. 유세장마다 모습을 드러낸 박근혜의 오른손엔 붕대가 떠나지 않았다. 많은 사람을 만나고, 수도 없이 악수를 하다 보니 손가락 마디마다 통증이 심해졌기 때문이다. 붕대를 감고 시장바닥을 누빈 박근혜는 「선거의 여왕」으로 부각됐다.

그러나 시련도 없지 않았다. 2006년에 있었던 지방선거 지원 유세 도중, 면도칼 테러를 당해 생명의 위협을 겪기도 했고, 2007년 한나라당 대통령후보 경선에서는 이명박 후보에게 패하는 아픔도 겪었다.

2011년에 서울시장 보궐선거가 있었다. 한나라당 출신의 서울시장 오세훈이 무상급식 문제로 임기를 마치지 못하고 사퇴했기 때문이다.

한나라당에서는 나경원을, 민주당은 박영선을 후보로 내세웠다. 그 당시 가장 지지율이 높았던 무소속 안철수 후보가 역시 무소속인 박원순에게 서울시장 후보직을 양보했고, 박원순은 박영선과의 야권 후보 단일화에서 이겼다. 박원순은 나경원 마저 물리치고 서울시장에 당선됐다.

서울시장을 야당에 뺏긴 한나라당은 1년 후에 있을 대선(大選) 가도에 비상이 걸렸다. 박근혜는 한나라당 비상대책위원장으로 재등장했다. 한나라당은 2012년 제19대 총선에서 152석을 차지하며 과반 의석을 확보했고, 그 여세를 몰아 박근혜는 제18대 대한민국 대통령에 당선되었다.

## 8권 분량의 「박근혜 정부 정책백서」

박근혜 대통령은 헌법재판소의 탄핵결정으로 청와대를 떠났지만, 박근혜 정부는 문재인 정부가 출범하기 전까지 명맥을 유지했다. 대한민국 정부는 2017년 5월경, 박근혜 정부가 출범하게 된 시대적 배경과 박근혜 정부가 추진한 주요 정책들을 정리한 「박근혜 정부 정책백서」를 출간했다. 총론, 경제부흥, 국민행복, 문화융성, 평화통일 기반 구축, 일지·어록 등으로 세분된 총 8권의 책이다.

발간사는 대통령 비서실장 한광옥이 썼고, 총론의 머리글은 청와대 경제수석이자 정책조정수석 직무대리였던 강석훈이 집필했다. 강석훈은 박근혜 정부의 마지막 청와대 경제수석이다.

성신여대 경제학과 교수와 한국경제신문 객원 논설위원이었던 강석훈은 박근혜 정부 출범을 앞두고 구성된 대통령직인수위원회에서 국정

기획조정분과 인수위원을 지냈고, 새누리당에서는 정책위원회 부의장을 역임했다. 강석훈은 2016년 5월, 안종범 후임으로 청와대 경제수석에 임명됐다.

나는 박근혜 정부에서 추진한 정책과 관련된 내용은 「박근혜 정부 정책백서」와 강석훈이 월간조선과 인터뷰한 기사(2019년 10월호)를 참고했다.

정책백서에 의하면, 박근혜 정부 출범 당시 대한민국은 세계 경제를 강타한 글로벌 금융위기와 북한의 핵(核)위협에 의한 안보위기가 혼재된 상황이었다. 자유 시장경제의 중심지라고 할 수 있는 미국에서 2008년에 발생한 금융위기가 재정위기를 거쳐 실물경제로 전이되면서 세계적인 경기침체 국면이 지속되고 있었다. 그 여진으로 우리 경제에서 큰 비중을 차지하는 중소기업과 서비스업, 내수(內需) 부문은 성장은커녕 활력을 잃어가고 있었다.

이런 상황에서 북한 김정은은 박근혜 정부 출범 직전인 2013년 2월 12일, 제3차 핵실험을 감행한데 이어, 3월 5일에는 최고사령부 대변인 성명을 통해 남북불가침 합의의 전면 폐기를 선언했고, 3월 30일에는 정부·정당·단체 연합성명을 통해, 남북관계가 전시(戰時) 상황에 돌입했다고 위협했다. 북한은 4월 8일에는 개성공단의 북한 근로자들을 전원 철수시키고, 공단(工團) 가동을 일방적으로 중단시켰다.

강석훈은 박근혜 정부 출범 초창기의 경제 상황에 대해 월간조선과 인터뷰에서 이렇게 말했다.

"집권 초기에는 세수(稅收)가 예상보다 적게 들어와 재정(財政)압박이 심한 상황이었습니다. 이 상황에서 재정지출은 적절하게 증가시키면서, 공공부문 구조개혁을 통해 비효율을 줄이고 부채를 감축하는데 초점을 두었습니다. 가장 대표적인 게 공무원연금 개혁이었죠. 공무원연금 개혁으로 30년간 185조원의 세금을 절감했습니다.

경쟁력의 이면(裏面)에는 구조조정이 있습니다. 구조조정은 누구나 하기 싫어합니다. 누군가는 직장을 잃고 피해를 봐야 하지 않겠습니까. 박근혜 정부라고 구조조정이 좋았겠습니까. 그러나 부실한 부분을 제거하고 새살을 돋게 하는, 즉 새로운 성장 동력을 만들어내는 과정이 있어야만 경쟁력이 높아질 수 있습니다. 정치적으로 유리한 정책이 아님에도 실행해야 하는 이유입니다."

강석훈은 이 인터뷰에서 박근혜 대통령의 경제 운용방식과 관련된 에피소드 하나를 소개했다.

"박근혜 대통령은 경제 공부를 오래 하셨습니다. 2007년에 한나라당 대선(大選)후보 경선에 나섰으니, 그 전부터 열심히 하셨죠. 당대 최고의 경제전문가들과 함께요. 경제에 대해 이야기를 하실 때는 깜짝 놀랄 때가 많았습니다.

후보 시절, 박근혜 대통령과 경제학자 몇 명이 모여, 정부는 무슨 일을 해야 하고, 시장은 어떻게 해야 하는 등 경제운용 방식에 대해 열띤 토론을 했습니다. 대통령께서는 계속 듣고 계시더니 마지막에 한마디 하시더라고요.

'그러니까 정부는 멍석을 깔아주란 말이죠.'

이 한마디로 정리가 되었죠. 정부는 시장에 개입하는 게 아니라, 시장이 잘 돌아갈 수 있는 토대를 마련해줘야 한다는 것을 단 한마디로 정리한 것이죠. 이게 박근혜 대통령의 경제관이었습니다.

창조경제를 바탕으로 하는 성장정책, 대기업과 총수들의 불공정 행위를 제한하는 경제민주화, 국민의 개별복지 수요에 부합하는 맞춤형

복지정책 등의 중요 정책에 관하여 다양한 의견을 청취하고, 내부 토론에도 참여한 다음에 최종적인 결정을 하셨죠."

## 코레일, 10조원의 흑자 기록

대한민국 경제를 살리기 위한 박근혜 대통령의 구체적인 실천방안은 2014년 1월 6일 발표한 경제 재도약을 위한 「경제혁신 3개년 계획」 담화문에 들어있다.

대통령은 담화문에서 "기초가 튼튼한 경제, 역동적인 혁신경제, 내수·수출 균형경제 등 3대 핵심전략을 제가 임기 내내 직접 챙기면서, 강력하게 추진해서 성공적으로 이끌어갈 것"이라고 약속했다. 다음은 대통령의 담화문 중, 공공부문 개혁에 대한 내용이다.

"우선, 공공부문부터 개혁하겠습니다. 상당수 기관들이 영업이익으로 이자도 충당하지 못하고 있는데도 부채가 많은 상위 12개 공기업의 복지비가 최근 5년간 3000억원을 넘었습니다. 정부재정 부담을 공기업에 떠넘겨 부실을 키우는 경우도 적지 않았습니다. 비정상적인 관행의 핵심은 방만 경영과 높은 부채비율, 그리고 각종 비리입니다. 방만 경영을 개선하기 위해 공공기관의 경영 비밀을 제외한 모든 정보를 공개할 것입니다.

사업조정, 자산매각과 함께 공사채 발행총량 관리제를 도입하고, 정부 정책사업과 공공기관 자체사업을 분리해서 관리하는 구분회계제도를 확대 적용해서, 2017년까지 공공기관의 부채비율을 200%로 대폭 낮추겠습니다.

철도처럼 공공성은 있으나 경쟁이 필요한 분야는 기업분할, 자회사

신설 등을 통해 공공기관 간 경쟁체제를 도입하고, 임대주택 등 민간참여가 가능한 공공서비스 분야는 적극적으로 민간에게 개방하겠습니다.

유사·중복사업 통폐합을 통해 정부 재정사업을 향후 3년간 600개 이상 감축하고 공무원연금, 군인연금, 사학연금 등 3개 공적 연금에 대해서는 내년에 재정 재계산을 실시하여 개선방안을 마련하고 관련 법률도 개정하겠습니다."

대통령은 강성(强性) 노조의 잦은 파업에 시달리던 코레일(한국철도공사)의 구조조정 작업을 최연혜에게 맡겼다. 독일에서 철도산업을 주제로 박사학위 논문을 썼고, 귀국 후엔 코레일 부사장과 한국철도대학 총장을 지낸 최연혜는 철도 분야의 여성 전문가다.

최연혜 사장 부임 직후, 코레일 노조는 파업에 돌입했다. 객차와 화물차 운행이 23일 동안 부분적으로 중단된 최장 파업이었다. 이에 맞서 최연혜는 파업에 참가한 노조원 490명을 중징계하고, 노조를 상대로 152억원의 손해배상을 청구했다. 최연혜는 모든 일을 원칙대로 처리했다. 최연혜 부임 후 코레일은 사상 처음으로 10조원의 흑자를 기록했다.

한국전력공사는 "공공기관의 쓸데없는 자산은 매각하라"는 대통령 지시에 따라, 2014년 서울 삼성동에 위치한 본사 부지(7만여 ㎡)를 현대자동차 그룹에 10조5500억원에 매각했다. 이 무렵 대통령은 전력 생산의 안정화를 위해 경북 울진에 4기의 원전(原電)을 추가 건설하기로 울진군과 합의했다. 원전에 대한 대통령의 확고한 믿음과 자체 구조조정에 힘입어 한국전력공사도 흑자를 기록했다.

강석훈은 대통령이 추진한 공공기관 구조조정에 따른 성과를 이렇게 말했다.

"전체 공공기관의 부채비율은 2012년에 220%였는데, 2015년에는

183%로 37%포인트나 하락했습니다. 2014년에는 사상 최초로 공공기관 전체 부채액이 감소세로 돌아섰고, 2015년에는 14조4000억원이 감소했습니다. 공공기관 당기순이익은 2014년에 11조4000억원, 2016년에는 15조4000억원으로 증가하는 추세였습니다.

공공기관의 쓸데없는 자산을 매각하고, 경영효율화를 통해 얻은 성과였죠. 역대 정부에서는 없었던 일이지요. 공공기관 정책은 효율성과 공공성이 균형을 이뤄야 합니다. 효율성만 강조하여 공공기관 본연의 임무를 소홀하게 하거나, 공공성만 강조하여 공공기관을 돈 먹는 하마로 만들면 안 되지요.

예를 들어 「비정규직 제로 정책」이란 단어는 멋있고 정의로운 것처럼 보이지만 효율성을 포기하는 것입니다. 수익은 그대로인데, 사람을 많이 쓰면 당연히 어려워질 수밖에 없죠."

## 해외 순방과 원전(原電) 수출

대통령은 취임 이후 총 1425회의 국내 행사를 가졌고, 52개국 67개 도시를 해외 순방했다. 미국을 다섯 번, 중국과 프랑스는 3번, 러시아와 인도네시아는 두 번 방문했다. 영국, 독일, 인도, 캐나다, 이탈리아, 네덜란드, 벨기에, 브라질, 터키, 베트남, 미얀마는 물론이고, 아프리카의 에티오피아와 우간다, 중앙아시아의 우즈베키스탄과 카자흐스탄, 투르크메니스탄을 국빈 방문했다.

대통령의 해외 순방은 대한민국의 국제적 위상을 강화하고, 국내 경제에 활력을 불어넣은 일거양득(一擧兩得)의 기회였다. 대통령은 영어·불어·중국어·일어 등 외국어에 능했기 때문에 의사소통에는 전혀 지장이 없다.

    2013년 영국을 방문한 대통령은 엘리자베스 여왕으로부터 「바스 대십자 훈장」(Grand Cross of the Order of Bath)을 받았다. 영국 정부가 국빈(國賓) 방문하는 외국 정상에게 수여하는 최고 등급 훈장이다. 대통령은 엘리자베스 여왕 부부와 함께 「1호 마차」에 올라, 양국의 돈독한 우정을 전 세계에 보여주었다.

    대통령이 2014년에 가장 먼저 방문한 나라는 인도였다. 인도는 한국 경제의 미래를 이끌어 나갈 엄청난 시장이었다. 2014년 1월 15일부터 인도를 방문한 대통령은 세일즈 외교 차원에서 한국과 인도 간의 관세 자유화율을 높이고, 「전략적 동반자 관계 확대를 위한 공동성명」을 채택했다.

    이어 5월 19일부터 21일까지 1박3일 일정으로 대통령은 UAE(아랍에미리트연합국)를 순방했다. 대통령이 방문한 날, UAE는 한국형 원자로 설치식을 가졌다. 대통령은 UAE 정부가 바라카에 짓는 원전(原電) 4기의 독점 운영권을 한국전력공사가 따내는데 결정적 역할을 했다.

    설계와 공사비가 186억 달러(약 20조원), 설계수명(60년) 기간의 유지보수 매출이 54조원에 이르는 대규모 프로젝트였다. 그러나 문재인 정부가 탈원전 정책을 추진하면서 UAE와 체결한 원전 유지관리 분야의 일부는 2018년 프랑스 전력공사로 넘어갔다.

    대통령은 2015년 3월 1일부터 9일까지 8박8일 일정으로 중동 4개국(쿠웨이트 · 사우디아라비아 · UAE · 카타르)을 방문했다. 사우디에서는 보건 · 의료 분야의 중동 진출에 대해 심도 있는 대화를 나누는 한편, 한국이 독자적으로 개발한 중소형 원자로, 일명 스마트원전 2기를 사우디에 건설하기로 했다. 2조원 대의 사업이다.

대통령은 쿠웨이트 정부가 추진 중인 총 381억 달러 규모의 보건·의료, 교통, 유전 개발, 신도시 건설 사업을 한국 기업이 수주할 수 있도록 쿠웨이트 국왕을 설득했고, 「중동의 워런 버핏」으로 불리는 왈리드 회장에게는 한류(韓流)와 한국의 문화산업에 투자해 달라고 요청했다.

순방 외교의 성과는 이것뿐이 아니다. 베트남에서는 총 300억 달러의 고속철도 사업을 수주했고, 카자흐스탄과는 188억 달러의 화력발전소 사업 계약을 체결했다. 우즈베키스탄에서는 4년 동안 지지부진했던 3조3000억원 규모의 가스전 사업을 대통령이 직접 수주했다.

대통령의 해외 순방은 수출 증대에 기여했을 뿐 아니라 국내 일자리 창출에도 큰 도움이 되었으며, 대한민국의 국력(國力)을 한층 더 격상시켰다. IMF(국제통화기금)는 2015년 보고서에서 대한민국을 세계에서 두 번째로 높은 재정여력을 보유한 나라라고 평가했다. OECD(경제협력기구)도 대한민국을 재정 건전성이 가장 우수한 국가 중의 하나로 선정했다.

대통령은 누구도 건드리려고 하지 않았던 공공기관 구조조정을 해냈다. 그 외에 경제, 외교, 국방, 교육 분야 등에 메스를 가한 개혁정책들은 일일이 열거할 수 없을 정도로 많다. 자신감과 용기가 없으면 할 수 없는 일이다.

「박근혜 대통령의 업적 96가지」를 소개한 블로거가 있을 정도다. 이런 내용들을 각 분야 전문가들이 나서서 체계적으로 정리한다면, 박근혜 대통령은 원칙을 중시한 「개혁 대통령」이라는 이미지로 역사에 기록될 것이라고 나는 자신한다.

## 대통령의 소통 수단은 「전화 독대」

　박근혜 대통령을 비난하는 사람들이 공통적으로 지적하는 게 소통(疏通) 불통이다. 대통령과 독대를 1년에 한 번밖에 못했다는 전직 장관 조윤선의 발언이 화제가 된 적도 있다. 이에 대해 청와대 정무수석과 홍보수석을 지낸 이정현은 "대통령의 소통 수단은 전화 독대"라고 말했다. 이정현의 설명이다.

　"전화는 대통령이 직접 겁니다. 비서진을 통하지 않습니다. 장관이든 청와대 참모든 누구를 가리지 않고, 상대방이 전화를 받으면 대통령은 '저예요'라고 하면서 말을 시작합니다. '저예요'가 대통령의 트레이드 마크입니다.

　대통령은 대면(對面) 보고보다는 문서보고를 선호합니다. 대통령이 하루에 읽는 보고서 양이 100페이지가 훨씬 넘습니다. 보고서를 통해 국정(國政) 전반을 체크하고, 그러다 궁금한 게 있으면 바로 전화를 하는 게 대통령의 업무스타일입니다. 장관이나 수석비서관들이 바쁜 줄을 아니까 부르지를 않고 전화로 물어보는 것입니다.

　한 번에 30분 내지 40분씩 통화하는 경우도 있습니다. 청와대 어느 수석은 새벽 2시에 대통령 전화를 받은 적도 있다고 했습니다. 청와대 참모들은 대통령을 워크홀릭(일중독자)이라 불렀습니다. 전화 통화를 워낙 많이 하다 보니 대통령의 어깨와 뺨에 이상이 생겨, 비서실에서 무선이어폰을 구해준 일도 있습니다.

　제 경우에는 대통령이 언제 찾을지 모르니까 사우나에 가더라도 핸드폰을 수건에 감싸들고 들어갔습니다. 그리고 장관이나 수석비서관 등은 대통령과의 독대를 공개하는 게 아닙니다. 대통령이 어느 장관과 친하다고 소문나면 국정운영에 차질이 옵니다. 때문에 독대가 없었다고는 말하기 곤란하니까, 1년에 한 번쯤 독대했다는 말이 소통불통인 것처럼 잘못 알려진 것입니다.

대통령이 청와대 관저에서 TV드라마나 본다는 것도 새빨간 거짓말입니다. 대통령은 인기드라마 제3공화국도 시청한 적이 없다고 말한바 있습니다."

민정수석을 지낸 우병우는 법정에서(2017. 6. 16.) 청와대 근무 시절의 경험담을 이렇게 진술했다.

"저는 대학을 졸업한 뒤 23년간 검사로 근무하였고, 이후 1년의 변호사 생활을 거쳐 2년6개월간 다시 청와대 민정수석비서관 및 민정비서관으로 근무하였습니다. 학교 졸업 후 제 인생의 대부분의 시간을 공직자로 살아왔습니다.

청와대 근무 2년6개월 동안 거의 매일 야근했고, 주말에도 대부분 출근하였습니다. 대통령께서 언제 전화를 주실지, 어떤 지시를 하실지 알 수 없었기 때문에 제 사무실 책상, 회의용 탁자, 제가 사는 집 안방, 서재, 통근 차량, 심지어 화장실까지 메모지나 수첩을 두고 대통령님의 지시를 대기하며 긴장된 나날을 보냈습니다.

하지만 이렇듯 일만 알고 살아온 저의 인생은 잘못된 언론보도 한 줄로 한 순간 온 국민의 지탄을 받아 마땅한 대상으로 전락하였습니다. 저로서는 억울하기 짝이 없는 일이었지만 이 또한 공직자가 겪어야 할 숙명이라고 생각하고 감내하고자 했습니다."

박근혜 정부에서 초대 국무총리를 지낸 정홍원은 대통령의 국정수행 능력에 대해 조선일보와 인터뷰(2019. 2. 23.)에서 이렇게 말했다.

"청와대에서 대통령 주재 회의를 하다 보면 전혀 주제와 상관없는 이야기가 나올 때가 있다. 그런 경우 밑천이 금방 드러난다. 한번은 경제 관계 부처회의에서 전혀 엉뚱한 사물인터넷(IoT) 이야기가 나왔다. 나 역시 개념만 알지 깊은 지식은 없었다.

그런데 대통령이 즉석에서 사물인터넷의 활용도와 가치, 미래 전망 등을 이야기하더라. 대통령이 되려고 10년여 간 준비한 분의 내공이라 생각했다. 사안을 보고할 때도 마찬가지다. 어떤 이야기를 해서 그저 수긍하는 게 아니라, 전망과 방향성을 제시하는 게 박근혜 대통령의 스타일이다.

나는 대통령에게 장관들을 만나서 토론하는 모습도 보이고, 언론에도 다른 모습을 좀 보이라고 몇 차례 얘기했다. 그러나 박근혜 대통령은 보여주기는 하고 싶지 않다고 하더라. 포퓰리즘(대중의 인기에 영합하여 목적을 달성하려는 정치행태)적 처신을 하고 싶지 않다는 생각이 명확했다."

강석훈은 월간조선과 인터뷰에서 박근혜 정부와 문재인 정부의 경제정책 차이를 한 마디로 「축적 경제」와 「비누 경제」로 비교했다. 강석훈의 설명이다.

"우리 때는 「축적 경제」를 만들려고 노력했습니다. 반면, 문재인 정부는 시간이 갈수록 줄어들기만 하는 「비누 경제」죠. 다음 정부나 다음 세대가 빚더미에 치이든, 빚 방석에 올라앉든 세금을 퍼붓잖아요. 경제성장률이 하락하면서 세입증가율은 점점 감소하는데, 역대 최대 증가율로 재정지출을 계속 늘리면 결과는 어떻게 되겠습니까."

통합재정수지는 정부 총수입에서 총지출을 뺀 수치다. 조선일보는 사설에서 문재인 정부의 통합재정수지의 문제점을 이렇게 지적했다.

"이명박, 박근혜 정부 시절엔 통합재정수지가 거의 매년 흑자(黑子)

를 기록하며 10년 누적 흑자액이 115조원에 달했다. 이것이 불과 2년 만에 91조원 적자(赤字)로 반전됐다. 충격적인 일이다"(2020. 5. 8.).

## 창조경제의 오해와 진실

대통령이 역점을 두고 추진한 「창조경제」의 경우에도 용어가 다소 관념적이어서 불필요한 오해를 많이 낳았다. 그러나 창조경제는 우리 경제에 새로운 살을 돋게 하는 성장동력의 하나였다. 창조경제의 구체적 개념에 대해 강석훈은 월간조선과 인터뷰에서 이렇게 설명했다.

"창조경제의 원래 이름이 「스마트 뉴딜」입니다. IT(정보통신)기술을 전(全) 분야에 모두 접목시켜 대한민국을 다시 업그레이드하자는 의미였습니다. 1930년대 미국이 선보였던 「뉴딜 정책」의 21세기 버전인 것입니다. 1930년대 당시의 뉴딜은 토목공사를 대폭 확충해서 경기침체에서 벗어나고자 하는 것이었는데, 스마트 뉴딜은 IT기술을 산업의 전(全) 분야에 접목시켜 새로운 성장을 이루자는 것이었죠.

예를 들면 군인이 밤새워 보초를 서지 않습니까. 이 경우, 초정밀 스마트기계로 보초를 서는 IT기술을 개발하여 보초임무에 적용하면 스마트 국방이 되는 것이죠. 관광도 마찬가지입니다. 고령화나 비용 문제 등으로 남미의 이구아수 폭포를 직접 관광하기 어려운 사람들이 각종 IT기술로 새롭게 탄생한 영화관에 앉아서, 마치 폭포를 직접 방문한 것과 같은 감동을 받을 수 있다면 스마트 관광이 되는 것입니다.

당시는 IT기술을 농업분야에 적용하는 스마트 팜, 전력 분야에 적용하는 스마트 그리드, 복지대상자 선정과 전달체계의 효율성을 높이는 스마트 복지 등 거의 모든 분야에 대한 스마트 뉴딜을 구상했습니다. 그렇게 되면 새로운 부가가치가 창출되고, 일자리도 자연스럽게 생길 것이다 하는 것이 창조경제의 기본 원리입니다.

박근혜 대통령은 스마트 뉴딜이라는 이름이 좋은데, 일반 국민에게 잘 와 닿지 않는 게 아닐까 고민하셨죠. 또한 IT기술만 강조하면 BT(생명공학기술), NT(나노기술), CT(문화콘텐츠기술) 등의 다른 과학기술 분야는 상대적으로 소외감을 느낄 수 있다는 고려도 하셨죠. 그래서 다양한 기술을 포함하는 뉴딜로 개념을 재정리하고, 창조경제로 명명한 것입니다."

창조경제에 대한 대통령의 구상은 2014년 1월에 발표한 담화문에 담겨 있다. 주요 내용을 인용하면 이렇다.

"경제혁신의 두 번째 전략은 역동적인 혁신경제로의 전환입니다. 우리는 7년째 1인당 국민소득 2만 달러 시대를 벗어나지 못하고 있습니다. 우리 경제의 기존 성장방식이 한계에 부딪힌 것입니다. 우리가 이 한계를 뛰어넘기 위해서는 새로운 발상과 패러다임의 전환이 필요합니다.

저는 그것을 창조경제에서 찾아야 한다고 생각합니다. 지금은 한 사람의 창의력과 상상력이 수십만 명을 먹여 살리는 시대입니다. 창조경제의 비타민이라고 할 수 있는 과학기술과 ICT, 문화콘텐츠 등은 우리가 강점을 지닌 분야입니다. 이를 제조업 등 타(他) 산업과 잘 접목한다면 제조업의 혁신은 물론, 사물인터넷(IoT), 클라우드 컴퓨팅, 빅 데이터 등 새로운 융합산업이 창출될 수 있습니다.

온라인 창조경제타운과 내년까지 전국 17개 광역시·도에 설치될 오프라인 창조경제혁신센터는 창조경제 구현의 핵심이 되고, 지역사회 발전과 인재양성의 요람이 될 것입니다. 앞으로 창조경제혁신센터가 지역의 창의적 아이디어를 사업화로 연결시키고, 지역 주도의 창조경제 구현에 핵심 역할을 하도록 정부와 민간, 중앙과 지방정부의 역량을 총결집할 것입니다."

이에 따라 2014년 1월 13일, 서울 광화문 한국통신 사옥에서 미래창조과학부가 주관하는 민관(民官)합동 창조경제추진단 출범식이 열렸다. 민간 부문에서 30여명, 정부에서 10명 등 모두 40여명으로 구성됐다. 민간기업 쪽 단장은 전경련(全經聯) 부회장 이승철이 맡았다.

같은 해 9월에는 대통령이 참석한 가운데 대구에서 삼성그룹과 대구시, 그리고 대구 창조경제혁신센터가 업무협약을 맺는 출범식이 열렸다. 이어 SK그룹이 대전에서 창조경제혁신센터를 운영하기 시작했다.

전경련 부회장 이승철은 법정증언에서 "대구와 대전에서 시범적으로 실시한 사업에서 운영성과가 나타나자 전국으로 확대되었다"고 증언했다. 창조경제혁신센터는 충남·전남·부산·경기·광주·제주 등지에 연이어 설립됐고, 인천 창조경제혁신센터가 2015년 7월 22일 개소식을 가짐으로써 마무리되었다.

총 18개 지역(17개 광역시·도와 세종특별시)에 설립된 창조경제혁신센터는 지역 경제 활성화를 위한 교두보로 자리 잡았다. 그 이틀 후인 2015년 7월 24일, 청와대 영빈관에서는 전국 창조경제혁신센터장 및 후원기업 대표들을 위한 오찬 간담회가 열렸다.

이승철의 법정증언에 의하면, 경제계 인사 200여명이 참가한 대규모 오찬이었다고 한다. 박근혜 대통령이 직접 주재한 이날 행사는 창조경제에 힘을 보태준 대한민국 기업과 기업인들에게 대통령이 고마움을 표시하는 자리였다.

이날 LG그룹 회장 구본무는 대통령과 같은 헤드테이블에 앉았다. 당시 상황을 구본무 회장은 검찰 조사(2016. 11. 13.)에서 이렇게 진술했다.

"테이블이 커서 거기에 참석한 사람들이 다 한 테이블에 앉았던 것으로 기억하며, 사람들이 꽤 많아 정확하게 누가 어느 자리에 앉았는지 기억할 수는 없습니다. 그때 전경련(全經聯) 허창수 회장과 상공회의소 회장 박용만이 대통령의 양 옆에 앉았고, 저는 대통령의 반대편 쪽에 대통령과 마주 보고 앉았던 것으로 기억합니다.

저희 LG그룹은 충북 지역을 담당하고 있으면서, 오창에 있는 창조경제혁신센터에서 뷰티, 바이오, 에너지 등을 중심으로 중소기업 및 창업 희망자들에게 도움이 되고자, 무료로 특허권을 사용토록 하는 등 적극적인 지원을 아끼지 않고 있습니다.

저희 LG그룹은 LG생활건강이라는 화장품 회사를 청주에 갖고 있고, LG화학이 오창에 배터리 공장을 갖고 있으며, 제약회사인 LG생명화학이 오송에 공장을 두고 있기에 다수의 공장들이 충북에 위치하고 있고, 저희 회사의 사업과 상당 부분 일치하기에 위와 같은 사업들을 지원하게 되었습니다.

청와대 오찬 간담회에서 창조경제혁신센터장인 윤준원 전무가 약 5분가량에 걸쳐 발표를 하였습니다. LG가 사용하지 않는 특허 수만 건을 중소기업들에게 무료로 사용하게 하고, 중소기업에서 만든 화장품을 저희 LG에서 판로를 개척해준 내용, 아이디어는 있으나 생산능력 부족 등으로 제품을 현실화하지 못한 업체에게는 컨설팅 및 기술지원을 한 내용 등을 발표하였습니다."

오찬 간담회가 끝난 후 대통령은 청와대 인근의 삼청동 안가(安家)에서 대기업 회장들을 한 명씩 만나, 감사함을 표시했다. 대통령이 대기업 회장들을 단독 면담한 것은 이때가 처음이다.

대통령은 오후 2시엔 현대자동차그룹 정몽구 회장과 김용환 부회장을, 오후 3시에는 CJ그룹 손경식 회장을, 오후 4시에는 SK이노베이션 김창근 회장을 만났다. 개별 면담시간은 30분에서 40분 사이였다고 검찰 조서에 기록돼 있다. 이날 대통령 일정은 숨 돌릴 틈 없이 바쁘게 돌아갔다.

대통령이 대기업 회장을 만난 삼청동 안가는 청와대와 담 하나를 경계로 지어진 대통령 비서실장 공관에서 10미터쯤 떨어져 있다. 청와대에서 걸어갈 수 있는 거리다. 나는 조선일보 기자 시절에 비서실장 공관과 삼청동 안가를 취재한바 있기 때문에 청와대 주변의 지리를 잘 안다.

대통령은 다음 날인 7월 25일이 토요일임에도 오전 10시에는 삼청동 안가에서 삼성그룹 부회장 이재용을, 오전 11시에는 LG그룹 회장 구본무를 만났다. 점심시간이 끝난 오후 2시에는 한화그룹 회장 김승연을, 오후 3시에는 한진그룹 회장 조양호를 만났다. 이로써 대통령과 대기업 회장 7명과의 단독회담은 끝났다.

그러나 1년 후, TV조선을 시작으로 대다수 언론이 미르재단 설립 과정의 의혹을 제기하자, 뒤늦게 수사에 착수한 검찰은 대통령이 대기업 회장 7명을 단독면담한 자리에서 문화와 체육재단 설립을 논의하고, 재단출연금을 내도록 강요했다고 발표했다.

검찰은 이 오찬 간담회가 열리게 된 경위와 성격, 간담회장의 분위기 등은 수사 과정에서 전혀 고려하지 않았다. 이 같은 검찰 수사가 수많은 언론의 허위보도와 안종범의 책임회피성 진술에 의존했다는 사실은 「제3장 검찰 수사와 안종범 업무수첩」 편에 기록했다.

## 원샷법과 검찰 수사

2015년 7월 9일, 국회 산업통상자원위원회 소속 새누리당 이현재 의원이 「기업활력 제고를 위한 특별법」을 발의했다. 이 법안의 골자는 조선·철강·석유화학 등 공급과잉 업종과 인공지능·의료기기 등 11개 분야의 신(新)산업에 한해, 기업합병과 분할 등 사업재편을 쉽게 할 수 있도록 상법·세법·공정거래법 등에 규정된 각종 규제를 특별법을 통해 한꺼번에 풀어주는 내용이다.

이 법안은 중·소형 기업을 대상으로 삼았고, 대기업의 경우에는 10% 정도가 적용 대상이었다. 때문에 중소기업의 구조조정에 「단비」가 될 것이라는 전망이 지배적이었다. 일본의 경우에도 기업들의 구조조정을 돕기 위해 1999년 「산업활력법」을 만들어 제조업에 활력을 불어넣은 바 있다.

그러나 당시 야당인 더불어민주당과 정의당이 대기업에 특혜를 준다는 이유로 법 제정에 반발하자, 박근혜 정부는 사업재편 목적이 경영권 승계일 경우에는 승인을 거부하기로 했고, 승인 이후에도 경영권 승계를 위한 목적임이 판명되면 세제상의 혜택을 취소함과 동시에 지원액의 3배에 달하는 과징금을 부과하는 견제장치를 마련했다.

이런 우여곡절을 거쳐 특별법은 이듬해 2월 4일, 국회 본회의를 통과했다. 재적의원 223명 중 찬성이 174명, 반대가 24명이었다. 발의된 지 7개월 만에 국회를 통과한 이 법을 정부가 공포하면서 2016년 8월 13일부터 시행에 들어갔다.

「기업활력 제고를 위한 특별법」은 시행한 날로부터 3년 동안 유효한 한시법으로 출발했다. 2019년 8월 12일 자정이면 법 자체가 소멸된다. 그러나 이 법이 대한민국의 경제발전에 도움이 된다는 사실은 문재인 정부가 2019년 7월 13일 법 개정안을 가결, 2024년 8월 12일까지로 5년 더 시효를 연장하고, 적용 대상 기업의 수를 확대한 점에서 확인할 수 있다.

대통령은 「기업활력 제고를 위한 특별법」 제정과 함께 「서비스산업발전 기본법」, 「노동개혁법」 등의 개정을 추진했다. 대통령은 법 제정을 통해 근로환경을 바꾸려했으나, 이에 극렬하게 저항한 세력이 민노총이다.

민노총은 1차적으로 특별법 시행을 저지하기 위해 하나의 선동구호를 만들었다. 대중의 호응을 얻기 위한 이 구호가 「원샷법」이라는 조어(造語)다. 특별법이 대기업의 구조조정 작업을 「한방」에 해결해 준다며 이렇게 이름 붙였다.

원샷법 시행을 앞두고 있던 무렵, TV조선에서 미르재단 설립과 관련한 의혹 보도를 시작했다. 「안종범 수석, 미르재단 500억 모금 지원」 (2016. 7. 26.)이라는 기사를 보도한데 이어, 8월 4일에는 「K스포츠·미르재단 대통령 행사 동원」이라는 후속 기사를 내보냈다. TV조선에서 시작한 일련의 기획폭로는 미르재단이 마치 전두환 대통령 시절의 일해재단인 것처럼 오해하게 만들었다.

9월 20일에는 한겨레신문이 「단독/ '권력의 냄새' 스멀…실세는 정윤회가 아니라 최순실」이라는 기사와 「대기업 돈 288억 걷은 K스포츠재단 이사장은 최순실 단골 마사지센터장」이라는 기사 2개를 동시에 내보냈다. 한겨레신문의 이 보도가 대통령 사건의 실체를 곡해하게 만든 전형적인 왜곡(歪曲) 기사다.

한겨레신문에 보도된 K스포츠재단 이사장 정동춘은 서울대 체육교육학과 출신이며, 서울대 대학원에서 스포츠 의학 분야 논문으로 석사와 박사학위를 받았다. 정동춘이 운영한 「CRC 운동기능회복센터」는 정형외과 물리치료실과 비슷한 기능을 하는 곳으로, 마사지센터와는 차원이 달랐다. 그러나 한겨레신문의 이 기사는, 아름답지 못하고 역겹다는 느낌이 최서원을 통해 대통령에게 전이되도록 하는데 큰 역할을 했다.

9월 29일에는 민노총과 행동을 같이하는 「투기자본 감시센터」라는 단체가 안종범 당시 청와대 정책조정수석과 최서원을 비롯해 미르 및 K스포츠재단의 대표 및 이사, 전경련(全經聯) 회장단과 64개 대기업 대표 등 총 87명을 뇌물혐의로 검찰에 고발장을 제출했다. 그 고발 근거가 바로 원샷법이다.

안종범과 최서원이 전경련 회장 등과 공모하여 미르와 K스포츠재단 등 두 개의 재단을 설립하고, 두 재단을 이용해 재벌들로부터 866억원의 뇌물을 받았으며, 대통령은 뇌물을 받은 대가로 원샷법을 통과시켜 주었다는 것이다.

고발장은 A4 용지로 18장이었다. 대부분의 내용은 박근혜 정부의 경제정책을 비판하는 민노총 주장을 그대로 인용한 것이고, 미르나 K스포츠재단과 관련된 내용은 2장에 불과했다. 그것도 TV조선과 한겨레신문 등에 보도된 허위기사들을 나열하는 수준이었다. 민노총 주장과 언론의 허위기사는 이처럼 맥을 같이했다.

이른바 촛불집회라는 광장의 광란(狂瀾)이 시작된 날은 2016년 10월 29일이다. 고발장이 제출되고 정확히 한 달 후다. 옥외집회나 시위를 하려면 집회 시작 720시간(30일) 전부터 48시간(2일) 전에 관할 경찰서장에게 집회신고서를 제출하게끔 되어 있다. 고발장 제출과 촛불집회 개최는 절묘하게 맞물려 있다.

고발장에는 대통령이 뇌물을 받은 사람으로 기재돼 있긴 했으나 고발대상은 아니었다. 현직 대통령은 헌법 제84조에 의거, 내란 및 외환의 죄 외에는 형사소추(刑事訴追) 대상이 아니기 때문이다. 고발장이 제출되자 검찰은 이 사건을 서울중앙지검 형사 8부(부장·한웅재 검사)에 배당했다.

검찰이든 경찰이든 수사기관에서 특정 사안이나 특정인을 조사하려면 법적 근거가 있어야 한다. 형사소송법 제223조(고소권자)에는 「범죄로 인한 피해자는 고소할 수 있다」라고 되어 있고, 형사소송법 제234조(고발)에는 「누구든지 범죄가 있다고 사료하는 때에는 고발할 수 있다」라고 규정돼 있다.

나는 최서원 사건의 「기록목록」에서, 맨 첫 부분에 해당하는 제1권 제1페이지에 이 고발장이 첨부돼 있음을 확인했다. 기록목록은 검찰이 언제, 무엇을 근거로 수사를 시작했고, 누구를 조사했으며, 어떤 자료를 수사에 참고했는지 등 수사 진행사항을 날짜별로 정리한 일종의 색인(索引)이다.

고발장을 제출한 「투기자본 감시센터」는 미국계 사모펀드인 론스타가 외환은행을 매각하던 2007년 무렵, 론스타의 주가조작을 고발하면서 세간의 주목을 받았다. 그러나 이 단체의 당시 대표 장화식이 론스타에 대한 비난을 중지하는 대가로 8억원을 받은 혐의로 구속됐다. 장화식은 징역 2년에 추징금 8억원을 선고받았다.

고발장에는 더불어민주당 오영훈 의원실에서 작성한 「재단법인 미르·K스포츠 모금 현황」이라는 문건이 증거자료로 첨부됐다. 이 자료에는 두 재단에 돈을 낸 기업 이름과 출연금 액수, 기부날짜들이 도표로 정리돼 있었는데, 검찰 수사 결과와 비교하면 출연금 액수와 기부날짜가

다 틀렸다. 증거자료 자체가 허위인 셈이다.

미르재단과 K스포츠재단에 출연금을 낸 기업은 삼성을 비롯한 16개 그룹과 그 계열사이며, 출연금 총 액수가 774억(미르재단 486억+K스포츠재단 288억)이라는 점은 검찰 수사에서 확인되었다. 때문에 검찰은 고발장에 기재된 뇌물액수 866억원이 가공의 숫자라는 사실을 파악하고 있었다.

고발내용이 사실이 아니면 검찰은 무혐의 처분을 내려야 한다. 검찰은 그러나 고발장 제출을 기다리고 있었다는 듯, 신속하게 수사에 착수했다. 사실에 근거하지 않고, 고발인의 순수성이 의심되는 고발사건을 검찰이 임의로 수사했다면, 이는 검찰 수사와 공소권 행사에 있어서 공정성을 의심받게 한다.

최서원 피고인의 변호인 이경재 변호사는 2017년 2월 26일에 열린 재판에서, 재판부에 제출한 「이 사건 검찰 수사 및 공소권 행사상의 중대한 문제점」이라는 의견서에서 "이 사건은 고영태 등과 공모한 일부 언론인과 검찰 관계자, 그리고 정치인들이 연계되어 기획되고 추진되었다는, 누구나 합리적 의심을 할 수 있는 자료들이 현출되기 시작했다"라고 주장하며, 검찰에 고발인 진술조서를 제출해 줄 것을 요청했으나 검찰은 거부했다.

김수남 총장 체제의 검찰이 대통령과 그 주변을 압박할 수 있었던 법적 근거가 이 고발장이다. 검찰은 안종범과 정호성에 대한 조사가 필요하다며 청와대를 상대로 압수수색에 나섰다. 청와대를 향한 검찰의 압박은 줄기차게 계속되었고, 검찰의 무리한 수사를 보다 못한 법무장관 김현웅은 2016년 11월 23일 자진 사퇴하고 말았다.

이 무렵 우파 진영 일각에서는 헌법 제84조를 근거로 대통령을 겨냥한 검찰 수사를 강하게 비판했다. 이에 대해 대통령 사건의 1심 재판장 김세윤 판사는 최서원 피고인의 판결문(2018. 2. 13.)에서 헌법 제84조에 대해 이렇게 해석했다.

"헌법 제84조는 대통령이 재직 중에 내란 또는 외환의 죄에 해당하지 아니하는 죄를 범한 경우에는, 재직 중에 법원의 재판을 받지 아니한다는 의미로 해석함이 타당하며, 대통령에게 증인 자격으로 형사재판에 출석하지 아니할 특권이 있다는 의미로까지 해석하기는 어렵다.

나아가 설령 헌법 제84조를 대통령이 재직 중 형사재판에 증인으로 출석하지 않을 특권까지 부여한 것으로 해석할 수 있다 하더라도, 그것만으로 곧바로 대통령과의 공모관계를 전제로 한 공소제기 자체가 헌법 제84조에 위반된다고 볼 수도 없다."

검찰도 현직 대통령을 형사소추, 즉 재판에 회부할 수는 없지만 수사나 입건은 할 수 있다고 주장했다. 법원과 검찰의 논리라면 현직 대통령은 헌법 제84조에도 불구하고 수사대상이 될 수도 있고, 형사재판에 증인으로 출석해야 하며, 대통령과 공모관계가 있는 사건과 관련해서는 공소제기도 가능하다는 이야기다.

검찰 수사가 진행되던 도중, 특검(特檢) 출범이 거론되자 고발인인「투기자본 감시센터」는 2016년 11월 21일 성명서를 발표, "윤석열 검사가 특검 수사팀장으로 기여하여야 한다"고 주장했다. 검사 윤석열은 실제로 2016년 12월 2일 특검 수사팀장에 임명되었다.

고발장에 첨부된 증거자료의 근거가 된 언론기사의 생산 과정에 관여한 현직 검사가, 고발인이 희망하고 주장한 바에 따라 특검 수사의 실무를 총괄하는 수사팀장을 맡아 진행된 특검 수사는 그 태생부터 공정성과는 거리가 멀었음을 짐작할 수 있다.

## 대통령을 비방한 어둠의 세력들

대통령의 개혁정책을 비방하는 일단의 세력은 2013년부터 스멀스멀 기어 나오기 시작했다. 그 시작은 통합진보당 소속 국회의원 이석기의 구속이다. 이석기가 통합진보당 경기도당 모임에서 "한반도 전쟁에 대비해 국가 기간시설의 파괴를 위한 준비를 하자"고 선동했기 때문이다.

이석기에 대한 체포동의안은 2013년 9월 4일, 찬성 258표로 국회를 통과했고, 수원지방법원은 그 다음날 이석기에게 형법상 내란음모와 선동, 국가보안법 위반 혐의를 적용, 구속영장을 발부했다.

그로부터 한 달 후인 2013년 10월 24일, 고용노동부가 전교조(全敎組)에 대해 법외(法外) 노조라고 통보했다. 조합원 중에 자격이 없는 해직 교원 9명이 포함돼 있어, 노조(勞組)로 인정할 수 없다는 처분이었다.

같은 해 11월 5일, 대한민국 정부는 헌법재판소에 통합진보당에 대한 정당해산 심판을 청구했다. 헌법재판소는 1년 후인 2014년 12월 19일, 인용 8명 대(對) 기각 1명으로 인용을 결정했다. 헌법재판소는 통합진보당 소속 국회의원 5명에 대해서도 의원직 상실을 선고했다. 대법원은 2015년 1월 22일, 이석기에게 징역 9년과 자격정지 7년을 선고한 원심을 확정했다.

교육부는 2015년 10월, 중·고교 역사(한국사) 교과서의 국정(國定)화 방침을 발표했다. 교학사에서 출간한 한국사 교과서 내용 중에 상당수가 이념편향 논란을 일으킨 것은 물론, 내용 자체에도 오류가 많아 교과서로 부적합하다는 비판이 제기됐기 때문이다.

나는 기자 시절, 북한 김일성과 그 집안의 내력, 그리고 북한 정권의 탄생 과정을 취재한바 있다. 이때 내가 참고한 자료 중의 하나가 6·25

전쟁 때 미군이 평양 노동당사에서 확보한 「노획문서」였다. 도망가기에 급급했던 북한 정권이 다 태우지 못하고 남겨두었던 노획문서에는 북한 김정일이 자기 친형을 연못 속에 집어넣어 살해했다는 기록도 있다.

나는 제주 4·3사태, 여순반란사건(교과서에는 여수 10·19사건으로 명칭이 바뀌었음), 지리산에서 활동한 빨치산 남부군과 남부군 사령관 이현상에 대해서도 취재하면서 증거자료를 많이 입수했다. 그런데 내가 취재한 대한민국 건국의 역사와 한국사 교과서에 기재된 내용은 사실관계에서 너무나 달랐다. 일부 교과서는 북한의 시각과 입장에서 그릇된 역사를 기술했다.

왜곡된 우리 현대사를 바로 잡기 위해 박근혜 정부는 한국사 교과서에 한해, 국정화 방침을 정했다. 이에 문화예술계의 좌파세력들이 거세게 저항했다.

그렇지 않아도 대통령이 강력하게 추진한 대북(對北)정책은 북한을 추종하는 주사파 세력들에게는 큰 위협이었다. 그 중의 하나가 개성공단 폐쇄였다. 북한은 개성공단을 통해 총 6160억원(약 5억6천만 달러)의 현금을 확보했고, 이 돈은 핵무기와 장거리미사일 개발에 사용됐다.

대통령은 국민의 생명과 재산을 지키기 위해 개성공단 폐쇄라는 결정을 내렸다. 한겨레신문은 개성공단 폐쇄가 최서원의 작품이라고 보도했다가 최서원과 무관한 사실을 확인하고는 정정하는 해프닝도 있었다.

또 하나는 북한인권법 시행이다. 북한인권법은 2005년에 처음 발의되었으나 11년 동안 빛을 보지 못하다가 박근혜 정부에서 처음 시행됐다. 북한인권법 시행을 하루 앞두고, 2016년 9월 3일 열린 청와대 수석비서관회의에서 대통령은 이렇게 말했다.

"이제 9월 4일이면 북한인권법이 본격적으로 시행될 예정입니다. 정부는 북한 주민들에게 자유와 존엄을 누리며 살 수 있는, 삶에 대한 희망의 메시지를 전해 나갈 것입니다. 북한인권법은 북한 주민의 인권보호를 위해 「북한인권기록센터」와 「북한인권재단」을 설치, 운영해 북한에서 벌어지는 인권유린을 체계적으로 기록하는 것을 핵심 내용으로 하고 있습니다."

북한인권법 시행은 북한 주민들을 동요하게 만들고, 북한 정권의 붕괴를 예고하는 신호탄이었다. 대통령은 2016년 10월 1일에 있었던 국군의 날 기념식에서 대북(對北) 압박 수위를 한층 더 높였다.

대통령은 기념사에서 "북한 주민 모두가 인간의 존엄을 존중받고 행복을 추구하며 살아갈 수 있도록 최선의 노력을 다할 것"이라면서 "북한 주민 여러분들이 희망과 삶을 찾도록 길을 열어 놓을 것이고, 언제든 대한민국의 자유로운 터전으로 오시기를 바란다"고 촉구했다.

북한 정권이 붕괴되면 북한 추종 세력들은 그들이 동경하던 「마음의 고향」을 잃고, 돌아갈 곳이 없어진다. 때문에 그들은 현직 대통령을 끌어내리는 일에 운명을 걸 수밖에 없었다.

여기에 우파 진영의 일부 세력들이 대통령에게 등을 돌리게 하는 사건들도 발생했다. 대통령이 좌파 성향의 학자를 청와대 수석에 발탁하고, 호남 출신을 검찰총장에 기용한데 이어, 공무원연금에 손을 댄 것이다. 대통령은 2015년 공무원연금법을 개정했고, 개정된 법은 2016년 1월 1일부터 시행에 들어갔다.

우리나라 국민들의 노후(老後) 생활을 보장하는 공적(公的) 연금은 국민연금·공무원연금·사학연금·군인연금 등 4개다. 이 중 전(全) 국민을 대상으로 하는 국민연금 수령액이 상대적으로 적다보니 공평한 노후 보장을 위한 논쟁은 오래전부터 있어왔다.

연금 지급의 형평성 문제와 연금지원에 따르는 정부재정 부담을 줄이기 위해 대통령은 1차로 공무원연금을 개정하고, 계속해서 사학연금과 군인연금까지 손보려 했다. 하지만 워낙 저항이 거세, 공무원연금만 개정하는 선에서 끝나고 말았다.

2013년부터 통진당과 전교조에서 시작한 반정부 투쟁에 원샷법 반대를 외치는 민노총이 힘을 보태면서 세력이 커지기 시작했다. 민노총과 행동을 같이하는 전농(全農; 전국농민조합총연맹)이 가세했고, 전국공무원노동조합은 자기들의 기득권을 지키기 위해 이들 세력과 연대했다. 대진련(대학생 진보연합)을 비롯한 종북 추종세력들은 "주한 미군 철수"를 외치며 거리에 나왔다.

모습을 드러내지 않고 어둠 속에서 대통령을 비방하는 세력도 있었다. 내 밥그릇과 숟가락에 손을 대는 개혁작업에는 저항세력이 있기 마련이다. 천지사방에 대통령의 적(敵)들이 창궐했다. 이에 편승한 정치권의 일부 세력은 언론의 허위기사를 빌미로 대통령 탄핵소추안을 통과시켰다.

이러한 호재(好材)를 맞이하자 어둠의 세력들은 밤마다, 이른바 촛불이라는 것을 들고 광장에 나와, 현직 대통령의 목을 효수(梟首)하는 탄핵세력이 되었다. 이들이 국민을 선동하기 위해 외친 구호가 "세월호 7시간"이다. 사회자가 "세월호"라고 선창하면, 군중들은 "일곱 시간"이라고 열렬히 호응했다.

## 세월호 괴담과 "고맙다"는 의미

　세월호 사건은 2014년 4월 16일, 인천에서 제주로 향하던 여객선 세월호가 전남 진도 인근 해상에서 침몰하면서 승객 304명(전체 탑승자 476명)이 사망·실종된 대형 참사다.
　검경(檢警) 합동수사본부는 2014년 10월, 세월호 침몰 원인에 대해 화물 과적(過積), 무리한 선체 증축, 평형수(배의 균형과 복원력을 유지하기 위해 사용하는 물) 부족, 고박(화물이나 컨테이너를 선박에 고정시키는 것과 화물을 컨테이너에 넣고 고정시키는 것 모두를 뜻하는 선박 용어) 불량, 조타수의 운전 미숙 등이라고 발표했다. 이렇게 되면 배는 침몰할 수밖에 없다.
　그럼에도 있지도 않은 색다른 진실을 찾겠다며 2014년부터 2020년까지 여덟 차례나 더 조사가 이뤄졌다. 잠수함 충돌설이라는 어처구니없는 주장이 한때 풍미했다. 명문대 교수까지 나와 이런 주장을 폈다. 처음엔 미(美) 핵잠수함 충돌설이 돌더니, 나중엔 우리 해군 잠수함과의 충돌설로 바뀌어 유포됐다.
　우리 해군이 잠수함 무사고(無事故) 세계 신기록을 세우기 위해 숨긴 것이라는 황당한 주장까지 나왔고, 한 TV 방송은 어느 네티즌의 잠수함 충돌 주장을 1시간가량 특집으로 보도했다. 하지만 세월호를 인양해 보니 어떤 충돌 흔적도 발견되지 않았다. 그러자 "보이지 않는 반대편에 흔적이 있을 것"이라는 주장이 제기됐는데, 세월호를 바로 세워보니 그런 흔적조차 없었다.
　잠수함이 자신보다 몇 배나 큰 배를 침몰시킬 정도로 충돌했으면 잠수함도 침몰했거나 승조원들이 대거 죽거나 중상을 입었을 것이다. 이것을 숨길 수 있다고 생각한다면 도저히 제정신이라고 할 수 없다.

사고 현장엔 가짜 기자까지 나타나 "정부가 구조를 막고 있다"는 괴담(怪談)을 퍼뜨렸다. 다이빙 벨이라는 장비가 마치 특효인 듯이 방송한 TV 앵커가 인기를 누렸으나, 나중에 보니 쓰기도 힘든 장비였다.

"박근혜 정부가 일부러 인양을 지연시키고 있다"는 설, 국가정보원 개입설도 있었다. 제주 해군기지 건설용 철근 때문에 침몰했다는 철근 괴담까지 나왔다.

문재인 정부의 특별지시로 2019년 11월에 출범한 검찰 세월호 참사 특별수사단은 세월호 유가족과 사회적 참사 특별조사위원회(약칭·사참위. 가습기살균제 사건과 4·16 세월호 참사 특별조사위원회를 합친 위원회) 등이 제기한 의혹을 모두 17가지로 분류해 1년 2개월 동안 수사했다.

특수단 단장인 서울고검 검사 임관혁은 수사 결과 발표(2021. 1. 19.)에서 "제기된 모든 의혹에 대해서 조사하고 검토해 사실관계를 철저히 확인하고자 했다"면서 "해경 지휘부의 구조책임 문제와 청와대의 세월호 특별조사위원회 활동 방해사건 등 2건은 재판에 넘겼고, 15개의 의혹에 대해서는 모두 무혐의 처분했다"고 밝혔다. 이로써 세월호 사건의 의혹은 모두 정리됐다.

세월호 참사를 둘러싼 우리 사회 일부 계층의 광기(狂氣)어린 행태에 대해 조선일보는 사설(2021. 1. 22.)에서 이렇게 비판했다.

"2016년 '나꼼수' 출신 김어준씨는 박근혜 정부가 세월호를 일부러 침몰시킨 뒤 항적(航跡) 데이터를 조작했다는 이른바 '고의 침몰설'을 주장했다. 김씨는 이 황당한 주장을 담은 영화를 직접 제작했는데 54만명이 넘는 관객이 봤다.

해양수산부가 항적 조작은 불가능한 일이라고 했지만 괴담은 계속 퍼져나갔다. 결국 이번에 검찰이 상당한 시간과 예산을 들여 다시 규명해야 했다. 검찰 세월호 참사특별수사단은 19일 "세월호 항적 조작 의혹은 사실이 아니다"라고 발표했다.

항적은 선박자동식별장치(AIS)를 통해 선박 상호 간 또는 기지국에 자동 송신된다. 다른 나라 배와 기지국도 동일한 데이터를 갖게 된다. 검찰 특수단 관계자는 "김어준씨 말이 맞으려면 당시 정부가 전(全) 세계 기지국 데이터를 모두 조작했어야 한다"고 했다. 가능한 일인가.

그런데 정부가 일부러 세월호를 침몰시켰다고 믿고 싶은 사람들은 검찰 발표를 못 믿겠다며 오히려 고개를 더 쳐든다. 애초 이들에게 진실은 관심사가 아니다. 그 사이 김씨가 만든 영화는 44억원이 넘는 매출을 올렸다.

큰 사고가 나면 여러 의문을 가질 수는 있다. 그러나 최소한의 상식에 근거해야 한다. 과학적 근거와 사실이 드러나면 정상적인 사람들은 이를 인정한다. 그런데 괴담을 만들고 퍼트리는 세력은 '사실'엔 관심이 없다.

이들은 광우병, 천안함, 사드(THAAD · 고고도 미사일 방어체계) 등 건수만 생기면 괴담을 만들고 부풀린다. 처음부터 '정치'이고 '투쟁'이기 때문에 자기 주장이 허위로 판명 나도 조금도 부끄러워하지 않는다. 지금 한국은 이런 사람들이 권력을 잡고 돈까지 벌고 있다."

세월호 사고와 관련해서는 그동안 검찰 수사와 국회 국정조사, 감사원 감사, 해양안전심판원 조사, 세월호 특조위 조사, 세월호 선체조사위 조사 등 이미 일곱 기관에서 8차례에 걸쳐 조사와 수사를 해왔지만, 대부분의 의혹은 무혐의나 무죄로 결론이 났다. 하지만 2020년 12월, 여당 주도로 국회에서 세월호 특검법이 통과돼 9번째 수사가 예정돼 있다.

서울고법 형사13부(재판장 구회근)는 2020년 12월 17일, 세월호 특별조사위원회 활동을 방해한 혐의로 1심에서 유죄가 선고된 청와대 비서실장 이병기와 청와대 정무수석 조윤선에게 무죄를 선고했다.

1심은 이병기와 조윤선이 박근혜 대통령의 7시간 행적 조사 등을 막기 위해 해수부 공무원들에게 대응 문건을 만들도록 지시하고, 세월호 특조위에 파견된 해수부 공무원들을 일괄 복귀시켜 위원회 활동을 방해한 일부 혐의에 대해 직권남용이 성립한다고 판단, 각각 징역 1년에 집행유예 2년을 선고했다.

그러나 항소심 재판부는 1심이 직권남용에 대한 법리를 잘못 해석했다고 판단했다. 상급자의 직무집행을 단순히 보조할 뿐인 실무담당자는 직권남용의 대상이 될 수 없다는 대법원 판례를 따른 것이다.

항소심 재판부는 "직권남용이 성립하기 위해서는 상대방에 대해 법령상 의무 없는 일을 하게 한 때에 해당해야 한다"며 "피고인들로부터 지시를 받은 해수부 공무원들은 단순 실무담당자로 보이고, 이들에겐 법령상 직무에 관한 고유한 권한과 역할이 부여돼 있지 않아 이들에 대한 지시는 의무 없는 일을 하게 한 때에 해당할 수 없다"고 판시했다.

국가정보원도 의혹해소에 동참했다. 국정원은 2021년 1월 19일 "오는 20일부터 사회적 참사 특별조사위원회와 함께 국정원에 보관 중인 세월호 전체 자료들의 목록에 대한 열람을 시작한다"고 발표했다.

국정원은 사참위 요구에 따라 국정원이 보유한 세월호 관련, 주요 자료를 전달했지만, 사참위는 "이것으로는 부족하다. 의심을 해소할 만한 자료가 없다. 부실자료를 준 건 유족을 무시하는 행위다"라며 반발했다. 이에 국정원은 「세월호」 또는 「세월號」란 단어가 포함된 모든 문서

목록(64만여 건)을 추출해 사참위가 열람할 수 있도록 결정한 것이다.

서울중앙지법 형사22부(재판장 양철한)는 2021년 2월 15일, 세월호 침몰 사고 당시 구조의무를 다하지 않아 승객 304명을 사망하게 하고 172명을 다치게 했다는 혐의(업무상 과실치사상)로 재판에 회부된 김석균 전 해양경찰청장 등 해경 지휘부 9명에게 무죄를 선고했다.

판결문에 의하면, 세월호는 2014년 4월 16일 오전 8시49분에 침몰하기 시작했고, 해경(海警)은 오전 8시52분쯤 이 사실을 알게 됐다. 오전 9시30분 전후로 해경의 구조 헬기와 선박이 침몰 현장에 도착했다. 승객을 구조할 수 있는 「골든타임」은 오전 9시50분쯤까지였다. 해경에 주어진 구조 시간은 사실상 20분 정도였던 셈이다.

재판부는 판결문에서 "해경 구조본부는 오전 9시50분쯤 퇴선(退船) 관련 조치를 했고, 이는 당시 김석균 전 청장 등이 파악한 정보를 토대로 적절하게 내려진 것"이라며 "세월호의 침몰이 다소 늦어졌다면 많은 승객을 구조할 수도 있었을 것으로 보인다"고 밝혔다.

세월호 참사와 관련, 눈여겨 볼만한 만한 사건이 하나 있었다. 박근혜 대통령이 탄핵된 2017년 3월 10일, 당시 대선(大選) 주자였던 더불어민주당 대표 문재인이 전남 팽목항을 찾아가, 방명록에 "얘들아 너희들이 촛불광장의 별이었다"며 "미안하다. 고맙다"라고 적은 것이다.

나는 "무엇이 고맙다"는 것인지, 그 정확한 의미는 확인하지 못했다. 이에 대해 일부 언론에서는 "탄핵시켜줘서, 집권 가능성을 높여줘서 고맙다"는 뜻이라면 상당히 무책임한 궤변이 아닐 수 없다고 비판했다. 뜻하지 않은 불행을 당한 사람들에게 "고맙다"라고 표현하는 것 자체가 부적절할 뿐만 아니라 이들을 정치에 끌어들이는 것은 책임 있는 정치인이 할 행동이 아니라는 지적이다.

문재인은 2014년 8월, 세월호 특별법 처리를 둘러싸고 여야가 충돌하자, 26일 동안 단식투쟁을 벌인바 있다. 세월호 특별법 처리와 세월호 희생자 가족인 유민 아빠 김영오의 단식농성 중단을 촉구하기 위해서라는 명분을 내세웠지만, 사회 갈등을 조장하고 있다는 거센 비판을 받았다.

## 최서원의 경력과 재산관계

최서원(개명 전 이름은 최순실)은 1956년생이다. 박근혜 대통령보다 네 살 어리다. 최서원의 학력과 경력, 가족관계 및 재산 상태는 검찰이 작성한 제1회 피의자신문조서에 적혀 있다.

최서원에 대한 1차 조사는 서울중앙지검 부부장 김민형 검사가 담당했다. 조사는 2016년 10월 31일 오후 3시20분에 시작돼, 다음 날 새벽 1시35분에 끝났다.

다음은 일문일답이다.

**〈검사:** 피의자는 형사처벌을 받은 사실이 있는가요.
**최서원:** 1994년 건축법위반죄로 벌금 140만원을 선고받은 이후에는 없습니다.
**문:** 가족관계는 어떻게 되는가요.
**답:** 현재 제 딸 정유라(1996년생. 개명 전 정유연)가 독일에 있으며, 정유라가 최근에 출산한 손자 신OO(2015년생)와 함께 있습니다. 정유라는 전(前) 남편인 정윤회하고의 사이에서 낳은 딸이며, 현재 정윤회와는 이혼한 지 1년 반 정도 되었습니다. 일부 언론에서 제 아들이 있다는 식의 기사가 올라왔나 본데, 그것은 전혀 사실이 아닌 오보(誤報)입니다.
**문:** 학력은 어떤가요.
**답:** 동명여고를 졸업하고 단국대 영문과를 졸업하였습니다.
**문:** 피의자의 사회 경력은 어떤가요.
**답:** 대학을 졸업하고 서울 압구정동이 처음 막 개발될 때부터 제가 그곳에서 유치원을 하였는데, 약 15년에서 20년 정도 하였습니다. 유

치원 이름은 초이유치원이었는데 제 성을 따라 Choi 유치원으로 하였습니다. 그러다가 압구정동이 개발되고 유흥가가 들어서면서 다른 원장들은 경기도 분당으로 갔지만 저는 옮기지 않았습니다. 그러다보니 원생들이 줄게 되어 유치원은 더 이상 할 수 없었고, 그래서 2010년 정도에 유치원은 그만두고 그 자리에 건물을 리뉴얼하였는데 그게 미승빌딩입니다.〉

변호인단(이경재 · 오태희 · 최광휴 · 권영광 변호사 등 4명)에 의하면, 최서원은 대학 졸업 후 서울 압구정동에 위치한 개척교회의 2층을 빌려, 초이유치원을 개설했다. 그러던 중, 미국 AMI(몬테소리 연구원) 교육 프로그램을 접한 최서원은 미국 몬테소리 협회에서 유치원 교육에 대한 체계적인 연수를 받고, 연수가 끝난 뒤엔 몬테소리 협회와 협약을 체결했다.

몬테소리 교육은 아동의 자기발달에 적합한 환경을 만들어 줌으로써 자율성을 키워주는 아동 중심 교육 프로그램이다. 최서원은 초이유치원 원아들에게 몬테소리 교육을 실시하는 한편, 국내 최초로 몬테소리 교사를 육성하기 위한 몬테소리 교육원(AMS)을 운영했다. 그 당시로는 획기적인 교육 방식이었다. 초이유치원은 서울 강남 일대의 부유층 자제들이 다니는 유명 유치원으로 자리 잡았다.

초이유치원은 2000년부터 초이스쿨이라는 인터넷 홈페이지를 개설하고, 몬테소리 교육 동영상도 제작했다. 하지만 원아 수가 계속 줄어들자 최서원은 2010년에 유치원 자리와 그 일대 땅을 사들여 새 건물을 지었다. 대지 661㎡(약 200평)에 지하 2층, 지상 7층으로 지은 건물이 미승빌딩이다.

나는 최서원이 구속된 후, 여러 차례 미승빌딩을 찾아갔다. 최서원의 재산 상태와 주변의 평판을 취재하기 위해서다. 나는 미승빌딩을 관리하고 있던 최서원의 여비서를 비롯, 초이유치원에서 근무했던 직원들을 만났다. 이들은 최서원에 대해 "돈은 많으나 허투루 쓰지 않는 꼼꼼한 스타일이었다. 다소 괄괄한 성격이 흠이라고 할 수 있다"라고 말했다.

서울 강남구 압구정동 한양아파트 맞은편에 위치한 미승빌딩은 압구정동 로데오거리와 가까웠다. 번화가에 위치해 상권(商圈)은 좋았다. 하지만 미승빌딩 앞 도로는 승용차 2대가 지나치지 못할 정도로 협소했다. 부동산 등기부등본을 떼보니, 최서원은 미승빌딩을 담보로 제공하고 2012년 외환은행에서 3억9000만원을, 2014년엔 국민은행에서 3억1200만원을 융자받은 것으로 기록돼 있었다.

최서원은 복층 구조로 꾸며진 미승빌딩 6층과 7층에서 살았다. 그가 구속된 후에는 딸 정유라가 어린 아들을 키우며 그곳에서 살고 있었다. 5층은 빌딩관리를 위한 사무실이고, 1층부터 4층까지는 임대용 상가였다. 3층은 영업 중이며, 2층과 4층은 텅 비어있었다. 1층도 음식점 한 곳만 영업 중이었다.

다음은 최서원의 재산 상태에 대해 김민형 검사가 신문한 내용이다.

**〈검사:** 피의자의 국내 부동산 재산에 대하여 확인한 결과, ① 서울 강남구 언주로 ○○○길 ○○의 대지 및 지상 건물(미승빌딩), ② 경기 하남시 하산곡동 ○○○-○○ 대지 및 지상 건물, ③ 강원 평창군 용평면 이목정리 ○○○~○○○ 소재 전답, ④ 강원 평창군 용평면 도사리 ○○○, ○○○ 등의 임야 및 목장 용지 등을 보유하고 있는데 어떤가요.

**최서원:** 미승빌딩은 원래 유치원을 30년간 운영하던 곳으로 주거하

고 있던 빌딩이고, 경기 하남 집은 좀 한적한 곳에 살고 싶어 3년 전에 구입한 단독주택입니다. 강원도 용평 이목정리는 주로 밭인데, 하남 집을 사기 전에 시골생활을 좀 해 보려고 구입했던 곳이고, 용평 도사리 소재 목장부지는 딸이 승마를 했으니까 나중에 딸한테 말이나 키우고 살라고 사주었던 것인데, 정윤회씨하고 헤어지면서 흐지부지 되었습니다.

**문**: 위와 같은 부동산을 보유하게 된 경위는 어떠한가요.

**답**: 제가 그동안 여러 번 세금 조사를 받아서 자금원을 다 소명한 것으로 기억합니다만, 기본적으로 제가 강남에서 유치원 하면서 벌어드린 수입과 유치원 건물을 판매한 돈으로 구매하였던 것입니다.

**문**: 피의자는 독일 내에서 「The Blue-K」, 「비덱스포츠」, 「코뮬라」, 「코뮬러스AG」, 「ITK그룹」, 「WTG」등의 회사를 설립한 적이 있다고 하는데 맞는가요.

**답**: 독일에서 저하고 제 딸이 계속 체류를 하려면 뭔가 해야 하는데 저희가 주로 알고 있는 분야가 말(馬)이라서 그 쪽으로 사업을 해보려고 더블루-K라는 회사를 2016. 2. 29.경 설립하였는데, 사업이 쉽지도 않았고 제 딸이 그리 탐탁히 여기지 않아 최근에 폐쇄절차를 진행 중인 상태입니다.

비덱스포츠는 원래 승마 코치인 캄플라테(독일인)가 보유하고 있던 것인데, 저희가 체류자격을 구비하려면 독일에 뭔가 있어야 하기 때문에 저하고 제 딸이 캄플라테로부터 지분을 취득하였다가 저희가 체류자격을 구비하면서 이를 다시 캄플라테에게 돌려주었던 것으로 기억합니다. 그 외에 코뮬라, 코뮬러스AG, ITK그룹, WTG 등의 회사에 대해서는 전혀 알지 못합니다. 금시초문입니다.

**문**: 피의자는 슈미텐 지역에 「비덱 타우누스 호텔」, 승마학교 인근

의 주택, 쉰네 아우스지히트 지역 주택, 그라벤 바이센베르크 지역 주택 등 다수의 부동산을 보유하고 있다는데, 그 부동산들을 취득한 자금의 원천은 어떻게 되는가요.

**답:** 저도 그 기사를 본 기억이 있는데, 승마학교 인근의 주택은 저희가 보유한 것이 맞지만, 그 외에는 저희들 것이 아닙니다. 각종 언론에서 제 집이라고 보도된 것들 중에 제가 산 적도 없는 집들이 많습니다.〉

## 최서원 개인금고의 실상

나는 검찰이 작성한 피의자신문조서와 박영수 특검(特檢)의 발표 및 내가 취재한 사실을 근거로 최서원의 국내외 재산을 확인했다.

① 서울 강남의 미승빌딩; 한때 시가가 150억 내지 200억원이었으나, 검찰이 1심에서 선고(2018. 2. 13.)된 72억9427만원의 추징금을 확보하기 위해 미승빌딩을 가압류하는 바람에 팔리지 않았다고 한다. 최서원은 2019년 1월경, 옥중에서 미승빌딩을 126억원에 매각했다. 매각대금은 추징금 납부와 딸 정유라가 생활할 집 마련에 사용되었다. 최서원의 손을 떠난 미승빌딩은 그 후 두 차례나 더 주인이 바뀌면서 2020년 12월경, 232억원에 매각되었다.

② 경기 하남시 하산곡동의 대지 및 지상 건물; 대지 280㎡에 건평 99.61㎡의 단독주택이다. 변호인단에 의하면, 최서원은 이 단독주택을 판돈에 자신의 예금을 보태, 약 40억원을 은행 대여금고에 넣어두고 사용해 왔다고 한다. 대여금고 속에 보관돼 있던 돈은 최서원 구속 후, 최서원의 개인 변호사 맹○○와 최서원의 조카 장시호가 관리한 것

으로 검찰 조사에서 확인되었다.

장시호는 최서원이 귀국하기 전인 2016년 10월 26일 대여금고에 들어가는 장면이 CCTV에 잡혔다. 장시호는 검찰 조사에서 "대여금고에 있던 제 아들 출생신고서와 성명변경서, 여권 4개, 인감도장, 시계(로렉스) 2개, 물방울다이아 목걸이 1개를 갖고 나왔다"고 진술했다.

최서원은 은행 대여금고와 별도로 빨간색의 개인금고를 갖고 있었다. 이 금고의 존재를 특검(特檢)에 알린 사람도 장시호였고, 장시호 진술은 특검 대변인 이규철의 브리핑을 통해 언론에 공개됐다. 종편에 출연한 많은 시사평론가들은 특검 브리핑을 근거로 "아직 찾지 못한 빨간 금고 안에 최서원 소유의 수많은 재산 목록과 비밀서류 등이 들어 있다"고 논평했다.

서울중앙지검 용성진 검사실의 고동주 수사관(검찰주사보)이 서울 송파의 물류창고에서 최서원의 빨간색 금고를 압수수색한 날은 2016년 11월 7일이다. 특검 수사가 시작되기도 전이다. 고동주는 빨간 금고 안에서 별다른 증거들을 발견하지 못했다. 검찰은 빨간 금고의 실체를 이미 알고 있었으나 공개하지 않았고, 장시호 진술에 근거했다는 특검의 허위 브리핑으로 인해 가짜 뉴스만 양산하는 꼴이 되었다.

③ 강원도 평창군 용평면 이목정리 소재의 전답; 지목은 전답(田畓)으로 총 면적은 1만8713㎡(5670평)다. 대통령이 퇴임 후에 거처할 「아방궁」이라고 언론에서 보도한 그 땅이다. 진입로는 아예 없고, 근처까지 갈 수 있는 샛길은 있었으나 다 막혀 있었다. 핸드폰은 아예 터지지 않는 산골 오지였다.

2016년 1월 기준으로 이 일대 개별 공시지가는 ㎡당 최고 3만4500원이었다. 공시지가로 계산하면, 이 전답(田畓)의 가치는 6억4560만원(34500원×18713㎡)으로 추정된다.

④ 강원도 평창군 용평면 도사리 일대 임야 및 목장 용지; 총 면적이 17만9834㎡(5만4491평)이며, 개별 공시지가를 기준으로 평가하면 5억1673만원이었다. 최서원은 이 목장을 담보로 제공하고 은행에서 6억원을 대출받았다.

그 외에 최서원이 구입한 것으로 보도된 독일의 「비텍 타우누스」 호텔은 10여 개의 원룸을 갖춘 일종의 모텔이었다. 모텔이 위치한 독일 슈미텐 지역은 한국의 강원도처럼 조용한 시골마을이라고 검찰 조서에 기록돼 있다. 이 모텔은 「코어스포츠」라는 회사가 매입했다.

코어스포츠는 최서원이 독일에 장기 체류하기 위해 인수한 승마 운영회사다. 본래 이름은 「마인제 959」였다. 최서원은 2015년 7월 17일, 독일계 승마인 캄플라테에게 1만7500유로(당시 우리 돈으로 2100만원 상당)를 지불하고, 회사 지분 100%를 사들였다. 그 후 회사 명칭이 코어스포츠를 거쳐 비덱스포츠로 바뀌었고, 한국계 독일인 박승관 변호사와 독일인 쾨이퍼스가 공동 대표이사로 등재됐다.

코어스포츠는 일본 동경올림픽(2020년 개최) 승마 종목에 출전할 한국 선수 6명을 승마 종주국인 독일에서 전지훈련을 시키기로 하고, 2015년 8월 26일 삼성전자와 용역계약을 체결했다. 코어스포츠는 독일 KEB하나은행에 개설된 계좌를 통해, 분기마다 한 번씩 용역대금을 받았다.

코어스포츠는 독일에서 훈련할 한국 승마선수단의 공동 숙소로 사용하기 위해 「비덱 타우누스」 모텔을 구입했다. 승마의 경우, 선수 한 명을 출전시키려면 전담 트레이너와 매니저, 말 관리사 등 적어도 3~4명의 지원 인력이 필요하기 때문이다.

최서원의 독일 내 재산은 「비텍 타우누스」 모텔 인근에 위치한 단독주택 한 채 뿐이었다. 최서원은 딸 정유라가 결혼식도 올리지 않은 상태에서 2015년 5월 8일 아이를 출산하자, 정유라를 국제적인 승마 선수로 키우면서 독일에서 말 사업을 하려고 이 주택을 구입했다.

출산 후 어느 정도 산후조리를 마친 정유라는 2015년 6월 30일, 갓 태어난 아기와 아기를 돌볼 가사도우미와 함께 인천공항을 통해 독일로 출국했다. 바로 이날, 최서원은 한국에서 키우던 말 네 마리 모두를 배편으로 독일에 보냈다. 이 중 두 마리는 정유라가 2014년 인천 아시안게임에서 금메달을 딸 때, 탔던 말이다. 이런 사실은 법정에서 다 공개된 내용이다.

만약, 더불어민주당 안민석 의원의 주장대로 최서원이 독일에 300개 내지 400개의 기업을 갖고 있으며, 그 재산이 3조 내지 300조에 달한다면, 최서원은 마인제 959라는 회사나 집을 살 필요가 없었을 것이다.

독일에서 석 달 동안 최서원의 운전기사 역할을 했던 노승일(K스포츠재단 부장)은 최서원의 독일 내 행선지를 잘 아는 사람이다. 안민석 의원이 최서원의 독일 재산을 찾겠다며 전(前) 대구지방국세청장 안원구와 함께 추적팀을 만들 때, 노승일은 합류하지 않았다고 법정에서 증언했다. 독일에 최서원의 재산이 없다는 것을 알고 있었기 때문이다.

박영수 특검(特檢)은 2017년 3월 6일, 최순실 사건 수사 결과를 발표하면서, "최순실 일가의 총 재산이 2730억원"이라고 공개했다. 특검은 "최순실과 그의 전(前) 배우자 부모와 그의 형제자매 및 그들의 배우자, 직계비속 등 70명(생존자 64명, 사망자 6명)의 부동산과 동산, 소유 및 점유 재산 일체를 대상으로 조사했다"고 밝혔다.

특검 발표문을 자세히 살펴보면, 최서원 일가의 재산 총계는 2730억원이었으나, 그 중에서 최서원 개인 명의의 재산은 1/10에 불과한 228억원이라고 적혀 있다. 토지 및 건물 등 모두 36개의 거래 신고가를 합산한 게 이 정도라고 특검은 발표했다.

그러면서 특검은 "최순실과 그 일가 중 확인된 일부 대상자의 2017년 현재 예금 등 금융자산은 약 500억원"이라고 밝혔으나, 최서원 개인의 금융자산이 정확히 얼마인지는 확인이 불가하다는 식으로 두루뭉술하게 넘어갔다.

특검의 이 발표에 대해 대부분의 언론은「최순실 일가 재산」을「최순실 개인 재산」으로 둔갑시켰다. 한 매체는「최순실 재산 2730억원…토지 건물만 36개」라고 보도했다. 기사 본문에는 최순실 일가의 총 재산 규모가 2730억원이라고 써놓았지만, 제목에서는「일가」라는 단어를 빼버렸다.

또 다른 신문은「특검, 최순실 재산 2700억원…모두 파악 안돼」라고 보도했다. 이런 선동식 보도를 접한 국민들은 최서원의 개인 재산이 2730억원이고, 모두 부정한 방법으로 축적된 재산이라고 오인할 수밖에 없었다.

## 대통령과 최서원의 40년 인연

박근혜 대통령과의 관계에 대해서는 최서원의 제4회 피의자신문조서에 기록돼 있다. 조사는 서울중앙지검 특수3부 소속 최영아 검사가 담당했다. 신문조서에 기록된 최서원의 진술은 이렇다.

【1974년 육영수 여사 서거 당시에 박근혜 대통령이 큰 슬픔에 빠졌던 것으로 알고 있고, 당시에 저도 육영수 여사를 상당히 따르고 좋아했기 때문에 박근혜 대통령을 보면서 마음이 아팠습니다. 그 후 어머니를 잃은 슬픔을 잊으려는 듯이 박근혜 대통령이 새마음운동 등 봉사활동을 적극적으로 하셨는데, 1976년 제가 대학에 입학했을 때부터 옆에서 위와 같이 열심히 활동하시는 박근혜 대통령님의 모습을 지켜보면서 "저렇게 슬프고 힘든 일을 겪으신 분도 열심히 활동하시는데 내가 옆에서 잘 모시면서 나도 열심히 활동해야 겠다"는 생각이 많이 들었습니다.

　그래서 대학활동을 할 때는 퍼스트레이디 역할을 하는 분이기 때문에 개인적으로 친하게 지낸다기보다는 지근거리에서 모시는 관계였습니다. 당시 저의 박근혜 대통령에 대한 마음은 동경심 반(半), 안타까워하는 마음 반이었습니다. 1979년 박정희 대통령이 서거하시고 나자 어머니를 잃은 슬픔을 겨우 달래가던 박근혜 대통령이 큰 정신적 충격을 받았었습니다. 당시 연락조차 드리기 힘들어서 제가 힘내시라는 취지의 편지는 많이 보내드렸는데 받으셨는지 못 받으셨는지 답장은 받지 못했습니다.

　게다가 당시에 쿠데타(12·12사태) 직후 박정희 대통령과 가까이 있던 사람들에 대한 사정활동이 있었는데 저희 가족들도 당시에 고초를 겪었습니다. 저의 아버지 뿐 아니라 저의 가족들이 모두 힘들어 해서 상당기간 연락을 하지 못했습니다.

　그러던 중 1998년경 박근혜 대통령 보궐선거 당시에 저희 식구들 외에 옆에서 지켜주던 사람이 별로 없었고, 당시 선거 상황도 좋지 않아서 힘들었던 시기를 같이 지냈습니다. 그 후에 왕래가 자주 있었고 친하게 지내다가 2007년 이명박 대통령과 경선 때 도와달라고 하여 선거운동을 도왔는데, 그 기간 중에 김해호라는 사람이 저와 가족들을 육영재단 자금을 횡령했다는 등 허위사실로 기자회견을 하면서 괴롭히는 사건이 있었습니다.

(필자 주; 김해호는 이명박·박근혜 후보가 경쟁했던 2007년 한나라당 대통령후보 경선 때, 박근혜 후보와 최태민 일가의 확인되지 않은 의혹을 제기했다가 명예훼손 혐의로 감옥살이를 한바 있다.)

그 이후로 저희 집 가족들은 전부 박근혜 대통령 곁으로 안 가겠다고 저한테도 가지 말라고 했었습니다. 그 후에 2012년 대선(大選) 때 다시 박근혜 대통령으로부터 도와달라는 부탁이 있었고, 어떻게 보면 지금 저와 마찬가지로 부모도 없고 형제들도 모두 뜻이 안 맞아서 홀홀단신(표준말은 혈혈단신)인 박 대통령의 부탁을 거절할 수 없었습니다. 그래서 2012년 12월 선거기간 동안 도와드리면서 모셨습니다.】

대통령 취임 이후의 관계에 대해 최서원은 이렇게 진술했다.
최영아 검사와의 일문일답이다.

**〈검사:** 박근혜 대통령과는 개인적으로 연락을 하는 사이인가요.

**최서원:** 2014년 이후에 대통령님이 비서관(정호성)을 통해서 저한테 전화를 하시거나 저희 건물 사무실로 메모를 남겨주시면 제가 그 전화번호로 연락하여 통화를 하고는 했는데, 비서관 전화였습니다. 먼저 전화 드린 적은 없습니다.

**문:** 비서관 전화로 박근혜 대통령과 통화한 것인가요.

**답:** 아닙니다. 제가 비서관에게 이야기를 하면, 제 이야기를 비서관이 대통령님께 그대로 전해드리는 것입니다.

**문:** 피의자는 박근혜 대통령과 자주 만나기도 하였는가요.

답: 1998년경 경선 이후에는 왕래가 자주 있다가 정권 바뀔 때마다 저희 집안은 편치 않아서 연락을 잘 안했고, 2012년경 대선을 도와주면서 다시 만나게 되었습니다. 그때까지는 유연이 아빠(정윤회)가 곁에서 보좌했기 때문에 저를 따로 찾지는 않으셨습니다.

청와대에 들어가시고 나서는 제가 처음에는 청와대에 들어가거나 하지는 않았습니다. 시간이 좀 지나고 나서 제가 이혼 후 저도 힘들어서 외국에 나가서 살까 하는 생각도 하고 있었습니다. 그때 청와대 비서관으로부터 저한테 청와대로 들어오라는 연락을 받았는데 들어갔더니 당시 대통령이 몸이 많이 편찮으셨습니다. 그 후로 몇 번 뵌 적은 있습니다.〉

최서원의 전(前) 남편 정윤회는 대통령이 1998년 달성 보궐선거에 출마할 때 지역구 사무실을 관리했고, 그 무렵 대통령의 식사와 잠자리를 챙겨준 사람은 최서원과 그의 어머니 임선이였다. 최서원은 그가 쓴 「나는 누구인가」라는 책에서 당시 대통령의 선거운동을 이렇게 적었다.

"박 대통령은 늘 새벽 5시면 일어나 AFKN 영어 라디오를 들으면서 유세를 나갈 준비를 하셨다. 아침 식사는 시리얼과 우유 등으로 대체해서 달리 어머니가 도와드릴 일이 없었다. 저녁에 돌아오면 발이 퉁퉁 붓고 발뒤꿈치는 까져서 피멍이 드는 나날의 연속이었다. 또 악수를 많이 하다 보니 가느다란 손목이 퉁퉁 부어서 고통이 이루 말할 수 없었던 같았다.

그 분은 자신이 할 수 있는 일은 가능한 많은 주민들을 직접 만나는 것이라 생각했다. 하루 종일 주민들을 만나 손을 맞잡고, 정치 소신을 얘기하며 유세를 이어갔다. 아침 일찍부터 시작해서 저녁 10시경이 돼서야 끝나는 일정을 꿋꿋하게 소화해 나가셨다. 본인이 생각하고 있는 소신대로, 그 철학대로 이루어낸 첫 정치 실험대였다."

김두영은 1971년부터 1989년까지 박정희 대통령의 청와대에서 18년간 제2부속실 행정관으로 근무했다. 제2부속실은 대통령 가족들을 뒷바라지하는 부서다. 김두영은 2014년 「가까이에서 본 인간 박정희, 인간 육영수」란 책을 출간했다.

김두영은 보궐선거에 출마한 대통령을 격려하기 위해 1998년 달성 선거사무실을 찾아간 적이 있다고 했다. 김두영은 "찾아오는 사람이 거의 없는 사무실을 정윤회 혼자서 지키고 있더라"고 말했다. 정윤회는 국회의원에 당선된 대통령이 국회 보좌진을 꾸릴 때 비서실장 역할을 했으나, 대통령이 한나라당 대표가 된 2004년부터 대통령 곁을 떠났다.

## 최서원이 '최 원장'으로 불린 사연

그러면, 대통령은 최서원과의 관계에 대해 뭐라고 진술했을까.

박근혜 대통령은 모두 다섯 차례에 걸쳐 검찰 조사를 받았다. 구속되기 전에 한 번, 그리고 구속된 이후에 서울구치소에서 네 번 더 조사를 받았다.

대통령이 첫 조사를 받은 날은 2017년 3월 21일로, 헌법재판소의 탄핵결정이 있고나서 11일이 지나서다. 대통령을 1차 조사한 사람은 서울중앙지검 형사8부장 한웅재 검사와 특수1부장 이원석 검사였다. 검찰은 첫 조사 때부터 대통령을 「피의자」로 취급했다.

제1회 피의자신문조서에 의하면, 대통령은 이날 오전 9시43분부터 밤 11시38분까지, 약 14시간동안 서울중앙지검 10층에 위치한 영상녹화조사실(1001호)에서 조사를 받았다. 조사 도중, 점심 식사를 위해 1시간 7분, 저녁 식사를 위해 1시간 35분의 휴식시간이 주어졌다.

1차 조사에서 검찰은 대통령에게 최서원을 언제, 어떻게 알게 되었으며, 어떻게 호칭했는지를 신문했다. 다음은 일문일답이다.

**〈검사:** 피의자는 최순실을 언제 어떻게 알았습니까.
**박근혜:** 최순실을 알고 지낸 것은 오래 되었습니다. 제가 가족이 없다보니 가족이 있으면 챙겨줄 옷이나 생필품 등 소소한 일들을 최순실이 조용히 도와주었고, 오랫동안 도와주다 보니 제 생각도 비교적 잘 이해하는 편이어서 가끔 청와대에 들어와서 밖의 여론도 저에게 들려주곤 하였습니다.

**문:** 피의자는 최순실을 어떻게 호칭합니까.
**답:** 최순실이 유치원을 한 적이 있기 때문에 '최 원장'이라고 불렀습니다.

**문:** 피의자는 최순실과 친분관계를 계속 유지해오면서 공·사간에 도움을 받은 사실이 있습니까.
**답:** 사적인 것은 위에서 말씀드렸고, 공적이라고 하면 제가 대선(大選)을 치를 때 여러 가지 캠페인도 하고 연설도 하고, 할 일이 많았는데 최순실은 저의 말이 국민에게 좀 더 쉽게 이해될 수 있도록 말을 가다듬어 주는 데 감각이 있어서, 그런 일들에 대하여 도움을 조금 받았습니다.

**문:** 피의자는 대통령 재임 기간 동안 최순실을 언제, 어디서 몇 회나 만났습니까.
**답:** 정부 초기에는 이런저런 일들이 필요해서 비교적 여러 번 청와대 관저로 온 사실이 있고, 그 후로는 그런 일들이 없어서 뜸해졌습니다. 그

리고 제가 외국을 갈 때 의상 문제 등으로 청와대를 찾아온 적이 있는데, 제가 최순실을 관저 밖에서 만난 적은 없습니다.

**문:** 피의자는 최순실과 통화를 얼마나 자주 하였습니까.

**답:** 그렇게 자주 하지는 않았습니다.

**문:** 피의자는 최순실과 통화할 때 주로 어떤 내용으로 통화를 하였습니까.

**답:** 주로 의상 문제로 통화를 하였습니다. 그리고 다른 사적인 심부름을 시킬 때도 통화를 한 사실이 있습니다.

**문:** 최순실은 주변 사람들에게 "문화가 중요하다", "종합형 스포츠 클럽을 맡아서 운영할 재단이 있어야 한다"는 등의 말을 자주 하였다고 합니다. 재단설립에 대하여 최순실과 의견을 교환하거나 상의한 사실이 있습니까.

**답:** 최순실씨와 의논할 일도 아니고, 의논한 사실도 전혀 없습니다.

**문:** 최순실은 "대통령이 예전부터 문화재단을 만들어 지원하려는 강한 의지가 있었고, 전경련 기업들의 자금으로 문화재단을 만들려는 강한 의지가 있었다"고 합니다. 최순실에게 위와 같은 말을 한 사실이 있습니까.

**답:** 아니오, 그렇게 말한 사실이 없습니다.〉

대통령의 진술도 최서원의 진술과 다르지 않았다. 대통령에게 있어서 최서원은 같은 여성으로서 여성만이 느끼는 아픔과 아쉬움을 이해하고 챙겨주는, 그런 단순한 관계였다. 검찰 수사에 의하더라도 최서원이 만났던 청와대 직원은 정호성, 이영선(대통령경호실 경호관), 윤전추(대통령비서실 행정관) 등 본관 근무자뿐이었다.

최서원이 청와대 경제수석 안종범과는 단 한 번이라도 통화하거나 만난 사실이 없었다는 점은 검찰 수사에서 확인되었다. 사실이 이렇기 때문에 청와대 수석비서관이나 비서관 등은 최서원의 존재 자체를 모를 수밖에 없었다.

## 최태민 기사를 쓴 기자를 만나다

대통령 사건에서, 대통령의 이미지를 칙칙하고 어둡게 만든 사람이 있다. 최서원의 부친 최태민이다. 최태민은 1912년생이다. 일제(日帝) 강점기에 태어나 6·25전쟁을 체험한 구시대 사람이다. 최태민은 대통령이 국회의원이 되기도 전인 1994년 5월, 82세로 사망했다. 때문에 대통령 사건과 직접적인 관련은 없다.

그러나 최태민이라는 유령(幽靈)은 대통령 주변을 떠나지 않았다. 세간에서 대통령 사건의 진실을 곡해(曲解)하는 것도 최태민의 그림자 때문이다. 나는 대통령 사건을 취재하면서 대통령 주변에 어른거리는 최태민의 실체를 파악하려고 했다.

나는 서울 동부구치소에 수감돼 있던 최서원에게 아버지 최태민에 대한 모든 기억을 되살려달라고 부탁했다. 최서원은 이경재 변호사를 통해, 자필로 쓴 편지를 보내왔다. 그 내용은 이렇다.

"아버지는 일제 강점기에 태어나 6·25전쟁을 겪어야 했던 세대로, 크고 작은 어려움을 견뎌낸 삶들은 그 시대를 살았던 분들이 똑같이 경험한 일일 것이다. 그때는 모두가 하루 세끼를 먹고 살기가 힘들어 몸부림치던 시절이었다.

아버지는 나를 끔찍이 사랑해 주셨다. 고등학교 다닐 때 도시락을 가져가지 않았다고 버스정류장까지 뛰어와서 전해주던 아버지, 비가 오는 날이면 우산을 들고 마중 나오던 나의 아버지, 겨울에 언니 코트를 물려 입고 소매가 길어 민망해지자 슬그머니 새 코트를 사다 주던 아버지. 아버지는 내가 무엇을 힘들어 하는지 나의 마음까지 헤아려주고 함께 가슴 아파해 주셨다.

세간에서는 아버지가 박 대통령을 홀려 심령(心靈)을 움직였다고 쑤군대는데, 과학이 지배하는 시대에 어떻게 한 개인이 다른 사람의 마음을 좌지우지할 수 있다는 말인가. 중앙정보부에서는 아픈 아버지를 병상에서 끌어내 몇날 며칠 밤샘수사를 해나갔다.

사람들이 현혹되기 쉽도록 교묘한 의혹덩어리들을 만들어내고, 조작된 증거를 들이미는 방식으로 수사가 진행되었다. 아버지의 병세가 심해져 병원에 입원하자 병원 출입을 봉쇄하고 음식까지 검열했다. 가족들의 병원 출입마저 사전에 허가를 받아야 했다. 공포의 나날이었다.

1979년 10월, 신군부 측에서 먼저 아버지를 불러 조사했다. 그러나 범죄사실이 드러나지 않자 이번에는 아버지를 강원도로 보내 격리시켰다. '인제 가면 언제 오나'라는 말이 있을 정도로, 그 당시 강원도 인제(麟蹄)는 외지고 험한 곳이었다.

아흔아홉 굽이 인제 고개를 넘어야 강원도의 숨은 보안사 부대가 있었다. 아버지에 대한 그리움에 엄마를 따라 그 험한 고갯길을 넘어 아버지를 만나러 간 적이 있었다. 엄마와 나는 아버지를 만나자 아무 말도 못하고, 손만 부여잡고 울음바다를 이루었다.

특검(特檢)에서는 20년이 지난 아버지의 장례를 또 언급했다. 장례를 조용히 치른 이유가 뭐냐는 것이었다. 어이가 없어 피가 거꾸로 솟아오를 지경이었다. 어떤 이들은 상(喪)을 당하면 널리 알리고 조문객을 받기도 하지만, 아버지는 조용히 가족끼리 장례를 치르길 원하셨고, 우리는 그 뜻을 따랐을 뿐이다."

아버지에 대한 최서원의 기억은 그리 많지 않았다. 나는 최태민에 대한 기사검색에 착수했다. 수많은 기사가 검색되었다. 그런데 최태민의 행적을 보도한 최초의 기사는 월간중앙 1993년 11월호였고, 월간지나 각종 블로거에 언급된 최태민 기사는 모두 월간중앙 기사를 베끼고 가공한 것이었다.

2007년 한나라당 대선(大選) 후보 경선에서 이명박 진영이 박근혜 후보를 비방할 때, 써먹은 무기도 월간중앙 기사였다. 이 기사의 제목은 「박근혜-최태민 20년 커넥션」이다. 내용을 요약하면, 신분이 불분명한 최태민이 퍼스트레이디 박근혜의 전권(全權)을 위임받아 행정부·정계·경제계·언론계 등 각 분야에 영향력을 행사했다는 것이다.

기사 내용은 박정희 대통령을 시해(弑害)한 중앙정보부장 김재규가 사형을 면하기 위하여 법정에서 주장한 내용과 10·26 당시 시중에 떠돌았던 소문들이었다. 그러나 월간중앙 기사는 중앙정보부의 「수사보고서」를 인용한 것처럼 작성돼 있었다. 정보기관의 보고서에 그렇게 적혀 있다고 하면, 기사 내용의 신뢰도는 높아질 수밖에 없다.

이 기사는 월간중앙 기자 윤석진이 썼다. 나는 윤석진 기자가 중앙정보부의 수사보고서를 입수했는지가 궁금했다. 윤석진은 나보다 3년 어린 언론계 후배였다. 나는 윤석진 기자의 연락처를 구해, 그에게 전화를 걸었다.

"최태민에 대한 중앙정보부 문건(文件)이 궁금해서 전화를 걸었다"고 하자, 윤석진은 "산에서 요양 중"이라며 "건강을 회복하면 연락하겠다"고 말했다. 여러 차례의 전화 끝에 나는 2021년 2월 9일 오후 1시, 서울 광화문에 있는 감촌이라는 음식점에서 그를 만나 점심을 같이 먹었다.

서로 이름은 아는 처지였지만 만난 것은 처음이다. 내가 알고 싶은 것은 단 한 가지였다. 나는 서두르지 않았다. 그가 살아온 이야기부터 들었다. 고향이 어디고, 어느 학교를 나왔고, 전공은 무엇이며, 그리고 기자 시절에 어떤 기사를 썼는지를 들었다.

대화 도중, 그의 입에서 차길진 법사에 대한 이야기가 나왔다. 차길진은 6·25전쟁 때 지리산 빨치산을 토벌했던, 경찰 토벌대장 차일혁 총경의 아들이다. 나도 빨치산 취재 때 차길진을 만난 적이 있다. 차길진이 우리의 공동 관심사로 등장하면서 그가 드디어 입을 열었다.

"우 선배가 왜 나를 만나려하는지, 그 이유를 알고 있습니다. 중앙정보부 문건은 없습니다. 최태민 기사는 한 단체의 부탁을 받고 썼습니다. 그 단체가 「박정희대통령 육영수여사 숭모회」입니다."

숭모회는 노태우 정부 말기인 1992년 12월 13일, 박정희 대통령과 육영수 여사를 숭모(崇慕)하기 위해 설립된 사단법인체다. 숭모회가 설립된 1992년 무렵이면 최태민은 80세 노인이고, 대통령은 육영재단 이사장직에서 물러난 지 2년이나 지난 시점이었다.

설립된 지 1년밖에 안된 숭모회란 단체가 80세 노인에 대한 기사를 써 달라며 월간중앙 기자를 찾아간 이유가 궁금했다. 윤석진의 말이다.

"최태민이 있는 한, 박근혜 대통령은 올바른 길을 갈 수 없다는 게 숭모회의 주장이었습니다. 두 사람의 관계를 끊어버리기 위한 자료를 제공할 테니 기사화 해 달라는 부탁이었습니다. 숭모회 측이 제공한 자료 중엔 소문을 모아놓은 것도 있고, 보고서 형태로 만든 것도 있었습니다. 중앙정보부나 수사기관에서 작성한 문건은 아니었습니다."

그런 출처불명의 자료를 신뢰하게 된 이유에 대해 윤석진은 이렇게 말했다.

"두 사람 때문이었습니다. 한 사람은 박정희 대통령 밑에서 공보비서관을 지낸 언론인 출신 선O련이고, 또 한 사람은 당시 국회의원인 윤O탁이었습니다. 이들이 적극적으로 보도해주기를 원했고, 취재도 도와주었습니다. 기사에 봉사단 관계자로 표시된 사람이 이들입니다."

기사가 보도된 후, 윤석진은 최태민의 딸 최서원과 그 남편 정윤회로부터 정정보도 요청을 받았다고 말했다.

"정정보도를 어떻게 할 것인지를 협의하기 위해 서울 청담동에 있는 리베라 호텔에서 최서원 부부를 세 차례 만났습니다. 송진승 변호사가 함께 나왔더군요. 그 무렵 어느 날, 청계산에 산행(山行)을 갔다가 내려가는 길에, 초이유치원 원아들을 인솔하고 올라오는 최서원 원장과 맞닥뜨릴 뻔한 적이 있었습니다. 민망해서 제가 먼저 얼굴을 돌려버렸죠. 그로부터 얼마 후, 최태민 사망 소식을 사회부 기자들로부터 들었습니다. 그 다음부터 최서원 부부를 만난 일은 없습니다."

결국 숭모회란 단체가 제공한 대통령과 최태민 비방 자료에 온 국민이 속았다는 이야기다. 그리고 그 이후, 사망한 최태민 자리에 딸 최서원을 끼워 넣은 것 외에는 하나도 달라진 내용이 없는데도, 23년 전의 월간중앙 기사가 마치 사실인 것처럼 회자(膾炙)되고 있는 것이다.

최태민의 아버지 최윤성은 일제 강점기 때, 독립운동 단체의 자금책(資金責)으로 활동했다. 그 업적이 노태우 정부 시절에 인정되어 최윤성은 독립유공자로 추서됐다. 최서원은 자기 책에서 "세종문화회관에서 열린 3.1절 기념식에서 가족 대표로 처음 초대되었다. 그 후 정부로부터 대전 현충원에 위패를 안치시키라는 연락을 받았다"고 기록했다.

## 정윤회 괴담과 발설자의 정체

최서원의 전 남편 정윤회에 대한 괴담도 있다. 이 괴담은 2014년 11월 28일 세계일보에서 「정윤회 문건」이란 기사를 보도하면서 비롯됐다. 기사의 첫 대목은 이렇다.

《지난해 말과 올해 초 사이 속칭 '증권가 찌라시'에 떠돌던 '김기춘 대통령 비서실장 교체설'은 정윤회(59)씨가 자신의 비선라인을 활용해 퍼트린 루머였던 것으로 확인됐다. 이 과정에 박근혜 대통령 핵심 측근으로 불리는 「문고리 권력」 3인방이 포함된 청와대 안팎 인사 10명이 관여한 것으로 드러났다. 이 같은 사실은 청와대 민정수석실 산하 공직기강비서관실 감찰 결과 확인됐다.

27일 본지가 단독 입수한 청와대 내부 문건에 따르면 공직기강비서관실은 올 1월 6일 '靑비서실장 교체설 등 VIP측근(정윤회) 동향'이라는 제목의 동향 감찰 보고서를 작성했다. 이 보고서는 당시 서울 여의도 정치권에서 떠돌던 '김 실장 중병설', '김 실장 교체설'과 같은 루머의 진앙이 어디인지를 감찰한 결과를 담고 있다.》

이어지는 기사에도 최순실이나 최서원의 이름은 물론, 문건(文件) 속의 주인공인 정윤회의 전(前) 처에 대한 언급이 없다. 그러나 세계일보 보도 2년 후에 최서원 사건이 발생하자, "대한민국 권력서열 1위는 최순실"이고, 그 내용이 정윤회 문건에 기록돼 있다는 괴담으로 번졌다.

세계일보가 2014년에 정윤회 문건을 최초 보도하자, 청와대는 "문건 내용은 찌라시에 불과하며, 문건 유출은 국기문란 행위"라고 발표했다. 이에 따라 검찰 수사가 시작됐다. 검찰은 두 가지 방향으로 수사를 진행했다. 하나는 문건 내용의 사실 여부이며, 또 하나는 청와대 문건이 어떻게 외부로 유출되었느냐는 점이다.

검찰 수사 결과, 이 문건은 청와대 공직기강비서관실 소속 행정관 박관천이 작성한 것으로 확인됐다. 박관천은 세계일보 기사가 보도되기 전인 2013년 4월부터 청와대 파견근무 중이었다. 계급은 경정이었다.

박관천은 검찰 조사에서 "2013년 11월경, 상관인 조응천 공직기강비서관으로부터 '정윤회가 사람을 시켜 박지만을 미행하고, 대통령을 만나려면 그에게 최소 몇 억원을 줘야한다는 제보가 있다. 조사해서 첩보를 작성하라'는 지시를 받았다"고 진술했다. 박지만은 대통령의 남동생이다. 박지만이 한때 필로폰 투약혐의로 구속되었을 때, 그를 조사한 검사가 조응천이다.

검찰 수사에 의하면, 정윤회 문건에 기록된 박지만 미행자는 OOO이라는 사람이었다. 검찰은 이 사람이 서울에서 멀리 떨어진 지방에 거주하는 오토바이 애호가로, 할리 데이비슨을 타고 다닌다는 사실을 확인했다. 할리 데이비슨은 요란한 소리를 내는 고가의 오토바이이기 때문에 이 오토바이를 타고 사람을 미행한다는 것은 상식적으로 말이 되지 않는다.

문건 내용의 사실여부에 대해 박관천은 "대전지방국세청장을 지낸 박동열로부터 들은 이야기"라고 진술했고, 검찰에 소환된 박동열은 "재미교포 김수희라는 여성에게서 그런 이야기를 들었다"고 진술했다. 김수희는 LA에 거주하는 미국 시민권자인데, 2013년 무렵 최서원의 미승빌딩 2층에서 모피의류 판매상을 하고 있었다.

검찰은 정윤회와 최서원을 연결하는 유일한 고리가 김수희라는 사실과 김수희가 박동열에게 했다는 말이 상당히 부풀린 상태로 박관천에게 전달되었음을 확인했다. 검찰은 박관천이 자기가 아는 오토바이 애호가를 박지만 미행자인 것처럼 조작하고, 박동열에게서 들은 이야기에 증권가 유언비어를 보태, 정윤회 문건을 만들었다고 결론지었다.

다음은 박관천이 작성한 청와대 문건의 유출경위다. 검찰에 의하면, 박관천의 보고를 받은 조응천은 일곱 번 내지 여덟 번의 수정작업을 거쳐 최종 보고서를 작성했다. 조응천은 2014년 1월 6일, 정윤회 문건 내용을 김기춘 비서실장에게 보고했다가 오히려 핀잔만 들었다. 증권가에 나도는 유언비어에 불과했기 때문이다.

그런데 그 얼마 후, 주간지 시사저널이 김기춘 실장 경질설을 보도했다. 보도 내용은 박관천이 작성한 정윤회 문건 속의 내용과 비슷했다. 이렇게 되자 청와대는 문건 유출 책임을 물어 조응천과 박관천을 경질했다.

청와대를 떠나게 된 박관천은 2014년 2월 13일, 청와대에서 사용한 자신의 짐을 서류상자 2개에 담아 서울지방경찰청 정보1분실 사무실에 잠시 맡겨두었다가 이틀 후에 찾아갔는데, 그 사이에 박관천의 동료인 한일 경위가 서류상자 속의 서류들을 복사했다. 한일 경위는 자신이 복사한 서류를 최경락 경위에게 주었으며 그로부터 9개월 후, 세계일보가 정윤회 문건을 특종이라고 보도한 것이다.

검찰은 2015년 1월 3일, 박관천을 대통령기록물관리에 관한 법률위반, 공무상비밀누설, 공용서류은닉, 무고 혐의로 구속기소하고, 조응천에 대해서는 대통령기록물관리에 관한 법률위반, 공무상비밀누설 혐의로 불구속 기소했다. 또 서울경찰청 정보분실 소속 경위 한일을 방실침입·수색 및 공무상비밀누설 혐의로 불구속 기소했다.

정윤회 문건 사건은 검찰 수사를 통해 문건 내용이 허위라는 사실과 유출 경위 등 모든 게 밝혀졌다. 그럼에도 정윤회 문건에 대단한 비밀이 숨겨져 있는 것처럼 오해를 불러일으킨 것은 박관천의 주장 때문이다.

구속상태에서 조사를 받던 박관천이 검찰수사관에게 느닷없이 "우리나라 권력서열 1위는 최순실, 2위는 정윤회, 3위는 박근혜 대통령이다"는 말을 하면서였다. 박관천의 이 주장은 정윤회 문건에 전혀 기록돼 있지 않은 내용이다. 하지만 동아일보가 2015년 1월 7일자에 "단독/ 박관천의 황당한 「권력서열」 강의"라는 제목으로 보도하면서 공개됐다.

동아일보는 박관천의 주장이 뜬금없었기 때문에 「박관천의 황당한 강의」라는 제목을 붙였다. 2단짜리로 짤막하게 보도된 이 기사는 보도 당시에는 주목을 받지 못했으나, 최서원 사건이 발생하자 많은 언론들이 박관천 주장을 마치 사실인 것처럼 인용, 보도했다. 이 바람에 최서원이 권력서열 1위라는 허무맹랑한 이야기가 우리 사회에 퍼지게 된 것이다.

그러면, 박관천의 주장은 어디까지가 사실일까.

박관천은 탄핵정국 무렵, 조선일보 기자 최보식과 인터뷰를 했다. 인터뷰 기사는 2016년 10월 31일 조선일보에 「최보식이 만난 사람」이란 제목으로 실렸다. 최보식은 박관천 인터뷰에서 대한민국 권력서열 1위가 최순실이라고 주장한 부분을 제일 먼저 물었다. 다음은 일문일답이다.

**〈최보식:** 최순실씨가 1위라는 판단의 근거는 뭐였나?
**박관천:** 그건 말할 수 없다. 내가 지켜야 할 마지노선이 있다. 검찰 조사에서도 "다 털고 가자"고 종용받았다. 하지만 다 말하게 되면 나와 내 주변이 다칠 것 같았다(순간 그는 눈물을 글썽거렸다). 어떤 파장이 있

을지 아니까. 이 부분에 대해선 무덤까지 갖고 갈 것이다.

**문**: 이 부분이라는 것은 최순실씨의 인사 및 국정 개입에 관한 것인가? 아니면 최씨와 대통령과의 관계에 관한 것인가?

**답**: 정말 죄송하다. 이건 말할 수 없다. 검찰에서 수사할 것이다.

**문**: 최순실씨를 만난 적 있나?

**답**: 그것도 말하기 어렵다.〉

박관천은 최보식이 가장 묻고 싶었던 질문에 대해 "말할 수 없다. 무덤까지 갖고 갈 것"이라는 식으로, 은근히 여운을 남기면서 답변을 피해갔다.

나는 이 기사를 본 후, 박관천을 만나기 위해 전화를 걸었다. 박관천은 내가 자기보다 연장자이고 전직 기자라는 사실을 알고 있었다. 하지만 "만나고 싶다. 같이 식사라도 하고 싶다"는 내 제의에 여러 가지 핑계를 대면서 끝내 응하지 않았다. 궁금한 게 있으면 자신이 최보식과 인터뷰한 기사를 인용하라고 했다.

몇 차례 통화 끝에 나는 박관천에게 단도직입적으로 물었다.

"최서원이 대한민국 권력서열 1위라는 근거가 뭡니까?"

"여러 사람이 다치기 때문에 그것만은 말할 수 없습니다."

대통령이 탄핵되고 구속된 마당에 박관천이 입을 연다고 해서 다칠 사람은 누굴까. 박관천이 만났거나 접촉한 사람들은 검찰 수사에서 다 밝혀졌는데 숨길 게 또 있다는 말인가. 알다가도 모를 일이다.

기자는 상대방이 이런 식의 애매모호한 대답을 하면 참으로 난감하다. 수사권이 없는 기자로서 진위여부를 확인하기 어렵기 때문이다. 이럴 경우, 나는 기사를 쓰지 않는다. 근거가 없는 상대방의 주장을 그대로 소개하는 것은 국민을 속이는 행위이기 때문이다.

박관천은 탄핵정국 무렵, 반(反) 정부 성향의 여러 매체들과 인터뷰하면서 많은 의혹들을 확대 재생산한 장본인이다. 정윤회 문건과 관련해 일곱 개 내지 여덟 개의 색다른 버전이 있다는 주장을 펴기도 했다. 하지만 박관천은 어느 인터뷰에서도 최서원이 권력서열 1위라는 근거는 제시하지 않고, "여러 사람이 다친다"는 말로 얼버무렸다.

마치 언론과의 인터뷰를 즐기는 것 같았다. 그 의도가 무엇인지 짐작은 가지만 쓰지는 않겠다. 확인해보니 박관천은 공군사관학교 37기생으로 입학했다가 불미스러운 일로 공사(空士)를 퇴교하고 경찰 간부 후보생이 되었다.

대법원은 2021년 1월 14일, 대통령기록물관리에 관한 법률위반 혐의 등으로 기소된 조응천에게 무죄를 선고했다. 대신, 박관천에 대해서는 징역 8월에 집행유예 2년을 선고한 원심을 확정했다.

## 검찰과 최서원의 치열한 법정공방

검찰이 박근혜 대통령을 18개 혐의로 구속기소한 2017년 4월17일 오전 10시, 서울중앙지방법원 제417호 대법정에서 1심 선고를 앞둔 최서원 피고인에 대한 검찰과 특검의 최후심문이 있었다. 피고인 최후심문은 증거조사를 마친 재판부가 법정에 출석한 피고인의 직접 진술을 통해, 범죄혐의가 사실인지의 여부를 최종적으로 판단하는 중요한 자리다.

최서원 피고인이 그동안 검찰에서 진술한 내용은 검찰이 그 취지를 요약하여 문서로 작성했기 때문에 전문증거(傳聞證據)에 해당하며, 엄격한 요건 하에서만 증거로 채택된다. 우리 법원은 원칙적으로 전문증거를 배척하고 공판정에서 이루어진 직접 진술의 증거능력과 신빙성을 인정하고 있는데, 이것이 공판중심주의 원칙이다. 만약 피고인이 재판장 앞에서의 최후심문에서 거짓말을 하면 가중(加重) 처벌된다.

본격적인 검찰 심문이 시작되기 전, 1심 재판장 김세윤 판사가 증인석에 앉은 최서원 피고인에게 "본인에게 불리하다고 생각되는 진술은 거부할 권리가 있다. 피고인의 진술이 유죄의 증거로 사용될 수 있고, 불리한 양형(量刑) 증거로도 사용될 수 있으니 잘 생각해서 답변해 달라"고 당부했다.

이에 최서원 피고인은 "재판장님, 저도 할 말이 있습니다"라고 요청하여, 발언 기회를 얻었다. 다음은 최서원 피고인의 모두(冒頭) 발언 취지다.

"제가 독일에서 들어오자마자 출석요구를 받아서 변호사가 입회를 했다지만 변호사 이름조차 기억 못할 정도였습니다. 검사가 여러 가지를 물어보는데 제가 모르는 게 많았습니다. 조사를 받을 때 맨 처음 만난 분이 한웅재 검사입니다.

그 분은 '이번 사건은 거의가 당신 책임이다. 국정농단이 커서 당신이 모든 걸 얘기하고, 모든 걸 안고 가라'는 식으로 말했습니다. 조사 과정에서 아무리 제가 얘기를 해도 제 얘기는 먹히지 않았습니다. 저도 모르게 조서가 꾸며진 게 많습니다. 이 점은 참작해 주십시오.

조사 중간에 이영렬 부장(필자 주; 2017년 당시 서울중앙지검장인데 최서원 피고인이 직책을 착각한 것으로 보임)이 저를 불러서 '협조해라. 다른 사람들은 협조하고 다 시인했다. 협조하면 형량(刑量) 조절이

된다. 당신이 이렇게 부인만 계속하면 형량에 문제가 생길 것'이라는 말을 하였습니다. 제게 협조를 하라 하는데, 협조보다는 진실 되게 말해야 한다고 생각하고, 제가 아는 한 대답을 다 하였습니다.

지난주엔 계속 재판을 받아서 변론을 준비할 시간이 없었습니다. 그런데도 검찰이 남부구치소에 수감돼 있는 저에게 계속 출석을 요구하여 한 주(週) 연기를 부탁했지만 들어주지 않았습니다. 너무나도 견디기 힘든 상황입니다. 제가 서류를 거의 다 못 봤습니다. 무슨 질문이 나올진 모르겠지만 재판장님께서 이런 사정을 좀 알아주셨으면 좋겠습니다."

모두 진술이 끝나자, 검찰은 오전 10시20분부터 최서원 피고인에 대한 최후심문을 시작했다. 범죄혐의를 입증할 마지막 순간이므로 검찰이 준비한 심문사항은 A4용지 65페이지에 이를 만큼 방대했다. 검찰 심문은 다음과 같이 시작되었다.

〈**검사:** 피고인은 대통령을 언제, 어떻게 해서 알게 되었나요.
**최서원:** 오래 전, 대학 시절부터 알았습니다.
**문:** 대한구국선교단의 창립자(최태민)가 피고인의 아버님이죠.
**답:** 예.
**문:** 피고인은 1986년 육영재단 부설 유치원 원장으로 재직하였지요.
**답:** 절대로 그런 일 없습니다. 검찰이 지난번에도 물어보았는데, 제가 육영재단 부설 유치원의 원장으로 재직했다면 증거가 있을 것 아닙니까. 저한테 의혹을 제기하지 마십시오.〉

최서원이 1986년에 육영재단 부설 유치원의 원장이었나, 아니었나 하는 질문은 대통령과 경제공동체임을 암시하는 심문이다. 대통령은

1983년부터 1990년까지 육영재단 이사장으로 재직한 바 있다. 하지만 그 시절, 최서원은 서울 압구정동에서 초이유치원을 운영하며 자리를 잡아가고 있었다.

사실관계가 이렇기 때문에 최서원은 검사를 향해 "증거가 있으면 증거를 제시하면 되지, 왜 세간의 의혹을 묻느냐"고 강하게 반발한 것이다. 최서원이 강력하게 부인하자 검찰은 "피고인은 1989년경 대통령이 이사장을 맡았던 한국문화재단 부설연구원 부원장으로 취임하여 활동한 사실이 있지요"라고 재차 추궁했다. 최서원 피고인은 즉각 "없습니다"라고 부인했다.

이 순간, 검찰이 구체적인 증거를 제시하면 최서원 피고인의 진술은 단번에 거짓임이 드러나고, 그의 모든 진술은 신뢰성을 상실한다. 그러나 검찰은 아무런 증거자료를 제시하지 못했다. 검찰은 언론에 보도된 허위기사들을 검증도 하지 않고, 보도된 내용대로 심문했기 때문이다.

역습을 당한 검찰은 "피고인은 검찰 조사 당시, 대통령께서 어려움을 많이 겪으셨는데 그때 제가 옆에서 위로가 되었기 때문에 대통령이 2016년 10월 25일 대국민 사과 때, '최순실씨는 과거 제가 어려움을 겪을 때 도와준 인연'이라고 표현한 것이라는 취지로 진술하였는데, 피고인은 대통령에게 구체적으로 어떤 도움을 준 것인가요"라고 물었다.

최서원은 "구체적으로 어떤 도움을 준 것까지는 여기서 설명할 필요가 없는 것 같습니다. 지난 몇 십 년의 세월을 다 이야기할 수 없고, 저는 의리와 신의를 지키고 그 분을 존경하였습니다"라고 대답했다. 계속되는 검찰 심문이다.

**〈검사:** 피고인은 대통령의 정계 입문을 위해 도와준 적이 있나요.

**최서원:** 옆에서 지켜본 적은 있지만 직접 나서서 도와 준 일은 없습니다.

**문:** 피고인은 2012년 대통령선거 운동 과정에서 대통령의 보좌관이었던 정호성, 안봉근, 이재만, 이춘상 등에게 중요 일정, 정책 어젠다, 선거공약 등에 대하여 지시하거나 의견을 제시한 사실이 있지요.

**답:** 없습니다. 김해호라는 사람이, 제가 육영재단의 돈을 횡령했다고 폭로하는 기자회견을 가지는 바람에 선거운동에 관여할 수 없었습니다. 무엇을 지시하거나 정책 어젠다를 제시할 상황이 아니었습니다.

**문:** 피고인은 2014년경부터 "문체부서 일하는 게 너무 느려서 앞으로 민간재단을 만들어 한국 문화를 세계화할 것이다" 라거나, "종합형 스포츠 클럽을 맡아서 운영하려면 재단이 있어야 한다"는 등 문화 및 체육재단과 관련한 말을 한 사실이 있는가요.

**답:** 없습니다. 고영태가 다 지어낸 말입니다. 녹취파일(필자 주; 고영태로부터 월 350만원의 월급을 받은 김수현이 고영태와 통화한 내용을 녹음한 파일로, 그 갯수가 2391개에 이른다)을 보면 알겠지만, 자기들끼리 사전 모의하고 저를 끌어들인 겁니다. 그런데 왜 그들은 조사하지 않습니까.

**문:** 피고인은 고영태에게 2015년 7월경, "문화 체육으로 해서 각 30억 원씩, 10개 기업, 2개 재단, 합계 60억원이라는 내용이 담긴 청와대 문건을 주면서 기업들로부터 30억원씩 받아서 재단법인을 설립하려고 하니 그와 관련한 재단조직도, 재단설립 방법 등에 대하여 알아보라"는 취지로 지시한 사실이 있는가요.

**답:** 저도 검찰에서 듣고 웃었습니다. 제가 고영태한테 그런 지시를 했다는 게 웃기는 일입니다.

**문**: 대통령은 2015년 7월 24일부터 25일 사이에 7개 그룹 회장들과 비공개 개별면담을 진행했는데, 피고인은 이를 알고 있는가요.

**답**: 제가 그걸 어떻게 압니까. 증거가 있으면 말해 보십시오.

**문**: 대통령은 2015년 7월 24일부터 25일, 개별면담 당시 기업 회장들에게 출범 예정인 문화, 체육재단에 협조할 것을 요구하였고, 면담 후 안종범에게 기업당 30억원씩, 10개 기업으로 하여 각 300억원 규모의 문화, 체육재단을 만들기로 이야기가 되었다고 하면서 문화, 체육재단을 설립할 것을 지시하였는데, 피고인은 이러한 사실을 알고 있는가요.

**답**: 제가 검찰 조사를 받을 때 가장 황당하다고 생각한 게 그겁니다. 최영아 검사도 그렇고, 한웅재 부장검사도 그걸 물어보는데 제가 안종범 수석하고 그걸 만들었다는 것 자체가 말이 안 되는 겁니다. 저는 안종범 수석을 이 법정에서 처음 보았습니다. 저는 안 수석을 모릅니다. 여기서 뵌 게 처음입니다. 자꾸만 엮으려고 하는데 그렇게 하면 안 됩니다.

**문**: 피고인은 헌법재판소에서 "대통령으로부터 재단이 잘 돌아가는지 살펴봐 달라는 취지의 부탁을 받았다"고 증언한 사실이 있고, 검찰 조사 당시에도 그런 취지로 진술하였는데 맞는가요.

**답**: 제가 확대 해석한 것 같습니다.

**문**: 피고인은 대통령으로부터 그러한 부탁을 직접 대면한 자리에서 받았다는 말인가요, 아니면 전화통화 등을 통하여 받았다는 말인가요.

**답**: 정호성 비서관한테서 이런 재단이 생기니까 조심해서 봐달라는 취지로 들었지, 대통령으로부터 직접 들은 게 아닙니다.

**문**: 피고인과 대통령은 재단운영과 관련한 경험을 공유하고 있었는바, 대통령이 퇴임한 후에 미르 및 케이스포츠 재단을 장악하려고 한 것 아닌가요.

**답:** 대통령은 그런 사심(私心) 있는 분이 아닙니다. 그 분은 오랫동안 헌 시계를 차고 다니고 신발이 낡아도 갈아 신지 않는 분입니다. 대통령을 뽑은 국민들이 있는데 그런 식으로 모욕하면 안 됩니다. 제가 대통령과 공모(共謀) 관계라면, 그에 대한 정확한 증거를 제시해야 합니다. 그 분이 기업들을 강탈해 제가 사익(私益)을 취하도록 했다고 하는데, 그랬다면 저는 이 자리에서 목숨을 끊겠습니다.〉

검찰이 준비한 심문 내용은 거의가 고영태, 노승일(K스포츠재단 부장), 박헌영(K스포츠재단 과장), 김종(문체부 2차관), 차은택, 김성현(미르재단 사무부총장) 등의 주장에 근거했다. "고영태, 차은택이 이런 취지의 진술을 했는데 사실인가요"라고 묻는 식이지, 증거를 제시하지 못했다.

이런 심문이 장시간 계속되자, 최서원 피고인은 "그들의 진술을 토대로 상상을 하지 말고, 구체적인 증거를 대보라"며 검찰 측에 항의했다. 최서원 피고인은 또 재판장을 향해 "똑같은 질문이 끝도 없이 5시간째 계속되니까 너무 힘들다"고 호소했다. 재판장은 "워낙 공소사실이 많아서 어쩔 수 없다"며 받아들이지 않았다.

오전 10시 20분에 시작된 검찰 측의 최후심문은 오후 6시 15분에 끝났다. 김세윤 재판장도 지쳤는지 "변호인 측의 반대심문은 오늘 하지 말고 5월 19일로 연기하는 것이 어떻겠느냐"며 양해를 구했다.

## 국정농단이 아닌 「기획된 국정농단」

최서원 피고인에 대한 변호인 반대심문은 한 달 후인 2017년 5월 19일, 서울중앙지방법원 제509호 법정에서 열렸다. 최서원 피고인은 오후 4시 30분경 증인석에 앉았다. 반대심문에 나선 이경재 변호사가 먼저 이 사건의 공소사실에 대해 심문했다.

다음은 일문일답이다.

〈**이경재:** 이 사건 공소사실을 보면 피고인이 대통령, 안종범 수석 등과 3자 공모하여 ① 재단법인 미르 강제 출연, ② 재단법인 K스포츠 강제 출연, ③ KD코퍼레이션 강제 납품계약, ④ 플레이그라운드의 현대차그룹 강제 광고 수주 계약, ⑤ 롯데의 70억 강제 지원금 수수, ⑥ 포스코 P&S 펜싱팀 강제 창단, ⑦ 플레이그라운드의 KT 강제 광고 수주, ⑧ 더블루K의 GKL 강제 선수관리 계약 등 범행을 했다고 되어 있는데, 이런 3자 공모를 한 적이 없지요.

**최서원:** 대통령과 공모한 적이 없습니다. 대통령은 결백한 분입니다. 안종범 수석은 이 법정에서 처음 보았습니다.〉

최서원 피고인은 모든 범죄혐의를 부인했다. 이경재 변호사는 대통령과의 관계에 대해 물었다. 다음은 일문일답이다.

〈**이경재:** 대통령에게 피고인은 어떤 존재라고 생각하나요.

**최서원:** 20대 때 대통령을 처음 뵈었습니다. 육영사 여사 서거 후, 대통령은 굉장히 고통스러워 하셨습니다. 프랑스에서 비행기를 타고 오면

서 계속 울었다고 하였습니다. 밤마다 방바닥을 손가락으로 긁으며 고통을 이겨냈다는 말도 들었습니다. 저에게는 정말 존경스러운 분이고, 마치 젊은 사람들이 팝 가수를 좋아하는 듯한 그런 애정관계가 제 마음 속에 생겼습니다.

**문**: 대통령은 피고인을 어떤 존재로 인식하고 대해 왔나요.

**답**: 박정희 대통령 사후(死後)에 대통령은 엄청난 배신감을 느끼신 분입니다. 그러나 제가 옆에 있음으로서 따뜻함을 느끼셨으리라 생각합니다. 대통령은 갱년기에 같은 여자들만이 느끼는 아픔이 노출되는 걸 꺼려하셨습니다. 저는 대통령 곁에서 개인집사 역할을 하였습니다. 대통령이 되신 후 일찍 그 곁을 떠났어야 했는데, 대통령의 고독과 외로움을 아는 마당에 떠나지 못했습니다.〉

대통령 의상 문제를 질문하자, 최서원 피고인은 "대통령은 영세한 의상실에서 만드는 소박한 옷을 입기를 원했습니다. 제가 이용했던 그 의상실은 재봉 따로, 재단 따로, 단추 메는 일을 따로따로 하는 영세업체입니다. 이 사건이 터진 후, 저는 차라리 유명 의상실에서 옷을 만들었으면 고영태 같은 사람을 만나지 않았을 것이라고 후회하고 있습니다. 대통령님은 남에게 신세지는 것을 극도로 싫어하는 성품이어서 옷이 만들어지면 반드시 영수증을 보내라고 했고 결재를 하셨습니다"라고 말했다.

미르재단 사무총장 이성한이 언론에 허위 폭로를 한 배경에 대해 심문하자 최서원은 이렇게 말했다.

"고영태 요청으로 2016년 8월 19일 한강둔치에서 이성한을 만났습니다. 이성한이 한미약품에서 30억5천만원을 받을 게 있는데, 저보고 대신 받아주기를 부탁하기에 거절했습니다. 이성한이 30억5천만원을 받으면 고영태와 나누기로 했던 모양입니다. 고영태에게 수고비가 떨어지므로 고영태는 저에게도 사례하겠다고 하였으나 저는 응하지 않았습니다.

조사를 받을 때 이러한 갈취 내용을 알렸지만 검사들은 조사하지 않았습니다. 검찰은 제가 미르 및 K스포츠 재단을 개인 소유로 해서 막대한 돈을 챙겼다고 상상하는데, 그 상상이 민주주의와 법치주의의 정신에 맞는지 의문스럽습니다. 검찰이 개혁의 대상입니다."

태블릿PC에 대한 질문이 나오자 최서원 피고인의 목소리가 커졌다.

"JTBC가 국정농단의 증거라며 태블릿PC를 보도하는 것을 보고, 귀국해야겠다는 결심을 하고 제 의지로 들어왔습니다. 검찰 조사를 받는 과정에서 태블릿PC를 한 번만이라도 보여 달라고 그렇게 애원했건만 검찰은 끝내 보여주지 않았습니다. JTBC의 태블릿PC 보도에 대한 사실여부는 역사에 기록을 남기기 위해서 반드시 밝혀져야 한다고 생각합니다."

이경재 변호사가 "TV조선 이진동 기자와 기획수사를 논의한 검사가 누군가요"라고 묻자, 최서원 피고인은 "윤석열 검사로 알고 있습니다"라고 대답했다. 이 대답이 나오자마자 공판관여 검사가 자리에서 벌떡 일어나 "적절치 않은 발언"이라며 말을 가로 막았고, 그럼에도 불구하고 최서원 피고인이 "근거가 있다"라며 발언을 계속하려하자 재판장이 나서서 발언을 제지했다.

이경재 변호사가 2016년 12월 28일, 서울구치소에서 있었던 국회 청문회 상황을 물어보자 최서원은 이렇게 진술했다.

"법원에서 저에 대해 변호인 외에는 접견금지 명령을 내렸음에도 불구하고, 더불어민주당 박영선 의원이 제가 수감 중인 방 앞에 서서 발로 문을 차며 위협하는 바람에 어쩔 수 없이 국회의원들을 만났습니다.

안민석 의원이 저보고 '린다 김을 아느냐'고 묻기에 '모른다'고 했더니, '당신이 린다 김과 같이 무기상을 했다는 사실을 알고 있다'며 있지도 않은 사실을 계속해서 추궁하기에 '절대로 그런 일이 없다'고 분명히 말해주었습니다.

그랬더니 안민석 의원이 저에게 '당신은 무기징역을 살아야 한다'고 비아냥되기에, '무기징역 살겠다'고 대꾸해 주었습니다. 저에게 특히 못된 행동을 한 안민석 의원과 특검의 신자용 부장검사와 고형곤 검사는 제가 그 이름을 영원히 잊지 않을 것입니다. 신자용 검사는 저에게 3족을 멸하겠다고 폭언한 사람이고, 고형곤 검사는 저에게 대통령과 경제공동체 관계임을 인정하라고 윽박지른 사람입니다."

이경재 변호사가 "부친인 최태민씨 때문에 힘든 세월을 보냈지요"라고 질문하자, 최서원 피고인은 처음으로 울기 시작했다. 최서원은 울먹이는 목소리로 이렇게 진술했다.

"돌아가신 지가 30년이 넘었지만 아버지 때문에 수없이 많은 고통의 시간을 보냈습니다. 정권이 바뀔 때마다 세무조사를 당했습니다. 숙명으로 받아들이기에는 너무나 힘이 들었습니다. 제가 남편 정윤회씨와 이혼한 것도 그에게 씌워진 「최태민의 사위」라는 오명을 벗겨주기 위해서 입니다."

변호인 반대신문은 오후 8시25분에 끝났다. 김세윤 재판장은 법정에 대기하고 있던 교도관들을 향해 "피고인들이 구치소에 가서 저녁식사를 할 수 있게끔 꼭 챙겨주기 바랍니다"라고 당부한 뒤, 재판을 끝냈다.

나는 최서원 피고인에 대한 두 차례의 최후심문을 법정에서 지켜보며 메모했다. 나는 최서원이 검찰과 특검의 매서운 추궁에도 불구하고 조목조목 해명하며, 심문하는 검사들을 난처하게 만드는 모습을 보았다.

하지만 나와 같이 법정에 있었던 약 50명의 기자들은 이런 광경을 한 줄도 보도하지 않았다. 허위사실을 유포한 장본인이 그들이기 때문이다. 그러니 국민들 대다수는 법정에서 있었던 진실을 모를 수밖에 없는 것이다.

법원과 기성 언론은 최서원 사건을 국정농단이라 이름 붙였다. 이 이름대로라면 마치 최서원에 의한 국정농단이 있었다는 인상을 준다. 그러나 수사와 재판 과정에서 확인된 사실들을 종합하면, 이 사건의 본질은 최서원에 의한 국정농단이 아니라, 누군가가 최서원이 국정농단을 한 것처럼, 가상의 사실을 꾸며낸 「기획된 국정농단」이었다고 나는 자신 있게 말할 수 있다.

검찰은 30만 장에 달하는 서류뭉치로 대통령을 거짓의 산에 파묻었다. 검찰은 대통령을 「엮기」위해 진술을 만들어 내고, 증거가 아닌 것을 증거로 둔갑시켰다. 검찰이 주장하는 사실과 대통령 사건의 진실은 본질적으로 다르다. 진실은 가릴 수도 없고, 묻어버릴 수도 없다.

법리보다 우선인 것은 사실관계다. 법리는 사실과 증거를 기초로 적용한다. 법리의 전제조건인 사실이 틀렸다면, 그 법리는 진실이 아니다. 검찰과 법원이 살인자라고 단정한 사건에 뒤늦게 진범이 나타나 무죄가 되는 경우를 우리 주변에서 볼 수 있는 것과 같은 이치다.

민정수석을 지낸 우병우가 법정에서 했던 최후진술(2020. 11. 19.)은 많은 것을 생각하게 한다. 인용하면 이렇다.

"이 사건을 수사한 검사들은 과거에 일어났던 일을 밝혀낸 것이 아니라, 과거를 새로이 만들어냈습니다. 증거가 없으면 증거를 만들어냈고, 진술이 없으면 신분에 위협을 느끼는 공무원들을 상대로 허위 신문과 압박으로 진술을 만들어냈습니다. 법적으로 죄가 되지 않으면 법리도 만들어냈습니다."

실정법(實定法)과 자연법(自然法)은 또 다른 차원의 개념이다. 실정법이 법으로 승인받으려면 진실과 정의를 추구하는 자연법의 가치를 기반으로 하여야 한다. 조작과 선동으로 호도(糊塗)된 여론을 등에 업고, 법 기술로 만들어낸 증거와 진술들을 엮어놓은 성긴 사실을 그럴듯한 법리적 외관으로 꾸민 것이 「기획된 국정농단」 사건의 본질이다.

이는 실체적 정의도 아니고, 절차적 정의도 아니다. 진실도 아니며 단순한 거짓을 넘어선 위선과 조작이다. 대통령은 2017년 10월 16일, 법정에서 재판거부를 선언하면서, 이 사건의 본질을 "법치의 이름을 빌린 정치보복"이라고 정확하게 정의하였다.

## SK그룹 89억 뇌물 요구 사건의 진실

2017년 10월 13일은 금요일이었다. 이날 재판은 예정대로 오전 10시에 열렸다. 재판부는 오후 4시로 예정된 홍남기 증인의 증인 심문이 취소되었음을 고지했다. 박근혜 정부에서 국무총리 조정실장을 했던 홍남기는 청와대 캐비닛 안에서 무더기로 발견된 문건들의 입수 과정과 그 문건의 성격에 대해 증언할 증인이다. 그러나 재판부 입장에서는 추가 영장발부 건으로 오후 재판을 진행하기 힘들었다.

다음날인 10월 14일과 15일은 법원이 휴무하는 토, 일요일이고, 월요일인 10월 16일 자정이면 대통령에 대한 1차 구속영장은 효력을 상실한다. 따라서 법원이 오늘 안에 추가 구속영장 발부에 대한 결론을 내리지 않으면 대통령을 서울구치소에 가둬놓을 법적 근거가 사라진다.

이날 오후 5시5분경 언론에 속보(速報)가 떴다. 김세윤 재판장이 "증거인멸의 우려가 있어 구속의 사유와 필요성, 상당성이 인정된다"며 대통령에게 추가 구속영장을 발부했다는 기사다. 김세윤 판사가 추가 구속영장 발부의 근거로 삼은 것은 「SK그룹 89억 뇌물요구」 사건이다.

이 사건은 최서원 사건이 터지자마자 대부분의 언론에 보도된바 있다. 검찰에서 석 달, 특검에서 석 달 등 모두 6개월에 걸쳐 관련자들을 조사했기 때문에 사실상 수사도 끝난 상태였다.

그럼에도 검찰은 대통령에게 1차 구속영장을 청구할 때 이 사건만 쏙 빼버렸다. 1심 재판이 형사소송법에 규정된 6개월 안에 끝나지 못할 것이라고 예측한 검찰은 이 사건을 추가 구속영장 발부를 위한 「히든카드」로 남겨놓고 있었다.

이 사건은 2016년 2월경 SK그룹 회장 최태원이 대통령과 단독 면담을 마치고 청와대를 떠날 때, 안종범에게서 서류봉투 하나를 받으면서 비롯됐다. 이 서류봉투는 대통령이 직접 준 게 아니고, 최태원이 대통령과 있는 자리에서 안종범으로부터 받은 것도 아니다. 이런 사실은 최태원의 검찰 조서에 다 기록돼 있다.

최태원은 이 서류봉투를 그룹 부회장 김영태에게 주었고, 김영태는 박영춘 전무에게 처리하라고 지시했다. 서류봉투 속에는 K스포츠재단 사무총장 정현식의 명함과 더블루K라는 회사 소개 자료, 더블루K에서 추진한다는 가이드러너 연구용역 제안서, 가이드러너 전문학교 설립 기획 문건, 펜싱·배드민턴·테니스 유망주들을 발굴해 해외에서 훈련시킨다는 문건들이 들어있었다.

SK그룹 전무 박영춘은 행정고시 출신으로 경제기획원 국제금융국과 금융감독위원회 구조개혁단 등에서 근무한 베테랑 공무원이다. 미국에서 시작된 금융위기가 전 세계를 강타하던 2009년에는 청와대에 설치된 비상경제상황실에서 금융구조조정팀장으로 활동했다. 그 후 SK그룹으로 옮겨, 공직생활을 기반으로 대관(對官) 업무를 담당했다.

박영춘은 K스포츠재단에서 보낸 자금요청 자료가 매우 부실하다는 사실을 파악했다. 하지만 회장 최태원의 지시여서 K스포츠재단 사무총장 정현식에게 연락해 미팅 날짜를 잡았다. 정현식은 K스포츠재단 과장 박헌영을 데리고 SK그룹 본사를 찾아왔다. 미팅이 시작되자 정현식은 사무총장임에도 과장인 박헌영에게 설명을 떠넘겼다. 사업제안서 작성자가 박헌영이기 때문이다.

박헌영은 "가이드러너 사업 연구용역비 4억원을 더블루K에 입금해 달라. 가이드러너 양성학교 설립비로 36억원을 지원해 달라. 펜싱·배드민턴·테니스 등 3개 종목의 해외 전지 훈련비가 각각 100만 유로씩 들므로 총 300만 유로(우리 돈으로 약 40억)를 SK 해외법인에서 독일에 있는 비덱스포츠로 바로 송금해 달라"고 요구했다. 요구한 금액의 합계가 89억원이다.

박영춘은 "갖고 온 자료가 너무나 부실하고, 자금지원을 받겠다는 주체가 불분명하다. 특히 해외 전지 훈련비를 SK 해외법인에서 독일 비덱사로 바로 송금하는 것은 불법이므로 협상 대상이 아니다"라고 거절한 뒤, "사업계획서를 보완해서 다시 오라"고 요구했다.

사업제안서 내용이 이상하다고 생각한 박영춘은 박헌영을 배제하고, 정현식과 단 둘이 만났다. 청와대 근무경험이 있는 박영춘이 "청와대 뜻이냐. 대통령 뜻이 맞느냐"고 확인을 시도하자, 정현식은 즉답을 피해버렸다. 얼마 후, 정현식은 박영춘에게 전화 걸어 "없었던 일로 하자"며 포기의사를 비쳤다. 이것이 SK그룹 89억 뇌물요구 사건의 실체다.

정현식은 대구 상원고(구 대구상고) 출신으로 안종범과 동향인데, 나이는 안종범 보다 여섯 살 많다. 진술조서에 의하면, 정현식은 1971년 한일은행 행원으로 사회생활을 시작, 2007년까지 36년간 금융기관에서 근무했다. 정현식은 신한은행에서 지점장으로 근무할 때 성균관대 경제학과에 진학, 2003년 2월에 졸업했다.

이 기간에 성균관대 경제학과에서 정현식을 지도한 교수가 안종범이다. 정현식은 검찰 조사에서 안종범과 사제지간(師弟之間)임을 숨겼다. 진술조서에 그렇게 기록돼 있다. 정현식은 K스포츠재단이 설립된 2016년 1월 13일부터 같은 해 6월 30일까지 6개월간 사무총장으로 재직하다가 자진 사임했다.

안종범 휴대폰 통화내역에 의하면, 정현식은 K스포츠재단이 출범하기 전인 2015년 12월 20일부터 이듬해 8월 31일까지 8개월 동안 안종범과 114회나 통화했고, 2015년 12월 27일부터 2016년 6월 7일까지 안종범과 54회나 문자메시지를 주고받았다.

정현식은 사무총장 시절, 안종범을 만난 날과 장소를 휴대폰 일정표에 기록해 놓았다. 이에 따르면, 정현식은 ① 2016. 1. 26. 오후 2시 플라자호텔, ② 2016. 2. 26. 오전 10시40분 롯데호텔 8호실, ③ 2016. 3. 29. 오후 6시30분 조선호텔 비즈니스 센터, ④ 2016. 4. 10. 오후 2시 플라자호텔 5층, ⑤ 2016. 5. 11. 오후 5시 플라자호텔 3호실에서 안종범을 만났다.

대한민국 재계(財界)에서 「저승사자」로 통하는 청와대 경제수석이 일개 스포츠재단의 사무총장을 한 달에 한 번씩 정기적으로 호텔에서 만나 무슨 이야기를 주고받았는지에 대해 검찰은 아예 묻지 않았다.

정현식은 K스포츠재단 사무총장직을 그만둔 뒤, 자기 휴대폰에 남아있던 재단의 흔적, 즉 안종범과 주고받은 문자메시지와 통화 내력, K스포츠재단 과장 박헌영과 통화한 내력, 자신의 일정표 등을 모조리 삭제했다.

사실이 이러함에도 안종범은 검찰 조사에서 "대통령이 K스포츠재단 관련 자료를 SK그룹에 전달하라고 지시했고, 89억 자금지원이 중단된 것은 대통령이 내 건의에 따랐기 때문"이라고 진술했다. 그러나 대통령은 검찰 조사에서 "안종범에게 SK그룹에 자료를 주라든가, 자금지원을 중단하라는 지시를 내린 적이 없다"고 부인했다.

검찰 공소장에는 대통령이 최태원에게 가이드러너 사업에 대한 지원을 요구했다고 되어 있고, 대부분의 언론도 이런 식으로 보도했다. 그러나 박헌영이 SK그룹에 가장 큰 금액으로 요구한 것은 펜싱·배드민턴·테니스 등 3개 종목의 해외 전지 훈련비 명목의 300만 유로다.

펜싱은 펜싱선수 출신인 고영태의 주 종목이고, 배드민턴은 배드민턴 선수 출신인 노승일의 전문 분야다. 테니스는 대통령이 선호하는 종목이어서 박헌영이 포함시켰다는 게 류상영의 진술이다. 류상영은 고영태, 노승일과 한국체대 동기고, 박헌영은 류상영의 한국체대 후배다.

나는 이 사건에 관련된 SK그룹 회장 최태원과 부회장 김영태, 그리고 SK텔레콤 부사장 이형희와 박영춘 전무의 검찰 조서와 법정 녹취록을 통해 이 같은 사실관계를 확인했다. 박영춘은 검찰에서 네 차례나 조사를 받았지만 진술에 일관성이 있었고, 법정에서의 증언도 흔들림이 없었다.

결론적으로 SK그룹 89억 뇌물요구 사건은 대통령과 아무런 관련성이 없으며, 전무 박영춘의 강직한 자세와 지혜로운 처신에 의해 미수에 그친 사건이다.

K스포츠재단 과장 박헌영은 롯데그룹의 70억 뇌물사건에도 관여했다. 롯데그룹은 K스포츠재단의 요청에 따라 70억원을 입금시켰다가 입금 직후 바로 전액을 되돌려 받았다. 70억원을 반환한 실무자가 박헌영이다.

박헌영은 반환 이유에 대해 "경기도 하남시에 위치한 대한체육회 소유 부지를 매수하려 했는데, 대한체육회가 국민생활체육회와의 통합작업 때문에 매각을 못한다고 했다. 연말까지 매각 협의가 어려워 급히 롯데그룹에 70억을 돌려주었다"고 진술했다.

이때 검사가 박헌영에게 "진술인은 대한체육회 부지 매입 문제를 누구와 협의했느냐"라고 물었다. 박헌영은 "담당자가 누구인지는 기억나지 않는다"고 대답했다. 박헌영이 작성한 사업기획안에 의하면, 대한체육회 부지는 평당 공시지가가 308만원이고, K스포츠재단에서 확보하겠다는 부지는 1628평이다.

거의 50억원에 달하는 큰 사업인데도 박헌영은 50억짜리 거래를 대한체육회의 누구와 상의했는지 기억나지 않는다고 진술했다. 상식적으로 이해하기 어려운 대답이다. 하지만 검사는 박헌영을 더 이상 추궁하지 않았다. 대통령 사건은 대체로 이런 식으로 수사가 진행되었다.

(보다 자세한 내용은 「대통령을 묻어버린 거짓의 산」 제1권에 기록돼 있으며 박헌영의 능수능란한 허위 진술은 「대통령을 묻어버린 거짓의 산」 제2권에 기록했다).

## 대통령이 재판거부를 선언한 이유

　김세윤 판사가 1심 재판 도중에 추가 구속영장을 발부하자, 참고 참았던 대통령도 마침내 분노했다. 추가 구속영장은 「별건」 영장에 해당하기 때문이다. 구속영장 청구 단계에서 누락된, 단 한 개의 범죄사실로 추가 구속영장을 발부하는 것은 과도한 인신구속이라는 이유에서 발부하지 않는 게 법원의 관행이다.

　2017년 10월 16일(월요일) 오전 10시5분, 서울중앙지방법원 제417호 대법정. 대통령은 이날 아래위 짙은 군청색 옷을 입고 법정에 출석했다. 잘 끼지 않던 안경도 끼고 입정했다. 김세윤 재판장이 재판을 시작하려하자, 유영하 변호사가 손을 들고 일어났다.

　"피고인께서 하실 말씀이 있다고 합니다. 그 말씀을 듣고 나서 재판을 시작해 주시기 바랍니다."

　대통령은 준비해온 메모를 보면서 읽기 시작했다.

　"구속되어 주(週) 4회씩 재판을 받은 지난 6개월은 참담하고 비참한 시간들이었습니다. 한 사람에 대한 믿음이 상상조차 하지 못한 배신으로 되돌아왔고, 이로 인해 저는 모든 명예와 삶을 잃었습니다.

　무엇보다 저를 믿고 국가를 위해 헌신하시던 공직자들과 국가 경제를 위해 노력하시던 기업인들이 피고인으로 전락해 재판받는 걸 지켜보는 것은 참기 힘든 고통이었습니다. 하지만 염려해주시는 분들께 송구한 마음으로 공정한 재판을 통해 진실을 밝히고자 하는 마음으로 담담히 견뎌왔습니다.

　사사로운 인연을 위해서 대통령의 권한을 남용한 사실이 없다는 진실은 반드시 밝혀진다는 믿음과 법이 정한 절차를 지켜야 한다는 생각에 심신의 고통을 인내했습니다. 저는 롯데나 SK뿐 아니라 재임 기간 그 누구로부터도 부정한 청탁을 받거나 들어준 사실이 없습니다. 재판 과정에서도 해당 의혹은 사실이 아님이 충분히 밝혀졌다고 생각합니다.

　오늘은 저에 대한 구속기한이 끝나는 날이었으나 재판부는 검찰의 요청을 받아들여 지난 13일 추가 구속영장을 발부하였습니다. 하지만 검찰이 6개월 동안 수사하고, 법원은 다시 6개월 동안 재판을 했는데 다시 구속수사가 필요하다는 결정을 저로서는 받아들이기 어려웠습니다. 변호인들은 물론, 저 역시 무력감을 느끼지 않을 수 없었습니다. 그리고 오늘 변호인단은 사임 의사를 전해왔습니다.

　이제 정치적 외풍과 여론의 압력에도 오직 헌법과 양심에 따른 재판을 할 것이라는 재판부에 대한 믿음이 더는 의미가 없다는 결론에 이르렀습니다. 향후 재판은 재판부의 뜻에 맡기겠습니다. 더 어렵고 힘든 과정을 겪어야 할지도 모르겠습니다. 하지만 포기하지 않겠습니다. 저를 믿고 지지해주시는 분들이 있고 언젠가는 반드시 진실이 밝혀질 것이라 믿기 때문입니다.

　끝으로 법치의 이름을 빌린 정치보복은 저에게서 마침표가 찍어졌으면 합니다. 이 사건의 역사적 멍에와 책임은 제가 지고 가겠습니다. 모든 책임은 저에게 묻고 저로 인해 법정에 선 공직자와 기업인에겐 관용이 있길 바랍니다."

　대통령은 재판을 거부하는 「폭탄선언」을 했다. 대통령은 재판부를 향해 가볍게 목례한 뒤 법정을 떠났다. 이날 이후, 나는 법정에서 더 이상 대통령의 모습을 볼 수 없었다. 대통령은 그때부터 법원이 어떤 판결을 내리던 일체의 항소나 상고를 하지 않았다.

# II
# 거대한 음모 …
# 태블릿PC 날조

    나는 고영태 개인사무실에서 출발해, 차은택 회사인 아프리카 픽쳐스를 거쳐 테스타로싸 카페와 미르재단, K스포츠재단까지가 보았다. 아프리카픽쳐스를 중심으로 반경 1㎞ 안에 전부 다 있음을 지도를 통해 확인했다. 나는 최서원 사건은 차은택의 영역 안에서 이뤄졌음을 확인했다.

    JTBC 측은 대통령 탄핵소추안이 국회를 통과하기 훨씬 전부터 태블릿PC에 문서수정 기능이 없다는 사실을 알고 있었다. 손석희가 유일하게 내뱉은 멘트는 "어쩌면 태블릿PC는 필요 없었는지도 모른다"는 것이다. 손석희의 이 멘트는 의미심장한 어둠의 주문(呪文)이라고 나는 확신한다.

## 최서원과 고영태의 만남

　대통령 사건은 펜싱선수 출신인 고영태의 주장과 거짓말을 대다수 언론이 그대로 소개하면서 시작되었다. 최초 제보자 고영태의 별명은 「고벌구」였다. 입을 벌렸다 하면 구라(거짓말을 속되게 이르는 말)를 쏟아냈기 때문이다. 법정에서 공개된 내용이다.
　그런 「고벌구」가 절묘한 솜씨로 TV조선 기자 이진동을 만나면서, 그의 구라는 기사라는 형식을 빌려 사실로 둔갑했고, 검찰 수사의 단서로 작용했다. 검사들은 고영태 진술을 받아 적는데 급급했다. 신문과 종편이라는 고성능 마이크를 등에 업은 고영태는 국회 청문회에 출석, 국민을 속이고 우리 사회의 이성을 마비시켰다.
　고영태는 1976년생이다. 검찰 신문조서에 기록된 고영태의 학력과 경력은 이렇다.

　【중학교 때 펜싱선수로 활약. 1995년 2월 전남공고 졸업. 1995년 한국체육대학 입학. 1998년 방콕 아시안게임 펜싱 사브르 단체전에서 금메달, 개인전에서 은메달 수상. 1999년 한국체육대학 졸업.
　2002년에 선수 생활을 그만두고 서울 동대문시장과 남대문시장에서 옷을 도매로 사다가 소매로 파는 보따리 장사 시작. 이탈리아에서 의류와 액세서리 등을 수입해 판매. 가라오케 운영. 가방 제조 기술을 배워 2008년 서울 청담동에 가방·핸드백·지갑 등을 제조, 판매하는 빌로밀로라는 자영업체 운영. 가게를 방문하는 손님에게 직접 물건을 팔기도 하고, 인터넷을 통한 주문 판매도 병행.】

고영태의 한국체대 동기생 류상영과 고영태 밑에서 2년 동안 월급쟁이 생활을 했던 김수현(김수현 녹음파일을 만든 사람)은 고영태의 특징에 대해 "펜싱으로 단련된 민첩한 몸놀림에 상대의 말을 듣고 받아치는 현란한 화술(話術), 곱상한 외모와 세련된 옷차림으로 주위 사람들을 현혹시켰다"고 말했다.

이들은 가죽을 다루는 고영태의 솜씨에 대해서는 "아무 가죽이나 쓱 만져보기만 하면 재질이 무엇이며, 품질이 어느 정도인지를 단번에 파악했고, 명품을 모방하는 짝퉁 기술이 탁월했다"고 말했다.

고영태가 최서원을 처음 만난 것은 2012년 대통령선거가 끝난, 그 해 연말이었다. 고영태는 검찰에서 최서원을 만난 경위를 이렇게 진술했다.(2016. 10. 27.)

"2012년 말경 빌로밀로를 운영하던 중, 어느 날 저에게 가방을 구매한 지인들 중 일부가 '가방을 구입하려고 하니 신상품을 가지고 카페 같은 곳으로 와서 선을 보이라'고 하여, 신상(新商) 가방과 지갑 등을 갖고 지인들이 오라고 한 장소에 가서 신상품 소개를 하였는데, 그 중에 악어 가죽으로 만든 지갑 하나와 소가죽으로 만든 핸드백 한 개를 산 여자가 있었는데, 그 분이 최순실이었습니다.

명함이나 연락처를 받은 것은 없습니다. 그 후 제가 만든 가방이 마음에 들었는지 최씨가 몇 번 더 가방 주문을 하게 되었고, 주문받은 가방을 전달하는 과정에서 최씨와 자연스럽게 친분이 형성되었습니다."

최서원도 검찰에서 "예전에 저 아는 지인(知人)이 가방을 살 일이 있었는데, 그때 저랑 함께 있는 자리에 작은 손가방 같은 것을 몇 개 팔러 오면서 저랑 알게 되었습니다. 저는 고영태에게서 손지갑이나 손가방 같은 거를 구입하였는데 외국에서 오는 손님들한테 선물용으로 구입하기도 하였습니다"라고 진술했다.(2016. 10. 31.)

고영태가 최서원과 대통령의 관계를 눈치 챈 것은 가방 때문이었다. 박근혜 대통령이 취임 초부터 들고 다닌 쑥색 가방이 고영태가 만든 것이다. 이 부분이 고영태 진술조서에는 이렇게 기록돼 있다.

"2013년 초순경 우연히 인터넷에서 대통령의 패션에 관한 내용을 보았습니다. 제가 최순실에게 판매한 가방 가운데 일부를 박근혜 대통령이 공식 행사장에서 사용하고 있음을 알게 되었습니다. 그때부터 최순실이 저에게서 구매한 가방을 대통령에게 전달하였을 수도 있겠구나 하는 생각을 하게 되었습니다."

### 대통령의 전속 패턴사

고영태가 대통령 가방을 만든 것은 사실이지만, 대통령 의상을 제작했다는 주장은 거짓이다. 특검(特檢) 조사에 의하면, 대통령은 국회의원에 당선된 후, 처음으로 전속 디자이너를 두었다. 최초의 디자이너가 홍성길이다.

홍성길은 서울 강남의 고급 의상실인 「오경애 컬렉션」에서 13년간 근무한 패턴사(옷을 만들기 위해 디자인하는 사람)였다. 의류 패턴 분야에서 40년 넘게 종사한 홍성길은 1998년부터 대통령 의상 제작을 담당했다.

홍성길은 특검 조사(2017. 1. 21.)에서 "최순실의 언니 최순득(장시호 모친)의 소개로 최순실을 알게 되었고, 최순실이 1998년 국회의원에 당선된 대통령을 모시고 오면서 대통령 의상을 제작하게 되었다"고 진술했다. 홍성길은 그러나 박근혜 정부 출범 후인 2013년 10월경 대통령 의상 제작을 스스로 포기했다.

그 경위가 특검 진술조서에는 이렇게 기록돼 있다.

"대통령이 주로 맞춘 의상은 재킷입니다. 한 달에 1피스 정도 맞추었는데, 재킷 1피스 당 70만원 내지 80만원 정도를 받았습니다. 대통령은 비싼 옷은 맞추지 않았고, 바지나 원피스, 셔츠 등은 가끔 맞추었습니다. 대통령은 새 옷을 맞추기보다는 수선을 더 많이 요구해 돈벌이가 되지 않았습니다.

그래서 의상 제작을 하지 않겠다고 하였더니, 한나라당 대표 시절에 대통령이 직접 저에게 '홍 부장님이 지금까지 제 의상을 잘 만들어 주셨으니까 앞으로도 제 의상을 책임져 주셨으면 좋겠습니다'고 하여, 어쩔 수 없이 맡게 되었습니다.

대통령에 당선된 후, 최순실이 저에게 의상 제작을 계속 부탁하기에 '한 달에 몇 장을 만들지도 모르기 때문에 조건이 맞지 않아 하지 않겠다'고 하였더니 제 요구를 들어주었습니다.

대통령 취임 후 코디네이터 신분으로 청와대 출입증을 발급받았고, 코디네이터 월급으로 청와대에서 월 300만원을 제 통장에 입금해 주었습니다. 그리고 원단 구입을 담당하는 저의 처 급여로 200만원, 봉제(縫製)를 하는 미싱사 부부 월급으로 500만원, 원단 비용과 사무실 임대료로 월 100만원을 받았습니다.

2013년 10월경 대통령이 외국 순방 때 입을 옷이 10피스 정도 되었는데, 최순실이 갖은 꼬투리를 잡고 옷 수선을 요구해 그만두게 되었습니다."

홍성길 후임으로 대통령 의상 제작을 담당한 패턴사가 임덕규였고,

임덕규를 최서원에게 소개한 사람이 고영태다. 임덕규는 2017년 1월 7일과 1월 10일, 두 차례에 걸쳐 특검 조사를 받았다.

진술조서에 의하면, 임덕규는 반도패션 · 닥스 · 링 컴퍼니 등에서 패턴 디자이너로 20년을 근무했고 2003년경부터 개인사업자로 변신, 의류디자인을 계속했다. 임덕규는 특검 조사에서 고영태와 최서원을 알게 된 경위 및 대통령 의상제작을 맡게 된 과정을 이렇게 진술했다.

"고영태는 2013년 8월에서 9월경, 후배인 「에스모드 서울」 최은영 교수(디자인스쿨 운영) 소개로 알게 되었고, 최순실은 2013년 12월말 또는 2014년 1월경, 고영태 소개로 알게 되었습니다. 최은영 교수는 제가 LG패션에 있을 때 제 부하 직원이었습니다.

고영태가 저에게 여성 재킷을 디자인한 스케치 3장과 원단을 가지고 와서, 의류 제작비용으로 1피스 당 40만원을 줄 테니 여성 재킷 3피스를 제작해 달라는 것이었습니다. 그래서 120만원을 받고 직접 디자인하여 여성 재킷 3피스를 제작하여 주었습니다. 그러자 2013년 11월 말경 고영태가 '월급으로 400만원 정도 줄 테니 전속으로 여성 의류를 제작하여 주면 안 되겠느냐'는 제안을 하였습니다.

저는 400만원은 너무 적다고 판단하고, 월급을 더 올려달라고 얘기하다가 한 두 달이 지나갔습니다. 그 과정에서 고영태가 자기 사장님이라고 하면서 최순실을 처음 소개시켜 주었습니다. 저는 최순실이 부띠크 사장님인줄 알았습니다.

2014년 1월경 제가 제작한 재킷을 가지고 고영태 차를 타고 청와대 부근으로 갔습니다. 거기서 이영선 행정관을 만나, 이영선 행정관이 직접 운전하고 온 차를 타고 청와대에 들어갔습니다.

대통령이 계시는 내실 앞에서 누군가가 저의 몸수색을 하였고, 그 후 이영선의 안내로 내실에 들어가 대통령에게 옷을 입혀드리고 가봉을 했습니다. 그때 처음으로 제가 제작한 의상을 대통령이 입는다는 사실을 알게 되었습니다."

임덕규는 고영태 소개로 알게 된 최서원의 요청에 따라 2013년 11월부터 2016년 12월까지 대통령 의상을 제작하고 수리해 주었다고 특검에서 진술했다. 다음은 임덕규의 진술 내용이다.

"해외 순방을 하실 때 주로 제작하였습니다. 80% 이상이 재킷이었고, 원피스나 바지, 블라우스, 스커트는 가끔 만들었습니다. 재킷 1피스당 20만원 정도, 1회 수선비로 5만원을 받았습니다. 대통령이 입어보시고 품과 기장을 줄이거나 늘리는 수선을 가장 많이 하였는데, 순방을 다녀오신 이후 품이나 기장이 안 맞으면 다시 수선을 하는 경우도 있었습니다. 새 의상 제작보다는 수선이 훨씬 많았습니다."

임덕규가 대통령 의상을 제작하고 받은 월급은 400만원이었다고 조서에 적혀 있다. TV조선이 2016년 10월 25일, 대통령 의상을 제작한 장소라고 보도한 「신사동 의상실」이 바로 임덕규가 의상디자인을 하던 개인사무실이었다. 대통령경호실 경호관 이영선이 자기 핸드폰을 와이셔츠에 닦아 최서원에게 공손하게 건네는 장면이 촬영된 의상실이 바로 그 의상실이다.

임덕규 진술조서에 의하면, 이 사무실은 서울 강남구 신사동 5XX-4 삼화빌딩 3XX호에 있었다. 임덕규는 특검 조사에서 "TV조선에 보도된 신사동 의상실 CCTV 장면에 저도 들어있는데, 제 얼굴은 모자이크 처리되어 방영되었다"고 진술했다.

박영수 특검은 대통령과 최서원을 경제공동체로 엮기 위해 대통령 전용 패턴사였던 홍성길과 임덕규를 조사한데 이어, 임덕규 사무실을 압수수색까지 했으나 증거를 찾지 못했다. 그 후 특검 수사는 승마와 동계스포츠 영재센터 뇌물로 방향을 틀었다.

### 대통령 "옷값과 치료비 직접 지급"

특검 수사에서 밝혀졌듯이, 고영태는 대통령 의상을 제작한 게 아니고 패턴사를 소개만 했을 뿐이다. 그런데도 고영태는 TV조선 이진동을 비롯한 많은 기자들에게 최서원의 지시에 의해 대통령 전용 의상실을 운영했다고 주장했다. 검찰은 고영태 주장의 진위여부를 확인도 하지 않고 그대로 조서(調書)에 기록했다.

검찰 수사는 이처럼 증거주의에 입각한 것이 아니라, 고영태의 거짓말과 이를 보도한 언론 기사가 진실이라는 전제 아래 진행되었다. 고영태의 거짓말이 얼마나 능수능란했는지는 진술조서에서 확인할 수 있다.

다음은 2016년 10월 30일에 있었던 검사와 고영태 간의 일문일답이다.

**〈검사:** 월급은 얼마나 되었는가요.

**고영태:** 저는 300만원~400만원, 패턴실장은 약 400만원, 재단실장은 약 380만원, 알바생은 약 200만원을 최순실로부터 받았던 것으로 기억합니다.

**문:** 신사동 의상실은 언제부터 언제까지 운영되었는가요.

**답:** 2013년 여름경부터 2014년 봄까지 운영되었습니다.

**문:** 그 사이에 대통령을 위한 옷은 몇 벌이나 제작되었는가요.

**답:** 대략 의상 30벌에 가방 30개 정도를 제작하였습니다. 의상은 직접 제작하였지만 가방은 외주로 제작하였습니다.

**문:** 의상 제작비는 한 벌 당 얼마나 소요되었는가요.

**답:** 일반인을 상대로 판매하는 옷을 제작하는 곳이 아니기 때문에 가격을 매기기가 어렵습니다. 일반 기성품의 경우, 판매가는 원가의 몇 배에 달하는 경우가 많은데, 신사동 의상실에서는 오직 대통령 한 사람을 위한 옷만을 만들었기 때문에 한 벌을 제작하는데 얼마가 들었다는 것은 계산해 본 적이 없습니다. 어떤 원단을 사용하는 지에 따라 많은 편차가 있었습니다.

(이때 검사는 2016년 10월 26일자 TV조선 화면을 제시한 후)

**문:** 언론 보도에 의하면 최순실이 자신의 지갑에서 5만원권 현금을 꺼내 옷값을 지불하는 듯한 장면이 나오는데, 화면 속의 장소는 어디인가요.

**답:** 바로 신사동 의상실입니다. 화면 속에서 최순실에게 영수증을 제시하는 사람이 패턴실장입니다. 그리고 최순실이 지갑에서 현금을 꺼내주는 장면은 옷값을 지불하는 것이 아니라 패턴실장이 제시하는 원단 및 부자재 영수증을 보고, 그 비용을 꺼내주는 모습입니다.

많이 줄 때는 500만원 정도를 줄 때도 있지만, 적을 때는 50만~100만원을 줄 때도 있습니다. 한 벌이 완성될 때마다 비용을 지불하는 것이 아니고, 거래처 별로 한 달 또는 보름치의 원단 및 부자재 값을 한 번에 결제해 주는 방식이었습니다.

**문:** 진술인은 청와대 이영선 행정관을 아는가요.

**답:** 알고 있습니다. 신사동 의상실에 가끔 대통령의 의상을 찾으러 왔던 행정관입니다.

**문:** TV조선에 보도되었던 화면을 보면, 이영선 행정관이 누군가로부터 전화를 받자 자신의 와이셔츠에 휴대폰 화면을 닦은 다음, 공손하게 최순실에게 건네주고, 최순실은 통화가 끝난 후 이영선의 얼굴을 보

지도 않은 상태에서 돌려주는 등 마치 청와대 행정관을 「아랫사람 다루듯이」하는데, 이는 어떤가요.

**답:** 저도 최순실로부터 그런 취급을 받았으니 그렇게 놀라운 일도 아닙니다. 최순실은 이영선 행정관은 물론, 윤전추 행정관도 자신의 직원 부리듯이 하대하는 것을 여러 번 보았습니다.

**문:** TV조선에는 최순실이 극비사항인 대통령의 해외순방 일정을 미리 제공받아 의상제작에 활용하였다는 보도를 하였는데, 이에 관하여 아는 바가 있는가요.

**답:** 화면 속에 있는 '북극성(4박7일)'이란 제목의 일정표는 최순실이 청와대로부터 받아서 가지고 있던 대통령의 해외 순방 일정표가 맞습니다. 위 일정표 역시 제가 2014년 연말경 TV조선 기자에게 제공하였던 것인데, 이번에 보도가 된 것으로 알고 있습니다.〉

고영태의 이 진술은 대통령 전속 패턴사였던 홍성길, 임덕규 진술과 비교하면 모두 거짓임을 확인할 수 있다. 고영태의 거짓말은 국회 청문회장으로 이어진다. 신사동 의상실에서 만든 대통령 의상이 30벌이었다고 검찰에서 진술한 고영태는 국회청문회(2016. 12. 7.)에 증인으로 출석해서는 100벌을 만들었다고 허위 증언했다.

이렇게 되자 종편에 출연한 정치평론가들은 "최순실이 만든 대통령 의상이 100벌이 넘고, 그 값이 몇 억원에 이른다"며 "이는 박근혜 대통령이 최순실씨로부터 받은 뇌물에 해당한다"는 주장을 펼쳤다. 이런 식이니 국민은 속을 수밖에 없었다.

특검 수사를 이어받은 검찰은 대통령을 상대로 옷 제작비 등을 누가 지급했는지에 대해 추궁했다. 다음은 일문일답이다.

**〈검사:** 최순실이 1999년경부터 의상비 및 2013년경부터 진료비를 피의자 대신 납부한 사실이 있습니까.

**박근혜:** 의상비는 대부분 제가 최순실에게 직접 주었고, 일부는 이영선, 윤전추를 통해 최순실이나 의상실 관계자에게 전달하였던 것이지, 최순실이 지급한 것이 아닙니다. 의상은 외국 순방 시에 참석하는 만찬, 포럼 등 공식 행사에서 필요하여 마련한 것입니다.

옷 자체 제작비는 얼마 되지 않지만 의상실을 임대하여 직원들에게 월급을 주는 등 의상실을 운영하는 돈이 제법 든 것으로 알고 있습니다. 그리고 최순실이 의상실 관계자에게 건넸다는 현금은 제가 최순실에게 지급한 현금을 최순실이 대신 전달한 것입니다.

**문:** 삼성동 사저를 최순실과 그 직원 문모씨가 관리해 준 것이 사실입니까.

**답:** 전혀 사실이 아닙니다. 제가 개인적으로 고용한, 오래된 사저(私邸) 관리인이 있었습니다. 이 사람들에 대한 월급도 제가 지불하였습니다.

**문:** 관저의 인테리어를 최순실의 직원인 문형O 부장이 했다는 것이 사실입니까.

**답:** 인테리어를 했다기보다는 전임 대통령인 이명박 대통령 내외가 사용하던 침실의 위치를 지금의 침실로 위치를 바꾸었는데, 그에 따라 가구 위치도 바꾸었고 그 과정에서 문짝이 잘 맞지 않아 초칠을 하는 등 간단한 작업을 최순실이 보낸 문모라는 사람이 한 사실이 있는 것으로 알고 있습니다. 당시 전등 교체 작업을 하였다는 것 역시 깜박이는 전등을 새 것으로 갈아주었다는 것일 뿐, 새로 조명 인테리어를 하였다는 의혹 역시 사실이 아닙니다.

문: 안가(安家)의 인테리어를 최순실이 했다는 것이 사실입니까.

답: 최순실이 안가 인테리어를 하였다는 것은 말이 되지 않습니다. 안가의 위치를 민간인에게 알려준 것 자체가 말이 되지 않습니다.

문: 청와대에서 소위 비선(祕線)에 의해 진료를 했다는 것이 사실입니까.

답: 대통령에 취임하기 전까지 차움병원에서 필요한 치료를 받았었고, 당시 주치의가 김상만이었습니다. 그래서 청와대 입성 후에도 아픈 부분들을 치료하기 위해 김상만을 자문의로 추가한 것입니다.

김영재는 지난 2006년 테러 당시 다친 얼굴 부위의 치료를 위해 최순실의 소개로 알게 되었고, 김영재가 청와대에 들어와 치료를 할 때 치료비 역시 모두 제가 지급하였으며 최순실이 지급한 것은 없습니다. 어떤 경우로도 최순실이 제가 지급할 돈을 대신 지급한 것은 없습니다.〉

## 의상실 CCTV 불법으로 설치

2014년 초, 매일경제신문 인터넷판에 「영세 가방제조 업자가 대통령 가방을 만들다가 망했다」는 취지의 기사가 보도됐다. 기사에는 고영태의 실명과 빌로밀로라는 회사 이름까지 공개됐다. 대통령을 이용해 돈을 벌겠다는 고영태의 욕망을 드러낸 게 이 기사다. 기자가 취재원의 동의를 받지 않고 실명을 밝히는 경우는 흔치 않다.

이 기사를 본 최서원은 고영태의 의도를 눈치 채고, 고영태를 멀리했다. 고영태는 기사가 보도된 2014년 초부터 신사동 의상실 근처에도 갈 수 없었다. 사정이 이러한데도 TV조선 기자 이진동이 "최서원의 얼굴 사진이 필요하다"고 요청하자, 고영태는 2014년 11월경 임덕규 개인사무실에 불법으로 CCTV를 설치했다. TV조선에 보도된 의상실 CCTV 영상은 2014년 11월 2일부터 12월 4일까지 한 달 동안 촬영된 것이다.

개인정보보호법 제71조(벌칙)에는 「정보주체의 동의를 받지 아니하고 개인정보를 제3자에게 제공한 자 및 그 사정을 알고 개인정보를 제공받은 자는 5년 이하의 징역 또는 5천만원 이하의 벌금에 처한다」고 규정돼 있다. 따라서 CCTV를 불법 설치한 고영태와 고영태로부터 불법영상물을 입수하고 보도한 이진동의 행위는 5년 이하의 징역 또는 5천만원 이하의 벌금에 처할 정도의 무거운 죄에 해당한다.

이진동은 박근혜 대통령이 탄핵되고 구속된 후인 2018년 2월 23일에 출간한 자기의 책(제목; 이렇게 시작되었다/박근혜-최순실, 스캔들에서 게이트까지)에서 「검찰 간부 A」의 자문을 받고, 의상실 영상을 보도했다고 공개했다.

이진동은 자기 책에서 검찰 간부 A를 현직에 있는 검사라고 밝혔다. 검사 A는 불법행위를 알았으면 말리든가 고발함이 마땅한데도 그렇게 하지 않았고, 개인정보보호법을 무시하고 보도해도 좋다고 잘못 조언하였으므로 그로 인한 책임은 피할 수 없다는 것이 법조계의 유권해석이다.

검찰 간부 A가 검사 윤석열이라는 구체적인 근거와 윤석열-이진동-김의겸(한겨레신문 기자)이 탄핵정국에서 했던 역할은 「대통령을 묻어버린 거짓의 산」 제1권에 기록돼 있다.

## 고영태와 이진동, 이현정의 특별한 관계

고영태는 대통령 의상 제작을 그만둔 경위에 대해 검찰에서 이렇게 진술했다.

"2014년 초순경, 인터넷 매일경제신문에 제 이름과 빌로밀로라는 회사 이름까지 거론하며 '영세 가방제조 업자가 대통령 가방을 만들다가 망했다'는 취지의 기사가 난 적이 있습니다. 저는 기자에게 위와 같은 말을 한 적이 없는데도 마치 제가 인터뷰한 것처럼 기사가 보도되었습니다.

그때까지만 해도 저는 누구한테도 제가 대통령의 옷과 가방을 만든다는 말을 한 적이 없습니다. 저는 해당 기자에게 '왜 사실과 다른 기사를 올려 난감하게 하느냐'고 따진 뒤, '해당 기사를 내리라'고 요구하였습니다. 하지만 위 기사를 본 최순실은 제가 언론에 그런 말을 흘린 것이라 생각하고, 저에게 더 이상 대통령의 옷과 가방 만드는 일을 못하게 하였습니다.

그 후 저는 서울 강남구 봉은사 뒤쪽, 오천주유소 사거리에 있던 최순실 개인사무실로 출근하였습니다. 이 사무실에는 최순실과 저, 남자직원 1명 등 총 3명이 있었는데 특별히 하는 일은 없었습니다."

고영태가 주장한 최서원 개인사무실 역시, 고영태가 최서원을 이용해 돈벌이를 할 목적으로 설립한 고영태 개인사무실이었음을 나는 확인했다. 나에게 이런 내용을 확인시켜준 사람이 김수현이다. 나는 김수현의 안내로 이 사무실을 현장 답사했다.

사무실은 오천주유소 사거리가 아닌, 서울 정애학교 정문 바로 앞에 있었다. 서울 강남의 유명 사찰인 봉은사 뒤쪽에 위치한 정애학교는 발달지연, 장애아동들이 다니는 특수학교다. 오전 11시쯤 고영태가 개설한 개인사무실을 찾아갔더니, 위치적으로 외진 곳이어서 사람들의 왕래가 뜸했다.

고영태 개인사무실은 30평 남짓의 대지 위에 세워진 4층 건물의 3층에 있었다. 1층은 중국집이고, 3층에 올라가니 출입문이 잠겨있었다. 고영태가 2014년 연말에 이 사무실을 폐쇄했기 때문이다. 유리창을 통해 안을 들여다보니, 벽면을 따라 길쭉하게 생겼다. 내부를 고급스럽게 꾸밀 수 있는 구조가 아니었다.

이 사무실에 2014년 5월 1일부터 출근한 사람이 김수현이다. 안양과학전문대 건축학과 출신인 김수현은 2008년 제18대 국회의원 선거 때, 경기도 안산 상록을에 한나라당 후보로 출마한 이진동 캠프에서 일했다. 이진동은 1992년 한국일보 기자로 입사했다가 2004년 조선일보로 이직했고, 18대 총선 때는 MB(이명박)계 수장 이재오 의원 천거로 한나라당 공천을 받았다.

김수현이 이진동 캠프에서 같이 일한 여성이 이현정이다. 이현정은 지역 구민을 상대로 이진동을 위한 홍보와 구전(口傳·입소문을 내는 것) 업무를 담당했다. 김수현을 고영태에게 소개하고, 고영태를 TV조선 이진동과 연결시킨 장본인이 이현정이다.

이현정이 고영태에게 접근한 이유는 고영태와 친한 것으로 알려진 최서원을 이용해 청와대에 민원을 넣고, 민원 해결에 따른 이권을 챙기는데 있었다. 이현정의 이런 의도는 「김수현 녹음파일」에 저장된 김수현-이현정 간의 통화(2016. 2. 25.)에서 확인된다.

총 2391개에 달하는 김수현 녹음파일 중에서 김수현과 이현정 간의 통화가 녹음된 파일은 총 31개이며, 그 속에는 이현정이 TV조선 보도

방향을 미리 파악하고 대응책을 마련했다는 내용도 있다. 이현정이 김수현에게 "이메일과 텔레그램, 슈어스팟(미국에서 개발한 메신저 프로그램으로 보안성이 뛰어나다) 등은 모두 지우라"고 당부한 내용이다. 이현정이 TV조선 이진동과 직접 통화한 녹음파일도 있다.

고영태와 이진동 주변에서 이처럼 중요한 역할을 하면서 이권을 노렸던 이현정에 대해 검찰은 단 한 번도 조사하지 않았다. 검찰은 법정증인으로 채택된 이현정의 출석에 협조해 달라는 1심 재판장의 권유를 "주소 확인이 되지 않는다"는 이유로 거부했다.

이 경우, 김세윤 재판장은 구인장(拘引狀·법원이 심문을 목적으로 피고인 또는 증인을 강제로 소환하기 위해 발부하는 영장)을 발부하면 되는데, 끝내 발부하지 않았다. 재판장의 의도는 알 수 없지만, 이현정에 대한 나의 추적작업은 계속될 것이다.

(이현정과 김수현, 고영태와 김수현 간의 통화내용 등은 「대통령을 묻어버린 거짓의 산」 제1권에 기록돼 있다.)

### 「김수현 녹음파일」 공개되다

김수현은 고영태 개인사무실의 분위기에 대해 이렇게 말했다.

"15평가량 되는 사무실에 상주한 직원은 고영태와 저 둘뿐이었다. 여직원도 없었다. 소장실이라는 방은 있었지만 항상 문이 닫혀있었다. 직원이 달랑 두 명이었지만 소장과 회식한 적도 없다. 소장 이름이 뭔지도 몰랐는데, 입사 후 넉 달쯤 지나 고영태가 처음으로 '소장이 최순실이야'라고 알려줘, 인터넷 검색을 통해 최순실이 누군지를 알게 되었다."

고영태 개인사무실에 출근을 시작한 김수현은 첫 달 봉급 350만원을 고영태로부터 받았다. 김수현은 2014년 5월 1일부터 최서원 사건이 터지기 전인 2016년 8월 말까지 2년 3개월 동안, 고영태의「그림자」노릇을 했다.

고영태 친구인 노승일(K스포츠재단 부장)·류상영·박헌영(K스포츠재단 과장)·이현정·최철(문체부장관 정책보좌관) 등이 고영태와 함께 무슨 일을, 어떤 식으로 논의하는지를 곁에서 지켜보고, 그들의 대화나 통화내용을 녹음할 수 있었던 것은 김수현이 고영태의 그림자였기 때문이다.

세칭「김수현 녹음파일」은 김수현에 의해 녹음되고 파일로 정리되어 컴퓨터에 보관되었다. 이 파일의 존재를 최초 공개한 사람이 류상영이다. 류상영은 서울중앙지검에서 용성진 검사의 조사를 받을 때, 이성한(미르재단 초대 사무총장)과 고영태의 허위폭로 증거라고 제시한 A4용지 2장짜리 증거물을 용성진 검사가 묵살하자, 고영태의 폭로동기가 녹음된 녹음파일이 있다고 공개하고, 용성진 검사실의 고동주 수사관을 녹음파일이 보관된 서울 송파 물류창고에 안내했다.

용성진 검사가 김수현 녹음파일을 입수한 것은 2016년 11월 7일이다. 검찰이 대통령을 안종범과 최서원의「공범」이라 적시한 공소장을 작성하기 13일 전이다. 새로운 증거가 발견되면 검찰은 기존의 범죄 혐의와의 관련성을 검토하여 혐의 대상을 수정하여야 한다. 하지만 검찰은 "우리끼리 농담 삼아 한 이야기에 불과하다"는 고영태 진술을 근거로, 김수현 녹음파일의 중요성을 평가 절하하고, 대통령을 공범으로 엮으려는 당초 방향대로 수사를 몰아갔다.

검찰은 고영태에 대한 증인심문이 시작된 2017년 2월 6일, 김수현 녹음파일의 공개를 거부하며 재판을 지연시켰다. 김수현 녹음파일이 대통령 탄핵과 맞물려 있었기 때문이다. 바로 이 무렵, 대통령 변호인단은 헌법재판소에 김수현 녹음파일을 증거로 채택해 달라고 신청했다.

하지만 헌법재판소는 결론을 내리지 않고 시간을 끌었다. 김수현 녹음파일이 법정에서 증거로 채택되면 헌법재판소의 대통령 탄핵심리에 엄청난 영향을 줄 수 있기 때문이다. 그만큼 김수현 녹음파일은 폭발력을 가진 증거물이었다.

헌법재판소는 2017년 2월 9일, 고영태에 대한 증인채택을 직권으로 취소하고, 고영태의 검찰 진술조서를 증거로 채택하지 않기로 결정했다. 대통령 탄핵소추안은 고영태의 허위주장과 이를 보도한 허위기사들을 근거로 작성되었는데, 고영태의 검찰 진술조서를 증거에서 제외하면 헌법재판소 심리는 하나마나다.

대통령 변호인단은 2017년 2월 18일, 고영태를 재차 증인으로 신청했다. 하지만 헌법재판소 소장 권한대행 이정미는 2월 20일 최종 기각했다. 이정미 재판관의 임기 만료가 다가오는 3월 13일이기 때문이다.

헌법재판소는 주요 증거물인 김수현 녹음파일은 배제하고, 대통령과 최서원에 대해 불리한 내용을 진술한 차은택, 유진룡(전 문체부장관), 김종(문체부 2차관), 정현식(K스포츠재단 사무총장) 등의 증언을 듣는 선에서 심리를 종결하고, 2017년 3월 10일 현직 대통령을 탄핵하는 결정을 내렸다.

(대통령 탄핵결정문의 오류와 비겁한 재판관들에 대해서는 제5장에 기록했다.)

## 고원기획과 이성한의 관계

고영태가 개인사무실을 개설한 2014년 무렵, CF감독 차은택을 만나면서 대통령 사건은 치밀하게 조작된다. 당시 차은택은 CF나 공연 영상, 뮤직비디오 등 영상을 전문적으로 제작하는 아프리카픽쳐스라는 회사의 대표였다.

고영태와 차은택을 연결시킨 사람은 호주 교포 브랜든이다. 아프리카픽쳐스에서 PD로 근무한 브랜든은 고영태의 친구다. 차은택은 검찰조사에서 "2014년 4월에서 5월경 사이에 저희 직원인 브랜든 PD의 소개로, 고영태가 저를 꼭 만나고 싶다고 해서 같은 자리를 했고, 그 이후로 한 달이 채 지나지 않아 고영태가 다시 최순실을 저에게 소개시켜준 것입니다"라고 진술했다(2016. 11. 9.).

고영태-차은택의 첫 만남이 있은 지 두 달 후, 2014년 7월 21일 고원기획이 설립됐다. 나는 고원기획 법인등기부를 떼 보았다. 고원기획은 광고기획, 제작, 판매, 배급 및 광고매체 운영업 등을 하는 회사로, 자본금 1억원에 사무실 소재지는 서울 강남구 논현동 스타빌딩 3층이었다. 스타빌딩은 차은택이 대표인 아프리카픽쳐스가 입주해 있는 건물이고, 이 건물의 소유주가 차은택이다.

고원기획의 사내(社內) 이사는 김수현·김재민·차은택·김성현 등 4명이었는데, 김재민·김수현 이사가 전체 지분의 55%를 차지했고, 차은택·김성현 이사 지분이 45%였다. 사내 이사 김성현은 미르재단이 발족되기도 전에 차은택에 의해 미르재단 사무부총장에 임명된 사람이다. 이는 김성현 진술조서에 기록된 내용이다.

김수현은 검찰에서 "고원기획은 저를 대표이사로 하여 아프리카픽쳐스에 사무실을 두고 설립하였는데, 저는 명의만 빌려준 것이고 실제로는 고영태와 차은택의 회사입니다. 김재민 이사가 고영태 대리인이었습니다. 저도 지분이 있었지만 고영태 것이어서 지분에 대한 권한이 없었습니다"라고 진술했다.

김수현의 진술과 회사의 지분구조, 사무실 소재지 등을 종합하면, 고원기획은 고영태와 차은택이 55대 45로 합자한 회사로, 사무실은 차은택 빌딩의 3층에 있었다. 그럼에도 많은 언론에서는 고원기획을 고영태의 성인 '고'와 최서원의 이름 끝자 '원'을 합성해서 만든 회사라고 보도했다.

서울중앙지방법원이 최서원의 옛 이름 「순실」을 「서원」으로 개명할 수 있도록 허가한 날은 2014년 2월 13일이다. 최서원이 고영태를 처음 만난 2012년 연말엔 개명(改名)하기 전이었다. 차은택과 김수현도 고영태로부터 최순실이라는 이름으로 소개받았다고 진술했다. 따라서 고원기획 설립 무렵에는 최서원이라는 이름 자체가 거론되지 않았음을 짐작할 수 있다.

미르재단 초대 사무총장 이성한은 차은택과 고영태, 김성현을 알게 된 경위를 검찰에서 이렇게 진술했다.(2016. 10. 28.)

"2013년 말경으로 기억하는데, 제가 운영계획을 수립한 골프장(소노펠리체 컨트리클럽)에 차은택이 손님으로 왔는데 부킹으로 처음 만나 알게 된 사람입니다. 당시 저희 회사가 소노펠리체 컨트리클럽 골프장 클럽하우스 내에 사무실이 있어서, 제가 그곳에서 근무하고 있었고, 차은택이 그 골프장을 지인들과 자주 이용하였는데 저에게 예약도 종종 부탁하곤 하였습니다. 그 계기로 친해지게 되었습니다.

고영태 역시 차은택을 통하여 알게 되었는데 2014년 여름경으로 생각됩니다. 소노펠리체 컨트리클럽 클럽하우스에 차은택이 골프 치러 왔었고, 그때 고영태 대표라고 차은택이 저한테 소개해 주었습니다. 고영태가 고원기획 대표이사 명함을 저에게 주어서 그런 줄만 알고 있었습니다.

김성현도 차은택을 통해서 골프장에서 알게 된 사람입니다. 그래픽 디자이너라고 소개받았습니다. 제가 미르재단 설립단계에 입원해 있었기 때문에 제 대신 김성현이 사무부총장이라는 이름으로 일정 기간 재단설립과 관련한 업무를 하였던 것으로 알고 있습니다. 그러나 사무부총장은 정식으로 존재하는 직함도 아니고 조직도에도 없는 이름입니다."

이성한의 학력과 경력은 검찰 진술조서에 이렇게 적혀 있다.

"저는 1991년 충남 부여고를 졸업하고, 한남대 응용미술학과에 진학했으나 중퇴하고, 2001년 경희사이버대학 멀티미디어학부를 졸업한 다음, 춘천 MBC에 입사하여 2년간 근무했습니다.

퇴사 후인 2004년에 '온에어 커뮤니케이션'이라는 회사를 설립하여 2013년까지 약 10년 동안 운영하였습니다. 이 회사는 도시개발을 위한 설계와 운영을 전문으로 하는 용역회사였는데, 그 후 회사 이름을 '주식회사 OAC'로 바꿨으나 사실상 같은 업체였습니다. 관광레저 업체의 운영계획을 수립해 주고 이를 파트너사와 함께 운영하여 수익을 나누는 구조였습니다."

이성한이 차은택과 사업 관계로 가까워진 것은 노량진 수산시장 현대화사업 때문인 것으로 검찰 조사에서 확인되었다. 이 사업에서 사업총괄을 맡게 된 이성한은 차은택을 노량진 수산시장 현대화사업의 문화콘텐츠 개발 자문위원으로 수협(水協)에 추천했다. 수협이 2014년경 차은택을 개발 자문위원으로 위촉하면서 차은택은 경제적 이익을 얻었고, 차은택은 미르재단 설립이 추진되던 2015년 10월 19일, 이성한에게 미르재단 사무총장을 맡겼다. 이성한의 진술조서에 기록된 내용이다.

(김성현과 차은택 관계, 김성현이 미르재단에서 했던 역할은 「대통령을 묻어버린 거짓의 산」 제2권에 기록돼 있다.)

### "한겨레신문의 비선(祕線) 실세 기사는 허위"

이성한의 경력 중 특이한 것이 춘천 MBC 보도국에서 2년간 근무했다는 점이다. 신분은 계약직 일반 사원(컴퓨터그래픽 담당)이었다. 하지만 보도국에서 근무한 관계로, 이성한은 언론계 생리를 어느 정도 알고 있는 사람임을 짐작할 수 있다. JTBC 심수미 기자에게 고영태를 소개하고, 심수미·고영태와 함께 폭탄주를 마신 사람이 이성한이다.

한겨레신문은 2016년 10월 25일, 1면과 4면, 5면 등 3개면에 걸쳐 최순실과 관련된 장문의 기사를 보도했다. JTBC가 태블릿PC 날조보도를 한 다음날이다. 1면 톱기사 제목은 「최순실, 정호성이 매일 가져온 대통령 자료로 비선 모임」이었다. 한겨레신문은 이 기사의 증언자가 전 미르재단 사무총장 이성한이라고 보도했다.

기사의 취지는 이렇다.

"「비선 실세」 최순실씨가 거의 매일 청와대로부터 30㎝ 두께의 「대통령 보고자료」를 건네받아 검토했다는 증언이 나왔다. 최씨는 이 자료를 가지고 국정 전반을 논의하는 「비선 모임」을 운영했다고 한다."

한겨레신문의 이 기사는 대통령을 「최순실의 꼭두각시」인 것처럼 묘사했다. 좌파 성향의 방송인 김어준은 자신이 진행하는 팟캐스트 파파이스에서(2016. 10. 26.) "방송(JTBC)에서 최씨의 대통령 연설문 수정이 있다면, 활자에선 최순실이 대통령한테 이래라저래라 시키는 구조라는 한겨레 기사가 작금의 사건을 가장 잘 드러낸 보도였다"라고 선동했다.

한겨레신문 보도를 계기로 종편에 출연한 정치평론가와 시사전문가들은 최순실 책상 위에 놓여진 30㎝ 두께의 대통령 보고자료를 마치 옆에서 본 것처럼 하루 종일 앵무새처럼 읊조렸다.「8선녀」라는 존재하지도 않은 비선모임에 대한 기사가 온 언론에 빠짐없이 등장했고, 개성공단 폐쇄도 최서원의 작품이라는 유언비어가 우리 사회에 난무했다.

이성한은 한겨레신문 보도가 있은 지 3일 후, 검찰에 소환돼 조사를 받았다. 이성한에 대한 조사는 김민형 검사가 담당했다. 다음은 진술조서에 기재된 일문일답이다.

〈**검사**: 본 건과 관련하여 진술인에 대한 내용이나 진술인이 언급한 내용과 관련한 기사들이 다수 보도되고 있는데, 지금 심정이 어떤가요.

**이성한**: 기사들이 많아서 저도 다 보지 못했으나 일부 기사들을 보면, 제가 기자에게 말했던 것과 상당히 많은 차이가 있습니다. 제가 다른 사람에게 들은 말에 대한 전언(傳言)도, 제가 직접 발언한 것처럼 기사화된 부분도 많이 있었는데, 이를 기자들한테 일일이 설명하고 해명할 수도 없어 매우 답답한 상황입니다.

(이때 검사는 한겨레신문에 보도된 기사들을 다 읽어 주고 난 뒤)

**문**: 어떤가요.

**답**: 제가 고영태로부터 전해 들었다고 기자에게 말해 준 것과 기자 자신이 알고 있는 내용이 혼용되었다고 생각합니다. 저는 위 기사 내용

에 대하여 제가 직접 눈으로 목격한 것은 없고, 고영태에게 전해들은 말이 일부 있을 뿐입니다.

**문**: 진술인이 고영태에게 전해들은 말은 무엇인가요.

**답**: 고영태가 "최순실 책상 위에 중요한 서류가 있더라"라고 하면서 손으로 이 정도 두께가 된다고 손짓을 해 주었습니다. 저도 그 서류가 지금은 대통령과 관련된 중요 서류라고 생각은 하지만, 고영태한테 그 말을 들을 때에는 그렇게까지는 생각을 못했습니다.

**문**: 그렇다면 기자가 전혀 허위 사실을 기사화한 것인가요.

**답**: 저는 그렇게 생각합니다.

**문**: 진술인의 말에 따르면, 진술인과 관련하여 언론에 보도된 부분은 진술인이 실제로 기자와 만나 이야기한 것보다 많이 과장되어 있다는 것인가요.

**답**: 예, 그렇습니다. 저도 일부 언론에서 저에 대하여 많이 과장된 기사를 내보내어 부담스러운 상황입니다. 그리고 저랑 기자들이 있을 때에는 특히 녹취파일 관련해서도 분명히 제가 미르재단 내에서 회의한 내용을 공개적으로 녹음한 일종의 업무상 파일이 제 컴퓨터에 있었다라는 점을 말해서, 해당 기자도 이를 알고 있었는데 기사가 그렇게 났고, 고영태 관련된 부분도 제가 분명히 들은 말은 들었다고 구분해 주었는데, 기자가 자기가 알고 있거나 추측한 내용을 제가 그렇게 명시적으로 확인해 준 것처럼 기재해 버렸습니다.〉

이성한의 진술 내용을 종합하면, 최서원 책상 위에 중요한 서류가 이만큼 있더라는 고영태의 한 마디 말이, 전 미르재단 사무총장의 입을 거치면서 최순실 책상 위의 서류는 청와대 수석들이 대통령에게 보고한 국가정책 문건으로 왜곡되고, 이런 보고서들이 전달되는 과정을 설명하기 위해 거의 매일 밤 정호성 청와대 제1부속비서관이 최순실 사무실로 들고 왔다 라는 기자의 상상력이 보태졌음을 추론할 수 있다.

이성한의 검찰 진술조서와 한겨레신문 기사를 비교하면, 언론이 인터뷰 내용을 어떻게 조작해서 보도하는지를 실감할 수 있다. 검찰은 이성한에 대한 조사를 언론에 공개하지 않았다. 때문에 이성한이 검찰 조사에서 한겨레신문 기사와 관련하여, "기자들이 전혀 허위사실을 기사화했다"고 진술한 내용은 어느 언론에도 보도되지 않았다.

JTBC의 태블릿PC 날조보도와 맞물려 터져 나온 한겨레신문의 비선(祕線) 실세라는 허위기사는 불 난 집에 기름을 퍼부을 정도로 우리 사회를 혼란스럽게 만들었다.

## 테스타로싸 카페와 차은택의 친구들

차은택은 고영태 소개로 최서원을 만났지만, 최서원의 배경을 안 뒤에는 고영태와 거리를 두기 시작했다. 법인등기부에 의하면 2014년 7월 21일에 설립된 고원기획도 같은 해 11월 6일 청산됐다.

차은택이 최서원을 별도로 만난 장소가 테스타로싸 카페다. 미르재단 사무총장 이성한은 "최순실을 언제, 어떠한 경위로 알게 되었느냐"는 검사 신문에 이렇게 진술했다.

"2014년경인데, 차은택을 만나기로 했는데 그 카페가 테스타로싸였고, 당시 생긴 지도 얼마 안 된 카페였습니다. 거기에 가보았더니 여러 사람들이 있었는데, 차은택이 어떤 여자 분을 소개시켜주었습니다.

차은택은 그 분이 누구인지는 말은 안 하고, 저만 그 분에게 '오에이씨(OAC)의 이성한 대표입니다. 소노펠리체에서 전략 기획한 친구입니다'라고 소개하면서 제 명함을 주었습니다.

차은택은 그 여성분을 신경 많이 쓰는 눈치였습니다. 이름을 물어도 가르쳐주지 않고, 뭐하는 분이냐고 물으면 '알려고 하지 말라'고 하고 곤란해 하였습니다. 그런데 2016년 4월경 한겨레신문에서 정윤회 문건 관련하여 무슨 기사가 났는데, 그때 제가 본 여자 분이 신문에 나오는 것이었습니다. 그래서 그때, 내가 만난 사람이 최순실이었구나, 정윤회의 부인이었구나 라는 것을 알았습니다."

검찰 수사기록에 등장하는 미르재단 연루자는 차은택·이성한·김성현·이한선(미르재단 상임이사)과 김홍탁(제일기획 상무보 출신), 전병석(건축음향 전공자로 LG애드에서 이벤트사업 담당) 등이다. 김홍탁과 전병석은 광고계통 종사자로, 차은택과 업무적으로 친한 관계다.

이들의 조서를 검토한 결과, 몇 가지 공통점이 발견되었다.

첫째, 차은택을 비롯한 이들이 자주 모여 골프를 한 장소가 이성한이 운영계획을 수립한 소노펠리체 컨트리클럽이었다. 이들은 골프 친구로 어울리며, 차은택이 주도한 미르재단 일에 합류한 것으로 추정된다. 최서원이 이 골프장에 나타났다는 진술은 없다.

둘째, 이들이 골프장 밖에서 자주 어울린 장소는 두 군데였다. 하나가 차은택 회사(아프리카픽쳐스) 근처인 테스타로싸 카페였고, 다른 한 곳은 서울 장충동 신라호텔 1층 커피숍이었다.

미르재단 사무부총장 김성현은 검찰 조사에서 "테스타로싸가 아프리카픽쳐스 근처에 위치하고 있어서 평소에 자주 간 곳"이라며 "회의는 항상 테스타로싸 카페 2층에서 열렸고, 회의를 할 때는 일반인의 출입을 못하도록 차은택이 2층 출입구를 막도록 했다"고 진술했다.

미르재단 상임이사 이한선과 미르재단 사무총장 이성한은 검찰에서 "최서원은 말을 빨리하고 간단하게 말하는 스타일이어서, 미팅 시간이 대개는 10분 정도, 길어야 20분을 넘지 않았다"고 진술했다. 이한선은 법정증언(2017. 1. 20.)에서 "문화재단에 대한 이야기는 차은택이 혼자서 했고, 최서원은 재단에 대한 이야기는 하지 않았다"고 증언했다.

이한선은 최서원이 한 말 중에서 기억나는 것과 관련, "백제 혼(魂)에 대한 이야기를 들은 적이 있다"고 법정에서 진술했다. 최서원이 자기에게 "백제의 문화적 혼이 문화융성의 모티베이션이 될 수 있느냐"고 물은 적이 있다는 것이다.

이들은 공통적으로 "차은택은 최서원을 「회장님」 혹은 「보스」라고 불렀으나, 회장님의 성이나 이름을 공개한 적은 한 번도 없었다. 언론보도를 보고 나서, 회장님이 최순실이라는 것을 처음 알았다. 최순실은 미팅 때 상대방이 주는 명함을 받기는 했으나 자기 이름을 밝힌다거나 명함을 준 적이 없다"라고 진술했다.

이들이 미르재단에 합류하게 된 것은 차은택으로부터 "회장님의 허락을 받았다"는 말을 들었기 때문이며, 회장님의 영향력이 대단한 것으로 믿었다고 진술했다. 차은택은 최서원의 영향력을 과시하기 위해, 자기 외삼촌 김상률을 청와대 교육문화수석에, 자기 스승 김종덕을 문화체육부 장관에 추천한 사람이 최서원이라고 친구들에게 자랑했다고 한다.

최서원은 그러나 검찰 조사에서 "누구를 미르재단 이사로 임명하라는 지시를 차은택에게 한 적이 없다"라고 일관되게 부인했다. 관련자들의 진술이 다를 경우, 검찰은 대질신문을 통해 확인이 가능하다. 그러나 검찰은 차은택을 비롯한 관련자 어느 누구도 최서원과 대질신문을 하지 않았다. 나는 이 사실을 검찰 조서에서 확인했다.

다만 관련자들의 진술로 미뤄, 최서원이 한식(韓食)의 세계화나 문화융성 등에 관심을 가진 것은 사실로 추정된다. 하지만 최서원이 미르재단 사무실에 출근하거나 미르재단에서 회의를 주재한 적이 한 번도 없다는 사실은 검찰 수사에서 확인됐다.

최서원은 미르재단 설립 후, 멀리서 미르재단을 지켜본 것은 사실이라고 검찰에서 시인했다. 정호성 비서관이 최서원에게 그렇게 말했기 때문이다. 그렇다면 검찰은 최서원이 미르재단을 「멀리서 지켜본 일」 중에서 위법하거나 불법적인 행위를 찾아내, 그에 상응하는 처벌을 하면 된다. 하지만 검찰은 대통령을 엮기 위한 도구로 최서원을 이용했다.

최서원은 미르재단에서 월급이나 판공비를 받은 적도 없다. 미르재단의 공식 직제에도 없는 사무부총장을 맡은 김성현은 재임 시절, 미르재단에서 5~6개 정도의 연구용역을 따냈고, 용역비 합계가 1억2천만원 내지 1억3천만원이라고 검찰 조서에 기재돼 있지만, 김성현은 이 건으로 검찰 조사를 받거나 처벌받지 않았다.

나는 검찰 조서와 법정녹취록을 통해 차은택이 자기 사업을 위해, 즉 이권을 노리고 최서원을 교묘하게 이용했음을 짐작했다. 나는 차은택과 고영태의 동선(動線)을 추적하기로 했다. 사건기자의 기본 임무는 현장 확인이다. 사건현장은 아무리 시간이 지나도 흔적이 남아있기 마련이다.

나는 김수현과 함께 고영태 개인사무실에서 출발해, 차은택의 회사인 아프리카픽쳐스를 거쳐 테스타로싸 카페와 미르재단, K스포츠재단까지 가 보았다.

아프리카픽쳐스는 서울 강남구 논현동, 단독주택이 밀접한 지역에 있었다. 고영태 개인사무실에서 먼 거리가 아니었다. 4층 건물인데 옥상에 옥탑방이 보였다. 미르재단 사무부총장 김성현이 한동안 혼자 살았다는 그 옥탑방이다.

테스타로싸 카페는 소형차 한 대가 다닐 수 있는, 좁고 미로(迷路)와 같은 골목길에 자리 잡고 있었다. 가정집을 개조한 2층 카페였다. 주변 지형을 살펴보니, 바로 앞 건물이 아프리카픽쳐스였다. 직선거리로는 약 10미터인데 골목이 미로여서 둘러가야 했다.

미르재단과 K스포츠재단의 사무실도 아프리카픽쳐스 근처에 있었다. 지도를 통해 확인하니 아프리카픽쳐스를 중심으로 반경 1㎞ 안에 다 들어왔다. 반면, 최서원의 거주지인 미승빌딩은 아프리카픽쳐스에서 3㎞쯤 떨어진 곳이다. 이러한 지형적 위치를 감안하면, 고원기획과 테스타로싸 카페, 그리고 미르재단과 K스포츠재단은 차은택의 「영역」 안에 들어있었다.

인간이든 동물이든, 심지어 식물까지도 자신의 영역을 지키려는 본능이 있다. 영역처럼 편하고 자유로운 공간이 없기 때문이다. 영역을 지배하는 사람이 그곳의 주인이다. 나는 현장답사를 통해 최서원 사건은 차은택의 영역 안에서 이뤄졌음을 확인했다.

## 차은택 해외 도피…"최순실이 죽일까봐"

검찰이 초등수사 단계에서 미르재단의 실체를 제대로 파악하지 못한 것은 핵심 주모자인 차은택이 한국을 탈출했기 때문이다. 차은택은 2016년 9월 30일 김포공항을 통해 중국 상해로 출국했다. 「투기자본 감시센터」의 고발장이 검찰에 접수된 다음날이다. 차은택은 출국금지 조치가 내리기 직전에 한국을 벗어났다.

차은택은 그때부터 한 달 10일 동안, 중국과 일본에서 숨어 지내며 미르재단 사무부총장 김성현을 통해 국내 상황을 파악했다. 최서원·안종범·정호성이 구속되고 기소를 앞두고 있던 11월 8일, 차은택은 인천국제공항을 통해 귀국했다. 검찰은 차은택을 공항에서 바로 체포해 서울중앙지검으로 압송했다.

이때라도 검찰이 진실을 밝히겠다는 강력한 수사 의지가 있었더라면 검찰의 수사방향은 완전히 달라졌을 것이다. 현직 대통령을 「공범」이라고 함부로 단정하지도 못했을 것이다. 이런 이유에서 차은택에 대한 제1회 피의자신문조서는 검찰의 「수사 의지」를 엿볼 수 있게 하는 중요한 자료다.

차은택을 맨 처음 조사한 사람이 김민형 부부장 검사다. 미르재단 사무총장 이성한과 최서원, 그리고 안종범을 조사했던 그 검사다. 김민형 검사는 검사 중에서 미르재단 설립에 관여했던 사람들을 많이 조사한 관계로, 재단설립의 실체를 누구보다 잘 아는 검사다.

차은택은 11월 9일 새벽 0시35분부터 4시45분까지 조사를 받았다. 차은택에 대한 신문 내용은 굉장히 많을 것 같았는데, 제1회 피의자신문조서의 양은 17페이지에 불과했다. 나는 검찰이 교묘하게 미르재단 설립의 진실을 피해가면서 검찰이 원하는 부분, 즉 대통령과 최서원의 공모관계에 대해서만 수사했다는 느낌을 지울 수가 없었다.

차은택이 귀국을 망설인 이유는 최서원이 자기를 죽일까봐 두려웠기 때문이다. 이 내용은 차은택의 법정녹취록(2017. 3. 7.)에 기록돼 있다. 다음은 일문일답이다.

⟨**검사:** 증인은 피고인 최서원이 증인에게 위해(危害)를 가할 수도 있다는 생각을 하였기 때문에 2016. 10. 당초 중국으로 업무차 출국하였다가 피고인 최서원 등에게는 알리지 않고 일본으로 이동을 했던 것이지요.

**차은택:** 직접적으로 협박을 받거나 그러지는 않았었는데, 김성현이라는 친구가 국내에 있으면서 저하고 통화를 자주 했었습니다. 그래서 영화에서 많이 상상되듯이 혹시나 그런 최서원씨에 대해서 어쨌든 익히 알고 있는 상황이었고, 고영태씨도 2014년도에 최서원씨를 만났을 때 저한테 가장 많이 했던 이야기가 "무서운 분이다"라는 이야기를 많이 했었기 때문에, 그런 것들이 머릿속에 복합적으로 생각이 들면서 바로 일본에 잠깐 갔다 왔습니다.⟩

차은택은 검찰 조사에서 미르재단 설립과 관련된 모든 책임을 최서원과 대통령에게 떠넘겼고, 법정에서는 미르재단 이사진 인선은 최서원과 대통령이 주도했다고 증언했다. 차은택의 이 주장은 증거가 있는 게 아니고, 차은택의 일방적 생각임이 법정에서 확인되었다. 차은택의 법정녹취록을 인용하면 이렇다. 다음은 일문일답이다.

⟨**검사:** 증인은 검찰 조사 당시 미르재단의 이사진 선임에 대하여 결정권을 피고인 최서원이 가지고 있다고 진술한바 있지요.

**차은택:** 예, 그렇게 생각했습니다.

**문:** 실제 피고인 최서원의 이야기대로라도 미르재단은 대통령의 의지로 만들어진 재단인데, 왜 재단의 이사진 선임 결정권이 피고인 최서원에게 있다고 판단하였나요.

**답:** 어쨌든 당시에 제가 커뮤니케이션을 할 수 있었던 분은 최서원

씨 밖에 없었고, 그런데 이런 것은 있습니다. 추천을 드리면 그 자리에서 최서원씨가 바로 결정을 하는 것이 아니라, 그것을 가지고 어디론가 가서 2~3일 후에 또 누군가의 의견이 반영된 것으로 이야기를 합니다. 그래서 "어디선가 분명히 논의를 하고 오시는구나"라고는 생각을 하고 있었습니다.

**문**: 지금 증인이 증언한 "2~3일 후", "어딘가", "누군가의 의견"이라는 것은 대통령을 말하는 것인가요.

**답**: 지금은 그렇게 생각을 하고 있습니다.〉

차은택이 법정에 증인으로 출석한 2017년 3월 7일은 헌법재판소가 대통령 탄핵을 결정하기 3일 전이다. 차은택이 헌법재판소 법정(2017. 1. 3.)에서 진술한 내용과 그가 형사법정에서 했던 증언은 대통령 탄핵에 결정적인 영향을 미쳤다.

(차은택에 대한 검찰 조사 내용은 「대통령을 묻어버린 거짓의 산」 제2권에 기록돼 있다.)

## 우병우 민정수석의 손발을 묶다

차은택의 검찰 진술조서와 법정증언에서 내가 주목한 부분은 차은택의 청와대 인맥이다. 청와대가 사건 초기에 대응을 잘못한 책임이 누구에게 있는지를 확인하고 싶었기 때문이다.

청와대는 애초 이 사건을 「고영태와 내연관계인 최서원이 대통령을 속이고, 고영태와 함께 사기극을 벌이려다 미수에 그친 사건」이라고 규정했다. 대통령 변호인단이 헌법재판소에 제출한 준비서면에도 이런 취지로 기록돼 있다.

최서원과 고영태가 내연관계인지 아닌지는 대통령 사건의 본질이 아니다. 그런 일이 있었다 하더라도, 대통령 사건을 파악함에 있어서 정황적 요소로 참작하면 충분할 것이다. 그럼에도 사건 초기 대응 과정에서 설정된 내연관계라는 구도와 그에 대한 논란은 대통령 사건의 본질을 흐리게 하고, 군중의 말초신경을 자극하는 지저분한 흥밋거리로 변질시켰다.

청와대가 상황을 오판한 이유가 무엇인지, 그리고 누군가가 그러한 사실을 진실로 단정하고 청와대에 알렸다면, 그 동기가 무엇인지에 대해서는 기록으로 남겨놓아야 한다.

그 당시 청와대는 쓰나미가 닥치기 직전의 고립무원의 섬과 다름없었다. 청와대를 이 지경으로 만든 최초의 가해자가 조선일보다. 조선일보는 탄핵정국이 시작되기 전인 2016년 7월 18일, 1면 톱기사로 「우병우 민정수석의 처가 부동산을 넥슨이 5년 전에 1326억원에 사줬다」라는 취지의 기사를 보도했다. 그 다음날 경향신문은 조선일보 기사를 그대로 인용, 보도했다.

이 두 건의 기사에 대해 우병우는 즉각 대응했다. 허위사실 공표혐의로 조선일보 및 경향신문사와 해당 기사를 쓴 기자를 형사고소하고 민사로도 제소했다. 하지만 파문은 가라앉기는커녕, 거의 모든 언론에서 우병우 본인은 물론이고 그의 부인과 아들, 심지어 작고(作故)한 장인과 처가(妻家) 회사에 이르기까지 광범위한 추측성 의혹보도를 남발했다.

피해자인 우병우는 오히려 검찰과 특검의 조사대상이 되었고, 의경으로 복무 중인 우병우 아들 역시 아버지 못지않은 조사를 받았다. 민정수석으로 대통령을 보좌하던 법률전문가 우병우는 결국 2016년 10월

말 청와대를 떠나야 했다.

조선일보 기사는 명백한 오보다. 이는 조선일보가 첫 보도를 한지 4년 후인 2020년에 1면, 2면 등 2개면에 걸쳐 정정보도를 했다는 점에서 확인할 수 있다. 그러나 조선일보 기사로 인해 민정수석 우병우의 활동에 제동이 걸리면서 청와대와 연결된 국가정보원, 검찰, 경찰, 국세청 등 사정기관의 정보는 사실상 차단될 수밖에 없었다.

게다가 온 사방에 대통령의 적(敵)들이 창궐한 마당에, 청와대 정책조정수석 안종범은 미르재단 설립에 직접적으로 관여한 자기 책임을 모면하기 위해 「특정 언론」의 기자들과 접촉하며 대통령에게 모든 책임을 돌렸다. 이런 상황이었기 때문에 청와대의 초기 대응에 실수가 있었다고 나는 판단한다.

### "차은택의 콤플렉스와 과시욕"

최서원과 고영태가 내연관계라고 최초로 폭로한 사람이 차은택이다. 차은택은 2017년 1월 3일 헌법재판소 법정에 증인으로 출석, "두 사람이 식당에서 이른 아침에 딱 붙어서 식사를 하던 모습을 봤다"면서 "분위기가 정상적이지는 않았다"고 폭로했다.

차은택은 이와 함께 최서원이 고영태 집을 찾아갔을 때 겪었다던 일화도 헌법재판소 법정에서 공개했다. 고영태 집에 있던 젊은 여성이 최서원과 실랑이를 벌였다는 것으로, "최서원이 화를 내던 모습은 바람을 피워 헤어지는 전형적인 연인의 모습을 떠올리게 했다"고 폭로했다.

최서원과 고영태가 내연관계라는 근거는 차은택이 헌법재판소에서 밝힌 빈약한 내용뿐이다. 차은택에 대한 검찰 진술조서 어디에도 이와 비슷한 내용이 없다. 만약, 차은택 폭로가 맞다고 치면, ① 두 사람이 딱 붙어서 아침을 먹은 장소가 어디인지, ② 두 사람이 뭘 먹었는지, ③ 최서원이 찾아갔다는 고영태의 집 위치가 어디인지, ④ 찾아간 시각이 언제인지, ⑤ 최서원이 젊은 여자를 보고 어떤 식으로 화를 냈는지, ⑥ 최서원이 화내는 모습을 차은택이 어떻게 알게 되었는지 등에 대한 구체적인 설명이 있어야 함에도 그런 게 없다.

이뿐 아니라 차은택은 구속돼 있을 때, 자기 변호사를 통해 "우병우 전 민정수석의 장모 김장자 회장과 이화여대 하정희 교수, 그리고 고영태와 함께 기흥CC에서 함께 골프를 친 적이 있다. 골프 모임은 최순실이 주선했다"는 내용을 폭로한 적이 있다.

차은택 변호사의 이 주장에 대해 고영태는 국회 청문회가 끝난 뒤 기자들에게 "(우병우 수석) 장모님이면 노인일 텐데, 제가 기억을 못할 수 없다"며 "김장자 회장과 최순실씨가 골프를 쳤다는 보도는 잘못된 것"이라고 말했다. 이 내용은 그러나 언론에 거의 보도되지 않았다.

우병우의 장모 김장자 회장도 "최순실은 모르는 사람"이라고 부인했다. 김장자 회장은 1940년생으로 최서원보다 열여섯 살이나 많다. 그런 두 사람이 서울 시내의 유명 호텔 수영장에서 비키니를 입고 같이 수영했다는 가짜뉴스가 나돌기도 했고, 김장자 회장이 서울 시내 유명 음식점에서 최서원의 딸 정유라와 점심을 먹었다는 허무맹랑한 소문이 돌기도 했다. 이 소문을 취재한 종편 MBN은 사실이 아닌 것으로 확인되자 보도하지 않았다.

차은택이 민정수석 우병우를 모함한 사례는 더 있다. 차은택은 자기 책상 위의 명함을 보려는 친구들에게 명함은 보여주지 않고, "보면 죽는다. 무서운 사람의 이름이 적혀 있다"는 식으로 명함의 주인공이 마치 민정수석 우병우임을 암시했다.

이게 논란이 되자, 당시 반부패범죄수사단 단장인 김기동 검사장이 직접 기자회견을 갖고, "올해(2016년) 3월 말, 차은택과 고교 동기인 후배 검사가 저녁 식사하는 자리에 우연히 동석해 밥값을 내주고 명함을 주고받은 것이 전부"라고 밝히면서 파문은 가라앉았다.

미르재단 사무부총장 김성현은 차은택의 측근이자 심복으로 통했다. 김성현은 차은택보다 네 살 어리다. 김성현이 검찰에 최초 소환된 날은 2016년 10월 24일로, 차은택이 한국을 탈출한 직후였다.

김성현은 이날 오후 7시15분부터 다음날 새벽 7시까지 12시간 동안, 참고인 신분으로 조사를 받았다. 김성현을 조사한 사람은 김석훈 검사다. 김석훈 검사는 언론에 보도된 기사들을 중심으로 김성현을 신문했다. 다음은 일문일답이다.

**〈검사:** 최근 진술인과 관련된 언론 보도 내용이 많은데 어떤가요.
**김성현:** 제 스스로 해명하는 것도 중요하지만, 차은택이 직접 와서 해명을 해야지만 모든 것이 명확해진다고 생각합니다.
**문:** 차은택이 반드시 조사를 받고 해명을 해야 하는 이유가 무엇인가요.
**답:** 사실 미르재단하고 저와 관련된 모든 일이 다 차은택과 연관이 되어 있는데, 차은택의 행동 때문에 저뿐만이 아니라 여러 사람들에게 피해가 있다는 생각이 듭니다. 차은택이 문제가 있으면 처벌을 받아야 한다고 생각을 하는데, 차은택이 지금 버티고 있는 것인지는 잘 모르겠습니다.

제가 차은택과는 오래전부터 막역한 사이입니다. 오래전부터 만나서 한 달에 한두 번 함께 골프를 치던 사이이고, 저에게는 항상 형처럼 행동했습니다. 그런데 언젠가부터 차은택 주변에 큰 변화가 있었던 것으로 기억합니다. 차은택이 CF감독이었다가 갑자기 문화융성위원이 되었고, 그 다음부터는 차은택이 무슨 창조경제단장인가 되기도 하고, 그러면서 어깨에 힘이 들어가 있는 모습을 자주 봤던 것 같습니다. 제가 친한 동생의 입장에서 바라본 시선입니다.

**문:** 진술인은 평소 차은택과 전화 통화나 만남을 자주 가졌는가요.

**답:** 올해(2016년) 3월 이전에는 제 사무실과 같은 건물에 차은택 사무실이 있었고, 저는 5층 옥상에 거주를 하고 있었습니다. 그래서 2~3일에 1번꼴로 만날 기회가 있었고, 전화를 하는 횟수도 어림잡아 2~3일에 1~2번 정도 주고받았던 것 같습니다.〉

김성현은 차은택의 콤플렉스와 관련, 이런 진술도 했다.

"제가 아는 차은택은 콤플렉스가 심한 사람입니다. 차은택은 그런 콤플렉스 때문에 다른 사람들이 있는 자리에서 과시욕이 셉니다. 차은택은 운동신경도 정말 없는 사람인데, 심지어 같이 골프를 칠 때 스코어를 고쳐서까지 자기가 잘하는 것처럼 보여지려고 했거든요. 그런 성격으로 봤을 때 높은 사람과 친분이 있었다면 그걸 엄청 과시하려고 했을 것이고, 저는 그런 것에 좀 거부감을 느끼는 사람이라서 굳이 물어보지는 않았습니다.

차은택은 자기 것을 잘 챙기는 스타일로 돈을 안 쓰는 사람입니다. 광고회사인 플레이그라운드 커뮤니케이션즈가 설립될 무렵, 차은택이 저에게 '내가 무보수로 문화창조융합본부장, 문화융성위원으로 활동한 것에 대한 보상으로 최순실이 광고대행사를 만들어 준 것'이라는 취지로 말을 한 적도 있습니다."

## 차은택의 청와대 인맥

최서원과 고영태가 내연관계라는 차은택의 주장은 청와대의 초기 대응 방향과 일치하는데, 그렇다면 차은택과 연결된 청와대 관계자는 누구란 말인가.

그 단서가 차은택의 법정녹취록(2017. 3. 7.)에 들어 있다. 다음은 일문일답이다.

**〈검사:** 증인이 처음 변호인을 통해 제출한 첫 번째 진술서는, 2016년 10월 23일에 있었던 청와대 비서실 등에 대한 국정감사가 있기 약 1주일 전, 김성우 당시 청와대 홍보수석이 송성각을 통해 해외에 머물고 있던 증인에게 연락하여, 당시 언론을 통해 제기되던 각종 의혹에 대한 사실관계를 정리해 달라는 이야기를 듣고 작성한 것으로, 당시 피고인 최서원에 대한 사실관계를 일부 숨기거나 허위로 작성한 것이지요.

**차은택:** 저에 관련된 의혹에 대해서 요청을 했고, 그래서 당시에는 겁이 나서 최순실씨에 대한 부분은 전면 배제하고 저에 대한 부분만 진술을 해서 보내드렸습니다.

**문:** 증인이 위와 같이 작성하여 이메일에 첨부한 진술서를, 송성각이 다시 김성우에게 전달한 것으로 알고 있지요.

**답:** 예, 그렇습니다.

**문:** 또한 증인은 2015. 1.경 피고인 최서원의 지시로 청와대 홍보수석을 맡을 의향이 있는지 알아보기 위해 당시 대통령비서실 사회문화특별보좌관이던 김성우를 만난 사실도 있지요.

**답:** 예, 홍보수석의 의향을 한 번 물어보라고 하셨습니다.

**문:** 증인은 당시 김성우와 잘 알고 있는 송성각의 주선으로 김성우를 만났고, 증인이 직접 김성우에게 청와대 홍보수석을 맡을 의사가 있는지를 확인하였지요.

**답:** 예.

**문:** 이후 실제 김성우는 청와대 홍보수석에 임명이 되었지요.

**답:** 예, 그 자리에서 바로 답을 하신 것은 아니고 고민해 보시겠다고 했고, 며칠 후에 연락이 오셔서 한 번 헌신하시겠다는 이야기를 하셨습니다. 그 이후에 최서원씨에게 보고를 했고 실제로 시간이 좀 경과된 후에 임명된 것으로 알고 있습니다.〉

차은택의 증언을 부연하면, 한국을 탈출한 뒤, 중국과 일본에 체류하고 있으면서 송성각과 연락을 주고받았고, 송성각을 통해 청와대 홍보수석 김성우에게 당시 언론에 제기된 각종 의혹들의 사실관계를 정리하여 이메일로 보냈는데, 그 시점이 2016년 10월 23일 무렵이라는 것이다. 이때는 검찰이 고영태나 최서원을 조사하기도 전이다.

차은택이 홍보수석 김성우에게 보냈다는 이메일은 증거자료에 첨부돼 있지 않아, 나는 내용을 확인하지 못했다. 그렇지만 차은택이 정리한 사실관계라면, 도피 중인 차은택 입장에서 썼다는 것은 자명한 이치다.

또 차은택은 최서원에 관한 부분은 전면 배제하고 썼다고 증언했지만, 차은택의 검찰 진술이 대부분 사실이 아니었기 때문에 믿을 수도 없다. 예컨대 차은택은 고영태 소개로 최서원을 처음 만난 장소가 고원기획 사무실이라고 진술했지만, 차은택이 최서원을 만날 당시, 고원기획이라는 회사는 설립되기도 전이었다.

아무튼 도피 중인 차은택과 연락을 취했던 송성각은 당시 한국콘텐츠진흥원장이었다. 광고기획사인 제일기획에서 상무보로 근무하며 차은택과 친하게 지냈던 송성각은 ㈜머큐리포스트 영업담당 대표 시절에 차은택의 추천에 의해 2014년 12월, 차관급인 한국콘텐츠진흥원장에 임명됐다. 이는 차은택이 법정에서 인정한 내용이다.

송성각은 포스코그룹이 2015년 2월 계열사인 포레카(광고대행사)를 매각할 때, 차은택 회사인 모스코스가 포레카를 인수할 수 있도록 도왔던 사람이다. 인수작업이 실패하자 송성각은 차관급 공무원임에도 불구하고, 우선협상대상자로 선정된 광고사(컴투게더) 대표를 압박해 지분을 갈취하려한 혐의 등으로 차은택과 함께 구속 기소되었다. 송성각은 1심에서 강요미수 혐의 등이 인정돼, 징역 4년에 벌금 5000만원을 선고받았다.

송성각을 통해 차은택의 메일을 받았다는 청와대 홍보수석 김성우는 송성각과 서울 대일고 동문이다. 김성우는 JTBC가 태블릿PC 날조 보도를 하던 무렵의 청와대 홍보수석이다. 김성우는 본래 MBC 기자 출신이었으나 세계일보를 거쳐 SBS 기자가 되었으며, SBS에서 보도국장과 기획본부 본부장을 역임했다.

SBS를 사직한 김성우는 2015년 1월 대통령비서실 사회문화특보에 임명되었고, 그로부터 한 달 후인 2월에 홍보수석이 되었다. 차은택은 그 두 달 후인 2015년 4월, 문화창조융합본부 본부장에 임명되었다.

차은택이 법정에서 증언한 김성우 홍보수석의 임명 과정을 정리하면, ① 최서원의 지시로 대통령비서실 사회문화특별보좌관 김성우를 만났다, ② 김성우에게 홍보수석을 맡을 의향이 없는지를 물어보았다, ③ 김성우가 며칠간 고민한 후, 헌신하겠다는 말을 했다, ④ 이 말을 최서원에게 보고했다, ⑤ 그 얼마 후 김성우가 홍보수석이 되었다는 것인데,

나로서는 도저히 이해할 수 없는 논리구조다.

　최서원은 자기보다 나이어린 사람들에게는 막말을 하며 몰아붙이는 스타일이지만, 대통령 앞에서는 꼼짝을 못했고, 특히 인사 청탁은 하지 않았다는 사실을 나는 기록을 통해 알고 있기 때문이다. 청와대 부속실 비서관 정호성도 대통령은 무엇보다 부탁이나 청탁을 극도로 싫어하기 때문에 최서원이 장관이나 청와대 수석을 추천한 것은 사실이 아니라고 진술한바 있다.

　나는 청와대 홍보라인이 차은택 인맥으로 이뤄졌다는 사실을 언론계 후배들을 통해 확인했다. 차은택이 설립한 모스코스라는 회사가 청와대 홍보수석실에서 2015년에 발주한 전국 17개 창조경제혁신센터의 홈페이지 용역을 공개입찰이 아닌, 수의계약(隨意契約)으로 따낸 실적도 있다.

　홈페이지 하나 제작비가 2000만원 상당이어서 총 사업비는 3억 4000만원쯤 되었다. 이 용역사업의 실무책임자가 뉴미디어정책비서관실 선임행정관 김한수였다. 김한수는 탄핵의 도화선이 된 태블릿PC를 개통하고 사용료를 낸 사람이다.

　조선일보 2016년 11월 22일자 보도에 따르면, 김한수는 창조경제혁신센터 홈페이지 용역을 수의계약으로 진행하고, 차은택 회사인 모스코스가 이 일감을 수주하도록 영향력을 행사한 정황이 확인되었다는 것이다. 이 보도에도 불구하고, 검찰은 태블릿PC와 관련해 김한수를 조사할 때, 모스코스와의 수의계약 부분을 신문하지 않았음을 나는 진술조서에서 확인했다.

　2015년에 설립된 모스코스는 청와대 용역을 수주한 뒤, 회사 이름을 (주)유라이크 커뮤니케이션즈로 바꾸었으나 얼마 안 돼 회사 자체가 없어졌다. 미르재단 사무부총장 김성현은 검찰 조사에서 "모스코스는 디지털 마케팅을 특화해서 인터넷 환경에 맞춰진 온라인 영상콘텐츠를 기획 제작하는 회사로 차은택과 김홍탁이 만든 회사다. 제가 2015년 7월 1일자로 ㈜유라이크 커뮤니케이션즈의 새 대표이사로 취임했으나 그해 10월 30일 차은택이 회사를 해산시켰다"고 진술했다.

### 최서원과 고영태는 불륜인가?

최서원과 고영태가 내연관계인지, 아닌지 나는 모른다. 나는 사실을 확인하기 위해 최서원과 관련된 모든 사람들의 검찰 진술서를 유심히 살폈다. 두 사람이 회의실에 들어가 오랜 시간 같이 있었다거나, 두 사람만 별도로 식사를 했다거나, 사무실에서 같이 나간 적이 있다고 한다면 조그만 단서가 될 수 있기 때문이다.

검찰 조서에는 그런 사소한 흔적조차 없었다. 차은택이 헌법재판소 법정에서 진술한 것뿐이다. 이에 대해 최서원은 "사건을 폭로하기 1년 전부터 고영태로부터 파멸시키겠다는 말을 들었다"고 진술했고, 김수현도 고영태로부터 그런 취지의 말을 들었다고 검찰에서 말했다.

그럼에도 내가 두 사람이 내연관계가 아니라고 단정하지 못하는 이유는 두 명의 대통령 측근들 때문이다. 이들이 여러 사람에게, 특히 대통령의 안위(安危)를 걱정하는 많은 사람들에게 불륜설을 퍼뜨리며 "대통령은 억울하다"는 주장을 하고 있음을 나는 알고 있다.

나는 그 중의 한 측근에게 불륜설의 근거를 물어본 적이 있다. 그의 주장은 이랬다. "한 검찰수사관으로부터 들었다. 고영태가 검찰에서 조사를 받을 때, 최서원과 같은 침대에 누워있는 자리에서 그런 이야기를 들었다고 진술했기 때문에 검찰은 고영태 말을 신뢰한다는 말을 듣고, 믿게 되었다."

나는 그 측근에게 "고영태 진술조서에는 그런 내용이 없다. 고영태를 수사한 검사가 누구며, 그 방의 수사관이 누구인지도 내가 다 알고 있다. 검찰수사관이 당신을 회유하기 위해 그런 거짓말을 지어냈을 수도 있으므로 그 수사관의 이름을 알려주면 사실여부를 바로 확인할 수 있다"는 말까지 했으나, 그는 "수사관 이름만은 공개할 수 없다"며 거부했다.

대통령의 또 다른 측근은 "고영태가 반바지 차림으로 최서원을 만나러 가는 것을 본 적이 있다"고 주장했다. 나는 그 측근에게 고영태가 반바지 차림을 하고 있던 시각이 오전인지 오후인지, 그때가 여름인지 가을인지, 소지품 같은 것은 들고 있지는 않았는지 등을 물었다. 그 측근은 "언제인지는 자세히 기억나지 않으나 반바지 차림의 고영태를 본 적은 분명히 있다"라는 주장을 굽히지 않았다.

두 명의 측근과 대통령 주변의 몇몇 사람들은 "고영태와 불륜관계인 최서원이 대통령을 속이고, 대통령은 최서원의 거짓말에 속은 것이 이 사건의 본질이다. 태블릿PC도 최서원이 사용했다"는 말을 계속해서 퍼뜨리고 있다.

이들의 의도를 내가 짐작하지 못하는 것은 아니다. 나는 두 측근의 이름을 알고 있지만 공개하지 않겠다. 박근혜 대통령이 감옥에서 풀려나는 순간, 모든 진실이 드러나기 때문이다.

대통령 사건에서 대통령을 「거짓의 산」에 묻어버린 3개의 요물(妖物)이 있다. JTBC의 손석희가 날조(捏造)보도한 태블릿PC와 안종범이 썼다는 「업무수첩」, 그리고 차은택의 세치 혀에서 나온 요설(妖說)이다.

태블릿PC 날조보도는 대통령 탄핵소추안이 국회를 통과하는데 큰 뒷받침이 되었고, 차은택의 헌법재판소 법정에서의 진술은 대통령 탄핵에 결정적인 영향을 미쳤다. 안종범 업무수첩은 대통령에 대한 수사와 재판에서 실체적 진실을 덮어버리는 핵심 물증으로 작용했다.

차은택은 발탁 과정이 어찌 되었건, 박근혜 정부에서 승승장구하고 경제적 이익까지 취했다. 안종범은 재계(財界)의 저승사자로 불리며 누릴 것, 다 누리고, 뇌물도 받았다. 태블릿PC를 개통하고 요금을 납부한 김한수는 마레이컴퍼니라는 조그만 회사의 대표에서 청와대 선임행정관으로 신분이 상승했다.

차은택-김한수 두 사람은 이권(利權)에 연루돼 있으며, 그 중간에는 대통령 홍보를 담당하는 청와대 홍보수석실이 도사리고 있다. 안종범-차은택-김한수와 대통령 홍보수석실은 결과적으로 대통령의 등에 칼을 꽂았다.

이런 복잡하고 미묘한 관계를 쉽고, 단순하게 표현할 수 있는 단어가 무엇인지 나는 고민했다. 배신이 있는가 하면 음모가 있고, 어둠도 있고 위선(僞善)도 있었다. 고민 끝에 나는 김경철 변호사의 도움을 받아, 「박근혜 탄핵백서」의 주 제목을 「어둠과 위선의 기록」이라 명명했다. 어둠속에서 벌어진 위선(僞善)의 기록이 복잡하게 얽히고설킨 대통령 사건을 단적으로 정의하는 단어라고 판단했기 때문이다.

## K스포츠재단 설립과 안종범

차은택에게서 따돌림을 당한 고영태는 2014년 연말쯤 개인사무실을 폐쇄했다. 고영태는 검찰 조사에서 "차은택을 최순실에게 소개한 이후 제 상식에는 도저히 이해되지 않는 일들이 벌어졌다"며 "차은택은 자신이 영상제작을 하던 시절에 많은 도움을 주었던 송성각을 최순실에게 추천하여, 송성각이 한국콘텐츠진흥원장에 임명되게 하는 일 등을 보면서 2014년 연말경 회사(고원기획)를 그만두었다"고 진술했다.

운동선수 출신인 고영태는 K스포츠재단 쪽으로 눈을 돌렸다. K스포츠재단은 미르재단이 발족되고 석 달 후인 2016년 1월 13일 출범했다. 공소장에 의하면,「안종범은 2015. 12. 20. 대통령으로부터 "정동구 이사장, 김필승 사무총장, 정현식 감사, 이철용 재무부장 등을 임원진으로 하고 사무실은 서울 강남 부근으로 알아보라"는 지시와 함께 재단의 정관과 조직도를 전달받았다」는 것이다.

그러나 K스포츠재단 초대 이사장 정동구는 법정증언(2017. 2. 14.)에서, 안종범이 만나자고 전화한 날은 2015년 12월 19일이며, 바로 그날 안종범으로부터 재단 이사장을 맡아달라는 요청을 받았다고 진술했다. 안종범은 대통령 지시가 있기도 전에 정동구 이사장을 만난 셈이다.

공소장에 사무총장으로 기재된 김필승도 검찰 조사에서 "2015년 12월 19일경 안종범이 전화하여, '김필승 교수님이시죠. 청와대 안종범 수석입니다. 라마다르네상스 호텔에서 잠시 뵙시다'라고 하여, 바로 그날 라마다르네상스 호텔에서 만났다"고 진술했다. 스포츠 경영학 박사 출신인 김필승은 K스포츠재단 설립 후엔 상임이사로 임명됐다.

검찰은 안종범 휴대폰의 통화내역 조회를 통해, 안종범이 정동구-김필승과 통화한 날이 2015년 12월 19일이라는 사실을 확인했다. 그런데도 공소장에는 안종범이 대통령 지시를 받은 날이 12월 20일이라고 기록돼 있다. 검찰 수사가 치밀하지 못한 것은 검찰이 안종범 주장을 맹신(盲信)한 결과로 추정된다.

정동구 이사장은 10대와 20대 시절엔 국가대표 레슬링 선수로 활약했고, 30대에는 국가대표 코치를 지냈다. 1977년부터 2007년까지 한국체육대학 교수로 재직하면서 1992년에는 총장을 맡기도 했다. 2010년부터 2013년까지 체육인재육성재단 이사장을 역임한 정동구는 존경받는 체육계 원로다.

정동구 이사장은 검찰에서 두 차례 조사를 받은 뒤, 법정에 증인으로 출석했다. 그날이 2017년 2월 14일로, 검찰이 대통령에게 구속영장을 청구하기 전이다. 다음은 정동구의 법정증언 내용인데, 심문자는 김태겸 검사다.

**〈검사:** 2015년 12월 19일 증인이 피고인 안종범으로부터 처음 전화를 받기 전까지, 증인은 피고인 안종범이 청와대 경제수석이라는 사실 이외에 개인적으로 피고인 안종범을 알지 못하였지요.

**정동구:** 예.

**문:** 피고인 안종범이 증인에게 전화하여 "남북 스포츠 교류, 체육인재 양성, 한국 스포츠의 세계 홍보 등을 위한 재단법인을 설립할 예정인데, 이사장을 맡아 달라"고 제안하였지요.

**답:** 예.

**문:** 같은 날 증인은 피고인 안종범의 제안으로 피고인 안종범을 코엑스 인터콘티넨탈 호텔 커피숍에서 직접 만나 이사장직을 수락한 것

이지요.

**답**: 예.

**문**: 증인은 당시 피고인 안종범을 만나 구체적인 급여액, 관용차 제공 여부 등도 전혀 알지 못하는 상태에서 비상근 이사장직을 받아들인 것이지요.

**답**: 예, 당시에는 상근, 비상근 이야기를 안했습니다.

**문**: 피고인 안종범으로부터 대통령의 지시에 따라 만들어진 재단이며, 대통령이 증인을 이사장으로 지명한 것이라는 말을 들었기에 구체적인 조건도 따져보지 않은 것이지요.

**답**: 대통령이라는 말은 하지 않았고, 전경련(全經聯)에서 기금을 대서 이런 좋은 일을 한다고 해서, 저도 우리 한국에서 선수 출신들이 선수 때는 화려하지만 은퇴하고 나서 너무 비참하고 불쌍해서, 후배들을 위해서 내가 마지막으로 봉사할 수 있겠다, 그런 생각을 했습니다.

**문**: 하지만 대통령에게 이미 보고가 된 사안이고 증인도 그와 같이 추천을 받았기 때문에 수락한 것도 맞습니까.

**답**: 대통령이라는 말은 안 했고요, 경제수석이니까 제가 신뢰할 만하죠.〉

김태겸 검사는 K스포츠재단이 대통령 지시에 의해 설립되었다는 점을 입증하려고 애를 썼으나, 정동구 이사장은 안종범에게서 그런 말을 들은 적이 없다며 일관되게 부인했다. K스포츠재단 상임이사 김필승의 진술도 정동구 이사장과 다르지 않았다.

안종범이 김필승에게 "전경련이 후원하는 스포츠재단을 만들려고 합니다. 신생 스포츠재단 설립에 김 교수님께서 실무적인 일을 도와주십시오. 재단이 설립되면 김 교수님은 이사로 근무를 해주었으면 좋겠습니다. 재단이사장은 정동구 한체대 전 총장이 맡기로 하였습니다"라고 말했다는 것이다.

김필승은 검찰에서 "K스포츠재단 이사들이 처음으로 상견례를 가진 것은 2016년 1월 4일이며, 장소는 서울 잠실에 있는 올림픽파크텔이었다. 참석자는 저를 포함해 정동구 이사장, 정현식 이사, 이철원 이사, 주종미 이사, 김기천 감사 등 6명"이라고 진술했다. 최서원은 상견례 자리에 참석하지 않은 것으로 확인됐다.

### 더블루K 출입문의 비밀

고영태는 K스포츠재단이 발족되기 하루 전인 2016년 1월 12일 더블루K를 설립했다. 반면, 독일의 더블루K는 그보다 한 달 후인 2016년 2월 29일 최서원이 만들었다. 최서원은 검찰 조사에서 "독일에서 저하고 제 딸이 계속 체류를 하려면 뭔가 해야 하는데 저희가 주로 알고 있는 분야가 말(馬)이라서 그 쪽으로 사업을 해보려고 더블루K라는 회사를 설립하였는데, 사업이 쉽지도 않았고 제 딸이 그리 탐탁히 여기지 않아 폐쇄절차를 진행 중"이라고 진술했다.

최서원이 독일에서 설립한 더블루K와 고영태의 한국 더블루K는 사업목적이 다르고, 설립날짜와 법인 해체시기가 같지 않다. 스포츠 매니지먼트 회사로 설립된 한국 더블루K는 설립 후 7개월만인 2016년 8월경에 청산됐고, 독일 더블루K는 2016년 10월 말경 청산절차를 밟고 있었다.

더블루K가 최서원 소유의 회사라는 유언비어가 널리 퍼지게 된 것은 K스포츠재단 과장 박헌영이 검찰 조사에서 수시로 진술을 번복하는 한편, 언론 인터뷰를 통해 허위사실을 유포했기 때문이다. 박헌영은 고영태·노승일의 한국체대 2년 후배다.

검찰 조서에 의하면, 박헌영은 2003년 9월 한국체대를 졸업하고 퍼스트커뮤니케이션즈 프로모션 팀에 입사하여 2년가량 근무한 뒤, ING생명보험에 입사했다. 그 후 리더스 커뮤니케이션즈라는 회사에서 스키 행사 및 기획 관련 일을 했고, 대명리조트에서 스키강사로 1년 정도 근무한 뒤 놀고 있던 중, 고영태의 소개로 2016년 1월경 K스포츠재단에 과장으로 입사했다.

박헌영은 제4회 검찰 조사(2016. 11. 29.)에서 허위진술을 하게 된 이유를 이렇게 설명했다. "최순실은 미르와 K스포츠재단, 더블루K를 실제 운영하는 주인으로 저를 언제든지 내칠 수 있기 때문에 저한테는 좀 무서운 사람이었습니다. 처음 조사 시는 겁이 나서 거짓말을 했지만, 언론에 보도된 내용들을 보고 최순실의 행동에 기가 차서 사실대로 진술하게 되었습니다."

박헌영은 자신의 검찰 진술이 언론에 보도된 내용들을 참고했음을 스스로 시인했다. 최서원에게 아주 불리하게 작용한 박헌영의 잦은 진술 번복과 관련, 최서원의 변호인 오태희 변호사는 재판부에 의견서를 제출했다. 다음은 그 내용 중 일부를 발췌한 것이다.

"박헌영의 제1회, 2회 검찰 진술조서를 살펴보면, 그가 거짓말을 얼마나 정교하게 하고 있는가를 알 수 있습니다. 제1회 진술이 사실이 아니라고 하고 있음에도, 제1회 진술이 마치 진실한 것으로 수사기관이나 재판기관에서 믿을 수 있는 것으로 오신(誤信)하게끔 진술하고 있는 것을 볼 수 있습니다. 그의 2회 진술 역시 얼마나 정교한 거짓말이 숨어있는지는 아무도 알 수 없게 되었습니다.

처음에는 거짓말을 하다가, 두 번째는 거짓말을 한 부분을 번복하고 진실이라고 하면서 진술하고 있음에도, 그 부분에서 역시 거짓이 숨어 있다면 점점 진화되어 가는 그의 진술내용을 어디까지 신뢰하고, 어디까지 믿지 말아야 될지 판단을 할 수 없는 상황에 이를 수가 있습니다.

이와 같은 박헌영의 검찰 진술 내용을 종합하면, 최서원이 박헌영에게 SK로부터 해외 전지훈련비 명목으로 50억원을 받아서 최서원의 독일 회사인 비덱에 직접 송금할 것을 타진해보라고 했다는 주장이나, 최서원이 SK그룹 관련자에게 다 말해놓았으니 찾아가서 의논하라고 하였다는 박헌영의 주장은 박헌영의 추측일 뿐, 그의 진술의 신빙성을 의심하는 입장에서 보면 사실이 아님을 확인할 수 있을 것입니다."

고영태도 검찰 조사에서 "K스포츠재단과 미르재단의 실소유주는 최순실이다. 이사장부터 모든 직원의 채용을 최씨가 관여했다. 더블루K라는 회사는 최씨가 K스포츠재단의 돈을 빼내 독일로 보내기 위해 설립했다"라는 취지의 진술을 했고, 검찰 수사는 고영태와 박헌영이 주장한 방향으로 진행되었다.

최서원은 검찰 조사에서 더블루K와 관련해서 이렇게 진술했다. (제7회 피의자신문조서, 2016. 11. 12. 작성, 담당 검사 최영아).

**〈검사:** 피의자는 더블루K라는 회사를 알고 있는가요.

**최서원:** 예, 알고 있습니다. 더블루K는 스포츠마케팅이나 에이전트 하는 회사를 하기 위하여 고영태가 장애인이나 어려운 생활을 하는 선수를 키우기 위해 만든 회사로 알고 있는데 주된 역할은 고영태가 했습니다.

**문:** 어떤 역할을 고영태가 했는가요.

답: 저는 체육 쪽을 몰라서 체육계의 시스템도 모르고, 선수들도 전혀 모르는데, 고영태나 노승일(K스포츠재단 사업부장) 등 사람들은 체육 전공을 해서 선수들도 많이 모았습니다. 저를 이용해서 이런 사업을 해 보려고 한 것인데 좌절되고 안 된 것입니다.

문: 고영태 등이 피의자를 어떻게 이용하려고 하였는가요.

답: 박헌영이 재단 사업에 대한 기획을 했고, 저한테 이러이러한 사업을 하는 것이 좋겠다고 하면서 기획안을 가져와서는 도와달라고 했습니다.

문: 어떻게 도와달라고 한 것인가요.

답: 고영태가 꼭 재단 직원인 박헌영이나 노승일을 불러서는 둘 앞에서 마치 저와의 친분을 과시하듯이 기획안을 검토해보고 도와달라고 말했습니다. 고영태는 직접적으로는 말은 안 했지만, 저쪽과 제가 친한 것을 아니까 그런 것을 과시하면서 이용하려고 했던 것이라고 생각됩니다.

문: 저쪽이 어딘가요.

답: 청와대입니다.

문: 피의자는 더블루K와 관련 없는데 왜 더블루K 사무실에서 있었던 것인가요.

답: 고영태가 더블루K 사업 계획과 관련하여 더블루K 사무실로 오라고 해서 그쪽으로 가기도 했습니다.〉

최서원의 검찰 진술로 미뤄, 고영태·노승일·박헌영이 최서원의 배경을 이용하려 한 것은 분명해 보인다. 때문에 최서원이 이들을 따끔하게 꾸짖지 않고 방조한 부분에 대해서는 일말의 책임이 있다 할 것이다. K스포츠재단 사무총장 정현식은 법정증언에서 "노승일과 박헌영은 더블루K 사무실에 갈 때마다 '회장님이 불러서 간다'고 하기에 징계를 못했다"며 "최서원은 K스포츠재단에 온 적이 없고, K스포츠재단에서 최서원에게 돈을 주거나 신용카드 등을 제공한 적이 없다"고 진술했다.

그러면, 더블루K의 실제 주인은 누구일까.

더블루K가 서울 강남구 청담동에 위치한 부원빌딩 4층에 입주한 날은 2016년 1월 14일이다. K스포츠재단과는 200m쯤 떨어진 거리다. 더블루K의 실제 주인이 누구냐 하는 것은 회사 설립자본금과 사무실 임대보증금을 누가 지불했는지를 확인하면 대충은 알 수 있을 것이다. 이에 대해 더블루K 초대 대표이사 조성민은 검찰에서 이렇게 진술했다.

"보증금 4000만원에 월 임대료가 400만원이었는데, 보증금은 임대계약서를 쓰는 자리에서 고영태가 현금으로 지급하였습니다. 설립자본금 5000만원 중 2000만원은 법인통장에 고영태 이름으로 입금되었고, 나머지 3000만원은 ATM기를 통해 현금으로 입금되었기 때문에 입금자가 누구인지 모르겠습니다. 고영태가 추가로 현금 5000만원을 가져와 법인통장에 입금하면서 자본금은 1억원이 되었습니다."

조성민은 2016년 1월 15일부터 3월 15일까지 두 달간, 더블루K 대표이사로 근무하다가 적성에 맞지 않는다는 이유로 자진 사직했다. 당시 직원은 상무이사 고영태와 회계 및 경리 담당 여직원(전지영) 1명뿐이라고 조성민은 진술했다. 조성민 후임의 대표이사가 최철 변호사다.

나는 더블루K의 실제 주인을 추정할 수 있는 중요한 단서 2개를 법정녹취록에서 발견했다. 그 중의 하나가 최서원과 고영태의 회사 출근 여부인데, 이에 대해 부원빌딩 건물관리인 노광일은 법정증언(2017. 4. 10.)에서 이렇게 진술했다.

"최서원은 입주 초기에 간혹 왔고, 5월과 7월 사이에는 한 달에 한 번

내지 두 번 정도, 오후 3시경에 들렀다가 오후 5시쯤 나갔다. 고영태 상무는 일주일에 4~5일 정도 근무했는데, 오전 10시나 11시경에 출근해서 근무하다가 외부로 나간 뒤, 오후 5시나 6시 무렵에 귀사해서 오후 6시30분 내지 7시에 퇴근했으며 오후7시 이후까지 근무한 때도 있었다."

노광일 진술에 의하면, 더블루K 사무실에 매일 출근한 사람은 고영태였다. 또 하나의 단서는 고영태와 한국체대 동기생인 류상영의 법정 증언(2017. 5. 19.)이다. 류상영은 더블루K 사무실의 출입절차와 관련해 이렇게 증언했다.

"제가 기획대행사를 운영했기 때문에 고영태나 박헌영으로부터 많은 부탁을 받았습니다. 그 일로 더블루K 사무실에 자주 갔었는데, 출입구에 보안업체 캡스에서 관리하는 지문인식 시스템이 설치돼 있었습니다. 지문을 등록해 놓은 사람이 고영태·박헌영·전지영·이인훈 등 4명뿐이었습니다. 전지영은 더블루K 경리담당 여직원이고, 이인훈은 고영태의 사촌동생입니다."

이에 대해 최서원은 법정에서 "더블루K 사무실 출입구에 지문등록을 한 적이 없으며, 사무실에 나간다고 하면 고영태가 출입구 앞에서 기다리고 있다가 문을 열어주었다"고 진술했다. 더블루K 사무실을 언제든지 마음대로 들락거릴 수 있었던 사람들은 모두 다 고영태와 관련된 이들이었다.

### 검찰, 범죄 발생시점을 조작하다

더블루K는 고영태가 박헌영의 도움을 받아 K스포츠재단의 돈을 빼먹기 위해 설립한 회사다. 그 증거가 2016년 2월경, 더블루K 명의로 작성해 K스포츠재단에 제출한 4억620만원 상당의 「시각장애인 스포츠의 수준향상과 저변확대를 위한 가이드러너 육성방안에 대한 연구」라는 연구용역 제안서다. 작성자는 박헌영인데, 박헌영의 부친이 시각장애인이라고 검찰 조서에 기록돼 있다.

이 제안서를 묵살한 사람이 정동구 이사장이다. 정동구는 법정증언에서 "막 설립된 K스포츠재단이 외부에 연구용역을 주는 것은 걸음마도 못 뗀 아이가 뛰려고 하는 것 같이 부적절하다고 생각하여 더 이상 그런 말을 꺼내지 못하도록 하였다"고 진술했다.

고영태·노승일·박헌영의 주장대로 더블루K의 실소유주가 최서원이고, 최서원이 K스포츠재단의 설립과 운영을 주도했다면, K스포츠재단에서 최서원이 요구한 연구용역비를 지급하지 않을 이유가 없었을 것이다.

연구용역비 지급을 거부한 직후인 2016년 1월 30일, 정동구 이사장은 안종범에게서 만나자는 연락을 받았다. 두 사람은 코엑스 인터콘티넨탈 호텔에서 만났다. 이 자리에서 안종범은 "너무 알려져 있으시니, 이사장직에서 물러나 고문을 하시지요"라며 일선에서의 후퇴를 강요했다고 정동구 이사장은 법정에서 증언했다.

정동구 이사장은 "안종범으로부터 그 말을 듣고, 매우 불쾌하고 황당했다. 어떤 대꾸도 하지 않았다"고 진술했다. 정동구 이사장이 정식으로 사표를 제출한 날은 2월 1일이다. 안종범을 만난 1월 30일이 토요일이어서 월요일에 사표를 제출한 것이다. 정동구는 1월 13일부터 30일까지 근 보름 동안만 이사장으로 재임했다.

고영태·박헌영이 K스포츠재단을 상대로 4억620만원의 사기를 치려다 미수에 그친 사건은 정동구 이사장 재임 시절인 2016년 1월경에 있었다. 사실이 이러함에도 검찰은 최서원에게 사기미수 혐의를 적용하면서, 사건 발생시점을 2016년 2월경으로 둔갑시켰다. 2016년 2월경이면 K스포츠재단의 이사장은 공석 상태다. 검찰은 정동구 이사장의 「존재」를 감추기 위해 이런 편법을 사용했다.

그 이유는 정동구 이사장의 후임이 정동춘 이사장이었기 때문이다. 정동춘은 서울대 박사 출신이지만, 한겨레신문에 의해 최서원의 단골 마사지센터 주인으로 전락(轉落)했다. 한겨레신문의 보도로 인해 K스포츠재단에 대한 모든 언론의 관심은 초대 이사장 정동구가 아니라, 2대 이사장 정동춘에게 집중됐다.

검찰은 공소사실 일부를 조작하는 방법으로 기자들의 관심을 딴 데로 돌리는 데는 성공했을지 모르나, 진실은 가린다고 해서 결코 감춰지는 게 아니다.

정동춘이 정동구 후임으로 K스포츠재단 이사장에 취임한 날은 2016년 5월 13일이다. 정동구 이사장이 2016년 2월 1일부터 그만두었기 때문에 K스포츠재단은 석 달 보름가량 주인이 없었다.

만약 정동춘 이사장이 최서원의 측근이었다면, 그리고 최서원이 K스포츠재단의 실질적인 주인으로서 재단 돈을 편취할 마음이 있었다면, 최서원은 갓 출범한 K스포츠재단 이사장 자리를 이렇게 오랫동안 공석으로 비워 두지는 않았을 것이다.

안종범과 정현식 사무총장, 그리고 과장 박헌영이 롯데그룹과 부영그룹 및 SK그룹 등에 돈을 요구한 사건은 모두 이사장 공석기간 중에 발생했다. 정동구 이사장과 김필승 상임이사는 검찰에서 "K스포츠재단 이사진 인선은 안종범이 주도했다"고 진술했다.

안종범은 체육계에서 존경받는 정동구 교수를 무보수, 비상근 이사장으로 모시기는 했으나 정동구 이사장에 대한 제어가 힘들어지자 취임 보름 만에 물러나게 했다. 그렇게 되면 K스포츠재단의 사실상 주인은 안종범과 사무총장 정현식이 되는 것이다.

1차 시도가 실패로 돌아가자, 고영태와 박헌영은 사업계획을 변경한 2차 용역제안서를 K스포츠재단에 제출했다. 「전국 5대 거점 지역별 각 종목 인재양성 및 지역별 스포츠클럽 지원사업 개선방안 연구」라는 3억 720만원짜리 제안서다. 이 제안서는 작성자 박헌영이 제안 주체를 더블루K가 아닌 K스포츠재단이라 잘못 표기하는 바람에 또 다시 무산됐다.

이는 박헌영이 혼자 제안서를 만드는 과정에서 실수한 것인데, 검찰은 박헌영 조사에서 "K스포츠재단에 제출된 연구용역 제안서가 왜 하나는 ㈜더블루K 명의고, 또 하나는 K스포츠재단 명의로 되어 있느냐"라는 기초적인 사실관계조차 신문하지 않았다.

이 사기미수 사건에 대해 최서원은 1심에서부터 무죄를 선고받았다. 검찰이 고영태와 박헌영의 진술에 의존하여 설정한 범죄구도는 그 자체가 모순덩어리라고 해도 틀린 지적은 아닐 것이다.

### 평창 올림픽을 겨냥한 사기극

K스포츠재단의 돈을 빼먹는데 실패한 고영태와 박헌영은 2018년 강원도 평창에서 열리는 동계올림픽을 겨냥, 사기행각을 벌인 적도 있다. 스위스 누슬리와 관계된 사건이다. 누슬리는 스위스 건설회사다. 조립식으로 건물을 설치하여 한시적으로 건물을 사용한 후, 이를 해체하

고 나중에 다른 형태의 건물로 다시 설치하여 사용할 수 있도록 하는, 일종의 조립식건물 시공기술을 가진 회사다.

누슬리사의 이런 기술력을 간파하고, 이를 평창 동계올림픽 개·폐회식장 건설과 연결시키는 아이디어를 내고, 누슬리를 섭외한 사람이 K스포츠재단 과장 박헌영이다. 박헌영은 고영태와 짜고 누슬리와 에이전트 수수료 계약을 체결했다.

평창올림픽을 비롯하여 한국에서 진행하게 될 프로젝트들에 대해서 더블루K가 수주해오면, 누슬리는 전체 공급가액의 5%를 더블루K에 지급한다는 에이전트 계약이다. 이 계약의 전제조건으로 마련된 것이 누슬리사의 한국 프레젠테이션이었다.

2016년 3월 8일 오후 1시경, 서울 플라자호텔 비즈니스센터에서 누슬리 주최의 프레젠테이션이 열렸다. 평창 동계올림픽 개·폐회식장 활용 문제를 논의하기 위해서였지만, 공사업체가 대림산업으로 결정 난 상태여서 누슬리에 별도의 하청을 주기 위해 마련된 자리였다.

누슬리 측에서는 본사의 CEO(최고 경영자), COO(의사결정 최고 책임자), 미주 아시아 세일즈 담당 임원(한국말을 잘 하는 교포) 등 3명이 참석했고, 한국 측에서는 K스포츠재단의 사무총장 정현식, 더블루K 대표 최철 변호사, 고영태, 박헌영이 참석했다. 미팅 도중에 안종범 청와대 경제수석과 김종 문체부 2차관이 들어와 각각 5분간씩 영어로 연설했다.

이날 미팅은 김종 차관이 누슬리 측에 공사비를 400억원 이하로 대폭 삭감할 것을 요구하면서 계약이 상사되지 않았다. 최철 변호사는 검찰 조사에서 "2016년 3월 초, 고영태가 참석해 달라고 요청해서 나갔다"며 "누슬리와 관련된 일은 고영태가 주도했다"고 진술했다.

최철 변호사는 이 프레젠테이션에서 만난 김종 차관에게 더블루K

대표이사 명함을 건네주었다는 이유로 고영태로부터 강한 항의를 받았다. 이에 대한 최철 변호사의 진술이다.

"프레젠테이션을 다녀온 후 고영태가 저에게 전화를 걸어, 김종 차관에게 왜 더블루K 명함을 주었느냐고 따졌다. 그 당시 누슬리코리아는 실체가 없는 회사이고, 고영태로부터 '앞으로 누슬리코리아라는 회사를 만들 것'이라는 얘기만 들은 상태여서 더블루K 명함을 준 것인데, 김종 차관은 프레젠테이션 사업 주체가 더블루K가 아닌 누슬리코리아인 것으로 알고 나온 것 같다."

최철 변호사의 진술을 종합하면, 프레센베이션 참석과 누슬리코리아 설립 등은 최서원과 무관하게 고영태와 박헌영이 주도적으로 벌인 사기극임을 알 수 있다.

## 한강 둔치 만남과 "박정희 체제의 종언(終焉)"

2016년 8월 19일 오후 7시경, 서울 강남구 압구정동 부근의 한강시민공원 주차장 부근에서 최서원·고영태·이성한 3명이 만났다. 세 사람은 최서원이 타고 온 쥐색 SUV안에서 밀담을 나눴다. 고영태는 운전석 옆자리에, 이성한은 운전석 뒤편의 최서원 옆에 앉았다. 이성한과 고영태가 앞과 옆에서 최서원을 에워 쌓다.

고영태는 한강주차장에서 있었던 일을 검찰에서 이렇게 진술했다.

"당시 제가 이성한과 사이가 좋았던 때라, 이성한이 저에게 하소연하면서 하는 말이, '안종범 수석과 차은택이 나보고 재단에서 나가라고 하는데 최순실이 시킨 것 같다'고 하였습니다. 그러면서 이성한이 언론에 '안종범 수석이 미르재단에서 사퇴할 것을 종용하였다'는 취지의 녹취록을 공개하자, 최순실은 이성한이 언론에 자신의 존재에 대하여도 녹취록 등을 공개할까봐 이성한을 달래려고 저에게 이성한을 만나게 해 달라고 하였습니다.

그래서 제가 2016년 8월 중순경, 이성한과 최순실을 한강둔치에서 만나게 해 주었는데, 최순실이 이성한을 달래기는커녕 오히려 이성한과 차은택 둘 사이에 발생한 일로 왜 나까지 걸고넘어지느냐고 화를 내어, 오히려 사이만 악화되었습니다."

이성한이 한강주차장 회동에 나가게 된 것은, 그가 먼저 고영태에게 전화를 걸었기 때문이다. 그 경위가 이성한의 검찰 조서에 이렇게 기재돼 있다.

"사실 제가 직위 해제(2016. 6. 29.)되는 과정에서 차은택, 이한선(미르재단 상임이사)하고 멀어지게 되었는데, 그렇게 되자 차은택이 저한테 '고영태 만나지 말라'고 했었던 말이 생각나, 한 번 전화나 해 보자고 해서 연락을 했더니 고영태가 춘천까지 내려왔습니다.

그때 이런저런 이야기를 나누었는데, 주종(主宗)은 차은택에 대한 불만 토로였습니다. 고영태 말로는 자기가 차은택을 최순실 회장한테 소개시켜 주었는데 오히려 차은택이 회장에게 자기를 모함했다는 취지로 말을 하였고, 저도 차은택이 왜 그랬는지 모르겠다고 맞장구를 쳐 주었습니다.

제가 최순실을 만난 것은 2016. 8.경이고 장소는 한강 반포 인근 한강시민공원 주차장이었습니다. 제 휴대전화로 고영태가 전화를 하여, '이 대표님, 저 고영태입니다. 회장님이 한 번 만나시자고 하십니다'라고 하기에, 제가 오늘은 어렵고 내일 보자고 하여, 그 다음날 고영태가 카니발을 타고 미르재단 사무실로 왔었고, 그래서 제가 제 차를 이용해서 고영태가 가는 곳을 쫓아갔더니 한강주차장이었습니다."

이성한과 고영태 진술의 진위여부를 가려준 사람이 류상영이다. 류상영은 한강주차장 회동 때 최서원의 운전기사 역할을 했다. 류상영은 세 사람의 대화를 바로 옆에서 듣지는 못했지만, 최서원을 집까지 바래다주는 과정에서 그 내용을 알게 되었다.

류상영은 검찰 조사에서 이성한과 고영태가 한강주차장 회동에서 최서원에게 돈을 요구했다가 거절당한 사실을 공개하고, 이것이 최서원 사건의 폭로를 촉발한 동기이므로 이에 대한 수사가 이뤄져야 한다고 진술했다.

류상영은 자기 주장이 사실이라는 것을 증명하기 위해, 이성한이 자필로 써서 고영태에게 준 A4용지 2장짜리 서류를 서울중앙지검 형사4부 용성진 검사에게 증거로 제출했다. 이성한이 한미약품에서 30억5천만원을 받을 게 있다고 정리한 서류였다.

그러나 용성진 검사는 류상영의 진술을 검찰 조서에 기록하지 않았고, 2장짜리 증거마저 증거목록에 첨부하지 않았다. 그 결과, 최서원을 직권남용 및 강요 등의 혐의로 구속기소한 검찰이 법원에 제출한 수많은 수사기록 어디에도 류상영이 진술한 한강주차장 회동에 대한 조서가 없다.

류상영에 의하면, 이성한은 최서원에게 두 가지를 부탁했다고 한다. 하나는 한미약품에서 30억5천만원을 받을 게 있는데, 이 돈을 최서원이 대신해서 받아달라는 것이고, 두 번째는 변호사 비용 5억원이다. 그러나 최서원은 "개인적인 금전거래에는 관여하지 않겠다"며 이성한의 부탁을 거절했다고 한다.

두 사람의 대화를 옆에서 듣고 있던 고영태가 최서원에게 "이성한의 딱한 처지를 한 번만 도와주었으면 좋겠다"고 적극적으로 거들고 나섰다.

이성한이 한미약품에서 돈을 받게 되면 그 중의 5억원을 고영태에게 사례비로 주기로 약속했기 때문이다. 최서원은 그러나 고영태 요청도 일축했다고 한다.

이 무렵 고영태는 주식사기 사건으로 고소돼 서울 강남경찰서에서 조사를 받고 있었다. 서울 강남구 청담동에서 K라인이라는 개인회사를 운영했던 고영태는 한 해 전인 2015년 11월경 중소기업을 운영하는 정○○에게 "주식투자를 통해 큰 수익을 내 주겠다"며 8천만원을 빌렸다. 그러나 몇 달이 지나도록 수익은커녕 원금도 갚지 못하자, 정○○은 2016년 4월경 고영태를 주식사기 혐의로 서울 강남경찰서에 고소했다.

그 당시 고영태의 채무는 이것만이 아니었다. 고영태는 서울 강남의 사채전주 최○○으로부터 1억원을 빌려, 경기도 모처에서 불법 사설경마장을 운영하다가 빌린 돈을 고스란히 날렸다. 게다가 그의 형 고○○이 은행에서 대출받은 수천만원도 사설경마장 운영비 등으로 탕진했다. 고영태는 수시로 강남경찰서에 불려가 조사를 받았다.

이성한도 이 무렵 경제적 어려움을 겪고 있었다. 검찰 진술조서에 의하면, 사무총장 시절 이성한의 한 달 실수령액은 750만원이었다. 그런데 느닷없이 사무총장에서 쫓겨나면서 이성한은 40대 중반의 나이에 수입원을 잃었다.

고영태는 이성한과의 잦은 전화통화에서 그가 한미약품에 30억5천만원의 채권이 있다는 사실을 알고, 춘천까지 내려가 이성한을 만난 것이다. 최서원의 힘을 빌려 한미약품에서 30억5천만원을 받게 되면, 이성한·고영태는 단번에 경제적 어려움을 극복할 수 있었다.

춘천에서 치밀하게 각본을 짠 두 사람은 최서원을 저녁시간에 한적한 한강주차장까지 유인하는 데는 성공했으나, 최서원의 거부로 물거품이 되자 최서원을 겁박하기 위해 폭로전을 펼치기 시작한다.

"최순실의 취미는 대통령 연설문 고치는 것"이라는 고영태의 허위주장과 "최순실이 비선(祕線) 실세"라는 이성한의 허위폭로는 최서원·이성한·고영태 세 사람이 외진 한강시민공원 주차장에서 만나, 차 안에서 잠시 밀담을 나눈 뒤 뿔뿔이 헤어지면서 시작됐다.

TV조선 기자 이진동이 최서원 사건을 취재한 의도는 그가 쓴 책 머리말에 실려 있다. "종막(終幕)은 촛불시위를 거쳐 박근혜 정권의 사망 선고와 함께 박정희 체제의 종언(終焉)을 고하겠는 것이었다."라는 것이다. 이진동의 궁극적인 목적은 박정희 체제의 종언이었다. 대한민국의 발전상이 없어지거나 사라지게 하겠다는 뜻이다. 나는 이 머리말을 읽으며 섬찟하다는 느낌을 지울 수가 없었다.

## 태블릿PC 보도는 명백한 날조

　박근혜 대통령 탄핵은 JTBC의 태블릿PC 날조보도와 함께 시작되었다. 종편(綜編) JTBC는 중앙일보 대주주 홍석현이 사실상 지배하는 방송사다. 태블릿PC 날조보도 당시, JTBC 공동대표 사장 홍정도는 홍석현의 아들이며, 보도담당 사장 손석희는 MBC 아나운서 출신이다. 홍정도는 문제의 태블릿PC를 개통하고 요금을 납부한 청와대 홍보수석실 산하 뉴미디어정책비서관실 선임행정관 김한수와 1977년생 동갑이다.

　국립과학수사연구원이 서울중앙지방법원에 제출한 「감정의뢰 회보」(2017. 11. 21.)에 따르면, 문제의 태블릿PC에는 문서수정 기능이 없다. 이에 대한 국과수(國科搜) 회보 내용이다.

　"태블릿PC에 설치된 애플리케이션 목록을 분석한 결과, 문서작성 및 수정·저장이 가능한 애플리케이션이 발견되지 않음. 한편, 네이버 오피스, 구글, 넷피스 24 등과 같이 온라인상에서 문서작성 및 수정·저장이 가능하지만, 인터넷 접속기록을 살펴본 결과, 해당 서비스에 접속한 이력은 발견되지 않음."

　부언하면, 이 태블릿PC에는 문서수정 앱이 설치돼 있지 않으며, 문서수정을 위한 어떠한 시도도 없었다는 사실을 국과수가 감정을 통해 확인했다는 것이다.

　사실이 이러함에도 JTBC 기자 심수미는 2016년 10월 19일 오후 8시, 메인뉴스 시간에 "최순실씨 취미는 대통령 연설문을 고치는 것이다. 최씨의 측근 고영태씨는 최씨의 말투나 행동 습관을 묘사하며, 최씨는 평소 태블릿PC를 늘 들고 다니고, 그걸 통해서 대통령 연설문이

담긴 파일을 수정했다"고 허위보도 했다.

이 보도를 시작으로 JTBC의 거짓말 퍼레이드는 멈추지 않았고, JTBC 보도는 대통령이 최서원의 「꼭두각시」라는 인상을 시청자들에게 강하게 각인시켰다. 탄핵 정국 당시, 무차별적으로 횡행한 여러 선동 프레임 중의 하나가 JTBC를 통해서 촉발됐다.

그 결정타가 2016년 12월 8일에 있었던 제1차 해명(解明)방송이다. JTBC는 태블릿PC와 관련된 세간의 모든 의혹을 해소하겠다며 이 방송을 마련했다. 앵커 손석희와 기자 심수미 간의 일문일답으로 진행된 이 방송에서 심수미는 "최순실이 대통령 연설문을 하노 많이 고쳐서 태블릿PC 화면이 빨갛게 보일 지경"이라며 더욱 자극적인 표현을 구사했다. 해명이 아니라 더 심한 표현을 덧붙여, 기존의 보도를 견고하게 다졌다.

이 방송이 있은 다음날, 그러니까 2016년 12월 9일, 국회는 대통령 탄핵소추안을 표결에 부쳐, 찬성 234표, 반대 56표, 기권 2표, 무효 7표로 통과시켰다. 기자 심수미는 태블릿PC 보도로 2016년 연말에 한국 여기자협회에서 주는 올해의 여기자 상(賞)을 수상했다.

문제는 JTBC 측이 태블릿PC에 문서수정 기능이 없다는 사실을 언제 알았느냐 하는 점이다. 혹시라도 JTBC 측이 국과수 감정이 있기 훨씬 이전에 그런 사실을 알고 있었다면, 그리고 진실을 알면서도 "최순실이 태블릿PC를 통해서 대통령 연설문을 수정했다"는 보도를 계속했다면, JTBC 행위는 사실이 아닌 것을 사실인 것처럼 꾸민 날조(捏造)에 해당한다. 사실을 날조한 행위는 무고나 위증과 같은 중대 범죄다.

## 손용석 취재팀장 증인 출석

놀랍게도 JTBC 측은 대통령 탄핵소추안이 국회를 통과하기 훨씬 이전에, 태블릿PC에 문서수정 기능이 없다는 사실을 알고 있었다. 이 내용은 태블릿PC 보도 당시, JTBC 취재팀장이었던 손용석 기자의 법정증언 (2018. 10. 29.)에서 확인되었다.

손용석은 법정에서 "태블릿PC를 입수한 2016년 10월 20일 무렵에는 문서수정 기능이 있는지 없는지에 대해서는 관심을 두지 않았다. 그러나 한 달쯤 지난 후에 문서수정 기능이 없다는 사실을 알게 되었다"고 진술했다.

손용석은 그 사실을 확인한 구체적 시점에 대해, "태블릿PC를 입수하고 한 달쯤 지나서"라며 얼버무렸다. 하지만 재판장의 눈과 귀를 속일 수는 없었다. 이 시점을 보다 분명히 하기 위해, 1심 재판장 박주영 판사가 직접 손용석을 심문했다. 박주영 판사는 서울 과학고와 서울대 산업공학과를 졸업한 여성 판사다.

재판장이 "12월 8일, 1차 해명방송 전에 수정 앱이 없다는 것을 알기는 알았나요"라고 물었다. 손용석은 "예. 그때는 알고 있었습니다"라고 대답했다. 재판장이 지적한 12월 8일은, 2016년 12월 8일로, 대통령 탄핵소추안이 국회 표결에 부쳐지기 전날이다.

대통령 탄핵소추안의 국회 표결을 불과 하루 앞둔 시점에서, 그것도 태블릿PC 첫 보도를 하고 한 달 20일이나 지나서, JTBC가 전혀 사실이 아닌 내용으로 1차 해명방송을 했다는 것은 JTBC 측의 의도, 즉 대통령 탄핵을 겨냥하고 있었음을 엿볼 수 있게 한다.

국립과학수사연구원이 태블릿PC에 문서수정 기능이 없다는 감정 결과를 법원에 통보한 2017년 11월 21일은 태블릿PC 보도가 있은 지 1년이나 지나서다. 최서원의 변호인 이경재 변호사가 줄기차게 요구한 태블릿PC 검증을 검찰이 거부했기 때문이다.

또한 손용석이 증인석에 앉은 2018년 10월 29일 무렵엔, 대통령 사건에 대한 법원의 1심, 2심 선고가 모두 끝난 후였다. 대통령 탄핵에 결정적으로 작용했던 태블릿PC라는 요물(妖物)은 대통령이 탄핵되고, 구속되고, 1, 2심 선고가 끝난 후에 그 실체를 드러낸 것이다.

손용석은 JTBC의 명예를 훼손한 혐의로 구속된 미디어워치 고문 변희재 사건의 1심 재판에 검찰 측 증인으로 채택되는 바람에 마지못해 진실을 공개했다. 손용석은 법정증언에서, 그가 JTBC 보도담당 사장 손석희에게 태블릿PC에 문서수정 기능이 없다는 사실을 보고했는지, 안 했는지에 대해서는 증언하지 않았다.

재판부는 물론, 검찰과 변호인이 묻지 않았기 때문이다. 그렇다 하더라도 손용석이 당시 취재팀장이었기 때문에 상급자인 손석희에게 보고했을 개연성은 매우 높다고 추정할 수 있다.

손용석은 법정에서, 심수미로부터 대통령과 관련된 엄청난 내용을 보고받은 후, 제보자인 이성한이나 고영태를 상대로 확인취재를 하지 않았다고 시인했다. 심수미 말을 전적으로 믿었다는 것이다. 태블릿PC 취재 당시, 손용석 휘하의 팀원은 기자 심수미를 비롯, 서복현·김필준·박병현·김태영·신혜원 기자 등이었다.

아무튼 태블릿PC에 문서수정 기능이 없다는 사실을 확인했으면, JTBC는 2016년 12월 8일에 있었던 1차 해명방송에서 "최순실이 태블릿PC를 통해서 대통령 연설문을 고쳤다는 그간의 보도가 사실이 아니다"라고 정정보도를 했어야 마땅함에도 그렇게 하지 않았다.

하다못해 손석희 혼자라도 태블릿PC 날조와 관련해 정정보도를 하는 게 도리다. 그것은 한국 언론인 중에서 가장 영향력이 있는 인물로 꼽혔던 손석희는 보도 때마다 「팩트 체크」(사실 확인)의 중요성을 강조해 왔기 때문이다. 손석희가 유일하게 내뱉은 멘트는 "어쩌면 태블릿PC 따위는 필요 없었는지도 모른다"는 것뿐이다. 손석희의 이 멘트는 의미심장한 어둠의 주문(呪文)이라고 나는 확신한다.

## 심수미의 교묘한 말 바꾸기

태블릿PC 보도 당시, 그렇게 당당했던 기자 심수미는 법정 증인석에 앉게 되자, "저는 최순실씨가 태블릿PC를 통해서 대통령 연설문을 수정했다고 보도한 사실이 없습니다"며 과거 보도 내용을 완강하게 부인했다. 태블릿PC에 문서수정 기능이 없다는 치명적 약점을 피해가기 위한 고육책(苦肉策)이었다.

심수미가 변희재 사건에 검찰 측 증인으로 소환된 날(2018. 10. 1.), 나도 법정에 있었다. 그녀는 상체를 약간 뒤로 제치고 기죽지 않는 모습을 보여주려 애썼으나, 간간이 다리를 떠는 모습을 나는 방청석에 앉아서 지켜보았다.

심수미는 검찰 주(主) 심문에서 고영태를 만나게 된 과정을 이렇게 증언했다.

"2016년 10월 4일 취재차 이성한(미르재단 전 사무총장)을 만났습니다. 그 자리에서 '고 모(某)'(필자 주:심수미는 처음엔 고영태를 이렇게 표현했다)라는 존재를 처음 알았습니다. 그래서 다음날 이성한을 다시 만난 자리에서, '고 모'에 대해 계속해서 물어보니까 이성한이 저녁을 같이 먹자고 하면서 '고 모'를 불러냈습니다. 저는 이성한, 고영태와 셋이서 2시간동안 폭탄주를 마시며 저녁을 먹었습니다.

이 자리에서 고영태가 '최순실이 잘하는 게 대통령 연설문 고치는 것이다. 최순실이 태블릿PC를 끼고 다녔다'고 말해, 저는 최순실이 항상 태블릿PC를 가지고 다니면서 대통령 연설문을 확인하고 수정작업을 하는구나 하는 느낌을 받았습니다.

저는 최순실씨가 대통령 연설문을 사전에 받아보았다고 보도했지, 최순실씨가 태블릿PC를 통해서 대통령 연설문을 수정했다고 보도한 사실이 없습니다."

이렇게 되자 심수미 증언의 진위여부를 확인하기 위해, JTBC에서 최초 보도한 2016년 10월 19일자 방송 동영상이 법정에서 구현(具顯)됐다. 동영상을 본 박주영 재판장이 증인석을 쳐다보며 "그런 말을 하긴 했구먼"이라는 반응을 보였다.

동영상을 확인한 재판장이 "최순실씨가 태블릿PC로 대통령 연설문을 수정했다고 국민들이 믿지 않았겠느냐"고 힐난하자, 심수미는 "그런 의도로 보도한 게 아니다"며 같은 답변을 반복했다.

공판관여 검사인 홍성준 검사가 "증인은 태블릿PC에 문서수정 기능이 있는지, 없는지 알고 있었습니까"라고 물었다. 심수미는 "그런 것은 생각도 안 했습니다"라고 대답했다. 심수미는 "알았느냐, 몰랐느냐"는 검사 심문에 분명하게 답변하지 않고, 관심을 갖지 않았다는 식으로 피해갔다.

검사가 "증인은 고영태 말을 듣고 난 뒤, 어떤 식으로 확인취재를 했느냐"고 추궁하자, 심수미는 "더 이상 보충취재를 하지 않았다"고 대답했다. 고영태나 이성한으로부터 충격적인 내용을 제보 받았으면, 심수미는 보충취재를 통해 사실여부를 확인해야 했다. 그것이 기자의 도리이자 취재준칙이다.

　심수미가 고영태를 처음 만난 날이 2016년 10월 5일이고, 고영태에게 들은 내용을 보도한 날은 10월 19일이다. 이 14일 동안 심수미는 아무런 보충취재나 확인취재를 하지 않았다고 법정에서 실토했다.

　정 확인이 어려우면, 하다못해 제보자인 고영태나 이성한에게 "최순실이 가지고 다닌 태블릿PC가 어떻게 생겼느냐, 무슨 색깔이냐, 어느 회사 제품이냐, 최순실이 고친 게 대통령 연설문이라는 사실을 어떻게 입증할 수 있느냐, 태블릿PC로 문서 수정작업이 가능하냐" 등을 물었어야 기자라고 할 수 있다.

　기자가 갖춰야 할 두 가지 덕목(德目)은 진실을 향한 무한한 호기심과 사실 확인을 위한 성실성이다. 하지만 심수미는 고영태와 이성한 두 사람이 들려주는 한 편의 소설 같은 이야기를 아무런 검증도 하지 않고 보도했고, JTBC라는 방송사 역시 확인 없이 내보냈다. 이런 소설 같은 이야기가 방송을 통해 보도되면서 국민들은 엄청난 충격을 받았고, 그것이 대통령 탄핵에 결정적인 영향을 미쳤다.

　시간이 흘러 국과수(國科搜) 감정 결과가 법원에 제출되고, 월간조선과 미디어워치 등 일부 매체가 국과수 감정 결과를 근거로 보도를 시작하자, JTBC 측은 날조보도에 따른 책임을 모면하기 위해 변희재 사건 재판에서 새로운 전략을 들고 나왔다.

　그것이 "JTBC는 최순실이 대통령 연설문을 사전에 받아보았다고 보도했을 뿐, 최순실이 태블릿PC를 통해서 대통령 연설문을 수정했다고 보도하지 않았다"는 입장이다. 심수미 주장과 같은 맥락이다.

　그러나 태블릿PC에 문서수정 기능이 없다는 사실을 확인한 시점에 대해, JTBC 내부의 입장이 정리되지 않은 탓에, 심수미는 관심을 갖지 않았다는 식으로 비켜갔으나 취재팀장 손용석은 1심 재판장의 예리한 심문에 실토하고 말았다.

손용석이 사실관계를 조작한 정황은 더 있다. 손용석은 법정증언 전에 있었던 검찰 조사(2018. 4. 30.)에서 JTBC가 이미 보도한 방송 내용을 부정하는 취지의 진술을 했다. 인용하면 이렇다.

"① JTBC는 최순실이 태블릿PC로 직접 연설문을 수정했다고 보도한 적이 없다, ② JTBC는 최순실이 태블릿PC로 드레스덴 연설문을 수정했다고 보도한 사실이 없다, ③ 고영태가 최순실이 태블릿PC로 문서수정을 했다는 말을 했다거나 또는 그런 사실이 있다고 보도한 적이 없다."

JTBC가 고영태 발언마저 수정한 이유는, 심수미에게 "최순실이 태블릿PC를 늘 들고 다녔다"고 떠벌린 고영태가 국회청문회에서 "최순실은 태블릿PC를 사용하지 않았다"고 진술한데 이어, 최서원 사건의 재판에 증인으로 출석해서는 "최순실이 태블릿PC를 사용하는 것을 본 적이 없다"라고 증언했기 때문이다.

손용석은 검찰 조사에서 "JTBC는 최순실이 직접 태블릿PC로 연설문을 수정했다고 보도한 적은 없습니다만, 혹 앵커의 멘트나 기사가 일반인들이 보았을 때 태블릿PC로 수정을 했다는 것으로 오해할 여지가 있는 문장이 다소 들어 있어서…"라는 식으로 애매하게 진술하며, 그 책임을 일반인들에게 전가했다. 손용석 논리대로 한다면, JTBC 보도를 오해한 시청자나 국민들이 바보라는 이야기다.

심지어 JTBC 측은 미디어워치 변희재 고문을 비롯해 황의원·이우희·오문연 기자 등 4명을 명예훼손혐의로 고소한 고소장에서 "심수미가 2016년 10월 19일과 12월 8일 방송에서 최순실씨가 태블릿PC를 끼고 문서수정을 했다고 보도한 사실이 없다"는 식으로 기재했다.

이 고소장은 JTBC 변호인단이 손용석 이야기를 듣고 작성한 것으로 확인되었는데, 손용석은 작성된 고소장을 보고 난 뒤 아무런 이의제기를 하지 않았다고 법정에서 진술했다.

## 태블릿PC 속의 연락처

검찰이 태블릿PC 속의 증거를 찾기 위해 포렌식을 실시한 날은 2016년 10월 25일이다. JTBC가 자기들이 취득했다고 주장하는 태블릿PC를 검찰에 제출한 다음날이다. 포렌식 이미징 작업에 소요된 시간은 1시간15분16초였다.

태블릿PC 내부의 사용공간은 모두 5개였는데, 실사용자를 밝히는 게 수사 목적이었기 때문에 검찰은 시스템영역보다는 사용자영역을 집중 분석했다. 포렌식 작업은 서울중앙지검 첨단범죄수사2부 분석관 송지안이 담당했고, 분석이 끝난 후엔 A4 용지 689쪽 분량의 태블릿PC 분석보고서가 작성됐다.

국과수 감정에 따르면, 이 태블릿PC가 개통된 날은 대통령선거를 6개월 정도 앞둔 2012년 6월 22일 낮12시9분46초였다. 유심칩이 최초로 장착된 시각이 이때였고, 그 후 유심칩 교체 정보가 발견되지 않았기 때문에 유심칩 구매자를 태블릿PC 개통자라고 단정했다는 것이다.

이 태블릿PC는 개통된 2012년 6월 22일부터 2014년 4월 2일까지 즉, 대선(大選) 기간부터 박근혜 정부 출범 1년 후까지 사용되었다가 전원(電源)이 꺼졌으며, 전원이 다시 켜진 시각은 JTBC 수중에 들어간 2016년 10월 18일 오후 3시32분이었다. 국과수 감정에 의해, 이 태블릿PC는

2014년 4월 2일부터 2016년 10월 18일까지 약 2년6개월 동안 한 번도 사용되지 않았다는 사실이 확인됐다.

검찰은 수사를 통해 개통자는 김한수라는 사실을 확인했다. 이 태블릿PC는 전화 통화는 불가능하지만, 카카오톡이나 문자메세지, 인터넷 접속은 가능했다. 국과수는 카카오톡 사용자 이름이 "선생님"이고, "선생님"의 연락처가 태블릿PC 자체 전화번호(010-4080-578X)라는 사실을 확인했다.

즉, 김한수가 태블릿PC 개통과 함께 카카오톡을 개설하면서 카톡 닉네임을 "선생님"이라고 정했음을 알 수 있다. JTBC는 이 "선생님"이라는 닉네임을 근거로, 태블릿PC 사용자가 최서원이라고 보도했으나, 국과수 분석 결과와 비교하면 오보(誤報)임을 확인할 수 있다.

개통자 김한수는 뉴질랜드의 오클랜드 공대 출신이다. 2002년에 귀국한 김한수는 코스닥에 상장된 IT회사(NSI)에서 1년가량 근무하다가 마레이컴퍼니(주)로 이직했다. 노트와 스케치북 등 아동용 문구류를 생산해 이마트에 납품하는 회사다.

그러던 중, 회사 대표 최OO이 갑자기 심근경색으로 사망하면서 대표이사가 되었다. 태블릿PC를 개통한 2012년 당시, 김한수는 마레이컴퍼니 대표이사였다. 당시 마레이컴퍼니의 연(年) 매출은 25억원 정도였다.

대통령의 보좌관 이춘상의 권유로 대선(大選) 캠프에 합류한 김한수는 인터넷 상의 각종 뉴스와 게시판을 모니터링 하는 한편, 홈페이지를 관리하는 SNS 팀장을 맡았다.

검찰 포렌식에 의하면, 태블릿PC 속의 연락처란에는 이병헌, 김한수, 김팀장, 춘차장, 국민행복캠프 순(順)으로, 5개의 이름과 휴대폰 번호가 등록돼 있었다. 태블릿PC를 구입하고 개통한 사람은 김한수인데, 연락처에는 김한수보다 이병헌 이름이 맨 앞에 등장했다.

이병헌은 최서원의 큰언니 최순영의 아들로, 김한수와는 서울 상문고 동기다. 김한수는 이병헌의 소개로 2003년에 박근혜 의원의 보좌관이던 이춘상을 만나, 젊은이들과의 소통을 위해 싸이월드를 이용하라고 조언한 적이 있다. 대통령이 싸이월드를 개설한 시점은 2004년 2월이다.

이병헌은 검찰과 특검에서 각각 한 차례씩 조사를 받았다. 서울중앙지검 소속 김태겸 검사가 작성한 진술서가 총 8장, 특검(特檢)의 박주성 검사가 작성한 진술서가 5장이었는데, 묘하게도 검찰 조서에는 이병헌의 학력과 경력이 적혀있지 않았다. 이병헌이 최서원의 장조카라고 기재한 부분만 눈에 띌 뿐이다.

태블릿PC 개통자 김한수는 검찰 조사에서 "연락처란에 이름이 기재된 김팀장은 김휘종이고, 춘차장은 이춘상 보좌관"이라고 진술했다. 김휘종은 본래 한양대 연극영화과 출신인데, 졸업 후 IT분야로 전공을 바꿔, 최서원이 운영한 초이스쿨의 홈페이지 관리와 영상물 제작을 담당했다. 김휘종은 최서원의 추천으로 2011년에 박근혜 의원 비서가 되었다.

이춘상은 대통령이 1998년 보궐선거를 통해 처음 국회의원이 될 때, 보좌진으로 합류했다. 당시 보좌진은 정호성·이재만·안봉근 등이었는데, 이춘상의 서열이 가장 높았다. 단국대 전자공학과 출신의 IT분야 전문가인 이춘상은 대통령선거 기간 중인 2012년 12월 2일 유세현장을 가다가 교통사고로 사망했다.

국민행복캠프는 2012년 대선 때, 박근혜 대통령후보 진영에서 운영했던 캠프 이름이다.

## 김도형 수사관, 공용메일 비밀 풀다

검찰은 포렌식을 통해, 문제의 태블릿PC에 「zixi9876」이라는 G메일 아이디가 등록된 날이 7월 12일이고, 8월 15일부터 각종 문건(文件)들이 zixi9876이라는 아이디를 통해 주고받았음을 확인했다. 8월 15일은 대한민국이 해방된 광복절이자, 고(故) 육영수 여사 서거일로, 태블릿PC에는 「육영수 여사 제38주기 추도식 인사말씀」이라는 HWP 한글 문서 파일이 여러 번 등장한다.

검찰 포렌식 결과, 대통령 유세문 등 각종 문선을 보낸 사람의 주소와 받은 사람의 주소가 zixi9876으로 동일한 것으로 표시됐다. zixi9876에서 메일을 보내고, 그 메일을 zixi9876에서 받은 것이다.

이를 통해 검찰은 zixi9876이 「공용메일」이라는 사실을 확인했다. 공용메일은 하나의 아이디와 비밀번호를 여러 사람이 공동으로 소유한 상태에서 이메일을 주고받는 방식이다. 때문에 은밀하고 비밀스러운 내용이 오가는 공간이 아니다.

zixi9876이 공용메일이라는 사실은 서울중앙지검 소속 수사관 김도형이 확인했다. 김도형 수사관은 태블릿PC에서 발견된 문건들의 유출경로를 수사하는 과정에서, 이메일 본문과 유니코드 해독 결과를 비교, 분석했다. 그 결과를 김도형 수사관은 2016년 11월 11일 김용제 검사에게 수사 보고했다.

김도형 수사관은 「G메일을 이용한 문건 전달경로 추가 분석」이라는 제목의 보고서에서 확인된 공용메일 전달경로를 구체적으로 기재했다. 인용하면 이렇다.

【이메일을 통한 문건 유출은 정호성, 최순실 등이 G메일 아이디와 비밀번호를 공유한 다음, 전달하고자 하는 내용을 본문에 기재하고 파일을 첨부한 후, 수신자를 동일한 이메일 계정으로 정하여 송부함으로써, 해당 이메일 계정을「게시판」처럼 사용하는 방법으로 이루어졌음.

이러한 경우, 작성자가 구별되지 않으므로 G메일 공유자들은 제목 앞부분에 자신을 표시하는 문자("정", "춘", "안", "재" 등 본명에서 차용) 또는 별명("해님")을 기재하거나, 이메일 본문에 자신을 나타내는 기호("@", "@@")를 사용하였음.】

김도형 수사관은 수사보고에서「관련자들에 대한 조사 내용을 바탕으로, 태블릿PC에 저장된 이메일 내역 및 문서 등을 종합·분석한 결과, 다음과 같이 작성자를 특정하였음」이라고 밝혔다. 그 내용은 이렇다

【제목 앞부분에 표시된 "정"과 "@"는 정호성이 자기가 작성한 것이라고 인정했고, "@@"는 최순실이 표시한 것으로 추정되며, "해님"과 "김팀"은 김휘종이, "한팀장"은 김한수가 작성한 문건으로 판단됨.

청와대 홈페이지 안에 '규제개혁 신문고'를 개설하는 방안과 사진이나 동영상을 비롯한 홍보자료는 청와대 홍보기획비서관실에서 근무한 김휘종이 작성해 공용메일로 보낸 것으로 판단됨.】

김도형 수사관의 보고내용을 종합하면, 이춘상·정호성·이재만·안봉근·김휘종 등 대통령 비서출신과 대선 캠프에 합류한 최서원·김한수 등 7명은 2012년 대선(大選) 기간 중에 zixi9876이라는 공용메일을 통해 문서나 사진을 주고받으며 연락을 취했다는 이야기다.

이들 7명은 대선(大選)이라는 복잡하고 바쁜 기간 중에 서로서로 소통

하기 위해 zixi9876이라는 공용메일을 만든 다음, 아이디와 비밀번호를 각자 공유하면서 공용메일을 마치「공동 게시판」처럼 소통수단으로 활용한 것이다.

요즘의 단체대화방 (단톡방) 기능을 공용메일로 대신한 셈이라 할 수 있는데, 단톡방에 관련 사진이나 동영상을 링크해서 올리듯이, 이들은 필요한 자료를 첨부파일로 붙이는 방법을 사용했다. 지금에 비하면 대단히 원시적이지만, 2012년 당시로서는 첨단기법의 소통수단이라 할 수 있다.

이들 7명은 공용메일을 누가 보낸 지를 특정하기 위해 제목 앞부분에 최서원의 경우에는 "@@"이라 표시했고, 정호성은 "정" 혹은 "@"로, 이춘상은 "춘"으로, 이재만은 "재"로, 안봉근은 "안"으로, 김휘종은 "해님" 혹은 "김팀"으로, 김한수는 "한팀장"으로 표기했음을 검찰이 확인했다는 이야기다.

나는 취재를 통해, zixi9876이라는 공용메일을 구글에 등록한 사람이 김휘종이라는 사실을 확인했다. 다음은 김휘종의 설명이다.

"2012년 무렵에는 G메일을 개설할 때, 구글에서 실명 확인을 요구하지 않았다. 그래서 처음에는 시험용으로 greatpark1819라는 지메일을 등록하면서, 당시 유명 개그맨이었던 이성미라는 이름을 차용했다. 그 다음에 zixi9876을 등록할 때는 영희와 철수에 등장하는 철수(chul soo)라는 이름을 차용했다.

greatpark1819와 zixi9876이라는 G메일은 2012년부터 2년 동안 계속해서 사용하다 보니 보안부분에 신경이 쓰여, 2014년에 송파랑이라는 가명으로 kimpa2014라는 아이디와 비밀번호를 G메일에 새로 등록해 정호성 비서관과 최서원 등에게 알려주었다."

이 바람에 zixi9876이라는 메일을 보낸 사람과 받은 사람의 닉네임은 거의가 「철수」로 표시됐다. 철수가 메일을 보내고, 그 메일을 철수가 받는 식이다. 간혹 「가은」이라는 닉네임이 등장했는데, 이에 대해 김휘종은 "내가 공용메일을 보낼 때는 딸 이름(가은)을 사용하기도 했다"고 말했다.

이로써 태블릿PC에 설치된 greatpark1819와 zixi9876, 그리고 kimpa2014라는 G메일 아이디와 관련된 비밀은 다 풀렸다. 그리고 이 3개의 아이디를 최서원·이춘상·정호성·이재만·안봉근·김휘종·김한수 등 7명이 공용으로 사용하며 공동게시판으로 이용했음이 확인됐다.

김휘종은 "공용메일 아이디와 패스워드는 내 개인컴퓨터와 휴대폰에 등록해 놓고, 메일을 확인했다"고 말했다. 정호성과 최서원의 경우에도 개인컴퓨터를 이용해 공용메일을 열어보았음을 검찰은 확인했다.

그런데 공용메일로 발송한 문건 중의 일부가 문제의 태블릿PC에서 발견되었다는 것은, 공용메일 사용자 7명 중에서 「누군가」는 태블릿PC를 통해서 공용메일을 열어보았음을 의미한다.

그 다음에 검증할 부분은 공용메일에 첨부된 파일내용이 과연 공무상비밀누설에 해당하느냐는 점이다. 검찰이 대통령과 정호성을 공무상비밀누설 혐의로 구속기소했기 때문이다.

## 태블릿PC는 증거물이 아니었다

검찰 자체의 태블릿PC 포렌식 분석보고서에 따르면, 그 안에는 정상적인 형태의 문서파일 147건이 들어있는 것으로 확인됐다. 총 개수는 272건이지만, 내용을 알 수 없는 게 112건, 삭제된 문건이 13건이기 때문에 정상적인 문건은 147건이라는 게 검찰 주장이다.

나는 식별이 가능한 147건의 문건들이 과연 청와대와 관련된 국가기밀인지의 여부를 확인하기 위해, 문서파일들을 시간 순으로 분류했다.

첫째, 2012년 대통령선거 기간 중에 있었던 유세(遊說) 문건이다. 육영수 여사 제38주기 추도식 인사말씀(8. 15.), 1일차 대전역 유세(11. 27.), 2일차 충청 경기 남부(11. 28.), 준비된 여성 대통령(11. 29.), 전국 축산인 한마음 전진대회 축사(12. 7.), 11일차 서울 유세문(12. 7.), 16일차 서울 삼성역 코엑스 유세(12. 15.), 17일 일정(12. 17.) 등이다.

대선(大選) 기간 중에 대통령후보의 유세문이나 축사 등 말씀자료 작성을 담당한 정호성은 캠프에서 1차로 작성한 유세문 등을 취합하고 표현을 가다듬은 후, 최서원 등 7명이 이 유세문을 읽고, 수정 및 보완할 수 있도록 하기 위해 공용메일을 통해 공동게시판에 올린 것임을 알 수 있다.

둘째, 대통령선거가 끝난 후부터 정권인수위 시절의 문건이다. 청와대 회동(12. 28.), 당선인 신년사(12. 30.), 인수위 엠블럼(2013. 1. 3.), 아베 신조 총리 특사단 접견자료(2013. 1. 4.), 취임식 행사업체(2013. 1. 8.), 다보스포럼 특사 파견(2013. 1. 8.), 특별사면(2013. 1. 10.), 중국 특사단 추천 의원(2013. 1. 15.), 고용복지 업무보고 참고자료(2013. 1. 28.) 등이다.

이처럼 문서파일 대부분은 대선 기간과 정권인수위 시절의 문건이며, 대통령 취임 후의 문건들은 문건의 제목과 개수 확인이 불가능했다. 검찰 수사보고서에는 대통령 취임 이후에 해당하는 문건이 17개라고 표시돼 있지만, 이는 정권인수위 시절과 박근혜 정부 출범 후의 문건들을 뒤섞어 놓은 숫자였다. 국과수 감정에 의하면, 태블릿PC 속에서 발견된 문서파일은 HWP 형태가 83개, TXT 파일이 14개, PDF가 9개, PPT가 1개, XML 형태가 101개였다.

검찰이 정호성을 공무상비밀누설 혐의로 구속할 때 증거자료로 사용한 것은 태블릿PC에서 발견된 문건이 아니고, 정호성과 최서원의 개인컴퓨터에서 압수한 문건 일부와 고영태가 TV조선에 제공한 대통령 의상 관련 문건뿐이라는 사실을 나는 수사기록을 통해 확인했다. 다시 말해 태블릿PC는 대통령 탄핵을 위한 하나의 도구, 즉 대중 선동용으로만 이용되었을 뿐, 증거자료가 아니라는 이야기다.

정호성은 검찰 조사에서 최서원에게 184건의 문건을 공용메일로 보냈다는 사실을 시인했다. 검찰은 최서원의 데스크탑 컴퓨터에 대한 포렌식을 통해, 컴퓨터에 들어있던 문건 138건을 확인하고, 이 문건들을 최서원에게 보낸 게 맞는지를 정호성에게 추궁했다. 정호성은 영상녹화 조사실에서 이뤄진 신문에서 이를 다 시인했다.

그렇다면, 정호성이 공용메일을 통해 최서원에게 보낸 문건이 184건인데 반해, 최서원 개인컴퓨터에서 발견된 문건은 138건이고, 태블릿PC에서 발견된 문건은 147건이라는 개수의 차이가 왜 생겼을까.

그것은 최서원의 경우에는 정호성이 보낸 공용메일 중에서 자기 관심 분야만 읽었기 때문이고, 태블릿PC「사용자」역시 그가 관심을 가진 사안과 업무에 해당하는 분야만을 보았기 때문이다.

정호성이 보낸 문건과 최서원의 데스크탑에서 발견된 문건, 그리고 태블릿PC에서 발견된 문건들을 비교하면 모두가 같은 내용이다. 예컨대「행정부 조직도(3안)」,「강원도 업무보고」,「국무회의 자료」등이다.

그러나 그「누군가」가 사용한 태블릿PC에는「추석 귀성길 정체 시작」이나「새해부터」라는 문서들이 들어있는데 비해, 최서원의 데스크탑 컴퓨터에는 이런 문서들이 들어있지 않았다. 관심사가 아니었기 때문에 최서원은 읽어보지 않은 것이다.

## 검찰이 조서를 까맣게 색칠한 이유

정호성은 공무원 신분이기 때문에 청와대 내부 문건, 특히 국가기밀과 관련된 문건을 외부에 누설했다면 공무상비밀누설 혐의로 처벌받을 수 있다. 이 때문에 검찰은 국가기밀이라고 판단한 드레스덴 연설문의 유출경로에 수사력을 집중했다.

드레스덴 연설문은 정호성이 2014년 3월 27일 오후 7시20분에 공용메일로 올렸고, 그 메일에 첨부된 연설문을 「누군가」가 문제의 태블릿PC를 통해 다운로드 받았다는 사실은 검찰 자체 포렌식에서 확인됐다. 남은 문제는 최서원이 과연 드레스덴 연설문을 읽었느냐는 점이다.

태블릿PC에 대한 포렌식 작업을 끝낸 검찰은 그 다음날(2016. 10. 26.), 최서원의 거주지 미승빌딩 압수수색에서 최서원이 사용한 데스크탑 컴퓨터를 증거물로 확보했다. 최서원은 그러나 검찰 조사에서 일관되게, 태블릿PC를 사용할 줄 모르며 드레스덴 연설문을 읽은 적이 없다고 진술했다.

최서원이 아무리 거짓말을 해도 속일 수 없는 증거가 포렌식 분석이다. 드레스덴 연설문을 비롯해 정호성이 공용메일로 보낸 모든 문건들은 첨부파일이었기 때문에 첨부파일을 읽으려면 인터넷에 접속해 다운로드 받아야 한다. 메일 자체를 삭제했다 하더라도 첨부파일을 다운로드받은 흔적은 포렌식에서 확인이 가능하다.

하지만 검찰이 포렌식을 했음에도 불구하고, 최서원의 데스크탑 컴퓨터에서는 드레스덴 연설문을 다운로드받은 흔적이 발견되지 않았다. 읽지 않았다는 최서원의 주장이 사실로 확인된 것이다.

최서원은 제10회 피의자신문조서(2016. 11. 16.)에서 정호성이 보낸 문건들에 대한 자기 생각을 이렇게 진술했다.

"솔직히 저는 정호성이 보내오는 문건들의 절반 정도도 제대로 보지 않았습니다. 볼 시간도 없고 제 관심분야가 아닌 분야도 많이 보내왔습니다. 대통령님이 매번 저에게 의견을 물어보라고 하시는 것도 아닐 것인데도 정호성 비서관은 저에게 의견을 물어보려고 하였습니다. 어떤 때는 정호성 비서관 선에서 결정할 수 있는 문제도 저에게 물어 와서 제가 힘이 들었던 적도 많습니다.

대통령님은 정책기조가 굉장히 강하신 분이고, 나라를 어떻게 끌고나갈지에 대한 철학이 분명하신 분입니다. 대통령님이 이미 결정을 내리신 부분에 대하여 저는 단지 참고의견만 드릴 뿐입니다."

정호성이 공용메일로 보낸 문건 중에서 절반도 제대로 보지 않았다는 최서원의 진술은 객관적 자료인 포렌식 분석 결과와 비교하면 사실이었다. 혹자는 최서원이 개인컴퓨터와 문제의 태블릿PC 2개를 사용하면서 둘 다 열어볼 수도 있지 않겠느냐고 반문할 수 있을 것이다.

그러나 똑같은 내용의 첨부파일을 거듭해서 열어보는 것은 통상의 경우에 드문 일일뿐 아니라, 문건 자체가 컴퓨터나 태블릿PC를 통해 계속해서 확인할 정도로 흥미로운 내용도 아니기 때문이다.

포렌식 결과가 예상과 다르게 나오자, 검찰은 최서원이 드레스덴 연설문을 읽지 않았다는 사실이 표시나지 않게 할 의도였는지는 몰라도, 「편법」을 사용했다. 검찰은 최서원의 데스크탑 컴퓨터에서 확인한 총 138건의 문건을 날짜별로 「문서 제목, 최종 수정일시, 최종 저장자, 문서요지」 순(順)으로 일목요연하게 정리하면서, 각 페이지마다 중간 중간 부분을 옅은 검은색으로 가려버렸다.

그 바람에 나도 처음엔 시꺼멓게 칠한 부분은 건너뛰고 읽었다. 그러나 정호성과 최서원의 진술조서를 보면 볼수록 미심쩍은 생각이 들었던 나는 일람표 목록을 자세히 살펴보았다.

맨 마지막에 해당하는 문건 138번의 제목은 「종교지도자 초청 간담회」이고, 발송일자는 2014년 5월 2일이었다. 그 앞의 문건 137번의 제목은 「제7차 수석비서관 회의」였고, 발송 일자는 2013년 5월 12일이었다. 드레스덴 연설문은 2014년 3월 27일에 공용메일로 전송되었기 때문에 137번과 138번 사이에 들어있어야 하는데 없었다.

최서원이 드레스덴 연설문을 다운로드받지 않았기 때문에 검찰은 뺄 수밖에 없었다. 그렇다고 증거조작을 할 수도 없기 때문에 검찰은 궁어지책으로 문건 137번과 138번 전체를 검은색으로 가려놓은 것이다. 이렇게 되면 30만 쪽에 이르는 방대한 기록 속에서 이 부분을 찾아내는 것은 사막에서 바늘을 찾는 것과 같을 것이다.

검찰은 최서원이 아닌, 어느 「누군가」가 태블릿PC를 통해서만 드레스덴 연설문을 읽었다는 사실이 드러나는 것을 원치 않았다. 검찰이 무엇을 위해, 그리고 누구를 보호하기 위해 이렇게까지 했어야 했는지는 역사의 기록으로 남겨놓아야 한다.

## 드레스덴 연설문 유출경로

드레스덴 연설은 박근혜 대통령이 2014년 3월 28일, 독일 드레스덴 공대에서 발표한 대북(對北)관계의 청사진으로, 제목은 「한반도 평화통일을 위한 구상」이다. 당시 오바마 미국 대통령이 공식 지지를 표명하는 등 국내외적으로 큰 호응을 받았던 연설이다.

대통령은 핵(核) 안보 정상회의에 참석하기 위해 2014년 3월 23일 네덜란드를 방문한데 이어, 3월 27일부터 독일을 순방했다. 대통령 순방에 동행한 정호성은 독일에 도착한 후, 가지고 간 청와대 업무용 컴퓨터로 드레스덴 연설문을 최종적으로 가다듬었다. 그 과정에서 「평화통일 3대 원칙」이란 표현은 「3대 제안」으로 바뀌게 되었다.

정호성은 검찰 조사에서 "외교안보수석실에서 초안을 작성하여 연설기록비서관실로 보내면, 수정을 거쳐 부속비서관실로 보고됩니다. 드레스덴 연설문의 경우, 중요한 연설문이었기 때문에 국내에서도 많은 수정작업을 거듭하여 고쳤고, 독일 현지에서도 수차례 수정작업을 거듭한 기억이 있습니다"라고 진술했다.

독일 현지에서 최종 수정작업을 끝낸 정호성은 수정한 부분들을 눈에 띄게 하기 위하여 빨갛게 표시했다고 한다. 수정한 단어만 빨갛게 표시해도 되는데, 고친 부분 전체를 확실하게 드러내기 위해 문단 전체를 빨간색으로 표시했다는 것이다. 이렇게 하다 보니 빨갛게 표시한 부분이 모두 27군데나 되었다고 정호성은 말했다.

수정작업을 끝낸 정호성이 드레스덴 연설문 시안(試案)을 kim-pa2014라는 공용메일로 발송한 시각이 3월 27일 오후 7시20분이었다. 대통령 연설이 있기 하루 전이다. 결론적으로 JTBC가 태블릿PC에서 발견했다는 빨갛게 수정된 드레스덴 연설문은 대통령이 연설하기 전의 최종 시안(試案)에 불과했고, 작성자는 정호성이었다.

이 시안을 최서원은 읽어보지도 않았으나, 태블릿PC 사용자인 그 「누군가」는 태블릿PC를 통해 다운로드 받았다. 사실이 이러한데도 JTBC는 2016년 10월 24일 오후 8시 메인뉴스 시간에, 기자 김태영이 앵커 손석희의 질문에 대답하는 형식으로 이렇게 보도했다.

《**손석희:** 최순실씨가 사전에 받은 원고에는 붉은색이 눈에 띄네요.

**김태영:** 최씨가 받아본 연설문은 총 13페이지 분량입니다. 30여 곳에서 붉은색 글씨가 발견됐는데요, 보시는 것처럼 문단 전체부터 일부 문장은 조사에만 붉은 글씨로 돼 있습니다.

**손석희:** 대통령이 읽은 최종 원고에는 물론 붉게 표시돼 있지는 않았을 텐데, 최씨가 받아본 연설문과 박 대통령의 실제 연설 내용은 어떻습니까.

**김태영:** 대략 20여 군데가 다릅니다. 어미가 바뀌거나 표현이 달라진 부분들이 있는데요, 물론 이게 최순실씨가 받아서 수정했다는 얘기는 아닙니다.

**손석희:** 거듭 말씀드리지만 이것을 최순실씨가 수정했다고 단정하거나 할 수는 없을 테고요, 다만 청와대의 상당수 연설문이 최순실씨에게 누군가에 의해서 전달이 됐다, 그것도 대체로 완성된 형태의 파일이 작성 직후에 전달됐다는 건 분명해 보입니다.》

앵커 손석희는 마지막 멘트에서 "드레스덴 연설문을 최순실씨가 수정했다고 단정할 수는 없다"는 식으로 얼버무렸지만, 드레스덴 연설문 수정 부분을 거론하기 전에, 「강원도 업무보고」와 「국무회의 말씀자료」 등을 연달아 보도하면서 TV화면에 붉게 수정된 표시가 있는 드레스덴 연설문을 반복해서 보여주니까, 시청자들은 최서원이 드레스덴 연설문도 사전에 받아 보고 30군데나 빨갛게 수정한 것으로 믿을 수밖에 없었다.

즉, 소리나 영상 따위로 그 장면에 어울리는 분위기를 인위적으로 만들어 실감을 자아내게 하는, 일종의 「착시효과」를 이용하여 사실과 다르게 왜곡 보도한 것이다. 최서원이 드레스덴 연설문을 태블릿PC를 통해서 사전에 받아보고, 30군데나 수정했을 가능성을 제기한 손석희와 기자 김태영의 행위는 대한민국 국민들을 속이고 우롱한 것이라고 해도 지나치지 않을 것이다.

## 공무상 비밀에 해당하는가?

검찰은 2016년 11월 5일, 대통령비서실 부속비서관 정호성을 공무상 비밀누설혐의로 구속했다. 공소장에 기재된 범죄혐의는, 「피고인은 2013년 1월경부터 2016년 4월경까지 대통령의 지시를 받아, 별지 범죄일람표3 기재와 같이 총 47회에 걸쳐 공무상 비밀 내용을 담고 있는 문건 47건을 최서원에게 이메일 또는 인편 등으로 전달하였다. 이로써 피고인은 대통령과 공모하여 법령에 의한 직무상 비밀을 누설하였다」는 것이다.

나는 정호성 진술조서에 첨부된 47건의 문건 내용을 일일이 확인했다. 서너 번씩 반복해서 읽어 보았지만, 그 내용이 숨겨야 할 비밀이라기보다는, 주변 사람들의 의견을 물어보고 자문하는 정도의 평범한 내용이었다. 예컨대 이런 식이다.

범죄일람표에 표시된 증거순번 2번의 제목은 「행정부 조직도(3안)」이고, 공무상 비밀이라는 내용은 「새 정부의 행정부 조직도(3안)-국무총리, 감사원, 국가정보원 및 행정 각부 장관 등에 대한 후보자 인선 안」이다. 검찰이 달아놓은 제목과 내용만 보면 엄청난 문건일 것 같은데 실상은 그렇지 않다.

이 문건은 박근혜 정부의 초대 내각 후보자 인선과 관련된 내용으로, 3번째로 만든 안이다. 문건작성자는 검찰 조사 결과, 이재만(청와대 총무비서관)의 처 유OO인 것으로 확인됐다. 유OO이 문건 작성을 마치고 자기 컴퓨터에 최종적으로 저장한 시각이 2013년 2월 14일 오전 1시32분이었다.

이 문건은 이재만의 처(妻)가 여자 입장에서 내각 후보자들을 골라본 것인데, 정호성은 이런 방법으로 여러 사람의 의견을 구했다. 유OO이 작성한 이 문건을 정호성이 최서원에게 공용메일로 보낸 날은 박근혜 정부가 공식 출범한 2013년 2월 25일이다.

정호성은 행정부 조직안에 대해 최서원이 어떤 의견을 보였는지는 기억나지 않는다고 진술했다. 검찰은 유OO이 추천한 감사원장과 국가정보원장 등이 실제로 임명되지 않았음을 확인했다. 한 개인의 희망사항에 불과했기 때문에 채택되지 않은 것이다.

또 하나 흥미로운 문건은 증거순번 7번이다. 제목은 「인선 발표 안」이고, 내용은 「국정원장, 국무총리실장, 금융위원장 인선 발표 안」이다. 제목과 내용만 보면, 최서원이 마치 박근혜 정부의 초대 국정원장 등의 인선에 개입한 것처럼 보이기 십상인데 문건의 내용은 이렇다.

"오늘은 정부조직법 개정안이 아직 처리되지 않았지만 국정공백을 최소화하고, 북한의 핵실험으로 안보위기가 고조되고 있는 상황에 대처하기 위해 시급한 인선을 우선적으로 먼저 발표하겠습니다.

국정원장 남재준 전 육군참모총장(서울)은 평소 청렴하고 강직한 성품으로 높은 신망을 받아왔고, 합참 작전본부장과 한미연합사 부사령관을 역임했습니다. 확고한 안보의식을 가진 원칙주의자로 국정원이 제 역할을 다할 수 있도록 하는 데 적임자입니다.

국무총리실장 김동연 기재부 2차관(충북)은 기획재정부 예산실장과 국정기획수석실 국정과제비서관을 역임한 정통 예산 관료입니다. 경제정책분야에 두루 해박하고 업무추진력이 뛰어나 국무 현안의 실무조정을 할 적임자입니다.

금융위원장 신제윤 기재부 1차관은 대표적인 국제금융 전문가로 금융위원회 부위원장과 기획재정부 국제업무관리관을 역임했습니다. 청렴하고 뛰어난 업무 능력으로 금융위원장으로서 적임자입니다."

이처럼 이 문건은 국정원장 후보 등의 인선을 논의하는 내용이 아니라, 이미 인선이 끝난 국정원장과 국무총리실장 등의 경력과 실무능력을 국민에게 발표하는 내용이다. 이는 알권리 차원에서 국민에게 알리는 것이 당연한 내용이다. 정호성은 검찰 조사에서 "최서원이 국정원장 인선에 개입한 것이 아니고, 발표 안 문구를 수정하여 회신해 준 것으로 기억한다"라고 진술했다.

증거순번 8번의 제목은 「일본 총리 전화 통화자료」다. 대통령이 아베 일본 총리와 통화하여, 한·중·일 정상회의 개최와 한·일 간 현안 문제를 논의했다는 설명이 붙어 있다. 문건 내용을 확인해 보니, 박근혜 대통령은 아베 총리에게 "취임식에 아소 부총리를 파견해 주시고 이렇게 취임 축하전화까지 해 주셔서 감사합니다"라는 인사를 하고, "한국과 일본은 미래를 함께 만들어가야 할 동반자"라는 취지로 통화했다는 것이다.

이 문건에는 아베 총리의 생년월일과 학력, 주요 정치 경력과 함께 아베 총리 부인에 대한 인물평이 「주요 참고사항」으로 적혀있다. 검찰은 이 부분을 문제 삼고, 정호성에게 "이 문건이 그대로 공개될 경우, 외교적인 파장이 예상되는데, 어떤 가요"라고 신문했다. 이에 정호성은 "언론에 공개된 참고사항 정도여서 외교적으로 비밀이라 보기 어렵고 문제될 사항도 아니다"라고 진술했다.

증거순번 35번의 제목은 「제34회 국무회의 말씀자료」(2013. 8. 4.)다. 검찰 조서에 첨부된 이 문건은 A4용지 4장으로 양이 많은데, 소제목을 인용하면, ① 방미(訪美) 의의 당부, ② 예산안·개혁 법안 및 FTA 비준 관련 협조 요청, ③ 역사교육의 정상화 관련 메시지, ④ 마무리 당부 말씀이다.

국정기획수석실에서 초안을 작성한 이 자료는 청와대 내부의 공식적인 절차를 거쳐 정호성에게 전달됐고, 정호성이 대통령에게 보고했다. 청와대에서 열리는 국무회의나 수석비서관 회의의 경우, 회의가 끝나는 대로 국민의 알권리 차원에서 청와대 출입기자들에게 브리핑되기 때문에 공무상 비밀로 보기가 힘들다.

그렇기 때문에 "상당수 대통령 연설문이 사전에 청와대 내부에서도 공유되지 않는다는 점을 감안하면, 연설문이 사전에 청와대와 무관한 최씨에게 전달되었다는 사실은 이른바 비선 실세 논란과 관련해서 큰 파장을 낳을 것으로 보입니다"라는 JTBC 기자 김필준의 보도는 기자의 자의적 해설, 즉 의도적인 작문이라 할 수 있다.

형법 제127조(공무상 비밀의 누설)에는 「공무원 또는 공무원이었던 자가 법령에 의한 직무상 비밀을 누설한 때에는 2년 이하의 징역이나 금고 또는 5년 이하의 자격정지에 처한다」고 되어있다. 그러나 「법령에 의한 직무상 비밀」이 어떤 것인지에 대해서는 해석에 맡겨져 있다.

이에 대한 대법원의 판례는 "국가 기능에 위협을 줄만큼 중요한 내용인가, 아닌가"가 판단 기준이다. 형법의 취지가 비밀누설에 의하여 위협받는 국가 기능을 보호하기 위한 것이기 때문이다.

이런 점에서 나는 정호성이 보낸 문건들은 공개되었을 경우, 국가 기능이나 안위(安危)를 위태롭게 하는 내용이 아니라고 생각한다. 더구나 오랜 세월 대통령을 보좌해 온 최서원 등 7명의 의견을 구할 의도로 했던 행동이라, 더 확산될 가능성도 없었고, 실제가 그러했다.

정호성은 검찰 조사에서 "최순실이 제시한 의견 가운데 제가 판단해서 말이 좋으면 그대로 살리고, 일부 표현은 부드럽게 바꾸기도 했으나, 말이 어색하면 바로 킬(kill)했다"고 진술했다. 최서원 의견에 대한 판단은 정호성 선에서 결정되었고, 대통령은 정호성이 최종적으로 작성한 말씀자료를 참고했다는 이야기다.

정호성은 1심에서 징역 1년 6월을 선고받았다(2017. 11. 15.). 1심 판결문에는 검찰이 주장한 47건의 공무상 비밀누설혐의 가운데 33건은 증거물 입수 과정에 위법성이 있었다는 이유로 증거에서 제외됐다. 그렇다 하더라도 법원이 유죄로 판단한 14건의 문건이 과연 공무상 비밀누설에 해당하는지 여부는 후대의 역사가들이 판단할 것이다.

## 태블릿PC 입수 과정의 위법성

JTBC는 대통령 탄핵과 직결된 엄청난 사안을 보도하면서, 처음(2016. 10. 19.)에는 태블릿PC를 거론하다가 두 번째(2016. 10. 24.)는 최서원의 개인컴퓨터에서 발견한 것이라며 말을 바꿨다. 사실관계를 어느 정도 감지했기 때문에 JTBC로서도 어쩔 수 없었던 것 같다.

그런데 갑자기 상황변화가 생겼다. JTBC 보도 다음날인 10월 25일 오전 11시50분쯤, 연합뉴스가 익명의 검찰 관계자 말을 인용, "검찰이 어제 저녁 JTBC로부터 삼성 태블릿PC 1개를 수령했다. 파일내용은 현재 분석 중이라고 밝혔다"고 보도했다. 이때부터 최서원의 개인컴퓨터는 졸지에 태블릿PC로 둔갑됐고, JTBC도 10월 25일 방송부터 태블릿PC라는 용어를 사용하기 시작했다.

태블릿PC에 대한 검찰 수사는 시작부터가 의혹투성이였다. JTBC는 문제의 태블릿PC를 10월 24일 오후 7시30분경, 즉 특집방송 30분 전에 검찰에 임의 제출했고, 제출자는 법조팀장 조택수 기자라고 법정에서 밝혔다.

조택수는 법정증언에서 "서울중앙지검 2층 청사에서 노승권 1차장 검사실에 근무하는 직원을 만나, 봉투에 넣은 태블릿PC를 건네주었다"고 진술했다. 그러나 검찰 압수조서에는 「서울중앙지검 김태겸 검사가 2016년 10월 24일 19:30경 서울중앙지검 702호실에서 최재욱 검찰주사보를 입회시킨 가운데 삼성 태블릿PC를 압수했다」고 기재돼 있다.

기자 조택수가 언급한 노승권 1차장 검사실의 직원이 김태겸 검사와 최재욱 수사관으로 바뀌었다. 뿐만 아니라 압수조서는 10월 24일 당일에 작성된 것이 아니고, 4일이나 지난 10월 28일에 작성된 것으로 드러났다.

변희재 피고인의 변호인 차기환 변호사는 의견서에서 "검찰은 압수조서를 10월 28일에 작성한 것이 위법이 아니라고 하나, 압수조서 작성에 필수적인 압수목록은 압수 당시 현장에서 즉시 물건 제출자에게 교부해야 합니다. 그런데도 압수 실시 후 4일이나 지체한 것은 위법하고, 지체의 이유는 JTBC의 태블릿 입수의 불법성이 그 원인으로 보여집니다"라고 주장했다.

증거물 입수 과정의 위법성은 이것뿐이 아니다. 미디어워치 변희재가 2021년에 출간한 「태블릿PC 사용설명서」에 의하면, 문제의 태블릿PC를 포렌식한 검찰수사관 송지안은 법정에서 "통상은 봉인(封印)이 돼 있지만 이번 태블릿 같은 경우에는 그냥 봉투 안에 들어있었다"며 "통상적으로 봉인지에 서명이 없으면 저희가 검사에게 연락해 서명해 달라고 요청을 하는데, 이번에는 긴급하다고 해서 그냥 진행했다"고 증언했다.

검찰은 태블릿PC 입수 경위에 대해서도 JTBC와 완전히 다르게 설명했다. 서울중앙지검 1차장 노승권 검사는 JTBC 보도 직후인 2016년 10월 26일 검찰 출입기자들에게 "독일에 간 심수미 기자가 최서원의 독일 집 쓰레기통에서 확보한 것 같다. 최서원이 집을 옮기면서 경비원에게 버리라고 주었는데, 경비원이 독일인이어서 쓰레기통에 버린 것 같다. 그것을 심수미 기자가 주워서 한국으로 보낸 것 같다"고 브리핑했다. 이 내용이 일부 언론에 보도되면서 취득 경위에 대한 의문을 증폭시켰다.

문제의 태블릿PC를 최서원이 사용했다는 결정적인 증거를 찾지 못한 검찰은 최서원에게 자백을 강요했다. 이 부분은 이경재 변호사가 작성한 의견서에 기록돼 있다. 인용하면 이렇다.

"피고인(최서원)은 2016년 10월 31일 검찰에 자진출석한 이래, 2016년 11월 20일 기소될 때까지, 고형곤 검사로부터 태블릿PC를 사용했다고 자백하라는 강요를 받아왔습니다. 고형곤 검사는 2016년 11월 1일 오후 4시25분부터 밤 11시10분까지 야간조사를 하며, JTBC 보도 태블릿PC를 추궁하였습니다. 피고인은 일관되게 JTBC 태블릿PC와 관련 없다고 하면서 자신은 데스크탑 PC를 사용하였다고 진술하였습니다.

이날 고형곤 검사는 피고인의 셀카 사진이 태블릿PC에 있다는 등으로 추궁하여, 입회한 본 변호인이 그 태블릿PC를 실물로 재현해 달라고 했으나, 포렌식 중이어서 제시하기 어렵다면서(필자 주: 11월 1일이면 검찰 자체의 포렌식 작업은 끝났음), 사진출력물(최초에는 흑백, 그 후 컬러로 된 이른바 피고인 셀카 사진)을 제시하였습니다.

이때 변호인이 그 사진 영상은 셀카 사진이 아닌 것으로 보인다며 의문점을 제기하자, 이날 JTBC 관련 조사는 더 이상 진행되지 못했습니다(셀카 사진일 경우, 피고인의 양쪽 손이 사진의 영상에 잡힐 수 없는데, JTBC 사진에는 피고인의 두 손이 얼굴 옆에 나와 있었음).

이후 검찰의 끈질긴 자백강요가 있어, 변호인이 피고인에게 사실이면 차라리 자백하는 쪽이 더 유리하다고 조언했으나, 피고인은 사실이 아닌데 어떻게 인정할 수 있나, 추후 태블릿PC 사용법에 대해 질문하거나 검증할 때 거짓말이 드러난다고 하면서 극구 부인하였습니다.

피고인의 JTBC 관련 진술은 진정성이 있었습니다. 2016년 11월 20일 기소된 이후 변호인은 검찰에 태블릿PC 실물 제시를 요청하였고, 검증·감정 신청을 했으나 검찰의 반대로 이루어지지 못하고 있습니다."

검찰은 태블릿PC에 대한 자체 포렌식 작업이 끝났음에도 분석보고서와 태블릿PC 실물을 법정에 제출하지 않고, 이경재 변호사의 검증 및 감정 요청을 거부했다. 검찰 측에 불리한 증거였기 때문이다.

### 정호성의 애매모호한 처신

검찰이 태블릿PC 감정을 거부할 수 있었던 것은 정호성의 진술 때문이다. 정호성이 특검에서 "태블릿PC 입수 과정의 위법성과 태블릿PC

속에 들어있는 각종 문건들의 진위여부에 대해 감정을 요구하지 않았기 때문"이라는 것이다.

정호성이 특검(特檢)에서 이런 취지의 진술을 한 날은 2017년 1월 10일로, 정호성 사건의 사실여부를 법정에서 다투고 있을 때였다. 그런 중요한 시기에 정호성은 자기에게 불리한 진술을 했는데, 그 이유를 알려면 재판 진행 상태를 살펴볼 필요가 있다.

검찰이 정호성에게 최초로 적용한 혐의는 공무상 비밀누설 1건 뿐이다. 이 혐의로 구속된 정호성은 3차례의 공판준비 기일을 거친 후, 제1차 공판기일(2017. 1. 5.)이 지정됐다. 1차 공판기일에서 정호성의 변호인 차기환 변호사가 태블릿PC의 증거능력에 동의하지 않고 감정을 요청했다. 검찰의 가장 아픈 부분을 건드린 것이다.

변호인이 증거채택에 부동의 하자, 정호성은 2차 공판기일(1. 11.), 3차 공판기일(1. 13.)에 불출석했다가 4차 공판기일(1. 18.)에 출석해, 느닷없이 "태블릿PC에 대한 감정이 필요없다"라고 진술했다.

정호성이 이런 태도를 보인 데는 사정이 있었다. 그 내막은 정호성의 특검 조서에 기재돼 있다. 이에 따르면, 정호성이 특검에 소환된 날은 2차 공판기일 전날이었다. 특검 소속 문지석 검사가 서울구치소에서 재판을 준비하고 있던 정호성을 느닷없이 소환했다.

문지석 검사는 이날 오후 2시부터 다음날 새벽 2시40분까지, 13시간동안 정호성을 조사했다. 검찰이 밤 12시 이후에 조사를 하려면 「심야조사 동의서」를 받고, 이를 조서에 첨부해야 하는데, 정호성 조서에는 이 동의서가 붙어있지 않다.

진술조서에 의하면, 문지석 검사가 정호성에게 맨 먼저 신문한 내용은 "진술인이 정호성인가요"이고, 두 번째 질문은 "진술인은 현재 어떤 사건으로 구속되어 있는 가요"였다. 재판을 받고 있는 피고인을 마치 처음 보는 사람인 것처럼 신문했다. 이어지는 문답내용은 이렇다.

**〈검사:** 현재 재판을 받고 있는 혐의와 관련하여 진술인의 입장은 어떠한가요.

**정호성:** 저는 2016년 11월 3일, 공무상 비밀누설 혐의로 체포된 이후 검찰에서 총 13회 가량 조사를 받는 동안, 제 혐의에 대해서 모두 인정하는 입장이었습니다. 제가 그 과정에서 어떠한 개인적 이익을 추구한 바도 전혀 없었고, 저는 단지 대통령님을 잘 모셔야겠다는 생각에, 대통령님의 뜻에 따라 최순실에게 문건을 보냈던 것입니다.

**문:** 언론 기사를 보면 진술인은 최초 공판준비 기일에서 공소사실을 모두 인정하는 취지로 진술하였다가, 다음 공판준비 기일에서는 JTBC에서 입수한 태블릿PC의 증거능력을 문제 삼으면서 대통령과의 공모관계도 부인하는 취지로 진술하였다는 기사가 확인되는데, 그 경위는 어떻게 되는가요.

**답:** 사실은 제가 재판 과정에서 제 공소사실에 대한 입장을 밝히는 문제 때문에 그동안 너무 괴로웠습니다. 저는 처음에는 공소사실을 모두 인정하는 방향으로 입장을 정했는데, 제2회 공판준비 기일 전쯤에 "대통령과의 공모관계를 너무 쉽게 인정하는 것이 아니냐", "JTBC에서 입수한 태블릿PC의 문제점을 다퉈봐야지 그대로 인정하면 대통령의 최측근으로서 배신자가 되는 것 아니냐"라는 생각 등으로 많은 고민을 했습니다.

그리고 여기저기서 "현재 JTBC에서 입수한 태블릿PC에 대하여 법정에서 다툴 수 있는 사람이 정호성 비서관밖에 없는데, 태블릿PC를 제대로 확인도 하지 않고 넘어가버리면 어떻게 한단 말이냐"는 취지의 이야기도 들려, 입장을 정하지 못하였습니다.

저는 그동안 이 문제에 대해 고민하다가 지난 1월 5일~6일 무렵, 완전히 제 입장을 정리했습니다. 저는 1월 18일에 있을 제 공판기일에 검찰에서 진술한 내용을 모두 인정할 것입니다.〉

정호성은 문지석 검사 신문에서 자기 죄를 스스로 인정하고, 태블릿PC와 관련된 위법성을 법정에서 다투지 않겠다고 진술했다. 정호성이 사실상 항복 선언을 하자, 문지석 검사는 그 다음부터는 사건과 무관한 내용을 신문했다.

예컨대 "진술인의 학력은 어떻게 되는 가요", "진술인의 가족관계는 어떻게 되는 가요", "진술인의 주요 경력은 어떻게 되는 가요", "청와대 부속비서관은 어떤 업무를 담당하는 가요", "대통령 말씀자료 준비도 부속비서관의 업무인가요" 등이다.

정호성은 이미 검찰에서 13회에 걸쳐 조사를 받았기 때문에 위와 같은 내용은 검찰조서에 다 기재돼 있는데, 문지석 검사는 다시 신문했다. 문지석 검사가 정호성 입에서 듣고 싶었던 진술은 딱 하나, 태블릿PC에 대한 감정 요구를 법정에서 하지 않겠다는 것뿐이다.

이 진술을 받아내기 위해 문지석 검사가 정호성을 어떻게 회유하고 겁박했는지는 진술조서에 적혀있지 않다. 그러나 정호성을 13시간 동안 조사한 문지석 검사가 작성한 진술조서의 양이 총 29쪽인 점을 감안하면, 신문할 내용이 많아서가 아니라, 「그 외의 시간」에 상당 부분을 소비했음을 짐작할 수 있다. 정호성이 진술조서에 최종 서명한 시간은 새벽 3시16분이다.

특검의 문지석 검사가 이미 조사가 끝나고 재판을 받고 있는 정호성을 구치소에서 불러내 야심(夜深)한 시각까지 조사한 것은, 형사소송법상 대등한 지위에 있는 형사 피고인의 방어권과 인권을 침해한 조사방식에 해당되므로 불법행위라 할 수 있다.

문지석 검사가 정호성에게서 받아낸 이 진술 때문에 태블릿PC에 대한 감정과 취득 과정의 위법성 여부는 법정에서 제기되지 않았다. 검찰은 이런 무리한 방법을 통해, 태블릿PC 첫 보도가 있은 2016년 10월 19일부터 국과수(國科搜)가 태블릿PC 실물을 법원에서 처음 검증한 2017년 11월 14일까지 1년 이상을 꽁꽁 숨겨둘 수 있었다.

## 빌딩 관리인 노광일 등장

1심 재판부와 검찰이 태블릿PC 감정을 계속 거부하자, 이경재 변호사는 우회 전략을 시도했다. JTBC가 태블릿PC를 발견했다고 지목한 장소인 부원빌딩의 관리인 노광일을 증인으로 신청한 것이다. 더블루K 사무실과 고영태 책상이 부원빌딩 4층에 있었기 때문이다.

검찰은 기를 쓰고 노광일의 증인채택을 반대했으나, 1심 재판장의 권유를 마지못해 받아들였다. 노광일은 2017년 4월 10일, 법정에 출석했다. 이를 계기로 태블릿PC 입수와 관련된 많은 의문들이 풀리기 시작했다.

노광일은 변호인 측 증인이어서 이경재 변호사가 먼저 심문했다. 이경재 변호사는 노광일이 부원빌딩 건물관리인이라는 사실을 확인한 뒤, "증인은 혹시 정당에 가입한 일이 있습니까"라고 물었다. 노광일은 언론 보도를 통해, 이석기가 속했던 통진당 당원으로 알려져 있었기 때문이다.

노광일은 "본래 통진당 당원이었고, 정의당으로 자동 이전되었으나 탈퇴하고, 더불어민주당에 가입했다"고 대답했다. 이경재 변호사는 고영태 책상 속에 있던 태블릿PC를 JTBC 측이 어떻게 발견하고, 가져가게 되었는지를 심문했다.

노광일의 답변 취지는 이랬다.

"2016년 10월 18일 오전 8시에서 10시 사이에 남자 1명이 찾아와 더블루K 사무실을 물어보기에 근처 부동산으로 가라고 했다. 1시간 후쯤 그 남자가 다시 찾아와 JTBC 김필준 기자라는 명함을 주었다. 그래서 더블루K 사무실 문을 열어주었다.

출입구에 서서 보니까 김필준 기자가 원목으로 만든 고영태 상무의 책상 속에서 태블릿PC를 발견했다. 더블루K는 한 달 전에 이사를 갔기 때문에 나는 빈 책상인 줄 알았다. 다가가보니 책상 속에 카메라도 들어 있었다. 김필준은 태블릿PC만 갖고 나간 뒤, 내가 퇴근하기 전인 오후 5시에서 6시 사이에 다시 찾아와 태블릿PC를 책상에 넣어두고 갔다. 김필준 기자는 이틀 후(10월 20일)에 다시 찾아와 태블릿PC를 가져갔다."

노광일은 더블루K가 이사 갈 때의 모습과 그 이후의 상황을 이렇게 진술했다.

"임대차 계약기간은 2016년 1월 14일부터 2017년 1월 13일까지 1년간인데, 더블루K는 그 중간인 9월 3일에 이사를 갔다. 토요일 아침부터 탑차를 동원해 사무실 짐을 한꺼번에 다 싣고 떠났다. 떠난 시각이 오전 11시30분이었다.

사무실에는 고영태 책상 하나와 재활용쓰레기 거치대, 무슨 받침대

하나 등 3개만 남아있었다. 김필준이 찾아오기 전까지 부동산 사무실에서 빈사무실을 구경하러 두 번 찾아왔고, 그 외는 항상 잠겨있었다. 김필준이 처음 왔다가 간 뒤, 1시간쯤 지나서 경향신문 기자가 두 번째로 찾아오고, 그 다음에 한겨레신문 기자가 틈을 두고 순차적으로 찾아왔으나 사무실 문을 열어주지 않았다."

노광일의 증언을 통해 기자 심수미가 그동안 JTBC에서 방송한 내용 중 상당수가 거짓임이 확인됐다. 심수미는 2016년 12월 8일에 있었던 1차 해명방송에서 이런 취지로 보도한 바 있다.

"당시 건물관리인은 다른 언론사에서 찾아온 기자가 1명도 없었다고 밝혔다. 충전기를 사서, 다시 현장으로 돌아와 충전기를 꽂은 상태에서 비로소 태블릿PC를 열어 볼 수 있었다. 처음 태블릿PC를 열었을 때 볼 수 있었던 파일은 6가지 종류에 불과했다. 일단 거기까지만 취재를 하고 그 자리에 두고 나왔다.

최순실씨가 이 사무실을 떠날 때 문을 열어두고 가, 아무나 드나들 수 있는 상황이어서 저희 내부에서 이걸 어떻게 해야 될지 갑론을박이 벌어졌었는데, 태블릿PC를 가져와서 복사를 한 뒤에 검찰에 제출하기로 결론이 났다."

태블릿PC 입수 경위를 드라마틱하게 설명한 심수미의 보도를 들은 시청자들은 이 말을 믿을 수밖에 없었을 것이다. 노광일의 법정증언이 없었다면, 심수미의 리얼한 거짓말은 영원히 살아있었을 것이다.

JTBC 기자 김필준이 검찰에 제출한 태블릿PC 발견 및 입수 경위는 노광일 진술과 비슷한 맥락이지만 미묘한 차이가 있다. 김필준이 검찰에 밝힌, 2016년 10월 18일의 행적은 다음과 같다. 괄호 속의 내용은 포렌식에서 확인된 과학적인 사실을 내가 기록한 것이다.

【① 09:00; 더블루K 사무실 도착. 4층 사무실에 가 보니 낡은 책상 하나. 계단에는 쓰레기 방치.

② 09:16; 지하 2층에 있는 관리사무실 방문하여 노광일 상대로 약 3분간 취재.

③ 09:20; 더블루K 사무실에서 나와 기사 정리.

④ 10:10; 더블루K 건물 재방문하여 노광일에게 JTBC 기자 신분 밝히고 사무실에 들어갈 수 있도록 협조 요청.

⑤ 10:30; 노광일과 함께 사무실에 들어가 책상 서랍을 열고 살피다가 구형 태블릿PC를 발견하고 내용 확인을 시도했으나, 전원이 꺼져 있고 충전기가 없어 내용을 확인하지 못함.

⑥ 10:50; 태블릿PC를 챙겨 더블루K 사무실에서 나옴.

⑦ 13:00~14:00; K스포츠재단을 찾아가 박헌영 과장 취재.

⑧ 15:30; 서울 강남구 논현동 소재 삼성전자 서비스센터 방문하여 충전기 구매.

⑨ 15:30~18:00. 카메라 기자와 같이 태블릿PC를 촬영하고, 수록된 내용 취재.

(필자 주; 국과수 감정에 따르면, 이 태블릿PC가 구동(驅動)된 시각은 15시32분이다. 이 태블릿PC는 2014년 4월 2일부터 2016년 10월 18일까지, 2년 6개월간 전혀 사용되지 않았기 때문에 완전히 방전된 상태여서 구동을 하려면 적어도 30분 이상의 충전시간이 필요했다.

그러므로 김필준이 15시30분부터 태블릿PC 안의 문건을 취재했다는 것은 시간적으로 맞지 않을 뿐 아니라, 이 태블릿PC는 16:13분부터 인터넷으로 웹툰 등을 검색한 흔적이 국과수 감정에서 확인됐다. 따라서 김필준은 검찰에 제출한 진술서에서 시간 등을 허위 기재했다.)

⑩ 18:00; 더블루K 사무실 다시 방문해 노광일에게 "저장된 내용이 많다"고 말하고, 고영태 책상 서랍에 넣어두고 감.】

2016년 당시, 기자 1년차인 김필준이 태블릿PC라는 귀중한 자료를 발견했으면, 그 즉시 취재팀장 손용석에게 보고하고 회사로 복귀하는 게 기자의 자세다. 그런데 김필준은 그 중간에 K스포츠재단을 찾아가 과장 박헌영을 만났다. 박헌영은 더블루K 사무실 출입문에 지문이 등록돼 있어 언제든지 출입이 가능했다. 김필준은 박헌영을 만나 무슨 내용을 취재했는지에 대해서는 진술하지 않았다.

김필준 기자와 박헌영 과장의 특별한 관계를 알고 있는 사람이 K스포츠재단 사업부장 노승일이다. 노승일은 경향신문과 인터뷰에서 "김필준과 박헌영은 친하며, 두 사람이 술이 떡이 되도록 마신 것을 본 적도 있다"면서 "JTBC의 태블릿PC 진실에 대해서는 손석희 사장이 답해야 한다"고 주장했다.

## L자 잠금패턴과 김필준의 위증

김필준은 한 달 보름 전에 이미 이사를 간 더블루K 사무실을, 하필이면 2016년 10월 18일 오전에 찾아가, 고영태 책상 서랍 속에서 태블릿PC와 카메라 등 2개의 귀중한 취재 단서를 발견하고도 태블릿PC 하나만 들고 나와, 태블릿PC 속의 문서파일들을 열어보았다.

그렇다면 김필준은 태블릿PC의 잠금장치를 어떻게 풀었을까. 그 비결에 대해 JTBC 측은 변희재를 비롯한 미디어워치 소속 기자 4명을 고소한 고소장에서 이렇게 밝혔다.

"김필준 기자와 그의 여자 친구가 평소 사용하는 잠금 패턴이 L자여서, 무심코 L자 형태의 비밀번호를 눌러보았더니 바로 열린 것입니다.

지극히 운이 좋았던 것입니다."

그랬던 김필준이 법정증언(2018. 10. 1.)에서는 고소장 취지와 다르게 대답했다. 다음은 홍성준 검사와의 일문일답이다.

**〈검사:** 증인은 태블릿PC의 잠금장치를 어떻게 풀 수 있었습니까.
**김필준:** 제 패턴과 일치해서 풀 수 있었습니다.
**문:** 증인이 전부터 사용하던 패턴과 같은 패턴이었습니까.
**답:** 예, 맞습니다.〉

김필준은 고소장에 적시된 자기 여자 친구 부분은 법정에서 거론하지 않았다. 자칫하면 여자 친구가 증언대에 서야 하고, 두 사람의 진술이 다를 경우에는 누군가가 위증죄로 처벌받아야 하기 때문이다.

김필준의 증언에서 확실히 해 둘 사실이 있다. 김필준의 법정증언이 명백한 위증이라는 점이다. 그 근거가 국과수 감정 결과다. 국과수 분석에 의하면, 이 태블릿PC에는 두 번에 걸쳐 암호가 설정되었다.

첫 번째 암호가 설정된 날은 2012년 6월 25일이며, 두 번째 암호가 설정된 날은 2016년 10월 24일 오후 5시11분이었다. 때문에 김필준이 태블릿PC를 열어본 2016년 10월 18일에는 첫 번째 암호가 설정된 시기였다.

첫 번째 암호에 대해 국과수 분석보고서에는 설정된 날짜만 표시돼 있을 뿐, 어떤 형태인지에 대해서는 언급돼 있지 않으나, 국과수 분석 결과를 보면 추론이 가능하다.

국과수 분석 자료에는 1차로 설정된 암호와 2차 암호 사이의 차이가 이렇게 설명돼 있다.

"첫째, 2016년 10월 24일에 설정된 두 번째 암호는 최대 65536개의 조합이 가능한 형태다. 둘째, 암호의 길이는 5자리로, 흔히 사용하는 4자리 길이의 숫자암호와 다르다. 셋째, 이 암호는 영어 알파벳의 대문자나 소문자가 아니고, 숫자 또는 기호도 아니며, 특수문자도 아니다. 넷째, 이전의 암호, 즉 최초에 설정된 암호로 회귀(回歸)하는 것은 불가능하다."

국과수가 확인한 이런 모든 조건에 부합하는 두 번째 암호가 패턴 형태의 암호다. 암호는 보통 4가지 형태로 만든다. 하나는 1, 2, 3, 4 같은 아라비아 숫자로 된 암호이고(숫자 암호), 또 하나는 L자나 T자 같은 패턴으로 된 암호(패턴 암호)다. 그 밖에 지문을 등록한 암호가 있는가 하면, 눈동자를 등록한 암호도 있다.

이 태블릿PC에 패턴 형태인 L자 암호가 설정된 날이 2016년 10월 24일이므로, 김필준은 국과수에서도 해독 못한 첫 번째 암호를 이미 10월 18일에 알고 있었다는 이야기가 된다. 따라서 "증인은 태블릿PC의 잠금장치를 어떻게 풀 수 있었느냐"는 검사 심문에 "제 패턴과 일치해서 풀 수 있었다"는 김필준의 진술은 국과수 분석 결과와 비교하면 명백한 위증이 되는 셈이다. 또한 JTBC 측이 작성한 고소장과 심수미의 보도 내용마저 거짓임을 확인할 수 있다.

게다가 두 번째 암호인 L자 형태의 패턴이 설정된 2016년 10월 24일 오후 5시11분에는 태블릿PC가 JTBC 수중에 있을 때이므로, 패턴 형태의 암호는 JTBC 내부의 누군가가 설정했다고 간주하는 것이 맞을 것이다. 암호 재설정 시각은 JTBC 측이 태블릿PC를 검찰에 제출하기 2시간 전이다.

JTBC 측은 「누군가」를 위해, 이런 교묘한 방법으로 태블릿PC 암호까지 조작했다. JTBC 주장에 의하면 태블릿PC 소유주는 최서원이다. 그러므로 JTBC는 소유주 동의 없이 제멋대로 암호를 재설정하고, 소유주를 마치 범죄자인양 보도했으므로 조직적인 범죄를 저질렀다고 해도 크게 틀린 말은 아닐 것이다. 그래서인지 30대 초반의 젊은 기자 김필준은 법정에서, 불과 2년 전에 있었던 자신의 취재 행위와 관련해 "기억나지 않는다"고 반복해서 진술했다.

이 태블릿PC에는 음악을 들을 수 있는 멜론 앱이 설치돼 있는데, 국과수가 앱 접속시각을 확인한 결과, 2016년 10월 20일 오후 7시31분 26초부터 멜론에 접속한 기록이 발견됐다. 김필준이 더블루K를 재차 방문해 태블릿PC를 회사에 가져온 후였다. 기자가 취재의 증거인 통신기기를 함부로 손대는 일은 흔치 않다.

한 IT전문가는 "첫 번째 암호는 개통자 김한수가 설정했다고 보는 게 합리적 추론이며, 멜론이라는 특수한 앱에 접속까지 한 것으로 볼 때 개통자 김한수가 태블릿PC 옆에 있었을 가능성을 부인하기 어렵다"고 말했다.

## 느닷없이 등장한 이춘상 보좌관

이날 법정에서 홍성준 검사가 김필준에게 태블릿PC 개통자 김한수와의 관계를 심문하자, 김필준은 "김한수로부터 태블릿PC를 건네받은 적이 없으며, 암호에 대한 이야기도 듣지 않았다"고 대답했다.

그러나 변호인 반대심문에서 이동환 변호사가 "김한수의 존재를 최초로 공개한 기자가 증인 아니냐"고 추궁하자, 김필준은 "태블릿PC 개통자가 김한수라는 사실은 제가 제일 먼저 알아냈지만, 취재원 보호차원에서 찾아낸 방식이나 취재방법은 말할 수 없다"라며 증언을 거부했다.

김한수가 태블릿PC 소유주자라는 사실을 최초로 공개한 기자가 김필준이다. JTBC가 태블릿PC 특집방송을 하고나서 이틀이 지난 2016년 10월 26일이다. 이날 오후 8시 메인뉴스 시간에 김필준은 "태블릿PC 소유주 명의는 확인한 결과, 최순실씨가 아닌 마레이컴퍼니라는 법인이었습니다. 개통 당시 마레이컴퍼니 이사는 김한수 행정관이었습니다"라고 보도했다.

김필준은 이 정보의 출처에 대해 "이름을 공개할 수 없는 서울 강남의 어느 SK텔레콤 대리점에서 확인했다"고 주장했으나, 개통자 정보는 통신사 대리점에서 쉽게 얻을 수 있는 게 아니다. JTBC가 이런 사실을 먼저 공개하자, 검찰은 하루 뒤인 10월 27일, SK텔레콤주식회사에 마레이컴퍼니 이름으로 개설된 태블릿PC 통신자료를 요청하기에 이르렀다.

김한수는 자기 이름이 공개되자, 10월 27일과 28일 이틀 동안 집에 들어가지 않았다. 그러나 검찰이 10월 29일 토요일 오전에 그의 집을 압수수색하겠다고 통보하자, 김한수는 이날 낮 12시40분경 검찰에 자진출석했다.

검찰 조서에 의하면, 김한수는 이틀 동안 서울 청담동에 위치한 레지던스 호텔 1406호실에 숙박했으며, 검찰 출두 때 입에서 술 냄새가 났다고 기록돼 있다. 검찰은 김한수가 호텔에서 누구를 만났는지에 대해서는 조사하지 않았다.

검찰 조사에서 김한수는 자기 휴대폰을 버리고 나온 것으로 확인됐다. 김한수는 "검찰에 출두하기 전에 배터리를 분리한 휴대전화를 집 근처 쓰레기통은 아니고 길바닥에 충동적으로 버렸다"고 진술했다.

김한수는 검찰 조사에서 "이춘상 보좌관이 이동하면서 볼 수 있는 큰 게 뭐냐"고 물어서 태블릿PC를 개통해 주었다고 진술했다. 하지만 이춘상 보좌관은 단국대 전자공학과 출신으로 IT 분야에 밝다. 보좌관으로 근무하던 2010년 무렵에 이미 아이패드 등 최신 전자기기들을 가지고 다닌 사실을 정치부 기자들은 기억했다.

김한수의 검찰 진술 내용은 많은 언론에 보도됐다. 이 기사를 본 몇몇 정치부 기자들이 나에게 "이춘상은 국회 보좌관 중에서 몇 안 되는 IT 전문가여서 김한수 진술은 의심스럽다"고 알려왔다. 김한수의 진술은 정황상 믿기 어려운 점이 많지만, 불행히도 이춘상은 2012년에 사망한 고인(故人)이다.

김한수는 검찰 조사에서 태블릿PC와 관련된 부분은 모두 이춘상 보좌관에게 떠넘겼다. 김한수 입에서 사망한 이춘상 보좌관 이름이 느닷없이 등장하면서, 태블릿PC는 이춘상을 매개(媒介)로 하여, 대통령과 최서원을 더욱 단단하게 엮는 구도가 되었다.

기자는 자기가 감옥에 가는 한이 있더라도 취재원의 신분은 절대 공개하지 않는다. 이게 기자 정신이다. 기자 김필준은 그러나 김한수 실명을 스스로 공개했다. 그 의도는 알 수 없으나, 결과적으로 이춘상을 등장시켰다. 이 모든 게 치밀하게 계획된 음모라고 한다면, 생각만 해도 끔찍하다.

김한수는 특검 수사가 시작된 2차 조사(2017. 1. 4.)에서, 최서원을 알고 있다고 시인하고, 자기가 개통한 태블릿PC를 이춘상이 최서원 가방에 넣어주는 장면을 목격했으며, 최서원은 태블릿PC 요금을 김한수 자신이 내고 있다는 사실을 알고 있었다고 진술했다. 김한수의 이 2차 진술이 "태블릿PC는 최서원이 사용했다"는 1심 판결문의 주된 근거가 되었다.

## 검찰 포렌식 보고서 공개되다

　검찰이 꽁꽁 숨겨놓은 태블릿PC 분석보고서의 일부 내용이 법정에서 공개되는 의외의 사건이 2017년 5월 19일에 발생했다. 최서원의 변호인 이경재 변호사가 재판이 열릴 때마다 줄기차게 태블릿PC 감정을 요구하자, 1심 재판장 김세윤 판사가 그제야 비로소 절충안을 제시했기 때문이다.

　김세윤 판사는 "태블릿PC에 대한 검찰의 모든 조서를 최서원 피고인 측에서 열람할 수 있도록 재판부가 협조하겠다. 기록을 보고도 이문이 든다면 그때 가서 감정 신청사유와 감정 대상범위를 지정해서 다시 신청해 달라"며 이경재 변호사를 달랬다.

　재판부의 이 결정에 따라 검찰은 이경재 변호사에게 정호성 증거목록 중 포렌식 관련 부분이라는 자료에 한해 복사를 허용했다. 이경재 변호사가 검찰로부터 받은 자료의 양은 177쪽이었다. 검찰이 자체적으로 포렌식한 태블릿PC 분석보고서가 총 689쪽임을 감안하면 검찰은 1/3만 공개한 셈이다. 나는 이경재 변호사 도움으로 이 자료를 입수했으나, 2/3가 빠져있어 마치 외계인 문자를 보는 것 같았다.

　태블릿PC 진실공방은 대통령 변호인단이 감정요청을 하면서 새로운 국면을 맞이했다. 대통령은 정호성의 공범으로 공무상 비밀누설 혐의가 적용되었기 때문에 태블릿PC 입수 과정의 위법성과 태블릿PC 속에 들어있는 각종 문건들의 진실성을 다툴 수 있다.

　대통령 변호인단은 JTBC에서 보도한 문제의 태블릿PC를 포함해, 고영태가 검찰에 제출한 「고영태 태블릿PC」와 특검에서 압수한 「장시호 태블릿PC」 등 3개 모두에 대해 감정을 요청했다. 장시호 태블릿PC는 장시호가 특검에서 최서원이 사용한 것이라고 주장한 것인데, 신뢰성이 없어 감정대상에서 제외됐다.

이에 검찰은 고영태 태블릿PC는 아무 내용이 들어있지 않은 빈 깡통이라 밝히고, JTBC에서 보도한 태블릿PC와 관련해서는, 태블릿PC 검증·감정 신청의 부당성이라는 제목의 의견서를 제출했다. 고형곤 검사는 의견서에서 "허위주장에 불과하므로 기각함이 상당하다"는 의견을 개진하고, 그 근거로 의견서 뒤쪽에 태블릿PC 분석보고서 689쪽을 첨부했다.

그 날이 추석을 한 달 앞두고 있던 2017년 9월 12일이었다. 김세윤 재판장은 "감정 실시 여부는 재판부가 알아서 결정하겠다"고 고지했다. 재판이 끝나자 방청석에서는 "재판장님 고맙습니다"라는 인사가 터져 나왔다. 나도 법정에 있었다.

검찰은 그러나 분석보고서가 최서원 사건의 증거물이 아니라는 이유로 이경재 변호사에게는 복사해 주지 않았다. 이를 이경재 변호사가 법정에서 항의하자, 김세윤 판사는 "대통령 측 변호인단에서 입수하라"고 소송을 지휘했다. 입수 과정이 합법적이어야 증거로서의 능력을 인정받는다.

최서원의 변호인 이경재 변호사는 이런 험난한 과정을 통해 검찰이 자체 분석한 태블릿PC 보고서를 입수할 수 있었고, 나는 이경재 변호사를 통해 복사본을 입수했다. 나는 이 복사본을 IT 전문가들에게 보여주고 분석을 의뢰했다. 나를 도와주고 있는 한 IT 전문가가 이 자료의 출처를 숨기고, 해외 인터넷 사이트에 올렸다.

이런 방법을 통해 태블릿PC 분석보고서는 국내 젊은 IT 전문가들 사이에 공개되고 분석 작업`이 이뤄지기 시작했다. 나는 수많은 IT 전문가들의 도움으로, 2017년 9월 말부터 태블릿PC의 진실에 좀 더 가까이 다가갈 수 있었다.

## 국과수, 태블릿PC 현장검증 실시

1심 재판부가 태블릿PC에 대해 현장검증을 실시한 날은 2017년 11월 9일이다. 검증은 본래 검찰이 맡기로 했으나, 검찰은 가로, 세로의 크기가 각각 50㎝가 넘는 육중한 이미징(사본화) 기기를 법정 안까지 갖고 오는 데 문제가 있다며 난색을 표했다.

재판부가 직접 나섰다. 재판부는 1차로 서울대학교에 포렌식 분석을 의뢰했으나, 연구 인력이 부족하다는 통보를 받았다. 고려대 정보과학대학원의 경우, 포렌식 전문가로 꼽히는 이상진 교수가 있었지만 JTBC 방송에 출연한 적이 있다는 이유에서 재판부가 배제했다.

재판부는 국립과학수사연구원을 검증기관으로 선정하고, 검증 과정의 공정성 시비를 없애기 위해 변호인 측에 입회인 추천을 부탁했다. 나는 나를 도와주고 있던 IT 전문가 2명을 이경재 변호사에게 천거했다. 이들은 근무시간임에도 법정에 나왔다.

국과수 검증작업은 이날 오후 2시, 서울중앙지방법원 417호 대법정에서 실시됐다. 검찰은 증거봉투 속에 보관하고 있던 태블릿PC 실물을 처음으로 법정에 공개했다. 내 노트북보다 약간 작은 크기의 은색 태블릿PC가 1년 만에 모습을 드러냈다. 조작의 요물(妖物)치고는 낡아빠진 기계였다. 긁히고 찌그러진 흔적으로 볼 때, 보관상태도 그리 좋지 않았다.

변호인 측 입회인들은 실물을 눈으로 보면서 훼손여부를 확인하고, 필요한 부분은 재판부 허락 아래 사진으로 찍었다. 공판관여 검사들은 뒷짐 지고 지켜보기만 했다. 외관(外觀) 확인 작업이 끝나자, 재판부는 다음 기일에 국과수 주도하에 포렌식을 위한 이미징 작업을 하기로 결정했다.

2017년 11월 14일, 서울중앙지방법원 서관 401호실에서 태블릿PC의 이미징 작업이 진행되었다. 이미징 작업은 입회인들이 지켜보는 가운데 국과수 법공학부 디지털분석과 소속 공업연구관 나기현과 공업연구사 심규선의 주관 하에, 이 태블릿PC를 켜지 않은 상태로 배터리를 충전하면서 시작됐다. 태블릿PC의 전원 버튼을 눌러 구동시키면 자료 훼손이 이뤄지기 때문이다.

모바일 신분증인 유심칩은 태블릿PC에 들어있었으나, 외장메모리(메모리 용량을 늘리기 위해 태블릿PC에 삽입하는 보조장치)는 장착돼 있지 않은 것으로 확인됐다.

국과수는 태블릿PC 본체는 건드리지 않고, 이미징한 자료를 바탕으로 검찰과 변호인 측이 요구한 감정요청 사안에 한해 감정을 실시했다. 국과수는 변호인 측 요구에 따라 기능이 향상된 분석도구를 사용하고, 검찰과는 다른 새로운 분석기법을 적용했다.

감정을 끝낸 국과수는 2017년 11월 21일, 법원에 「감정의뢰 회보」를 보냈다. 감정에 걸린 시간은 1주일이었다. 국과수는 분석 결과를 DVD 1장(1.07기가바이트)에 수록했다. 검찰 자체의 포렌식과 비교하면 엄청나게 많은 양이다. 국과수가 제공한 풍부한 감정 결과는 태블릿PC 사용자를 추정할 수 있는 소중한 자료가 되었다.

나중에 알게 된 사실이지만, 이 태블릿PC의 용량을 정확히 감정하려면 전문가 집단에서도 최소 1개월에서 6개월 이상까지도 필요하다고 한다. 국과수는 검찰과 변호인이 요청한 감정 부분에 대해서만 답변하는 형식이었는데, 태블릿PC의 전체 내용을 제대로 감정하려면 1주일은 턱없이 부족한 기간이었다.

## 위치정보에 찍힌 장소들의 진실

문제의 태블릿PC는 삼성전자에서 2012년에 출시한 구형 모델이다. 통화는 불가능한 대신에 인터넷 접속을 통해 외부와 소통이 가능하다. 기사나 사진 검색이 가능하며, 설치된 앱을 통해 음악을 듣거나 카톡으로 메시지도 주고받을 수 있다.

국과수 감정에서 확인된 과학적이고 객관적인 사실과 검찰 주장을 비교하면 많은 부분에서 차이가 난다.

첫째, 위치정보 관련 부분이다. 위치정보를 확인하려면 IP(인터넷 프로토콜)주소를 알아야 한다. 인터넷을 이용하는 컴퓨터 기기들은 숫자 형태의 고유 주소를 통신사로부터 배당받는데, 이것을 IP주소라 부른다. 그러나 이 태블릿PC는 감정 시점에 사용하던 IP주소에 대한 기록이 발견되지 않았기 때문에 위치 특정이 불가능했다.

게다가 배터리를 사용하는 휴대용 기기라는 특성으로, 전원을 끄고 있는 동안에는 위치정보가 기록되지 않는 단점이 있다. 전원이 켜 있을 동안, 이 태블릿PC에 남아있는 위치정보는 모두 7개였다. 이 중 4개가 제주도이고, 3개가 서울 강남 부근이다.

먼저, 제주도의 경우, 위치정보는 2012년 8월 14일에 3개, 2013년 8월 15일에 1개가 발견됐다. 최서원의 조카 장시호가 제주에서 살았던 빌라 부근에서 3개가, 나머지 1개는 주상절리라는 관광지 부근이다.

검찰은 최서원이 2012년 8월 14일부터 16일 사이에 제주도에 갔다는 점, 8월 14일 낮 1시9분에 태블릿PC 위치가 제주도 주상절리 부근이라는 점, 그리고 장시호가 최서원의 조카라는 점을 근거로 이 태블릿PC를 최순실 것이라고 단정했다.

최서원이 2012년 8월 14일부터 16일 사이에 제주도에 간 것은 사실이다. 그러나 최서원이 타고 간 항공기의 비행시간과 위치정보를 대조하면 검찰 주장은 오산(誤算)이다.

최서원은 2012년 8월 14일 오전 11시40분 김포공항을 출발, 낮 12시 57분 제주공항에 도착했다. 이는 탑승자 명단을 근거로 대한항공이 밝힌 그날의 비행시각이다. 그런데 위치정보에 찍힌 주상절리는 오각형 혹은 육각형 형태의 기암절벽이 모여 있는 화산지형의 산책로인데, 제주공항에서 차로 30분 거리다.

따라서 낮 12시57분에 제주공항에 도착한 비행기에서 내린 최서원이 승용차를 이용해서 아무리 급하게 갔다고 하더라도 「홍길동」이 아닌 한, 1시9분까지 주상절리에 도착한다는 것은 물리적으로 불가능하다.

때문에 태블릿PC를 소지한 그 「누군가」가 최서원보다 적어도 1시간 정도 빠른 비행기로 제주공항에 도착했음을 짐작할 수 있다. 또 이 태블릿PC가 이날 밤 자정 무렵에 장시호 집 부근에 있었다는 위치정보로 미뤄, 그 「누군가」는 장시호와 연관이 있는 사람으로 추정된다.

태블릿PC 개통자 김한수는 이병헌과 서울 상문고 동기이고, 이병헌은 최순영의 아들로 장시호와 이종사촌간이다. 이병헌과 김한수는 장시호보다 두 살 많다. 김한수는 법정에서 "장시호를 알고 있다"고 시인했다.

그리고 2013년의 경우, 최서원은 제주도에 간 사실이 없다. 이는 대한항공을 통해 확인되었다. 그러나 태블릿PC를 소지한 그 「누군가」는 2012년에 이어 2013에도 광복절 연휴 기간에 제주도에 갔음을 알 수 있다.

서울 강남에서 발견된 3개의 위치정보 중, 1개는 서울 강남구 봉은사로에 위치한 경비업체 ADT캡스의 종합상황실 옆이고, 다른 1개는 서울 강남구 청담동 S오일 부근이며, 남은 1개는 서울 강남구 청담동 소재의 마리

안느 웨딩 예식장 건물 안이다.

　이 가운데 한 장소는 개통자 김한수의 회사인 마레이컴퍼니와 가까운 위치다. 거리상 두 블록에 불과했다. 위치정보에 표시된 날짜와 시간이 2012년 6월 22일 오후 6시4분이어서 태블릿PC를 개통한 그날 오후에 해당한다. 문제의 태블릿PC가 개통자 근처에 있는 것은 당연하다고 할 수 있다.

　나는 나머지 2개의 장소가 최서원과 어떤 연관이 있는지를 확인하기 위해 정호성 과 이영선, 그리고 김휘종 세 사람에게 위치정보를 보여주고 어딘지를 물었다. 세 사람 모두 처음 보는 장소라고 했다. 최서원과 조금이라도 연관된 장소라면 이들이 모를 리가 없다. 따라서 위치정보를 근거로 이 태블릿PC가 최서원 것이라는 검찰 주장은 신뢰성이 떨어진다.

## 독일 영사 콜과 셀카 사진

　둘째, 태블릿PC에 들어있는 「영사 콜」과 「로밍」 안내 부분이다. 이 태블릿PC에는 〈외교부〉 위급상황 시 영사콜센터로 전화하세요. 통화 누르시면 연결됩니다 라는 영사 콜과 〈SKT〉 로밍 요금 안내(국내 요금제 미적용)·음성(분당 한국 발신 2000원, 수신 336원)이라는 안내문자가 들어있다.

　태블릿PC 사용자가 태블릿PC를 가지고 독일에 갔다는 표시다. 태블릿PC에서 발견된 영사 콜과 로밍 안내는 2012년에 1번, 2013년에 1번 등 총 두 차례였다. 검찰은 그 기간 중에 최서원이 독일로 출국했다는 출입국기록을 근거로, 태블릿PC 사용자를 최서원으로 단정했다.

이것 역시 검찰의 자의적(恣意的) 해석이다. 출입국기록에 의하면, 최서원은 2012년에 4번, 2013년에 4번 등 모두 8차례에 걸쳐 해외에 갔다. 따라서 영사 콜과 로밍이 모두 8차례 발견되었다면 검찰 주장은 맞다고 할 수 있다.

그러나 2012년에 1번, 2013년에 1번 등 2번의 영사 콜과 로밍 안내가 있었다는 이유만으로, 같은 기간에 8번이나 해외로 출국한 최서원을 사용자로 단정한 것은 검찰의 독단적이자 자의적 해석이다. 객관적 자료를 자의적으로 해석하고, 합리적 가능성은 배제 내지 묵살하면, 쌓이는 것은 왜곡과 거짓뿐이다.

최서원 변호인 측에서는 이 태블릿PC를 최서원이 아닌, 김한수나 김한수의 친구 이병헌, 혹은 장시호가 사용했을 개연성이 있다며, 이 세 사람에 대한 출입국기록을 요청했다. 김한수는 태블릿PC 개통자이고, 이병헌은 태블릿PC 속 연락처란에 첫 번째로 이름이 등재된 사람이며, 장시호는 그가 살던 제주도 집이 태블릿PC 위치정보에 찍혀있기 때문이다.

김한수와 이병헌과 가까운 관계인 장시호가 특검 도우미로 활동했다는 것은 공지의 사실이다. 변호인단이 합리적인 요청을 했음에도, 법원과 검찰은 3명의 출입국기록을 공개하지 않았다.

변희재 사건의 피고인들도 이 3명의 출입국기록를 요구하고 있다. 하지만 검찰은 김한수의 경우에는 태블릿PC와 관련된 2012년과 2013년의 출입국기록에 대해서는 제출을 거부하고, 2014년의 출입국기록만 공개했다. 이병헌과 장시호에 대해서는 제출 자체를 거부하고 있다.

김한수와 이병헌, 장시호의 출입국기록을 공개하면 변희재 사건의 피고인들이 제기하고 있는 의혹을 해소할 수 있는데도, 법원과 검찰은 무슨 사연이 있기에 주저하는지, 나로서는 도무지 이해할 수가 없다.

셋째, 태블릿PC에서 발견된 사진 부분이다. 이 태블릿PC는 사진촬영이 가능하며, 사진폴더 속에는 단 하루 동안에 찍힌 17장의 사진이 들어있다. 촬영일은 2012년 6월 25일 저녁 7시 무렵이며, 촬영 장소는 서울 강남구 청담동에 위치한 중식당「이O」이다. 이 식당은 최서원의 거주지 미승빌딩과는 1.18㎞나 떨어져 있는 반면, 김한수 사무실과는 가까운 거리다. 촬영 일자는 태블릿PC가 개통되고 3일이 지나서다.

촬영일자가 2012년 6월 25일이라는 점에서 일부 언론은 "개통자 김한수가 최서원의 생일선물로 태블릿PC를 구입했다"고 보도하기도 했으나, 이 역시 사실이 아니다. 태블릿PC가 최서원의 생일(6월 23일) 이틀 전에 개통된 것은 맞지만, 개통자 김한수는 검찰과 특검 조사에서는 물론, 법정 증언에서도 생일선물이라는 주장을 편 적이 전혀 없기 때문이다.

검찰 수사보고서에 의하면, 이날 중식당에서 최순득 가족의 모임이 있었다는 것이다. 최순득의 장남인 장승호 식구를 비롯해 이종사촌인 이병헌과 이병헌의 친구 김한수도 저녁식사 자리에 참석했다. 나는 최순득 가족 모임에 최서원이 합류한 부분이 궁금해, 이경재 변호사를 통해 최서원의 기억을 되살려 내달라고 부탁했다.

최서원은 수감 중인 동부구치소에서 옛날 일을 기억해 냈다. 다음은 최서원의 설명이다.

"베트남에서 유치원 사업을 하던 조카 장승호가 가족들을 동반하고 몇 년 만에 귀국해 축하하는 자리였다. 장승호의 유치원 사업에 조언을 해 주기 위해 나 혼자 갔다. 식사를 하는데 내 옆에 앉은 장승호 어린 딸이 뭔가를 만지면서 쿡쿡 누르고 있었다는 게 기억난다. 이제 와서 생각하니, 그때 내 얼굴이 태블릿PC에 찍힌 것 같다. 나는 그게 태블릿PC인 줄 몰랐다. 그날 이병헌이는 분명히 있었고, 김한수는 모임이 끝나기 전에 일어난 것으로 기억한다."

　태블릿PC로 촬영된 17장의 사진 중, 7장이 장승호의 어린 딸(장시은) 얼굴 사진이다. JTBC가 보도한 최서원 셀카 사진 부분은 JTBC의 조작이다. JTBC는 최서원의 두 손이 나타나지 않도록 하기 위해, 배꼽 밑 부분을 보여주지 않았다. 그러나 사진 원판을 확대하니 최서원의 두 손이 나타났다. 이로써 셀카 사진은 최서원 본인이 아니라 제3자가 찍은 것으로 확인됐다.

## 자료 검색자는 김한수로 추정

　국과수는 문제의 태블릿PC를 사용한 사람이 누구인지는 특정하지 못했다. 국과수는 감정 회보에서 "태블릿PC에 등록된 구글 계정이 다수의 기기에 등록되어 사용된 점도 있지만, 구글 계정에 접근 가능한 다수의 사용자가 사용하였을 가능성 등이 발견되었다"는 이유로 실제 사용자를 확인하지 못했다고 밝혔다. 국과수는 "사용자가 단수인지, 다수인지 명확하게 판단하기 어렵다"는 결론을 내렸다.

　그럼에도 국과수의 풍부한 분석 자료는 이 태블릿PC를 사용해서 기사나 사진 자료 등을 검색한 사람이 누구인지를 추정할 수 있게 했다. 태블릿PC에서 자료를 검색하려면 일단 인터넷 브라우저에 접속해야 하며, 접속한 흔적은 「캐시」라는 임시파일에 저장된다. 아무리 캐시 파일을 지우더라도 포렌식을 하면 흔적이 남는다.

　이 태블릿PC에는 문서파일 외에, 인터넷 접속기록 1048개, 이미지파일 1876개, 카카오톡 메시지 49개, 카카오톡 채팅방 목록 445개가 들어있다. 이들의 캐시 파일을 분석하면, 실제 사용자가 누구인지는 단정할 수 없지만 자료를 검색한 사람의 성향 파악이 가능하다.

국과수 감정 결과를 근거로 자료 검색자의 성향을 파악하니, 그 특징이 이렇게 나왔다.

첫째, 자료 검색자가 관심 있게 본 기사들이다. 이미지 중심으로 분류했더니 다섯 가지 공통점이 발견됐다.

① KBS, MBC, 연합뉴스TV, TV조선, MBN, JTBC, 미국 ABC 방송과 중앙일보, 한겨레, 경향신문, 조선비즈, 아시아경제 등 언론사 로고 사진,

② 스티브 잡스를 표지모델로 한 잡지와 실리콘밸리의 신화와 관련된 IT 사진,

③ 오토바이를 타고 있는 남자, 미모의 외국 여자들, 명품 시계와 신발, 핸드백, 레이벤 상호가 붙은 선글라스, 슈퍼주니어와 연예인 이승기 사진,

④ 원숭이, 킹콩, 고양이, 토끼 등 각종 동물과 어린이들이 좋아하는 캐릭터 및 유아용 신발과 옷 사진,

⑤ 박근혜 대통령후보의 유세 장면과 여름휴가 사진 및 김기춘 비서실장, 안철수, 김한길, 손학규, 최경환 등 정치인들의 사진이다.

이 사진들을 종합하면, 태블릿PC를 사용한 자료 검색자는 박근혜 대통령과 연관이 있고, 언론과 관련된 업무에 종사하며, 어린이가 있는 젊은 가장으로서 IT분야에 관심이 많은 사람으로 추정된다. 공용메일 사용자 7명 가운데 이 조건에 부합하는 사람은 청와대 홍보수석실 산하 뉴미디어정책비서관실 행정관으로 근무한 김한수가 유일하다.

둘째, 자료 검색자는 「플리커」에 접속한 기록이 있다. 플리커는 야후에서 운영하는 사진 사이트로, 인스타그램처럼 사진을 공유하는 서비스다.

셋째, 이 태블릿PC는 사진편집기에 접속한 기록도 있다. 2012년에 출

시된 태블릿PC를 이용한 사진편집은 웬만한 IT 전문가가 아니라면 젊은 사람들도 하기 힘들다고 한다.

넷째, 이 태블릿PC는 「텀블러」에 접속한 흔적이 있다. 텀블러는 외국에서 즐겨 사용하는 블로그인데, 우리나라는 요즘도 소수의 젊은이들이 사용한다.

다섯째, 이 태블릿PC는 일본 지지통신 기사를 검색한 흔적이 있다. 장문의 기사인데, 최서원은 일본어를 거의 하지 못한다고 했다.

여섯째, 자료 검색자는 이 태블릿PC를 이용해 광고기획 전문회사를 검색한 기록이 있다. 밤 11시45분경에 시멘틱OOOO이라는 회사의 인터넷 홈페이지에 접속했다.

일곱째, 태블릿PC 속의 문서 대부분이 국정홍보처 홈페이지에 게재된 내용들과 일치한다는 점이다.

국과수 분석은 이처럼 과학적이고 객관적이다. 다만 검찰을 의식해 국과수는 단정적인 표현을 피했을 뿐이다. 1956년생인 최서원은 2012년 대통령선거 때는 56세였다.

### 판단의 기준점을 이탈한 법은 폭력

이런 분위기 속에서 2018년 4월 6일, 박근혜 대통령 1심 선고가 있었다. 판결문은 총 607쪽으로 책 두 권 분량인데, 태블릿PC에 대한 언급은 모두 합쳐 13쪽에 불과했고, 태블릿PC를 최서원이 사용했다는 이유를 설명한 대목은 1페이지뿐이다(판결문 286쪽).

김세윤 재판장의 논리 구성은 이렇다.

《① 이 사건 태블릿PC를 처음 개통한 김한수는 이 법정에서 2012년 6월경 박근혜 대통령후보의 선거 캠프에서 함께 일하던 이춘상 보좌관의 요청에 따라 위 태블릿PC를 개통한 후 이춘상에게 이를 전달하였다, ② 그 이후인 2012년 가을경 이춘상이 최서원을 만나는 자리에 이춘상을 수행하여 함께 갔는데, 그 자리에서 최서원이 위 태블릿PC와 같은 색상인 흰색 태블릿PC를 가방에 넣는 것을 본 사실이 있다, ③ 2013년 1월 초순경 최서원이 김한수에게 전화하여 대통령직 인수위원회에서 일할 것을 권유하면서, "그런데 태블릿PC는 네가 만들어 주었다면서"라고 이야기하였다, ④ 최서원으로서는 위 태블릿PC를 자신이 사용하는 등으로 위 태블릿PC가 자신과 관련 있는 물건이기 때문에 김한수에게 이 사건 태블릿PC는 네가 만들어 주었다면서라고 이야기하였다고 봄이 일반 경험칙에 부합하는 점 등을 종합하면 최서원이 사용한 것으로 봄이 타당하다.》

판결에서 매우 구체적으로 인용된 유일한 증거인 김한수 진술내용은 이춘상 보좌관과 관련하여 있었던 경험에 대한 진술과 최서원에게서 들었다는 전문(傳聞)진술이다. 김한수의 이러한 진술내용의 신빙성을 분명하게 입증할 수 있는 제3자는 이춘상이지만, 그는 재판 4년 전에 사망했다.

이러한 상황에서 태블릿PC 개통자이자 사용자로 의심되는 김한수의 진술과 태블릿PC 사용자로 몰린 상황에서도 그 사용법조차 모른다고 한 최서원의 진술 중 어느 쪽이 진실인지를 가리는 방법은 객관적 자료에 대한 합리적 해석이다.

증거재판주의와 자유심증주의는 공정하고 합리적 증거채택을 전제로 한다. 그러나 김세윤 재판장은 재판 때마다 법정에 출석한 최서원에게 "피고인은 김한수에게 전화하여 '태블릿PC는 네가 만들어 주었다면서' 하는 말을 한 적이 있느냐"고 한 번도 묻지 않았다.

심지어 김세윤 재판장은 김한수가 법정에 증인으로 출석했을 때는 대통령 사건과 최서원 사건을 분리해서 재판했다. 태블릿PC가 최서원 사건의 증거가 아니라는 이유로, 최서원 피고과 그 변호인단을 증인 심문에 참석하지 못하게 했다.

김세윤 재판장이 유죄의 정황증거로 인정한 2012년 가을 상황, 즉 최서원이 이춘상을 만난 자리에서 흰색 테이블PC를 자기 가방에 넣었다는 김한수 주장은 사실관계를 전혀 모르고 내린 판단이다.

변희재가 쓴 「태블릿 사용설명서」에 의하면, 이 태블릿PC는 요금 미납으로 인해 2012년 9월 10일부터 11월 27일까지 석 달간 이용정지 상태였다. 검찰과 국과수 포렌식 자료에서 확인된 사실이다. 그러므로 최서원이 이 시기에 이용정지 상태의 태블릿PC를 가방에 넣었다는 것은 마치 쓰레기를 주워가는 것과 같다.

뿐만 아니라 김세윤 재판장은 검찰의 세 가지 주장(셀카 사진, 제주도 위치정보, 독일 영사 콜)을 증거로 인용하지 않은 이유를 구체적으로 설시(說示)하지 않았다. 그럴 경우, 구체적으로 나와 있는 과학적 자료인 국과수 감정 결과를 분석한 내용과 정면으로 충돌할 우려가 있기 때문이다. 판단의 기준점을 이탈한 법은 정의가 아니라 폭력이다.

태블릿PC 속의 수많은 증거들은 범인이 「말」이라고 가리키고 있지만, 한국의 법원과 검찰은 「사슴」을 범인으로 지목했다. 그러나 완전 범죄는 존재하지 않는다. 세상을 잠시 속일 수는 있으나 영원히 속일 수는 없기 때문이다.

## 홍석현의 대권 행보

대통령 사건의 2심 재판부는 태블릿PC 사용자에 대해 아무런 판단을 하지 않았다. 1심에서 유죄가 선고됐기 때문에 검찰은 항소이유에서 빼버렸고, 대통령 국선 전담변호사들은 방대한 기록에 치여 거론할 틈이 없었다.

그렇게 해서 태블릿PC는 법정에서 잊힌 존재가 되었지만, 아이러니하게도 그 불씨를 JTBC가 되살려 놓았다. 미디어워치 기자 4명을 명예훼손 혐의로 고소했기 때문이다. 이 과정에서 "중앙일보 회장 홍석현이 중앙일보 임원들과 회의하는 자리에서, 자기가 태블릿PC와 관련된 정보와 자료를 손석희에게 주었다고 여러 차례 자랑했다"는 녹음테이프가 모습을 드러냈다.

JTBC의 태블릿PC 날조보도는 현직 대통령을 탄핵시켰고, 홍석현은 대통령 탄핵 후 대권(大權)을 향해 움직였다. 그러니 홍석현이 자기 측근들에게 "태블릿PC는 내 작품"이라고 여러 차례 자랑했다는 것은 자연스러운 행태다.

홍석현은 탄핵 심리가 진행 중이던 2017년 1월 13일, 대한민국을 새롭게 세팅하겠다며 「리셋코리아」라는 단체를 설립했다. 리셋코리아 설립 후인 1월 24일, 홍석현은 미국 대통령에 당선된 트럼프를 만나기 위해 미국 뉴욕에 있는 트럼프타워를 방문했다. 포항제철 설립자인 박태준 회장의 사위 윤영각(삼정KPMG 회장)과 이방석 목사 등이 동행했다.

면담 일정은 사전에 조율되었지만 하필이면 그날, 뉴욕에 기습적인 폭설이 내리는 바람에 비행기 운항이 중단되어, 트럼프 대통령과 홍석현의 면담은 이뤄지지 않았다. 만약 그때 홍석현이 트럼프를 만났다면,

대권을 노리고 있던 한국인으로서는 최초의 만남이기 때문에, 홍석현의 정치적 위상과 국민적 인기는 상승했을 것이다.

홍석현은 트럼프와의 2차면담을 시도했다. 트럼프 대통령에게 삼성전자를 포함한 국내 기업이 미국에 50억 달러를 투자해 3만개의 일자리를 창출하겠다는 선물을 들고 갔다. 그러나 트럼프 측에서 응하지 않아 실패로 돌아갔다.

헌법재판소가 대통령 탄핵을 발표하자, 홍석현은 그로부터 8일 후인 2017년 3월 18일, 중앙일보와 JTBC 회장을 사퇴하고 "대한민국에 보탬이 되겠다"며 대통령 출마 의사를 공식적으로 밝혔다.

홍석현은 서울 경기고 학생회장 출신으로 오래 전부터 대통령이 되겠다는 야망을 키워왔다. 내가 월간조선 기자 시절에 확인한 사실이다. 홍석현은 노무현 정부 때는 주미(駐美) 대사를 맡았고, 그 다음 단계로 유엔 사무총장을 노렸으나 주미 대사를 오래하지 못했다.

정치적 기반이 약하고, 대중적 인기가 높지 않은 홍석현이 5년마다 실시되는 정상적인 선거를 통하면, 당선 가능성은 희박하다. 그러나 그 대신에 재임 중인 대통령이 중간에 탄핵되는 비상상황이 발생하면, 대통령선거를 치를 준비가 안 된 수많은 예비 후보들은 우왕좌왕하게 되고, 그 틈을 이용하여 조기(早期) 대선 분위기를 조성한 다음에 신속하게 보궐선거를 치르면 홍석현으로서도 승산 가능성이 없지 않다.

나는 4년 가까이 「대통령을 묻어버린 거짓의 산」을 파헤쳐 오면서, 인간들의 그릇된 야망이 불가능하다고 생각한 거짓의 산을 만들 수도 있다는 생각에 이르렀다. JTBC가 들고 나온 태블릿PC는 2년 6개월 동안 전혀 사용되지 않았던 구닥다리 기기다. 그런데 이게 어느 날 갑자기 고영태 책상 서랍에서 모습을 드러내더니 대한민국을 뒤흔들어 놓았다.

하지만 이 태블릿PC는 애초부터 문서수정 기능이 없었다. 태블릿PC에서 발견된 문건들은 정호성이 최서원 등 7명에게 공용메일로 보낸 공동 게시물로, 대한민국을 위태롭게 할 국가기밀이 들어있는 것도 아니다. 이런 객관적인 사실을 JTBC라는 방송사와 거기에 속한 일부 기자들이 날조하고 왜곡했다.

그들은 지금도 상식적인 눈으로 방송을 보고, 듣고, 믿고 있는 국민들을 바보라고 하면서, 자신들에게는 아무런 책임이 없는 것처럼 발뺌하고 있다. 하지만 증인석에 앉은 JTBC 기자들이 안절부절못하는 모습은 「죄수의 딜레마」를 연상케 했다.

JTBC가 탄핵의 요물인 태블릿PC를 언제 어떻게 입수했는지, 그리고 사실을 어렴풋이 알고 있었으면서도 왜 날조했는지가 드러나면 태블릿PC를 둘러싼 모든 진실은 다 밝혀질 것이다.

해가 뜨면 어둠은 사라진다. 진실이 밝혀지면 거짓과 조작은 드러나기 마련이다. 그들의 오기와 탐욕이 계속되고 있지만, 언젠가는 맑고 밝은 해가 하늘높이 떠오를 것이다.

# Ⅲ
# 검찰 수사와
# 안종범 업무수첩

　　검찰이 증거라고 제시한 방기선 작성의 서류는 청와대 문건이 아니며, 대통령에게 보고된 「말씀자료」도 아니다. 검찰은 사실관계를 조작한 서류를 근거로 대통령을 신문했다. 검찰은 법원을 기망하고 대통령을 구속했다.

　　안종범은 대통령과 대기업 회장들의 단독면담과 관련해 대통령으로부터 지시받은 내용이 없었다. 그래서 예전부터 써왔던 업무수첩에는 공란으로 비워두었다. 그런데 놀랍게도 검찰이 압수한 조작된 업무수첩에는 내용이 채워져 있었다. 나는 이런 사실을 검찰 수사보고와 한국일보 취재팀을 통해 확인했다.

## 한국을 대표하는 중견기업 64곳 고발

　대통령 사건은 2016년 9월 29일, 민노총과 행동을 같이하는 「투기자본 감시센터」가 서울중앙지검에 고발장을 제출하면서 시작되었다. 고발장에 기재된 피고발인은 청와대 정책조정수석 안종범과 최서원, 미르재단과 K스포츠재단의 대표 및 이사, 전경련(全經聯) 회장단과 대기업 대표 등 총 87명이었다.
　피고발인 명단에는 대한민국을 대표하는 대기업 회장과 중견기업 대표 등 64명이 무더기로 포함됐다. 삼성그룹, SK그룹, LG그룹, 현대차그룹, 롯데그룹을 비롯해 포스코그룹·GS그룹·한화그룹·KT그룹·LS그룹·대한항공그룹·CJ그룹·두산그룹·대림산업그룹·금호아시아나그룹·아모레퍼시픽그룹·신세계그룹·부영주택그룹과　그 계열사 등이다.
　이들의 혐의는 특가법(특정범죄가중처벌 등에 관한 법률)상 뇌물죄와 특경법(특정경제범죄가중처벌 등에 관한 법률)상 배임죄였다. 검찰이 조사한 고영태, 노승일 등 수많은 관련자들의 진술조서 맨 앞에는 「위의 사람은 피의자 안종범 외 86명에 대한 특정경제범죄가중처벌 등에 관한 법률위반(배임) 등 피의사건에 관하여 진술했다」고 기재돼 있다.
　나는 검찰이 작성한 「기록목록」(작성 기간; 2016. 9. 29.~2016. 11. 20.)을 근거로, 검찰이 언제, 무엇을 근거로 수사를 시작했고, 누구를 조사했으며 어떤 자료를 수사에 참고했는지 등을 확인했다.
　검찰 수사가 본격적으로 시작된 날은 2016년 10월 8일이었다. 이날 검찰은 언론에 보도된 미르재단 설립 관련 기사들을 수집하는 한편, 미르재단과 K스포츠재단의 등기사항을 확인하고, 미르재단에 대한 국세청 공시자료를 조사했다.

10월 9일에는 문체부의 비영리법인 감독규정과 법인설립 허가 담당자의 신원을 파악했고, 10월 10일엔 미르재단과 K스포츠재단의 설립 경과 및 의혹에 대하여, 언론 보도를 통해 확인했다고 수사보고에 적었다. 해당 기사를 쓴 기자를 조사한 게 아니라, 복사한 기사를 기록에 첨부하는 것으로 대신했다.

고발장이 접수되면 수사기관은 고발인 조사부터 시작한다. 고발 의도를 알아야 수사방향을 정할 수 있기 때문이다. 이게 수사의 기본원칙이다. 검찰이 고발인 대표 윤영대(투기자본 감시센터 공동대표)를 조사한 날은 10월 11일로, 수사 착수 이후였다.

기록목록에 의하면, 검찰은 고발인 조사도 하기 전에 K스포츠재단 초대 이사장이자 체육계 원로로 존경받는 정동구에 대해 범죄 및 수사경력 자료를 확인했다. 피고발인의 전과(前科)를 조회했다는 것은 검찰의 수사방향이 정해졌음을 의미한다.

검찰은 고발인을 조사한 당일에는 전경련 상근부회장 이승철과 최서원의 전과를 확인하고, 점차 그 대상을 확대했다. 미르재단 이사장 김형수(연세대 교수)를 비롯한 피고발인 대부분이 전과 조회 대상에 포함됐다.

하지만 검찰이 고발장의 핵심 근거인 일명 원샷법(정식 명칭은 기업활력 제고를 위한 특별법)이 국회를 통과하는 과정에서 있었다는 정경유착과 관련해서는 어떠한 조사도 하지 않았다. 기록목록에서 확인한 사실이다.

더욱 심각한 문제는 검찰이 고발인 진술조서를 법원에 제출하지 않았다는 점이다. 고발인 진술조서는 고발인의 진정성과 고발내용의 진위여부를 파악할 수 있는 핵심 자료다. 고발 내용이 사실이 아닐 경우, 검찰은 수사를 보류하거나 무혐의 처분을 내리는 게 정상이며, 악의적인 고발일 경우에는 무고(誣告)죄로 처벌이 가능하다.

검찰은 최서원의 변호인 이경재 변호사의 요청에도 불구하고, 고발인 진술조서를 제출하지 않았고, 1심 재판부는 검찰의 이러한 위법행위를 문제 삼지 않았다.

국가를 대리하여 공익을 실현하는 검사는 피고인에게 불리한 증거는 물론이고, 유리한 증거도 법원에 제출하도록 되어있다. 이것이 검찰청 법에 규정된 검사의 「객관의무」이며, 이렇게 해야 사건의 실체가 명확해지기 때문이다.

수사의 기본은 범죄를 입증할 수 있는 증거 확보에 있으며, 재판은 증거위주로 진행된다. 형사소송법 제307조(증거재판주의)에는 '① 사실의 인정은 증거에 의하여야 한다. ② 범죄사실의 인정은 합리적인 의심이 없는 정도의 증명에 이르러야 한다'고 규정돼 있다.

### 민노총 서울본부의 위상

나는 고발장을 제출한 투기자본 감시센터의 정체를 파악하기 위해, 이 단체의 사무실을 찾아갔다. 사무실은 민노총 서울본부 건물의 3층에 있었다. 서울 은평구 녹번동에서 불광동 방향으로 직진하면 오른쪽에 구기터널로 가는 길이 나오는데, 그 대로변에 위치한 하얀색 건물이 민노총 서울본부다.

건물 1층에는 전국 대학 노동조합, 전국 건설기업 노동조합, 희망

연대 노동조합 등이 있고, 2층에는 노동법률 지원센터가 있으며, 투기자본 감시센터는 한국노동연구소·전국 건설노조 수도권지역본부 등과 함께 3층에 위치했다. 민노총 서울본부는 노동단체들의 집합소였다.

민노총은 김영삼 정부 시절인 1995년 11월에 창립됐다. 홈페이지에 따르면, 창립 당시 조합원은 41만여 명이었고, 2019년 4월 기준으로 101만여 명이라고 한다. 고용노동부가 2019년 12월 25일에 발표한 「2018년 전국 노동조합 조직 현황」에 의하면, 2018년 연말 기준으로 민노총 조합원 수는 96만8035명이었다. 한국노총의 93만2991명보다 3만5044명이 많았다.

민노총은 전국에 16개의 지역본부를 두고 있으며, 지구별 협의회도 41개가 있다고 한다. 법원 노조를 비롯해 약 14만명에 이르는 전국 공무원노조는 2006년 4월에 민노총 산하단체가 되었다. 5만명으로 추정되는 전교조(全敎組)는 법외노조여서 정부 통계에 포함되지 않았다.

민노총은 김대중 정부 시절인 2001년부터 정부나 지방자치단체로부터 보조금을 받아왔다. 서울 정동에 위치한 민노총 중앙본부 사무실의 임차보증금 30억원은 김대중·노무현 정부에서 지원했다. 민노총 서울본부의 경우에는 서울시에서 수령한 보조금이 2013년에 3억8천만원, 2014년엔 3천6백만원이었으나 2016년에는 15억원이었다.

민노총 서울본부는 2020년에 1개 층을 증축하고, 건물 전체를 리모델링할 예정이었다. 서울시는 그 비용으로 2020년 예산에 72억원을 책정했다고 조선일보가 보도했다. 민노총 서울본부 건물의 부동산등기부를 확인해보니, 땅과 건물의 소유주가 모두 서울시였다.

고발장을 제출한 투기자본 감시센터는 2004년 8월에 설립됐다. 창립선언문에는 "국내에 진출한 투기성 단기(短期) 자본을 감시하고, 투기자본의 횡포에 저항하는 노동자 투쟁을 지원하는 단체"라고 명시돼 있다. 고발장 제출 무렵의 이 단체 대표는 오세택·김영준·윤영대 3인이었다.

## 오영훈 의원과 고영태 관계

검찰이 관련자들을 소환, 조사하기 시작한 것은 2016년 10월 20일부터다. K스포츠재단 이사장 정동구가 10월 21일에 소환됐고, 미르재단 이사장 김형수와 K스포츠재단 이사 김필승은 10월 23일에 검찰 조사를 받았다.

10월 24일에는 K스포츠재단 과장 박헌영과 미르재단 사무부총장 김성현이 소환됐고, 10월 25일엔 K스포츠재단 사업부장 노승일이, 10월 26일에는 부원빌딩 건물관리인 노광일이 조사를 받았다. 전경련(全經聯) 실무자들도 잇따라 소환됐다.

최초 폭로자 고영태가 검찰에 자진 출두한 날은 10월 27일이다. 이날 태국에서 귀국한 고영태는 자신의 승용차인 검은색 카니발을 몰고, 한국체육대학 95학번 동기인 노승일과 함께 검찰에 나왔다. 승용차 안에는 고영태가 그동안 모아두었다는 각종 서류와 K스포츠재단에서 만든 자료들이 가득했으나 증거로 채택된 것은 없다.

고영태가 출두한 날, 검찰은 김수남 검찰총장의 지시에 따라, 서울중앙지검장 이영렬을 본부장으로 하는 제1기 특별수사본부를 발족했다. 기존 수사팀인 형사8부에 서울중앙지검 특수1부 소속 검사 전원이 합류했고, 전국 검찰청에서 선발된 검사 10명이 특별수사본부에 배치됐다.

고영태는 10월 27일 밤 10시30분부터 다음날 오후 6시45분까지 1

차 참고인조사를 받았다. 고영태를 조사한 사람은 서울중앙지검 특수1부 최재순 검사다. 최재순 검사는 고영태를 조사할 때, 그 옆자리에 노승일을 앉히고 두 사람을 번갈아가며 신문했다. 고영태가 진술을 머뭇거리면 노승일이 대신 대답하고, 노승일이 모르는 부분은 고영태가 보충해 주는 방식으로 조사가 이뤄졌다. 진술조서에 기재된 내용이다.

10월 27일 밤부터 시작된 고영태와 노승일에 대한 검찰 조사는 10월 31일 오전 11시40분까지 4박5일 동안 계속됐다. 조사 기간 내내, 고영태는 서울중앙지검 청사 안에서 먹고 자며 생활했다.

검찰 조서에 의하면, 동남아에 숨어있던 고영태가 검찰에 자진 출두한 이유는 노승일의 권유 때문이었다. 고영태는 이에 앞서 8월 19일에 있었던 한강주차장 회동에서 최서원에게 돈을 요구하다 실패하자, 9월부터 시작되는 정기국회를 이용해 최서원을 겁박하기로 마음먹고, 정치권과 언론계를 상대로 폭로전을 벌인 뒤 한국을 탈출했다.

고영태가 정치권에서 만난 사람은 더불어민주당 오영훈 의원(교육문화체육관광위원회 소속)실의 비서 박병O였다. 인기드라마 「태양의 후예」에 조연급으로 출연한 윤OO이 박병O를 고영태에게 소개했다. 윤O은 고영태의 후배다.

고영태는 자기 집 근처의 '세번걸이'라는 와인카페에서 수시로 박병O를 만나, "최순실은 최태민 목사의 딸로 박근혜 대통령의 오랜 친구다. 최순실은 미르재단과 K스포츠재단 설립에 관여했으며, 박근혜 대통령이 해외순방 때 입을 옷을 서울 강남구 신사동 의상실에서 만들었다. 그 장면을 찍은 CCTV 영상을 내가 갖고 있다"고 주장했다.

첩보를 입수한 오영훈 의원실은 문체부를 통해 미르재단과 K스포츠재단 관련 자료들을 확보하기 시작했다. 두 재단에 출연금을 기부하기로 약속한 기업체 명단과 기업체 대표들이 서명한 약정서, 두 재단의 창립총회 회의록, 두 재단의 설립 당시 임원진 명단과 그들의 이력 및 주소 등이었다.

고영태가 박병O 비서에게 요구한 것은 정기국회 기간에 최순실이라는 이름을 거론해 달라는 것이었다. 대정부 질문이나 국정감사장에서 이름이 언급되기만 하면, 최서원이 고영태와 이성한(미르재단 전 사무총장)의 요구를 들어줄 것으로 생각했으나, 오영훈은 야당 초선의원이어서 폭로는 이뤄지지 않았다.

대신, 오영훈 의원 비서실은 확보한 자료 전부를 한겨레신문 방준오 기자에게 넘겼다. 한겨레신문 특별취재반이 지은 「최순실 게이트/기자들, 대통령을 끌어내리다」라는 책에는 자료 입수경위가 이렇게 적혀있다.

"오영훈 의원은 한겨레보다 한발 앞선 8월부터 미르재단과 K스포츠재단 관련 자료를 문화체육관광부 등에 요청해 차곡차곡 모아놓은 상태였다. 기자가 발로 뛰어 모을 수 있는 자료가 아니었다. 방준오가 협조요청을 부탁하자, 오영훈 의원실의 박성오 비서관은 흔쾌히 수락하며 어렵게 받아낸 자료들을 한겨레에 몽땅 넘겨줬다.

박성오 비서관이 건넨 자료 가운데 가장 귀한 것은 두 재단의 임원 명단이었다. 앞으로 「최찾사」(필자 주; 최순실을 찾는 사람들의 약칭으로 한겨레신문 특별취재반 명칭)가 찾아가 만나야 할 인물들이었다. 당연히 K스포츠재단 설립 당시 임원진의 명단과 그들의 이력, 그리고 주소도 기재돼 있었다. K스포츠재단의 정동춘 이사장이 CRC 운동기능회복센터 원장이라고 기재돼 있었고, 그의 집 주소도 적혀있었다."

오영훈 의원실은 이 자료들을 검찰에 고발장을 제출한 투기자본 감시센터에도 제공했다. 오영훈은 제주특별자치도 제주시 을 출신인데, 탄핵정국 무렵엔 노동단체와 언론에 폭로자료를 제공했고, 2019년 버닝썬 사건이 터졌을 때는 폭행사건의 배후에 최서원의 인척이 있다는 허위사실을 폭로한 장본인이다. 막후에서 움직였던 오영훈은 더불어민주당 대표 이낙연 의원의 비서실장이 되었다.

고영태는 이와 별도로 이성한의 소개로 JTBC 기자 심수미를 만나 "최순실의 취미는 대통령 연설문 고치는 것"이라는 허위사실을 제보했다. 고영태의 폭로는 이런 방법으로 야당과 노동단체, 한겨레신문 등에 스며들었다. 그 후 고영태는 동남아로 출국, 종적을 감췄다가 노승일의 권유로 검찰에 자진 출두한 것이다.

## 고영태에 대한 「황제 수사」

검찰에서 4박5일 동안 조사를 받을 때 고영태는 2개의 휴대폰을 갖고 있었으나, 검찰은 압수하지 않았다. 휴대폰 압수와 통화내역 조회는 검찰이 대형사건 수사 때 맨 먼저 하는 일이다.

검찰은 안종범과 정호성을 조사할 때는 두 사람의 휴대폰부터 압수한 다음, 통화내역을 조회했고, 정호성의 경우에는 대통령과의 통화내용을 확인하기 위해 휴대폰에 대한 포렌식 검사까지 실시했다.

그런 검찰이 고영태 조사에서는 휴대폰을 압수하지 않았기 때문에 검사 출신인 이경재 변호사는 고영태가 사용한 휴대폰 전부에 대해 통화내역 사실조회를 요청했다. 이 요청에 대해 1심 재판장 김세윤 판사는 고영태 친구들이 알고 있는 휴대폰 번호(010-52xx-59xx)

에 한해 사실조회를 허가했다.

나는 이경재 변호사를 통해 고영태의 휴대폰 통화내역을 입수했다. 2016년 9월 1일부터 2017년 2월 28일 사이의 6개월간 통화기록이다. 고영태의 폭로가 시작된 무렵부터 특검 수사가 종료될 때까지의 기록이다.

이 6개월 동안, 고영태가 통화한 사람들의 정체를 알게 되면 그들이 탄핵정국에서 어떤 역할을 했는지를 짐작할 수 있다. 이 기간에 고영태가 전화를 건 횟수는 1065건이고, 전화를 받은 횟수는 1316건이었다. 한 달에 평균 170여 통의 전화를 걸었고, 220여 통의 전화를 받은 셈이다. 고영태가 은밀히 사용한 별도의 휴대폰을 갖고 있었다는 점을 감안하면 통화 횟수는 더 많았을 것이다.

내가 확보한 통화내역에는 고영태가 언제, 어디서, 어떤 번호와 몇 분간 통화했다는 정보는 기재돼 있으나, 상대방의 이름과 통화내용은 적혀있지 않았다. 나는 고영태 휴대폰과 두 차례 이상 통화가 이뤄진 번호들만 별도로 추려내, 내 휴대폰에 저장했다. 이렇게 하면, 그 번호들과 내 휴대폰이 카톡 친구로 연결될 가능성이 있으며, 카톡을 통해 휴대폰 번호의 주인을 추적하는 단서를 얻을 수 있기 때문이다.

이런 방법을 통해 나는 고영태가 최서원과 결별한 후, 상당히 많은 수의 기자들 및 정치권 사람들과 통화했음을 확인했다. 고영태와 제일 많이 통화한 기자는 TV조선 이진동이었다. 그 밖의 많은 기자들이 고영태와 통화한 사실은 확인했지만, 통화내용을 확인할 수 없었기 때문에 그들의 이름은 공개하지 않는다.

고영태는 검찰에서 조사받던 4박5일 동안, 검찰 청사 안에서도 30회에 걸쳐 전화를 걸었으며, 51회에 걸쳐 걸려온 전화를 받았다. 검찰 진술조서에 기록된 조사 시간, 즉 검찰 조사를 받고 있는 상황에서도 고영태는 전화를 걸거나 전화를 받았다.

이때 고영태가 걸려온 전화를 받았을 경우엔 평균 10분 이상을 통화했고, 전화를 건 경우에도 최고 9분48초간 통화했다. 고영태가 검찰 조사 도중에 이처럼 많은 통화를 했다는 것은 고영태 진술의 신뢰성에 의문을 갖게 하는 부분이 아닐 수 없다.

## 검찰 수사, 청와대를 겨냥하다

검찰이 애초부터 겨냥한 수사 대상은 청와대였다. 검찰은 10월 29일, 법원 영장을 근거로 안종범과 정호성의 청와대 내 사무실에 대한 압수수색을 시도했다. 정호성은 대통령비서실 부속비서관이어서 정호성 사무실의 압수수색은 대통령 집무실을 겨냥한 것과 마찬가지라고 할 수 있다.

검찰의 청와대 진입은 그러나 경호실의 거부로 무산됐다. 경호실은 청와대 경호규정을 근거로 검사와 검찰수사관들의 청와대 진입을 막았다. 1차 시도가 무산되었음에도 검찰은 포기하지 않고, 그 다음날(10. 30.) 다시 청와대를 찾아가 영장 재 집행을 시도했다.

검찰은 10월 29일, 정호성 비서관의 집과 안종범 집을 동시에 압수수색했다. 정호성은 이 사건 수사의 단초가 되었던 투기자본 감시센터의 고발대상은 아니었으나, 검찰이 정호성을 수사대상으로 삼을 수 있었던 것은 JTBC 측에서 제공한 태블릿PC 때문이다.

검찰은 인지(認知)사건이라는 이유로 정호성을 수사 대상에 포함시켰다. 인지사건은 고소장이나 고발장과 상관없이, 신문기사나 풍문 등을 통해 입수한 범죄정보를 근거로 수사하는 경우다. 헌법 제84조에 의해, 현직 대통령을 형사소추(刑事訴追)할 수 없었던 검찰은 태블릿PC 날조 보도를 계기로 대통령 주변을 압박할 수 있는 절호의 기회를 잡은 것이다.

검찰은 정호성 집에 대한 압수수색에서 꾸러미 하나를 발견했다. 그 안에는 휴대폰이 가득했다. 정호성이 예전에 사용했던 2G 피처폰(폴더폰) 2개와 스마트폰 2개, 그리고 정호성의 처(妻)가 사용했던 휴대폰들이었다. 이것들은 2년 전인 2014년 겨울, 정호성이 이사하면서 이삿짐 속에 넣어두고 집 한구석에 방치해 놓은 것인데 검찰 수사관이 발견했다.

이 중 2개의 피처폰은 정호성이 2012년 대통령선거 기간부터 박근혜 대통령 취임 후인 2014년까지 사용한 것이었다. 이 피처폰은 통화내용을 자동으로 녹음하는 기능이 있었다. 대통령에게 올리는 보고서와 연설문을 취급했던 정호성은 대통령의 지시사항을 하나라도 놓치지 않기 위해 대통령과의 통화내용을 모두 녹음했다.

정호성은 대통령과 최서원의 대화에 배석한 경우에도 그 대화를 피처폰으로 녹음했다. 정호성은 녹음한 내용을 다시 듣고 정리한 후 녹음파일을 삭제했으나, 검찰은 휴대폰 포렌식을 통해 정호성이 삭제한 녹음파일과 문자메시지를 복원했다.

정호성에 의하면, 검찰이 복원한 녹음파일은 236개였다고 한다. 이 중 224개는 대통령 취임 전에 있었던 내용이고, 취임 이후의 녹음파일은 12개였다. 정호성은 "녹음파일 대부분은 2012년 대통령선거 때, 내가 각계의 전문가들과 통화한 것으로 최서원과 무관하며, 최서원의 목소리가 들어있는 녹음파일은 14개"라고 말했다.

이 14개 중에서 11개는 대통령과 최서원, 정호성 사이에 있었던 3자 대화이며, 3개는 정호성이 최서원과 둘이서 통화한 내용인데, 대부분이 대통령 취임식 이전에 있었던 일이라고 정호성은 말했다.

저장 공간이 부족한 2G폰에서 녹음된 녹음파일은 녹음과 삭제가 반복되었기 때문에 상태가 좋지 않았고 녹음이 겹쳐진 부분도 있었다. 검찰은 수사에 필요한 부분만 편집한 후, 이 녹음파일이 대단한 증거인 것처럼 언론에 흘렸으나 재판 과정에서 짜깁기한 사실이 드러났다.

이런 가운데 최서원이 2016년 10월 30일, 인천국제공항을 통해 귀국했다. 한강주차장 회동에서 고영태와 이성한으로부터 청탁과 협박을 당한 최서원은 독일에 체류 중인 딸 정유라와 손자를 돌보기 위해, 두 달 전인 9월 3일 독일로 출국했다.

고영태와 한국체대 동기생이면서 고영태와 박헌영(K스포츠재단 과장)의 행동을 곁에서 지켜보았던 류상영은 "최서원 원장이 독일로 출국하기 전에, 내 권유에 따라 고영태를 사기혐의로 고소했더라면 상황이 이토록 악화되지는 않았을 것"이라고 아쉬워했다. 류상영은 그의 부친이 나와 같은 조선일보 출신이어서 내 취재에 많은 도움을 주었다.

어쨌든 독일에서 57일간 체류하던 최서원은 JTBC가 태블릿PC 날조보도를 시작하자, 영국 런던을 경유해 10월 30일 저녁에 인천국제공항에 도착한 후, 서울 청담동에 있는 엘루이 호텔에서 하루를 숙박한 다음, 10월 31일 오후 2시 검찰에 자진 출석했다. 검찰은 조사 도중인 이날 밤 11시37분, 최서원을 긴급 체포했다.

안종범이 검찰에 자진 출석한 날은 11월 2일이다. 오후 2시부터 조사를 시작한 검찰은 밤 11시40분경 안종범을 긴급 체포하고, 다음날 오전 3시20분까지 조사를 계속했다.

이에 앞서 검찰은 안종범 집에서 휴대폰 6개를 압수했다. 4개는 안종범 명의로 등록된 것이고, 1개는 청와대 업무용이었으며, 나머지 1개는 안종범의 보좌관 김건훈의 것이었다. 검찰은 안종범이 청와대 경제수석 시절, 삼성·롯데·SK·LG 등 수많은 대기업의 임원들과 수시로 통화하고 문자메시지를 주고받은 사실은 확인했으나, 최서원과 통화한 기록은 찾지 못했다.

제1회 피의자신문조서에 의하면, 안종범은 대구 계성고 출신으로 1977년 성균관대 경제학과에 진학했다. 성균관대 대학원에서 경제학 석사학위를 취득한 안종범은 미국 위스콘신 대학에서 경제학 박사과정을 수료하고, 귀국 후인 1991년부터 대우경제연구소 선임연구위원으로 활동했다. 안종범은 새누리당 의원이었던 유승민과 위스콘신 대학 동문이다. 나이는 유승민이 두 살 많다.

최서원은 직권남용 및 사기미수 혐의로 11월 3일 구속됐다. 안종범과 정호성은 11월 5일, 동시에 구속됐다. 안종범에게는 직권남용 및 증거인멸교사 혐의가, 정호성에게는 공무상 비밀누설 혐의가 적용됐다.

## 개헌(改憲) 추진과 추미애의 계엄령 유포설

검찰이 청와대와 대통령 주변을 계속해서 압박한 것은 검찰 수사가 개헌(改憲)이라는 변수와 맞물려 있는데다, 검찰총장 김수남과 서울중앙지검장 이영렬의 독특한 이력 때문인 것으로 나는 추정한다.

대통령은 검찰의 전(全) 방위적인 수사에도 불구하고, 청와대 수석비서관회의(10. 20.)에서 "미르재단과 K스포츠재단의 설립과 관련된 언론 보도는 근거 없는 낭설"이라고 일축하고, 예정된 일정에 따라 10월 24일 국회에서 시정연설(施政演說)을 했다.

시정연설은 2017년도 예산안의 국회 제출에 맞춰, 국회에 출석한 대통령이 국정(國政) 전반에 대한 대통령의 생각을 밝히는 자리다. 대통령은 시정연설에서 "대통령 단임제로는 정책의 연속성이 떨어지고, 지속가능한 국정과제의 추진과 결실이 어려우며, 일관된 외교정책을 펼치기에도 어려움이 크다. 게다가 전 국민의 70% 이상이 개헌에 찬성하고 있다"며 "향후 정치일정을 감안할 때, 지금이 개헌을 위한 적기(適期)라고 판단하여 개헌을 위한 실무작업을 시작하겠다"고 밝혔다.

시정연설 후 브리핑을 가진 청와대 정무수석 김재원은 "대통령은 이미 오래 전부터 개헌의 필요성에 공감했다"면서 "대통령이 추석 연휴 기간에 자세히 검토할 수 있도록 상당히 많은 분량의 보고서를 작성해 대통령께 드렸고, 연휴 마지막 무렵에 대통령이 개헌준비를 지시했다"고 설명했다.

대통령의 오랜 지론(持論)은 4년 중임제로의 개헌이다. 대통령이 한나라당 대표로 있던 2004년에 열린우리당 일각에서 대통령 4년 중임제로의 개헌을 제기하자, 대통령은 즉각 환영 의사를 표시하며 "당내에서 논의해보겠다"고 밝힌바 있다. 이 무렵 대통령은 "오는 2008년이면 노무현 대통령 임기와 국회의원 임기가 동시에 끝나기 때문에 개헌 논의를 하기에 매우 적당한 때로 생각한다"는 의견도 밝혔다.

대통령이 시정연설에서 밝힌 대로, 2016년 10월부터 대통령 주도 하의 개헌작업이 시작되었다면, MB(이명박)계나 일부 야권에서 선호한 의원내각제로의 개헌은 불가능했을 것이다.

대통령이 제기한 개헌에 공개적으로 반대한 의원이 유승민이다. 유승민은 "개헌은 야합에 불과하며 국민의 강력한 저항을 받게 될 것임을 경고한다"고 말했다. 대통령의 개헌 의지에 대해 청와대 정무수석을 지낸 이정현은 이렇게 설명했다.

"4년 중임제 개헌은 대통령의 소신이자 원칙입니다. 다만, 개헌이 모든 정치 현안을 단숨에 빨아들이는 블랙홀과 같은 것이어서 임기 도중에는 거론하기가 곤란하고, 취임 초나 임기 말에 하는 게 순리(順理)입니다. 하지만 취임 초기엔 국내 경제상황이 너무나 어려웠기 때문에 대통령은 우리 경제를 살리는 일에 집중했던 것입니다.

대통령은 집권 4년차에 접어든 2016년부터 개헌작업을 본격적으로 시작해, 임기 중에 마무리하겠다고 결심하고, 대북(對北) 관계가 어느 정도 안정된 10월경에 국회 시정연설을 통해 본인의 소신을 공개적으로 밝혔던 것입니다. 국면 전환용이라는 일부의 시각은 대통령의 진의를 곡해한 것입니다."

대통령의 개헌 착수 발표는 바로 이날 저녁, JTBC가 태블릿PC 날조보도 특집방송을 시작하자, 마치 정략적 꼼수인 것처럼 비판 대상이 되었다. 게다가 더불어민주당 대표 추미애의 계엄령 선포설이라는 유언비어가 가세하면서 4년 중임제 개헌 논의는 무산되고 말았다.

추미애는 2016년 11월 18일, 당 최고위원회 회의에서 "대통령이 계엄령을 준비하고 있다는 정보가 돌고 있다"고 주장했다. 이에 대해 국방부 대변인 문상균은 기자 브리핑에서 "그런 상황은 없을 것이라 생각된다"고 답변했다. 그럴 수밖에 없었다.

헌법 제77조 제1항에는 「대통령은 전시·사변 또는 이에 준하는 국가비상사태에 있어서 병력으로써 군사상의 필요에 응하거나 공공의 안녕질서를 유지할 필요가 있을 때에는 법률이 정하는 바에 의하여 계엄을 선포할 수 있다」고 되어있으나, 제5항에 「국회가 재적의원 과반수의 찬성으로 계엄의 해제를 요구한 때에는 대통령은 이를 해제하여야 한다」고 규정돼 있다. 당시 국회는 야당이 과반수를 확보하고 있었기 때문에 설사 대통령이 계엄령을 선포해도 실효성이 없었다.

추미애가 주장한 계엄령 선포설은 낭설에 불과했지만, 검찰 수사를 한 방향으로 몰아가며, 가속력(加速力)을 붙게 하는 촉매제로 작용했다. 당시 검찰 수사 분위기는 「김수현 녹음파일」 작성자 김수현의 법정증언(2017. 7. 5.)을 통해 공개됐다. 김수현이 증언한 내용은 이런 취지다.

"제가 검찰에서 두 번째 조사를 받던 날, 저를 수사하던 고동주 수사관이 갑자기 '계엄령을 선포하기 전에 대통령을 잡아넣어야 한다'며 저를 다그치기 시작했습니다. 알고 보니 이날 SNS상에 계엄령을 선포하라는 글이 퍼졌고, 이에 더불어민주당 추미애 대표가 계엄령 선포를 막아야 한다고 인터뷰한 기사가 실렸던 모양입니다. 그때부터 검찰 수사 분위기가 험악해졌습니다."

### 현직 대통령을 「공범」이라 적시하다

검찰이 현직 대통령을 최서원과 안종범의 「공범」이라고 발표한 날이 11월 20일이다. 이날 검찰은 구속된 최서원·안종범·정호성 3명을 일괄 기소하면서 공소장을 공개했다. 수사 발표는 특별수사본부장이자 서울중앙지검장인 검사 이영렬이 주도했다.

공소장은 A4 용지로 총 39페이지다. 검찰은 공소장 4쪽에 굵은 고딕체로 『피고인 최서원, 피고인 안종범, 대통령의 공모범행』이라는 제목을 붙였다. 대통령이 최서원·안종범과 공모를 했다면, 검찰은 「세 사람이 언제, 어디서 만나, 무슨 내용을, 어떻게 공모했는지」를 공소사실에 구체적으로 적시해야 한다.

최서원과 안종범은 박근혜 정부 출범 전은 물론이고, 출범 후에도 한 번이라도 만났거나 통화한 사실이 없다는 것은 검찰 수사에서 확인되었지만, 검찰은 증거도 없이 현직 대통령을 최서원과 안종범의 공범이라고 공소장에 못 박았다.

이 공범이라는 표현은 탄핵소추안이 2016년 12월 9일 국회를 통과할 때, 결정적 증거로 작용했다. 헌법재판소 탄핵결정문에도 '2016년 11월 20일에는 최서원·안종범·정호성이 구속 기소되었는데, 이들의 공소사실 일부에는 피청구인(대통령)이 공범으로 기재되었다'고 하여, 검찰 공소장을 그대로 인용했다. 헌법재판소는 증거를 찾을 수 없었기에 검찰 공소장을 증거인 것처럼 인용했다.

서울중앙지검장 출신의 서영제 변호사는 주간조선과 인터뷰 (2017. 3. 6. 보도)에서 검찰과 특검 수사를 이렇게 비판했다.

"특검 측이 '증거가 차고 넘친다'고 말하지 않았나. 이건 검사가 아니다. 선동가다. 들으며 끔찍했다. 프레임을 만들어 한쪽을 죽이려는 거다. 이영렬 서울중앙지검장도 마찬가지다. 중간 수사 발표를 하며 '대통령이 최순실 등과 공모관계에 있다'고 말했다. 당사자를 조사 한번 해 보기도 전에, 더구나 수사가 끝나기도 전이다. 같은 서울지검장 출신으로 창피했다. 대상이 대통령이든 야당 대표든 말이 안 되는 얘기다."

대통령의 공모범행이라 적시한 공소사실의 첫 대목은 이렇게 시작한다.

"2015년 7월경, 대통령은 현 정부가 국민의 문화적 권리를 보장하고 문화의 가치와 위상을 제고하기 위하여 '문화융성'을 4대 국정기조의 하나로 정하여, 적극적인 인적·물적 지원 등 행정력을 집중하여 역점적으로 추진하고 있는 점에 착안하여, 한류 확산, 스포츠 인재 양성 등 문화, 스포츠사업을 목적으로 하는 재단법인의 설립을 추진하되, 재단법인의 재산은 전국경제인연합회 소속 회원 기업체들의 출연금으로 충당하기로 계획하였다."

나는 이 대목을 보면서 대통령과 현 정부가 어떻게 다른지를 이해하는데 상당히 애를 먹었다. 문화융성은 대통령이 취임 초에 제시한 4대 국정기조 중의 하나인데, 검찰은 대통령이 2015년에 현 정부가 추진하는 문화융성에 착안하여, 재단법인 설립에 필요한 출연금을 전경련 회원사들로부터 받기로 계획했다, 즉 범행을 모의했다고 해석한 것이다.

이어지는 공소사실의 날짜별 진행사항은 이렇게 기록돼 있다.

《① 계획을 수립한 대통령은 7월 20일 안종범에게 대기업 회장들 간의 단독면담 일정을 잡으라고 지시했고, 7월 24일과 25일 양일간에 대기업 회장 7명을 만난 자리에서 문화와 체육재단을 설립하려고 하는데 적극 지원해 달라고 발언했다.

② 안종범은 단독면담을 마친 대통령으로부터 "전경련 산하 기업체들로부터 금원을 갹출하여 각각 300억원 규모의 문화와 체육 관련 재단을 설립하라"는 지시를 받고, 2015년 7월 하순경부터 8월 초순경 사이에 전경련 상근부회장 이승철에게 전화하여 재단설립을 추진하라고 지시했다.

③ 최서원은 2015년 7월경 재단설립에 대한 논의가 시작된 후, 기업체들의 자금출연 등이 이루어지지 않아 재단설립이 지체되던 중, 2015년 10월 하순경 리커창 중국 총리가 방한(訪韓) 예정이라는 사실을 알고, 정호성에게 "한국과 중국 간에 문화교류를 활발히 하기 위한 구체적 방안으로 양국 문화재단 간 양해각서(MOU)를 체결하는 것이 좋을 것으로 보인다"고 말했고, 정호성은 위와 같은 내용을 대통령에게 보고했다.

④ 안종범은 2015년 10월 19일경 대통령으로부터 "한·중 간에 양해각서를 체결하여야 하니 재단설립을 서둘러라"는 지시를 받고, 청와대 경제금융비서관 최상목에게 "300억원 규모의 문화재단을 즉시 설립하라"고 지시했다.

⑤ 최상목은 2015년 10월 21일부터 재단설립 준비 작업에 착수하여, 10월 26일 출연기업 임원들에게 창립총회 회의록에 법인 인감을 찍게 하고, 문체부 직원 김기강은 10월 27일 내부결재를 마치고 법인설립 허가를 해주었다.

⑥ 이로써 피고인 최서원, 피고인 안종범은 대통령과 공모하여 대통령의 직권과 경제수석비서관의 직권을 남용함과 동시에 이에 두려움을 느낀 피해자 이승철 등 전경련 임직원과 피해자 삼성전자 대표 권오현 등 기업체 대표 및 담당 임원들로 하여금 미르재단에 486억원의 금원을 출연하도록 함으로써 의무 없는 일을 하게 하였다.〉

공소사실 중에 팩트라고 할 수 있는 것은 ① 대통령과 대기업 회장 7명과의 단독면담이 7월 24일과 25일에 있었다는 점, ② 안종범이 10월 19일 최상목에게 문화재단 설립을 지시했다는 점, ③ 미르재단에 대한 설립허가가 10월 27일에 있었다는 것뿐이다.

대통령이 2015년 7월경에 재단을 설립하기로 계획했다는 내용은 근거 없는 검찰의 자의적 해석이며, 미르재단 설립이 대통령 지시에 의한 것이라는 내용은 안종범의 일방적 주장이다. 최서원이 리커창 중국 총리의 방한을 미리 알고, 정호성에게 문화재단 설립을 서둘러야 한다고 말했다는 내용은 재판 과정에서 사실이 아닌 것으로 확인되었다.

공소사실은 그 자체가 모순(矛盾) 덩어리였다. 대통령을 무리하게 엮다보니 검찰 논리는 사실상 궤변(詭辯)에 가까웠다. 안종범의 일방적 주장과 언론에 보도된 허위내용들을 적절히 섞어놓은 것에 불과했고, 그것도 얼기설기 엮다보니 마치 한 편의 소설 같았다. 나는 이런 사실을 30만 페이지에 달하는 검찰 조서와 법정녹취록을 통해 확인했다.

## 「방기선」과 「한국 메세나협회」

그러면, 미르재단과 K스포츠재단 설립은 언제, 무슨 이유로, 누구의 지시에 의해 시작되었을까. 만약 대통령이 안종범에게 문화와 체육 재단을 설립하라고 지시했다면, 안종범은 검찰 조사를 받을 때 그 날짜를 분명하게 진술했을 것이다.

안종범은 긴급 체포된 2016년 11월 2일부터 기소되기 직전인 11월 19일까지, 모두 16회에 걸쳐 조사를 받았지만, 그의 진술조서에는 대통령 지시를 받은 날짜가 명확하게 적혀있지 않았다.

나는 A4 용지로 1000페이지에 달하는 안종범 진술조서를 반복해서 읽으면서, 재단 설립 배경을 유추할 수 있는 두 개의 키워드를 발견했다. 하나는 「방기선」이고, 또 하나는 「한국 메세나협회」다.

청와대 경제금융비서관실 선임행정관인 방기선의 존재는 안종범의 제8차 진술조서(2016. 11. 11.)에 처음 등장한다. 그 전까지 검찰은 언론에 보도된 허위기사에 집착했다. 이 선입견을 깬 사람이 강백신 검사다. 김민형 부부장검사에 이어 제8차 조사 때부터 안종범을 신문한 강백신 검사는 서울대 인류학과 출신이다.

강백신 검사는 안종범을 조사할 때 문건(文件) 하나를 제시했다. 「대기업 등 주요 논의 일지」라는 문건이다. 이 문건은 안종범이 경제수석에 취임한 2014년 6월 2일부터 이듬해 연말 사이에, 대통령이 대기업 회장들을 만난 날을 기록한 것이다. 강백신 검사가 이 문건을 제시한 이유는 곳곳에 의문부호(?)가 표시돼 있었기 때문이다.

예컨대 「2014년 9월 15일(?): 롯데」, 「2014년 9월 16일(?): 포스코」라는 식이다. 날짜 뒤에 의문부호를 표시했다는 것은 해당 날짜에 대통령과 해당 기업의 회장 간에 면담이 있었는지 여부가 명확하지 않다는 의미다.

또 이 문건에는 2014년 10월 15일, 대통령이 두산그룹 회장을 접견한 것으로 적혀있는데, 그 무렵 대통령은 이탈리아를 순방 중이어서 국내 대기업 회장을 만날 위치에 있지 않았다. 이런 부분들을 강백신 검사는 의아하게 생각한 것이다.

다음은 2016년 11월 11일에 있었던 강백신 검사와 안종범 간의 일문일답이다.

**〈강백신:** 위 문건은 피의자의 보좌관인 김건훈의 주거지에서 압수된 문건인데, 어떤 문건인지 아는가요.

**안종범:** 2016년 10월 21일, 제가 국감(國監)에 출석하여 발언을 하고난 다음, 2016년 11월 2일 국회운영위 출석이 예정돼 있어, 그에 대한 대비차원에서 김건훈 보좌관에게 제가 청와대 수석으로 들어오고 난 이후 일에 대해서, 시간 순서대로 정리를 해 보라고 지시를 하여, 김건훈이 정리한 문건입니다. 당시 제가 김건훈 보좌관으로부터 받은 자료는 방금 보여주신 대기업 등 주요 논의 일지와 지난번에 조사를 받았던 K스포츠 관련 문건 및 언론 제기 의혹 정리 문건 등 3가지였습니다.

**문:** 피의자의 보좌관 김건훈은 위 문건 내용을 어떤 자료에 기초하여 정리를 한 것인가요.

**답:** 제가 청와대 수석으로 들어가서 업무를 처리한 내용은 김건훈이 보좌관으로서 별도 정리를 하고 있었고, 그와 같이 정리해 둔 자료에 기초하여 정리를 한 것으로 알고 있습니다.

**문:** 위 문건 중, 아래 부분은 어떤 내용인가요.

(이때 검사가 제시한 문건 내용은 이렇다.)

「7월 24일~25일: 대기업 총수 면담(재단 관련 언급 시점)

-7월 24일: 현대차, CJ, SK.

-7월 25일: 삼성, LG, 한화, 한진」

**답:** 지난번에도 진술한 바 있는데, 2015년 7월 24일 창조경제혁신센터 지원 오찬 간담회 행사 이후, 7개 기업 회장과의 단독면담 내용을 정리해 둔 것입니다.〉

안종범이 언론에 보도된 내용을 근거로 밋밋하게 대답하자, 강백신 검사는 안종범 옆에 앉아있던 김건훈 보좌관을 신문했다. 김건훈은 안종범이 제19대 국회에서 비례대표를 할 때 국회의원 보좌관이었고, 안종범이 경제수석으로 부임할 때는 청와대에 따라간, 이른바 「어공」(어느 날 갑자기 공무원이 된 사람) 출신의 행정관이다. 김건훈은 청와대에서 경제수석실 행정관 겸 안종범의 전속보좌관으로 근무했다.

강백신 검사가 김건훈을 상대로 조사한 부분은 안종범 진술조서에 〖동석하고 있던 참고인 김건훈을 상대로 문답을 하다〗라고 기록돼 있다. 다음은 강백신 검사와 김건훈과의 일문일답이다.

《**강백신:** 위 문건 내용상으로 「재단 관련 언급 시점」이라고 기재가 되어있는데, 어떤 근거로 위와 같은 내용을 기재한 것인가요.

**김건훈:** 제가 위 문건을 작성하면서 경제금융비서관실의 방기선 국장에게 "문화·체육 재단이 언급된 시점이 언제 정도 되느냐"고 물어보았더니, "작년 7월에 있었던 대통령과 기업 회장들과의 면담이 있을 때인 것 같다"는 식으로 이야기를 하여, 제가 위와 같이 정리를 한 것입니다.》

그러니까 안종범의 지시를 받고 자료 정리를 시작한 김건훈도 미르재단 설립 작업이 정확히 언제부터 시작되었는지를 몰랐다는 이야기다. 김건훈이 이렇게 진술하자, 갑자기 안종범이 김건훈의 진술을 제지하며 끼어들었다. 이 부분이 검찰 조서에는 이렇게 기록돼 있다.

《〖이때 피의자(안종범)가 제가 이야기를 해주었습니다 라는 이야기를 하여, 검사가 피의자에게 언제 이야기를 한 것인지 확인을 하자, 피의자는 이번 사태(필자 주: 최서원에 대한 의혹보도)가 터지고 나서 이야기를 해 주었다는 취지로 이야기를 하여, 참고인 김건훈으로부터 피의자의 진술에 대하여 계속 진술하게 함].

**김건훈:** 네, 수석님으로부터도 그런 이야기를 들은 적이 있습니다. 제가 방기선 국장에게 위와 같은 사실을 확인하고 난 후에 다시 한 번 수석님에게도 물어봤던 것 같습니다. 그랬더니 수석님이 작년 대통령과 대기업 회장님들의 면담이 있을 때였다는 식으로 이야기를 해 주었습니다.〉

안종범과 김건훈의 진술을 종합하면, 김건훈은 최서원 사건이 터지고 난 뒤에 비로소, 미르재단과 K스포츠재단에 대한 설립 논의가 대통령과 대기업 회장 간의 단독면담에서부터 시작되었다는 이야기를 안종범에게서 들었다는 것이다.

다시 말해, 김건훈은 미르재단 설립 움직임이 있었다는 2015년 7월 무렵에는 안종범으로부터 재단설립과 관련된 어떠한 언질이나 지시를 받은 적이 없으며, 최서원 사건이 터진 2016년 9월 무렵에, 즉 1년이나 지나서 1년 전에 있었던 일을 안종범에게서 들었다는 의미다.

안종범이 대통령 지시와 같이 중요한 내용을 자신의 심복과 다름없는 전속보좌관 김건훈에게도 알려주지 않았다는 것은, 대통령이 안종범에게 재단설립을 지시한 사실 자체가 없었음을 반증하는 증거라 하지 않을 수 없다.

문제는 방기선의 존재를 처음 언급한 김건훈의 진술이 방대한 안종범 진술조서 속에 한 페이지 분량으로 간략하게 기록돼 있다는 점이다. 그렇기 때문에 기록 전체를 자세히 읽지 않으면 놓치기 십상이다.

## 방기선이 작성한 재단설립 안(案)의 진실

검찰이 대통령에게 핵심 증거라며 제시한 청와대 문건이 방기선 작성의 「문화/체육 분야 비영리 재단법인 설립방안」 사본, 즉 복사본이다. 이 문건의 작성 경위와 문건 내용은 방기선 진술조서(2016. 11. 27.)에 기록돼 있다.

안종범에 이어 방기선을 조사한 사람도 강백신 검사다. 다음은 강백신 검사와 방기선과의 일문일답이다.

⟨**강백신:** 2015년 7월경 있었던 대통령과 대기업 회장들과의 개별면담을 위한 말씀자료를 만들기 수개월 전에, 안종범 경제수석이 문화, 체육재단 설립 방안을 검토해 보라고 지시를 한 사실이 있는가요.

**방기선:** 네, 있습니다. 처음 지시를 하였던 시기는 정확히 기억은 안 나는데, 지금 기억으로는 2015년 여름 더워지기 전으로, 최소한 5월 또는 4월이거나 그 전 무렵으로 기억이 되는데, 최상목 비서관과 함께 있는 자리에서 안종범 수석이 문화계의 경우, 이념 편향적인 인사들이 많이 있는데, 그렇지 않는 인사들로 이루어진 단체를 만들어 일정한 활동을 할 필요가 있어 보이므로, 사람들을 모아서 재단 같은 단체를 만들 방안을 한 번 검토해 보라는 식으로 말씀을 하셔서, 제가 인터넷 등을 통해 관련자료 검색 후에 사단법인 설립 검토 방안과 재단법인 설립 검토 방안을 만들어 간단하게 보고를 하였던 기억이 있습니다.⟩

방기선과 같이 있던 자리에서 안종범의 지시를 받은 청와대 경제금융비서관 최상목은 당시 상황을 검찰 조사(2016. 12. 4.)에서 이렇게 진술했다.

"처음에는 경제수석실에서 해야 하는 일인지도 잘 모르겠고, 아이디어도 없어서 사실 좀 뭉개고 있었습니다. 그런데 방기선 선임행정관으로부터 안종범 수석이 다시 말씀을 하셨다는 얘기를 듣고, 교육문화수석실의 김소영 비서관과 상의한 결과, 우파 사람들이 결집을 해서 실제 활동이 가능한 재단을 만들기 위해서는 재단을 만들되, 명망가를 영입해서 포럼 형태로 운영하는 것이 좋겠다고 판단하고, 방기선 선임행정관에게 제 아이디어를 얘기해 주면서 보고서를 작성해 경제수석에게 보고하라고 하였습니다."

그 후의 진행상황에 대해 방기선은 이렇게 진술했다.

"보고를 받은 안종범 수석님이 보고를 받은 자리에서인지, 그 후에 시간적 간격이 있었던 것인지는 정확하지 않은데, 안종범 수석이 재단 쪽으로 가자고 하셨던 것으로 기억이 납니다. 그러고 나서 그 후에도 가끔씩 안종범 수석이 재단 관련 어떻게 진행이 되는지 물어보시곤 하셨습니다.

저하고 최상목 비서관이 재단설립 관련 금액을 얼마로 할 것인지, 가끔씩 이야기를 하곤 하였는데 처음에는 문화재단만 이야기가 있다가 어느 순간 체육재단도 이야기가 되어, 2개 재단을 설립하는 것으로 되었고 출연 규모 관련 10억, 30억, 50억 등으로 이야기하다가 최종적으로 안종범 수석의 지시를 받은 것으로 생각이 되는데, 최상목 비서관이 두 개 재단 각 300억원으로 하자고 하여 최종적으로 두 개 재단 300억원씩 600억원으로 하여 최종 설립 방안을 만들어 보고를 드렸던 것으로 기억이 됩니다."

방기선은 자기가 작성한 최종안을 안종범의 전속보좌관 김건훈에게 이메일로 보냈다. 방기선은 검찰 조사에서 "그 보고서 관련, 김건훈 보좌관과 이메일을 주고받은 일이 있고, 2015년 여름 경 토요일에 김건훈 보좌관이 전화를 하여, 보고서 최종안 관련 무엇인가를 물어봤던 기억이 있습니다. 당시 제가 토요일에 헬스장에서 운동을 하다가 전화를 받은 것이어서 기억이 남아 있습니다"라고 진술했다.

나는 방기선 진술조서에 첨부된 이 문건을 찾았다. 최종안은 A4 용지 1장짜리 서류였다. 〖목적〗(문화융성 실현을 위해 기업들의 자발적인 출연을 통해 문화재단과 체육재단 설립을 추진), 〖설립방안〗(10개 그룹이 양 재단에 각각 30억원씩 총 60억원을 출연하여 재원으로 활용), 조직도(이사장 · 이사회 · 감사 · 사무총장 · 총무팀장 등 3개 팀) 등 3가지만 간단하게 기록돼 있었다.

청와대 로고나 작성 부서, 결재라인에 대한 표시가 없었다. 청와대 내부의 공식 문건이 아니고, 방기선 개인이 작성한 사문서(私文書)였기 때문이다. 나는 이 서류를 보면서 "대통령이 퇴임 후를 대비해 미르재단을 만들려고 했으면 청와대가 이렇게 허접하게 만들지는 않았을 것"이라고 생각했다. 그만큼 협수룩한 서류였다.

그러나 검찰의 판단은 달랐다. 검찰은 방기선이 작성한 개인서류를 대통령에게 보고된 「말씀자료」라고 보았다. 미르재단과 K스포츠재단의 출연금 액수가 서류에 기재된 설립방안과 비슷한데다, 문서 작성일이 2015년 7월 24일, 즉 대통령이 대기업 회장 7명을 단독면담하기 전이어서, 대통령이 이 말씀자료를 근거로 문화와 체육재단 설립을 이야기하고 재단에 출연금을 내도록 강요했다는 것이다.

## 대통령 "처음 보는 문건이다"

검찰은 방기선에 대한 조사를 통해 재단설립 안(案)이라는 문건의 작성 경위에 대해 사실관계를 이미 파악하고 있었음에도, 대통령 조사 때 이 서류를 청와대 공식 문건인 것처럼 제시하고, 중요성을 부각시키기 위해 대통령 신문조서에 이 부분을 눈에 띄게 굵은 고딕체로 표시했다.

다음은 신문조서에 기록된 대통령과 검사 간의 일문일답이다.

《이때 검사는 피의자에게 2015. 7. 24.자 청와대 경제수석실 작성의 「문화/체육 분야 비영리 재단법인 설립 방안」 사본을 제시함 (이하 피의자에게 제시하는 서류는 별도 수사보고서로 편철함).

**검사:** 피의자는 "삼성, 현대차, SK, LG, 롯데, GS, 한진, 한화, 두산, CJ 등 총 10개 기업으로부터 각 30억원씩 총 60억원을 출연받아 300억원 규모의 문화 및 체육재단 설립을 추진한다"는 위 문건을 보고받은 사실이 있습니까.

**박근혜:** 이 문건은 처음 보는 문건입니다.

**문:** 청와대 경제수석비서관실 행정관 방기선은 안종범으로부터 문화·체육재단 설립을 검토해 보라는 지시를 받고, 위 문건을 만들어 2015년 7월경 안종범에게 보고하였다고 합니다. 안종범으로부터 위 문건을 보고받은 사실이 없습니까.

**답:** 보고받은 사실이 없습니다.

**문:** 피의자는 대기업 회장들과의 비공개 개별면담 이후에, 안종범에게 "전경련을 통하여 문화재단을 설립하라"고 지시한 사실이 있습니까.

**답:** 그런 사실이 없습니다. 제가 계속 말씀드리지만, 저는 재단을 설립하라고 말한 기억이 없습니다. 리커창 총리가 방한했을 무렵, 재단이 급하게 만들어졌다는 사실도 이번 사건이 보도되고 나서야 알게 되었습니다.

그리고 제가 만약 2015년 7월경에 문화 및 체육재단을 설립하라고 안종범 수석에게 지시하였다면, 상당히 중요한 지시였을 것인데 그때 바로 진행이 안 되고 10월에 재단이 만들어진 것만 보더라도 제가 7월경에 안종범에게 그런 지시를 하지 않았다는 것이 입증되는 것 아닙니까.

**문:** 피의자는 1회 조사 당시, 기업들이 자발적으로 출연하여 재단을 설립한다는 보고를 받았으며, 이에 재단설립이 자발적으로 이루어지고 있는 줄로만 알았다는 취지로 진술하였습니다. 언제, 누구로부터 이와 같은 보고를 받은 것입니까.

**답:** 2015년 여름경 안종범 경제수석으로부터 그와 같은 보고를 받은 것으로 기억합니다.

**문:** 또한 피의자는 2회 조사 당시, 재단설립이 잘 진행되고 있는 것으로 알고 있었다고 진술한바 있습니다. 피의자는 안종범으로부터 문화, 체육 관련 재단의 설립 작업에 대한 진행 내역 등을 보고받은 사실이 있습니까.

**답:** 재단설립에 대한 진행 상황 등을 보고받은 사실은 없습니다. 기업들이 자발적으로 나서서 재단을 설립한다고 하니 감사하게 생각하고 특별히 진행 경과 등을 보고받지는 않았습니다.

**문:** 헌법재판소에서는 문화융성이라는 국정과제 수행을 위하여 미르·K스포츠재단의 설립이 필요하다고 판단했다면, 공권력 개입을 정당

화할 수 있는 기준과 요건을 법률로 정하고, 공개적으로 재단을 설립했어야 한다고 판단하였습니다. 미르·K스포츠재단의 설립에 관하여 관련 법률의 개정, 국무회의 논의와 같은 공론화 과정을 거치지 않은 이유는 무엇입니까.

**답:** 민간이 주도해서 하는 것을 국무회의에서 논의하고 법을 만들 이유는 없습니다. 안종범에게 "민간에서 합의가 되면 정부 차원에서 지원을 해주면 좋겠다"는 이야기는 했지만, 재단설립은 민간이 하는 것이기 때문에 국무회의에서 논의할 이유가 없습니다.〉

검찰이 대통령에게 제일 먼저 제시한 청와대 문건 사본이 방기선 작성의 서류다. 검찰은 이것 말고도 청와대 문건이라는 서류 몇 개를 증거인 것처럼 대통령에게 제시하며, 신문조서에 모두 굵은 고딕체로 표시했다.

예컨대 ① 2015년 11월경 경제수석실 작성의 지시사항 과제별 이행 현황표, ② 2016년 2월경 경제수석실 작성의 지시사항 과제별 이행 현황표, ③ 2016년 6월경 지시사항 과제별 이행 현황표, ④ 2016년 8월 2일자 정책조정수석실 작성의 주요 지시사항 과제별 이행 현황표 등이다.

이 서류들은 대통령에게 정식으로 보고된 청와대 공식문서가 아니고, 안종범의 개인휴대폰에 저장돼 있던 개인 일정표를 검찰이 출력한 것에 불과했다. 「구글 캘린더」(구글이 만든 일정 관리 소프트웨어) 양식에 근거하여, 안종범과 안종범의 보좌관 김건훈이 공동으로 작성하고 관리한 사적(私的) 일정표였다.

검찰은 대통령에 대해 구속영장을 청구하기 전, 안종범 조사(2017. 1. 26.)를 통해 과제별 이행 현황표의 작성 경위를 이미 파악하고 있었다. 그럼에도 검찰은 대통령을 조사할 때, 이 일정표가 안종범이 경제수석 시절에는 경제수석실 작성의 공식 문건인 것처럼, 안종범이 정책조정수석일 때에는 정책조정수석실 작성의 문건인 것처럼 그 의미를 조작하여 조서에 기록했다. 판사들의 눈을 속이기 위한 일종의 편법이었다.

검찰의 이 같은 작위적(作爲的) 신문에 대해 대통령은 "모른다"거나 "기억나지 않는다"는 식으로 회피하지 않고, "보고받은 적이 없다", "처음 보는 문서"라고 당당하게 대응했다. 때문에 객관적 사실관계를 모르는 상태에서 대통령 신문조서를 읽으면, 마치 대통령이 거짓말을 한다거나 검찰이 제시한 증거마저 막무가내로 부인한 것처럼 오해하기 쉽다.

## 검찰, 청와대 문건을 조작하다

검찰은 방기선 작성의 서류가 2015년 7월 24일, 즉 대통령이 대기업 회장 7명을 단독면담하기 전에 작성되었다고 보았다. 문서 제목이 「150724-문화체육재단(1). 문화/체육 분야 비영리 재단법인 설립방안」이라고 적혀있어서, 「150724」라는 숫자가 문서 작성일인 2015년 7월 24일이라고 추단한 것이다.

그러나 방기선이 설립방안 최종안을 작성해 자기 컴퓨터에 저장한 시각은 「2015년 7월 24일 금요일 오후 7시27분22초」임이 확인되었다. 7월 24일 오후 7시27분이면, 대통령이 대기업 회장 3명을 단독면담 한 후다. 대통령이 이날 오후 2시에 현대자동차그룹 정몽구 회장과 김용환 부회장을, 오후 3시에 CJ그룹 손경식 회장을, 오후 4시에는 SK이노베이션 김창근 회장을 만난 것은 공지의 사실이다.

그러므로 방기선이 작성한 서류는 대통령에게 보고된 「말씀자료」가 아닐뿐더러, 대통령이 대기업 회장들과 재단설립을 논의하고 재단 출연금을 강요한 증거가 될 수 없다. 오히려 검찰의 수사가 일정한 프레임 하에, 예단과 추정으로 무리하게 진행되었음을 단적으로 드러내는 객관적 정황이라 할 수 있다.

이런 내용을 방기선 컴퓨터에서 확인한 사람이 손찬오 검사다. 포항제철고를 졸업하고 서울대 법대에 진학한 손찬오 검사는 취미가 컴퓨터라고 조선일보 DB에 기록돼 있다.

손찬오 검사가 방기선 컴퓨터에서 확인한 사실관계는 방기선의 진술조서가 아닌, 최상목의 진술조서(2016. 12. 4.)에 들어있는 바람에 나도 찾는데 애를 먹었다. 다음은 손찬오 검사와 최상목의 일문일답이다.

《검사: 당시 방기선 선임행정관이 작성한 보고서의 최초 작성을 보면, 2015년 2월 27일로 확인되는데, 2015년 2월경 피의자 안종범으로부터 재단 설립 관련 검토 지시를 받은 것이 아닌가요.

(이때 문화/체육 분야 비영리 재단법인 설립방안이라는 보고서와 방기선 컴퓨터에서 캡쳐한 서류 작성일과 저장 시각이 표시된 문서정보 칸을 보여주다)

**최상목:** 안종범 수석으로부터 지시를 받은 것이 실제 미르재단 설립을 지시받을 때로부터 한참 전이라고 생각이 되는데, 구체적으로 언제 지시를 받았는지는 기억이 나지 않습니다.》

최상목 진술조서에는 방기선의 컴퓨터 화면에서 캡쳐한 「문서정보」 칸이 붙어있었다. 방기선이 자기 컴퓨터를 사용해 설립방안 서류를 최초로 작성한 날은 「2015년 2월 17일 화요일 오후 1시52분41초」였고, 마지막으로 수정한 날짜는 「2015년 7월 24일 금요일 오후 7시27분22초」였으며, 마지막 저장자 이름은 「ksb62X」이었다. 방기선의 영문 이니셜과 같았다.

그러면, 분명한 사실관계를 검찰은 어떻게 조작했을까.

먼저, 검찰이 방기선 작성의 서류를 언제, 어떤 방법으로 발견했는지 그 경위부터 살펴보자. 이는 방기선 진술조서에 기록돼 있다. 인용하면 이렇다.

《(이때 검사는 김건훈의 태블릿PC에서 압수된 「150724-문화체육재단(1)」을 살펴보게 한 후,)

**강백신:** 위 파일 문건이 진술인이 작성한 것인가요.

**방기선:** 네, 맞습니다. 제가 초안을 작성하여 김건훈 보좌관에게 보내주었던 것이고, 최종적으로 김건훈 보좌관이 일부 내용을 추가하였던 것으로 생각됩니다.》

그러니까 검찰은 김건훈의 태블릿PC에서 압수한 문서를 방기선에게 보여주고, 작성한 게 맞는지를 물어보았을 뿐이다. 이때 방기선은 "김건훈 보좌관이 일부 내용을 추가한 것으로 생각된다"고 진술했음에도 검찰은 묵살했다.

검찰은 김건훈이 방기선의 최종안에 일부 내용을 추가하여 새롭게 작성하면서, 작성일자를 「150724」로 표시한 서류를 대단한 증거인 것처럼 확보하는 선에서 수사를 끝냈다.

다음은 이 서류가 김건훈에게 전달된 과정이다. 방기선은 검찰 조사에서 "2015년 여름경 토요일에 헬스장에서 운동을 하는데, 김건훈이 전화하여 보고서 최종안과 관련해 무엇인가를 물어봤던 기억이 있습니다. 운동을 하다가 전화를 받은 것이어서 기억이 남아 있습니다"라고 또렷이 진술했다.

토요일은 청와대도 휴무여서 행정관인 방기선은 헬스장에서 운동을 하다가 김건훈의 전화를 받은 사실을 기억하고, 토요일에 이메일을 보냈다고 진술한 것이다. 2015년 7월의 달력을 확인하니, 토요일은 7월 25일이었다.

7월 24일 금요일 오후 7시27분에 최종안 작성을 끝낸 방기선이 그 다음날인 토요일에 헬스장에서 운동을 하다가 김건훈의 연락을 받고난 뒤, 김건훈의 이메일 주소로 이메일을 보냈다는 진술은 의심할 구석이 없다. 토요일인 7월 25일에는 대통령과 대기업 회장 간의 단독면담이 거의 끝나갈 무렵이다.

만약, 검찰이 방기선 작성의 최종안을 대통령에게 증거로 제시하려면, 적어도 방기선의 컴퓨터에서 이메일을 송신한 날짜들을 조사한 다음, 김건훈의 태블릿PC를 포렌식하여 방기선의 보고서가 태블릿PC에 수신된 날짜를 대조했어야 한다.

그게 힘들다 싶으면 검찰은 "김건훈 보좌관이 일부 내용을 추가한 것으로 생각된다"는 방기선 진술의 사실여부라도 김건훈에게 확인했어야 했다. 하지만 검찰이 방기선과 김건훈을 상대로 이런 부분까지 확인했음을 알 수 있는 수사기록은 찾을 수 없었다.

검찰 수사는 오로지 안종범의 주장과 김건훈이 정리했다는 서류들을 중심으로 진행되었고, 그에 따라 관련자들의 진술을 짜 맞추어 나갔다. 가장 큰 문제는 손찬오 검사가 방기선의 컴퓨터에서 확인한 객관적 사실조차 공소사실에 전혀 반영하지 않았다는 점이다.

손찬오 검사가 최상목을 조사한 날은 2016년 12월 4일이고, 강백신 검사가 방기선을 조사한 날은 2016년 11월 27일이어서 강백신 검사는 사실관계를 모를 수도 있다.

그러나 검찰이 대통령에 대해 조사를 시작한 날은 2017년 3월 21일로, 손찬오 검사의 조사가 있고나서 석 달이나 지났을 때다. 수사기록을 재검토할 시간이 충분하고도 넉넉했음에도 검찰은 방기선 서류를 대통령에게 증거로 제시한 뒤, 대통령을 신문하고 신문조서에 기록까지 남겼다.

검찰은 이런 식으로 법원을 기망해 구속영장을 발부받았다. 검찰의 이런 행위가 의도적인지 아닌지는 확인할 순 없지만, 공권력에 의한 사실조작 행위라 지적하지 않을 수 없다.

뒤늦게라도 사실관계를 확인했으면, 그때라도 수사방향을 올바로 세워야 정의(正義)가 살아있는 검찰이라 부를 수 있는데, 검찰은 조작된 증거로 2017년 3월 31일 대통령을 구속하고, 만 4년이 다되어 가는 2021년 3월 20일 현재까지 석방할 생각을 않고 있다.

### 「악마의 미소」를 보았다

검찰 수사의 문제점은 이것 외에 더 있다.

첫째, 대통령이 문화나 체육재단 설립을 염두에 두었다면, 문체부장관이나 청와대 교육문화수석에게 지시했다고 보는 것이 합리적일 것이다. 담당 부서가 그곳이기 때문이다. 그 과정에 전경련의 협조가 필요했다면, 안종범은 그때 가서 도와주면 된다. 이게 합리적 추론인데, 검찰은 문체부장관이나 교문수석을 조사할 때 이 부분을 일체 조사하지 않았다.

둘째, 검찰 주장대로 안종범이 대통령으로부터 문화재단과 체육재단을 설립하라는 지시를 받았고, 안종범의 지시에 따라 방기선이 설립방안과 직결된 보고서를 작성했다면, 안종범은 대통령이 검토할 시간을 감안해, 대기업 회장들과 단독면담을 갖기 이전에 제출해야 하는 게 너무나 당연하다. 그리고 작성된 보고서에 대한 대통령의 지시사항까지도 자연스럽게 드러나야 정상이다.

그러므로 검찰은 안종범에게 "재단설립과 직결된 보고서를 하필이면 대통령과 대기업 회장 간의 면담이 시작되기 직전에 제출했느냐"고 반문해 보는 것이 진실에 접근하는 공정한 태도라 할 것이다. 하지만 무슨 의도에서인지는 몰라도 검찰은 그런 합리적 의심이 드는 부분에 대해서는 아예 수사도 하지 않았고, 대통령의 지시에 의한 것이라는 안종범 주장에만 의존했다.

셋째, 2015년 7월 24일의 청와대 분위기다. 이날 청와대 영빈관에서는 전국 창조경제혁신센터장 및 후원기업 대표 등 경제계 인사 200여 명이 참가한 대규모 오찬 행사가 열렸다. 대통령이 직접 주재한 이날 행사는 창조경제에 힘을 보태준 대한민국 기업과 기업인들에게 대통령이 고마움을 표시하는 자리였다.

이런 자리에서 대통령이 대기업 회장들에게 뇌물에 해당하는 재단 출연금을 공공연하게 내도록 강요했다는 검찰 주장은 뇌물을 주고받는 수법과 비교할 때 너무나 비상식적인 발상이다.

안종범은 대통령이 대기업 회장들을 단독면담 할 때, 한 차례도 배석하지 않았다. 그럼에도 검찰은 안종범을 조사할 때 2015년 7월 24일에 있었던 청와대 분위기에 대해서는 관심조차 갖지 않았다.

검찰은 이런 식으로 무리하게 수사나 기소를 할 수도 있지만, 유·무죄 여부를 최종 판단하는 기관은 법원이다. 하지만 정의(正義)와 법치(法治)수호의 마지막 관문인 법원마저도 진술조서에 기록된 사실관계들을 외면 내지 묵살했다.

1심 재판장 김세윤 판사는 검찰이 주장하는 공소사실은 그대로 인정하고, 이와 배치되는 대통령의 솔직한 진술은 물론, 방기선과 최상목의 조서에 기록된 객관적 사실관계를 전혀 판결문에 반영하지 않았다.

김세윤 판사는 1심 판결문에서 "피고인(대통령)이 최서원, 안종범과 순차적·암묵적으로 공모하여 범행을 저질렀음을 충분히 인정할 수 있다"고 적시했다. 2심 재판장 김문석 부장판사는 판결문에서 "안종범의 진술이 이 사건의 실체를 규명하는데 큰 도움이 되었다"며 1심에서 징역 6년이 선고된 안종범에게 오히려 1년을 감형해주는 특혜를 베풀었다.

내가 「대통령을 묻어버린 거짓의 산」 제1권에서 "악마의 미소를 보았다"는 표현을 쓴 것은, 법정에서 방청석을 바라보며 미소를 지었던 일부 판사들의 그 미소 속에는 진실을 염원하는 국민들의 심정을 이해한다는 의미가 담겨있는 게 아니라, 방청석 보다 높은 법대(法臺)가 그들의 특권이고, 법 기술을 통해 어떠한 거짓도 사실로 둔갑되어 현실세계를 지배할 수 있다는 묘하고 으스스한 시그널로 읽혔기 때문이다.

판사(判事)는 판관(判官)이다. 증거에 입각하여 사실을 인정하고, 구체적인 사안에서 법적(法的) 정의를 선언하는 재판관이다. 법정은 소문을 받아들이는 곳이 아니다. 열 명의 범인을 놓치는 한이 있더라도 단 한 명의 억울한 사람이 생기지 않도록 하는 신성한 장소다. 그러려면 아무리 기록이 방대하다하더라도 기록만은 읽어야 하고, 기록 속에 나오는 실제관계를 이해하고, 합리적으로 평가해야 한다.

그러나, 대통령 재판은 증거를 외면하거나 묵살하면서, 미리 정해놓은 목표를 향해 달려가는 부산한 요식절차로 진행되었다. 법치의 외관을 빌린 정치보복은 대법원 판결이라는 형식으로 완결되었다.

대한민국을 광란(狂亂)에 빠뜨린 광기(狂氣)어린 언론 보도와 촛불의 난동, 그리고 공명심에 사로잡힌 일부 검사와 능수능란한 법 기술을 보인 일부 판사들이 그동안 힘들어 쌓아온 우리 사회의 문명적 가치인 사법체계와 자유 대한민국의 근간을 훼손했다고 나는 확신한다.

## 메세나협회와 메디치 가문

내가 안종범 진술조서에서 두 번째로 발견한 키워드인 「한국 메세나협회」는 기업인과 예술가를 유기적으로 맺어주는 사단법인체다. 기업은 예술과의 협력을 통해 경쟁력을 키우고, 예술은 기업의 지원을 받아 새롭게 성장할 수 있도록 하자는 게 설립 목적이다.

메세나협회는 그 성격상 청와대 교육문화수석실 소관 분야인데, 경제수석 안종범이 한국 메세나협회 창립 20주년 기념 오찬회에 참석했다는 내용이 안종범 진술조서에 딱 한줄 기록돼 있었다. 좀 더 구체적인 내용을 확인하기 위해 나는 관련 기사를 검색했다.

2015년 2월 24일 청와대에서 대통령이 주재한 한국 메세나협회 창립 20주년 기념 오찬회가 열렸다는 기사를 발견했다. 기사에 의하면, 이날 오찬에는 메세나협회 산하 2백여 개의 회원사 중에서 상위 22개 기업의 회장들이 참석했고, 오찬을 주재한 대통령은 "우리 기업인들도 메디치 가문(家門)처럼 문화 및 예술분야에 투자와 후원을 아끼지 말아 달라"고 당부하는 취지의 연설을 했다는 내용이다.

대통령이 언급한 메디치 가문은 15~16세기 무렵, 피렌체 공화국(필자 주: 중세 말부터 16세기 초에 번영한 이탈리아의 공화제 도시국가)의 평범한 중산층 가문이었으나, 은행업으로 큰 부(富)를 쌓은 후, 학문과 예술을 후원하여 르네상스 시대가 피렌체에서 열리는데 결정적인 역할을 했다.

르네상스 시대의 두 거장(巨匠)으로 꼽히는 레오나르도 다 빈치와 미켈란젤로의 후원자가 메디치 가문이다. '최후의 만찬'과 '모나리자'를 그린 레오나르도 다 빈치는 이탈리아를 대표하는 천재 예술가였다. 그는 조각·건축·토목·수학·과학·음악에 이르기까지 다양한 방면에서 많은 작품을 남겼고, 오늘날에도 과학기술의 발전에 큰 기여를 하고 있다.

이탈리아의 천재 예술가 미켈란젤로는 화가이자 조각가이며, 건축가이자 시인이다. 미켈란젤로는 시스티나 성당의 천장에 '천지 창조', '인간의 타락', '노아 이야기' 등 불후의 명작을 남겼다. '비너스의 탄생'을 그린 보티첼리 역시 메디치 가문의 후원과 지원이 있었기에 예술 활동이 가능했다.

대통령은 한국의 기업인들도 메디치 가문처럼 자발적으로 문화와 예술 분야에 대한 지원과 후원이 있기를 당부한 것이다. 기업인들로 하여금 청와대에 돈을 내라는 것이 아니라, 재능 있는 예술가들을 발굴하고 후원하여, 제2의 르네상스를 대한민국에서 꽃피우려 한 게 대통령의 원대한 구상이었다.

대통령이 4대 국정기조(國政基調)의 하나인 문화융성을 본격적으로 시작한 시기는 우리 경제가 어느 정도 안정권에 접어든 2015년 초부터다. 방기선이 안종범의 지시에 따라 문화 및 체육재단 설립방안이라는 보고서 초안을 작성해 자기 컴퓨터에 저장한 날은 2015년 2월 17일이다. 문화융성을 위한 대통령의 구상이 한국 메세나협회 창립 기념 오찬연설을 통해 공개되었던 그 무렵이다.

안종범은 그러나 대통령의 국정기조인 문화융성의 의미를 오해한 것 같다. 대통령은 기업인들이 자발적으로 문화에 관심을 가지고, 예술가를 발굴하고 후원하는, 일종의 「문화운동」의 풍토가 마련되기를 강조하며, 그 사례로 메디치 가문을 언급한 것인데, 안종범은 전경련(全經聯)을 통한 「모금운동」으로 잘못 받아들인 게 아닐까 하는 게 내 생각이다.

안종범이 방기선에게 보고서 작성 지시를 내렸던 2015년 2월경, 당시 청와대는 문화 예술계에서 활동하던 좌파들의 활동을 억제하기 위해 노력하고 있을 때여서, 안종범은 경제수석이지만 자기 나름의 역량을 대통령에게 과시하려고 했던 것 같다.

그래서 안종범은 최상목과 방기선에게 "문화계에 이념 편향적인 인사들이 많이 있는데, 그렇지 않는 인사들로 이루어진 단체를 만들 방안을 검토해 보라"는 지시를 내리고, 보고서 최종안이 완성될 무렵에 대통령에게 "재단설립 작업이 잘 진행되고 있다"는 식의 생색용 보고를 한 것으로 나는 추정한다.

검찰은 안종범, 이승철(전경련 부회장), 차은택 세 사람이 2015년 7월경에 실체를 알 수 없는 어떤 재단의 설립문제를 놓고 공모하고 있다는 사실을 파악하고 있었다. 이 내용은 청와대 경제금융비서관 최상목의 진술조서(2016. 11. 3.)에 기록돼 있다.

최상목을 조사한 사람은 용성진 검사다. 다음은 일문일답이다.

**〈검사:** 문화창조융합본부장이었던 차은택은 2015년 7월 20일경 안종범에게 문자메시지를 보내어 "이승철 부회장에게 제가 정리하는 걸 정리해 드렸습니다. …(중략). 더우신데 늘 수고가 많으세요"라고 말하였는데, 이것만 보더라도 이미 당시부터 새로이 어떠한 큰 재단을 설립할 계획이 있었고, 안종범은 차은택과 이러한 부분을 이미 상의하고 있었다는 것을 알 수 있는데, 어떤가요.

**최상목:** 저는 전혀 몰랐습니다.〉

최상목이 문자메시지 내용을 모른다고 진술하자, 용성진 검사는 더 이상 추궁하지 않았다. 차은택이 이승철에게 어떤 내용을 정리한 문자메시지를 보냈다고 안종범에게 통보한 2015년 7월 20일은 대통령이 대기업 회장 7명을 단독면담하기 4일 전이다.

나는 문자메시지 전체 내용이 궁금했지만, 최상목 진술조서에는 문자메시지의 전체 내용이 기록돼 있지 않았고, 조서에도 첨부되지 않았다. 검찰이 이 문자메시지와 관련해 안종범이나 이승철, 차은택을 추궁했다는 기록도 없다.

안종범과 이승철은 1959년생 동갑이며, 둘 다 경제학 박사다. 이승철은 정부에서 추진한 민관(民官)합동 창조경제추진단에서 민간기업을 대표하는 단장이었고, 차은택은 이 추진단의 문화창조융합본부 본부장이어서 세 사람은 업무적으로 가까운 사이였다.

검찰이 세 사람을 상대로 큰 재단과 관련된 부분에 대해, 조사만 하고 조서에 기록하지 않았는지는 확인하지 못했다. 그렇다 하더라도 검찰이 2015년 7월경에 이런 움직임이 있었다는 사실을 알았다면, 당시 물밑에서 진행된 실제 상황과 관련자들의 구체적인 행위내용을 객관적인 증거수집을 통해 확인해 보았어야 하는데, 그에 대한 구체적인 조사는 이루어지지 않았다.

전경련 상근부회장 이승철과 안종범이 관련된 것으로 추정되는 이 부분은 대통령 사건의 진실규명 차원에서 언젠가는 밝혀져야 할 것이다.

### 구본무 회장, "재단이나 돈 얘기는 없었다"

검찰이 두 재단 설립을 대통령이 지시했다는 또 하나의 근거로 제시한 것은 안종범과 전경련 부회장 이승철 사이의 통화내용이다. 공소장에 따르면, 「피고인 안종범은 대통령이 대기업 총수 7명을 단독면담한 직후인 2015년 7월 하순경부터 8월 초순경 사이에 전경련 상근부회장인 이승철에게 전화하여, "청와대에서 문화재단과 체육재단을 만들려고 하는데, 대통령이 기업 회장들에게 이야기를 했다고 하니 확인해 보면 알고 있을 것"이라고 하면서 재단설립을 추진하라는 취지로 지시하였다」는 것이다.

대통령과 안종범의 진술이 엇갈리는 가운데, 이승철이 미르재단 설립 움직임이 있었던 무렵에 안종범의 전화를 받고 대통령 지시사항을 알게 되었다면, 대통령이 지시했을 가능성을 부인하기 어렵다.

검찰에서 3차례 조사를 받았던 이승철은 2017년 1월 19일 법정에 증인으로 출석했다. 다음은 안종범 주장에 대한 이승철의 법정증언

(2017. 1. 19.)을 요약한 것이다.

"2015년 7월 24일 대통령과 기업 총수들과의 간담회가 있었고 그로부터 며칠 후, 안종범 경제수석으로부터 문화와 체육 관련 재단을 각각 하나씩 만들라는 전화지시를 받았습니다. 'VIP께서 주요 그룹 회장들과 문화재단, 체육재단을 각각 하나씩 만들기로 이야기가 다 되었다. 규모는 300억 정도이다. 한번 확인해보고 설립준비를 하라'는 지시였습니다.

그래서 전경련 전무 박찬호에게 안종범이 말한 내용을 확인해 보라고 지시하였습니다. 박찬호 전무가 4대 그룹 임원과의 오찬 모임에서 확인해 보았는데, 안종범이 말한 내용이 잘 확인이 안 된다고 보고를 하여, 안종범에게 재차 확인한 사실이 있습니다. 그랬더니 안종범은 '그럼, 2015년 7월 24일, 2차 오찬 장소 헤드테이블에서 말씀하셨나'라며 오히려 증인에게 반문한 적이 있습니다.

또한 안종범은 '대통령이 일부 그룹의 회장들과는 이야기가 되었던 것 같고, 나머지 그룹들은 2015년 7월경에 열린 경제계 인사들을 격려하는 자리에서 대통령이 재단설립을 말한 것 같다'는 취지로 말했는데, 조금은 불분명한 면이 있었습니다.

처음에는 개별적으로 다 이야기가 된 것으로 알고 확인했을 때는 확인이 잘 안 되었고, 또 오찬 석상에서 이야기를 나누었다고 했는데 그것도 확인이 안 되어서, 확인하는 데에 두 달 이상 걸렸습니다. 그 후 안종범은 한동안 연락이 없다가 2015년 10월 19일경 증인에게 전화하여 '급하게 재단을 설립해야 하니, 전경련 직원을 청와대 회의에 보내라'고 지시하였습니다."

대통령도 검찰 조사에서 안종범 주장을 부인했다. 검찰이 대통령에게 "안종범은 '대통령이 회장들과 문화·체육재단에 대한 얘기를 나누었다. 문화·체육 분야에 각 30억원씩 해서 300억원 규모의 재단을 만들기로 의견교환이 되었다'고 말씀하셨다고 합니다. 안종범의 진술이 사실입니까"라고 묻자, 대통령은 "사실이 아닙니다. 안종범이 뭔가 착각을 하고 있지 않나 하는 생각이 듭니다"라고 진술했다.

검찰이 LG그룹 회장 구본무를 소환한 날은 2016년 11월 13일이다. 구본무 회장은 이날 오후 3시16분부터 밤 11시5분까지 조사를 받았다. 구본무 회장을 조사한 사람은 김태겸 검사다. 다음은 일문일답이다.

**〈검사:** 진술인과 대통령의 독대는 어디에서 진행되었나요.

**구본무:** 삼청동에 있는 안가(安家)에서 진행되었고, 배석자 없이 저하고 대통령 두 명만 있는 자리에서 이루어졌습니다. 사각테이블 상석에 대통령께서 앉으시고 제가 대통령 오른쪽 자리에 앉아 말씀을 나누었습니다.

**문:** 독대는 약 몇 분간 진행되었나요.

**답:** 제가 현장에 도착한 시간은 오전 11시 정도였으며, 대통령을 뵙고 직접 독대한 시간은 한 30분가량 되었던 것으로 기억합니다.

**문:** 당시 진술인과 대통령 이외에 다른 배석자는 없었지요.

**답:** 예, 없었습니다.

**문:** 대통령과의 독대에서 문화 및 체육 분야 지원, 재단 법인 설립 등에 대하여 대화를 나눈 사실이 있나요.

**답:** 제2의 김연아 이야기를 하시며, 스포츠를 통한 국위선양 등을 위해 문화 및 체육 분야에서의 지원이 필요하다는 말씀을 하셨는데, 재단 이야기는 들은 바 없습니다.

문: 지원이라는 것이 민간 차원에서의 지원을 요청한다는 의미인가요, 국가가 정책적으로 지원을 하겠다는 말로 이해하였나요.

답: 국가가 정책적으로 추진을 하고, 거기에 대해 민간 차원에서의 관심과 협조를 바란다는 취지였습니다.

문: 당시 상황을 확인해 보면, 대통령이 진술인을 비롯한 기업 회장들에게 문화, 체육 각 분야에 대하여 30억씩, 10대 기업 합하여 한 분야 당 300억 상당의 기금마련을 제안한 적이 있는 것으로 보이는데 어떤가요.

답: 기금 이야기도 없었고, 돈 이야기도 나온 바가 없습니다.〉

구본무 회장은 대통령으로부터 재단설립이나 기금 출연에 대한 이야기는 들어보지 않았다고 진술했다. 구본무 회장이 검찰 조사를 받은 날(2016. 11. 13.), 이재용 삼성전자 부회장도 검찰에 소환되었다.

검찰은 이재용 부회장을 이날 밤 10시50분부터 다음날 새벽 5시까지 철야 조사했다. 이재용 부회장을 조사한 사람은 정일균 검사다. 이재용 부회장은 대통령과의 단독면담 당시의 상황에 대해 이렇게 진술했다.

"면담 자리에서 대통령께서는 처음에 이건희 회장의 건강에 대하여 관심을 표명하시면서 질문을 하셨고, 갤럭시 S6 판매 현황 등에 대하여도 질문을 하셨던 것으로 기억합니다. 2014년 9월 대구 창조경제혁신센터 확대 출범식에 참석하셨던 것을 화제로 꺼내시면서 지역혁신센터 중에서 제일 먼저 대구 창조경제혁신센터를 방문하였는데, 삼성에서 선도적으로 창조경제를 뒷받침해 준 것에 대하여 감사하게 생각한다고 치하해주셨고, 당시 저도 대통령을 영접하였었기 때문에 감사하다는 말씀과 함께 당시 행사에 대하여 몇 마디 말씀을 드렸습니다.

그리고 대통령께서 프랑스 파리 등 해외를 방문하셨던 경험에 대하여도 말씀하시면서, 문화와 산업의 융합이 미래 성장 동력이 되어 우리나라 경제발전에 많은 도움이 될 것이라고 생각한다, IT와 제조업에 문화산업을 융합하고 한류(韓流) 문화 확산과 스포츠 분야를 지원하는 일에도 삼성이 적극적인 관심을 기울여 달라는 취지의 말씀과 함께 국내 투자확대와 일자리 창출에 대하여 삼성의 적극적인 협조를 당부하셨던 것으로 기억됩니다.

당시 대통령께서 문화와 산업의 융화, 한류 확산과 문화스포츠 분야 발전에 대한 일반적인 말씀을 하셨기 때문에, 그것과 관련하여 제가 특별히 대통령께 말씀을 드린 것은 없고, 투자 확대와 일자리 창출을 위해 열심히 노력하겠다는 말씀만 드렸던 것으로 기억됩니다."

이재용 부회장은 대통령이 문화와 스포츠에 대한 이야기는 했지만, 재단이라는 용어 자체를 사용하지 않았으며 출연금에 대한 이야기도 없었다고 진술했다. 이재용 부회장의 진술도 구본무 회장과 다르지 않았다.

구본무 회장과 이재용 부회장이 검찰 조사를 받은 날은, 검찰이 대통령을 「공범」으로 단정한 공소장을 작성하기 1주일 전이다. 검찰 공소장이 총 39장이라는 사실을 감안하면 검찰은 공소장을 고쳐 쓸 시간이 충분했음에도 수정하지 않았다.

## 중국과 MOU 체결의 진실

공소장에 의하면, 미르재단 설립 작업이 본격적으로 추진된 계기는 리커창 중국 총리의 방한(訪韓) 때문이라는 것이다. 김세윤 재판장이 작성한 대통령 1심 판결문에도 "피고인 안종범은 2015년 10월 19일경, 대통령으로부터 2015년 10월 하순경으로 예정된 리커창 중국 총리 방한 때, 양국 문화재단 간에 양해각서(MOU)를 체결하여야 하니 재단설립을 서두르라는 지시를 받았다"고 명시돼 있다.

그러면, 안종범은 왜 2015년 10월 19일을 재단설립의 D-데이라고 주장했을까. 나는 안종범 주장의 사실관계를 확인하기 위해, 2015년 10월 19일에 대통령과 안종범 주변에 무슨 일이 있었는지를 취재했다.

2015년 10월 19일은 월요일이었다. 안종범의 보좌관 김건훈은 법정에서 "안종범은 10월 18일 새벽에 귀가했다"고 진술했다. 그것은 안종범이 10월 13일부터 18일까지, 3박6일 동안 미국에서 열린 한미(韓美) 정상회담의 수행원이었기 때문이다.

그때 박근혜 대통령은 오바마 미국 대통령과 4번째 정상회담을 하고, 6·25전쟁 참전용사와 그 가족 등 120명을 만나 감사인사를 하는 한편, 우리나라 역대 대통령 가운데는 2번째로 나사(NASA) 우주센터를 방문했다. 공식행사를 숨 가쁘게 소화한 대통령이 한미 정상회담을 마치고 귀국한 날이 10월 18일이었다.

때문에 그 다음날인 10월 19일은 미국과의 시차(時差)적응을 감안할 때, 그리고 대통령의 체질을 고려하면, 정상 근무가 다소 어려울 때라고 할 수 있다. 그런 상태에서 대통령이 안종범에게 재단설립을 서두르라고 지시했다면, 대통령은 외교안보 수석과 교육문화 수석에게도 똑같은 지시를 내렸을 것이다. 중국과 관계된 양해각서 체결인데다 문화재단 설립과 관련된 것이어서 관련 수석들과 함께 논의해야 할 사안이기 때문이다.

그러므로 검찰은 외교안보 수석과 교육문화 수석을 상대로 대통령의 지시가 있었는지를 당연히 조사해야 한다. 이것이 합리적이고 객관적인 수사다. 하지만 검찰은 안종범의 일방적인 진술만 들었을 뿐, 외교안보 수석과 교육문화 수석은 전혀 조사하지 않았다.

다음은 리커창 총리 방한과 관련된 대통령과 검찰 간의 일문일답이다.

**〈검사:** 피의자는 안종범에게 2015년 10월 19일, "리커창 중국 총리 방한 전, 문화재단을 출범시켜라"는 지시를 한 사실이 있습니까.

**박근혜:** 당시 제가 "중국 민간과 우리 민간이 MOU를 체결하면 좋지 않겠냐"는 정도의 이야기를 하였을 뿐, 재단을 급히 만들어서 MOU를 체결하라는 취지로 말하진 않았습니다. MOU를 체결한다면 문화창조융합센터도 있고 다른 재단들도 있는데, 제가 꼭 어떤 재단을 특정하여 MOU를 체결하라고 지시하지는 않았습니다.

**문:** 정호성은 "최순실이 '리커창 총리 방한 전, 한·중 문화콘텐츠 투자 확대를 위한 MOU를 체결하면 좋지 않겠느냐'고 해서, 대통령에게 이를 보고했다"고 합니다. 정호성으로부터 그런 보고를 받은 사실이 있습니까.

**답:** 그런 보고를 받은 기억이 나지 않습니다.

**문:** 피의자는 최순실의 의견을 듣고, 2015년 10월 19일 안종범에게 리커창 방한 전에 문화재단을 출범시키라고 지시한 것입니까.

**답:** 최순실의 얘기를 듣고, 위와 같은 말을 한 것은 아닙니다.

**문:** 피의자의 지시에 따라 안종범은 전경련 부회장에게 재단설립을 재촉하고, 최상목 경제금융비서관은 10월 21일부터 10월 24일, 4회에 걸쳐 전경련, 문체부 관계자를 청와대로 불러 회의를 하였습니

다. 위 사실을 보고받아 알고 있습니까.

**답:** 그때는 그런 사실을 전혀 몰랐고, 나중에 보도가 되고 나서 알게 되었습니다. 저는 자발적으로 재단설립이 잘 진행이 되는 것으로 알고 있었는데, 이번에 언론보도를 보고 그때 이런 일이 있었나 하고 상당히 놀랐습니다.

(이때 검사는 피의자에게 2015년 11월경 경제수석실 작성의 「지시사항 과제별 이행 현황표」 사본을 제시함)

**문:** 위 보고서를 보면 2015년 10월 19일, 피의자의 지시사항으로 '리커창 방한 전 문화재단을 출범시키고, 재단-중국 정부 간 비즈니스 차원에서 MOU 등을 체결할 수 있도록 준비'라는 말이 기재되어 있고, 보고 여부에 대하여는 '10월 22일(수석)'이라고 기재되어 있으며, 이행상황으로는 'BH-문화부-전경련 간 협의진행 중. ※10월 27일 재단출범'이라고 기재되어 있습니다. 재단설립 경과에 대하여 보고받은 것이 사실 아닙니까.

**답:** 위 문건은 제가 보고받은 적이 없는 문건입니다.〉

미르재단 상임이사 이한선은 미르재단 현판식이 있었던 2015년 10월 27일, 재단 사무부총장 김성현과 함께 1박2일로 중국에 출장 갔다. 이른바 중국과의 양해각서(MOU) 체결 건이다.

다음은 이한선의 법정증언(2017. 1. 20.) 가운데, 중국 출장 건을 발췌한 것이다. 심문자는 최임열 검사다.

〈**검사:** 증인은 미르재단의 현판식이 있던 당일인 2015년 10월 27일 김성현과 함께 1박2일 일정으로 중국으로 출장을 간 사실이 있지요.

**이한선:** 예.

**문:** 그 출장은 중국에 있는 중국문화산업협회 관계자를 만나, 미르재단과의 MOU 체결 문제를 사전 협의하기 위한 것이었지요.

**답:** 예.

**문:** 증인은 10월 20일 또는 10월 21일, 융합본부가 입주한 건물의 옥상, 담배를 피우고 있는 곳에서 차은택으로부터 중국 출장을 다녀오라는 말을 들었나요.

**답:** 예.

**문:** 당시 차은택이 증인에게 "중국 비즈니스를 위해 중국에 다녀와라. 중국 비즈니스는 북경에서 중국 문화산업협회 관계자를 만나, 미르와의 MOU 체결과 관련하여 상의를 하는 것이다"라는 취지로 말하였나요.

**답:** 차은택이 구체적으로 이야기한 것 같지는 않고, 가는 비행기에서 김성현한테 들은 것 같습니다. 차은택에게서는 "중국에 MOU 하러 가야 되는데, 김성현 혼자 가기가 좀 그러니까 같이 가줬으면 좋겠다"는 식으로 들었던 것 같습니다.

**문:** 출장 당시 중국 문화협회 관계자와 MOU 체결에 관하여 합의가 되었나요.

**답:** 합의 못 했습니다.

**문:** 합의가 안 된 이유가 무엇인가요.

**답:** 김성현한테 들은 이야기로는, 저희는 한국에서 콘텐츠를 제공하고, 자금은 중국에서 제공하는 것으로 MOU 체결이 되어야 된다고 이야기가 되어 있었다는데, 그쪽은 전혀 그런 내용도 모르고 준비가 안 되어 있는 것 같았습니다.

**문:** 중국 측에서는 그런 사정을 전혀 모르는 상태에서 나왔기 때문에 협의가 안 되었던 것인가요.
**답:** 예.〉

이한선의 법정증언에서 확인된 것은 차은택의 지시에 따라 김성현과 함께 중국 출장을 갔다 왔다는 것뿐이다. 나는 이한선의 법정녹취록을 보면서 중국과의 MOU 체결이 황당하다는 느낌을 받았다.

중국과의 MOU 체결이 대통령 지시사항이었다면, 이한선은 중국 출장을 떠나기 전에 외교부나 문체부 등 관련 부처 공무원들을 만나, 협상 내용과 협상 방식 등에 대해 당연히 협의했을 것이고, 하다못해 우리 정부 관계자가 동행했을 가능성이 높다.

그런데 그런 절차가 없었다는 것이고, 특히 중국 문화재단과의 MOU 체결처럼 중요한 국가적 사안을 문화창조융합본부 사무실의 옥상에 위치한 담배피우는 곳에서 차은택으로부터 이야기를 들었다는 이한선의 증언은 황당함의 극치였다.

미르재단 사무부총장 김성현은 검찰 조사(2016. 11. 29.)에서 중국 출장에 대해 이렇게 진술했다.

"제가 10월 27일 저녁에 북경에 도착하여 코트라 직원을 만나, 코트라 사무실에 도착하니까 중국 문화산업협회 직원이 5명 정도 있었고, 코트라 직원과 코트라에서 지원해준 통역을 포함해서 3명 정도가 있었습니다.

그래서 그 사람들과 저, 이한선이 얘기를 나눴고 막상 얘기를 나눠봤더니 중국 쪽에서는 자금에 대한 계획도 없었고, 사업에 대한 구체적인 계획도 없는 상태였습니다. 그 이후 진행상황에 대해서는 정확히 모르겠습니다."

검찰은 미르재단 사무부총장 김성현의 진술을 통해, 중국과의 MOU 체결이 최서원의 지시에 의한 것이라는 점을 부각시키려고 애를 썼으나, 김성현의 3차 진술과 4차 진술, 그리고 법정증언을 비교하면 내용에 일관성이 없었다.

미르재단 사무부총장 김성현의 진술이 사실이라면, 검찰은 김성현이 최서원의 지시를 받았다는 날짜와 장소, 그리고 지시받은 내용을 구체적으로 특정해서 증거로 제시하면 끝난다. 대통령 사건은 조사 단계에서도 그렇고, 법정증언에서도 관련자들의 주장만 있지 객관적인 증거 제시가 없었다.

검사가 증거를 제시하지 않고 증인심문을 계속할 경우, 재판장이나 배석판사들이 나서서 김성현을 상대로 의문점을 물어보고 확인하는 게 재판의 정도(正道)다. 하지만 3명의 판사들은 묵묵히 듣고만 있었다. 총 108쪽에 이르는 김성현의 법정녹취록에는 판사들이 증인 김성현을 상대로 아무 것도 묻지 않은 것으로 기록돼 있다.

## 재단출연금이 500억으로 증액된 사연

공소장에 의하면, 경제금융비서관 최상목이 안종범으로부터 "문화재단을 즉시 설립하라"는 지시를 받은 날은 2015년 10월 19일이다. 지시를 내릴 때 안종범은 최상목에게 "대통령의 지시사항이다"라는 말은 하지 않은 것으로 법정에서 확인되었다. 검찰에서 2번, 특검에서 1번 조사를 받은 최상목은 법정증인으로 출석해(2017. 3. 20.) 이렇게 증언했다.

손찬오 검사가 법정에서 "안종범이 문화재단 설립을 지시할 당시, '

대통령의 지시사항이다'라는 말을 하던 가요"라고 묻자, 최상목은 "그 말은 직접 못 들었습니다. 전경련 실무자들이 올 테니 도와주라는 취지의 말씀이 있었습니다"라고 진술했다.

미르재단이 대통령 지시에 의해 설립되었다면 안종범은 처음부터 이런 사실을 숨길 이유가 없을 것이다. 최상목은 법정에서 "전경련 전무 박찬호가 회원사에 출연금 납부를 독려하는 과정에서 'BH 요청'이라는 문구를 집어넣은 일로 안종범으로부터 질책을 당한 적도 있다"고 진술했다.

전경련 전무 박찬호는 2015년 10월 22일 오후 5시경, 전경련 10대 그룹 임원회의를 개최한 자리에서 "BH 요청으로 문화 및 체육 관련 재단을 만들어야 하는데, 문화재단은 10월 27일까지 설립하여야 하니 협조해 달라"고 요청하고, 출연금 납부를 독촉하기 위해 기업 관계자들에게 'BH 요청'이라고 표시한 문자메시지와 이메일을 보낸 일이 있었다. BH는 Blue House의 약자로 청와대를 지칭한다.

이 사실을 알게 된 안종범이 최상목 비서관에게 "전경련의 누군가가 기업들에 출연을 요청하면서 BH 요청이라고 쓴 문자와 이메일을 돌렸다고 하는데, 그게 말이 되느냐"며 화를 냈다는 것이다. 최상목 비서관이 확인해보니 당사자가 전경련 박찬호 전무였다.

박찬호는 최상목에게 "나의 실수였다. 앞으로 그렇게 하지 않겠다"고 이야기한 것으로 최상목 진술조서에 기록돼 있는데, 최상목은 실제로 그런 일이 있었다고 법정에서 인정했다. 안종범이 이런 식으로까지 청와대 개입사실을 철저히 숨기려 한 것은 미르재단이 청와대나 대통령 지시와 무관하게 설립되었기 때문이다.

공소장에 따르면, 미르재단 출연금이 300억에서 500억으로 갑자기 증액된 날은 2015년 10월 24일이다. 미르재단 설립 이사회가 열리기 이틀 전이다. 이 바람에 전경련은 500억원을 기준으로 하는 새로운 출연금 분배 안을 작성하는 한편, 법인설립 허가에 필요한 서류들을 대폭 수정해야 했다. 전경련으로서는 비상이 걸릴 수밖에 없었다.

안종범은 재단 출연금 증액 이유에 대해 "이승철 부회장이 처음에 300억으로 하려고 했는데 모으다 보니 500억원 가까이 된다고 하였다. 이승철이 먼저 제안을 한 것이지, 청와대가 일방적으로 증액을 지시한 것이 아니다"라고 검찰에서 진술(2016. 11. 14.)했다.

안종범이 이승철에게 재단 출연금 증액을 전화로 지시할 때, "출연 기업에 KT · 금호 · 신세계 · 아모레는 반드시 포함시키고, 현대중공업과 포스코에도 연락해 보고, 추가할 만한 그룹이 더 있는지도 알아보라"고 지시하며, 기업체 이름을 구체적으로 거론했다고 되어있다.

이승철은 법정증언에서 "제가 그 전화를 받을 때 옆에 있던 전무(박찬호)가 메모를 하고 있었기 때문에 기억할 수 있었다"며 "아모레의 경우에는 20대 그룹에 속하지 않았고, 현대중공업은 그 당시 적자가 3조니 4조니 하는 회사라서 임직원들이 월급도 못 받는 상태인데 반드시 포함시키라고 하여 의아하게 생각했다"고 증언했다.

다음은 이승철 부회장의 법정증언 취지를 요약한 것이다.

"사실 처음 낼 때부터 부담을 느끼는 상황인데, 그것을 기업들이 자발적으로 낼 리도 없고, 또 저희는 회원사의 회비를 먹고 사는 조직으로서 회원사 이익을 대변해야 하는데, 그들에게 저희가 돈을 더 내라고 해야 될 하등의 이유가 없습니다.

그 당시 제가 토요일 오후에 전화를 받았는데, 안종범이 'VIP께 보고를 드렸더니 300억이 작다, 500억으로 올려야 되겠다'고 말씀하셔서 저는 그대로 따를 수밖에 없는 상황이었습니다. 하지만 참 난감한 상황이어서 안종범에게 이렇게 말했습니다.

'내일모레면 재단이 설립되는데, 너무 짧은 시간에 갑자기 금액을 올리는 것은 만만치 않다. 그리고 또 새로운 그룹을 추가해야 하는데, 그 그룹에 뭐라고 이야기해야 하느냐. 그리고 전화 받을 때가 토요일 오후인데, 다들 퇴근하고 아무도 없는데 어떻게 의사결정을 할 수 있느냐. 참 난감한 상황'이라고 이야기를 하였습니다. 그랬더니 안종범은 자기도 도와주겠다고 했습니다. 제가 하도 황당하다고 이야기하니까 본인도 도와주겠다는 이야기를 했습니다."

안종범이 대통령 지시라며 이승철 부회장에게 500억 증액을 지시한 10월 24일은 토요일이다. 토요일이면 웬만한 기업은 쉬는 날이다. 이승철도 모처럼 쉬는 날이어서 경기도 강촌에서 기자들과 점심을 먹으며 간담회를 하고 있던 중, 안종범의 전화를 받았다고 진술했다. 안종범이 이승철에게 전화한 시각은 낮 12시28분57초였다. 안종범의 휴대폰에서 확인된 시각이다.

안종범 주장대로라면, 대통령이 기업 휴무일인 토요일 점심시간에 경제수석에게 재단 출연금을 300억에서 500억원으로 올리라고 지시했다는 이야기가 된다. 이 부분에 대한 대통령과 검찰 간의 일문일답이다.

**〈검사:** 재단 출연금이 300억원에서 500억원으로 증액되는 과정에 대하여는 안종범으로부터 보고를 받은 사실이 없습니까.

**박근혜:** 없습니다.

**문:** 안종범은 피의자에게 재단 출연금 증액에 대해 보고하고 재가를 받았다는 내용으로 법정증언한 바가 있는데, 안종범에게 미르재단 출연금 증액에 대해 보고받거나 지시한 사실이 없다는 것입니까.

답: 저는 안종범에게 그와 관련된 보고를 받거나 지시를 한 기억이 없습니다. 기업들이 자발적으로 출연하여 재단을 설립한다고 보고를 받았는데, 그런 제가 재단 출연금을 증액하라고 지시를 하였다는 것은 맞지 않습니다.〉

안종범이 반드시 포함시키라고 지시한 신세계그룹은 미르재단에 출연금을 내지 않았다. 신세계 정동혁 상무는 검찰 조사에서 "전경련에서 미르재단 출연금을 요청할 당시, 대통령이 직접 챙기면서 재단을 출범시키라고 한 사실을 정확하게 인지하였더라면 거절하지 못했을 것인데, 단순히 정부나 청와대에서 그런 연락이 왔구나 하는 정도로 생각했고, 그 당시 회장이 해외 출장 중이어서 결재가 곤란하다며 거절했다"고 진술했다.

대통령이 신세계라는 기업체 이름까지 언급하며 출연금을 내도록 강요했는데도 회장이 해외 출장 중이라는 이유로 돈을 내지 않았다는 점, 그리고 대통령의 그런 지시가 기업 휴무일인 토요일에 있었다는 검찰의 공소사실은 내가 아무리 이해하려고 해도 이해되지 않았다.

## 미르재단 이사장이 3번 조사받은 이유

미르재단 이사장 김형수는 재단 설립 당시, 연세대 커뮤니케이션대학원 원장이었다. 김형수는 차은택이 영상예술학 박사과정 학생으로 등록(2015. 3.경)하면서 교수와 학생 신분으로 알게 되었다.

김형수는 언론에서 의혹을 제기하던 2016년 10월경에는 진실을 털어놓지 않았다. 검찰 1차 조사에서 일부 사실을 숨겼던 김형수는 그러나 2차 조사에서 1차 진술을 부인하고 사실대로 진술했다. 이렇게 되자 검찰은 김형수의 진술을 믿지 않았다.

이 바람에 김형수는 검찰에서 3번째 조사(2016. 11. 8.)를 받았다. 다음은 3차 조사에서 있었던 검사와 김형수 간의 일문일답이다.

**〈검사:** 지난 2회 조사 시, 기존 진술내용을 번복하여 사실대로 진술한 이유는 무엇인가요.

**김형수:** 1회 검찰 조사를 받고 나가는 날 새벽에, 학생들이 학교에 대자보를 붙이고 저와 면담요청을 하였습니다. 학생들 전체 또한 일부와 면담을 하는 과정에서, 제가 뭘 바라고 재단이사장을 한 것도 아닌데, 이건 아니라는 생각이 들어 그때부터 사실대로 말씀드리려고 하고 있었습니다.

**문:** 진술인은 2016년 10월 27일 검찰 수사관에 의해 주거지 압수수색을 당한 사실이 있습니까.

**답:** 네, 그런 사실이 있습니다.

**문:** 압수수색 당시 노트북 1대가 압수되었는데, 당시 진술인은 위 노트북에 안종범 수석, 차은택, 이한선(미르재단 상임이사), 이성한(미르재단 사무총장) 등과의 카카오톡 메시지 내용이 저장되었다고 진술하였는데 사실인가요.

**답:** 예, 사실입니다.

**문:** 차은택, 안종범 등과의 문자메시지를 사전에 캡쳐하여 노트북에 저장시켜둔 이유는 무엇인가요.

**답:** 언론으로부터 문제제기가 계속되고, 차은택이 보내온 카카오톡 문자메시지 화면에도 상단에 차은택의 이름이 기재되지 않고 "(

알 수 없음)"이라고 기재되어 있는 것을 보고, 차은택과 안종범이 재단 설립을 위해서 저를 도구로만 사용하고 정작 문제가 발생하면 모른척 할 수도 있다는 생각이 들어 문자메시지를 캡쳐해 둔 것입니다. 그런 이유로 급하게 아들 전화기로 차은택, 안종범과의 문자메시지를 촬영해서 노트북에 저장해 둔 것입니다.

**문:** 진술인과 차은택이 주고받은 문자메시지를 살펴보면, 차은택이 진술인을 미르 이사장으로 추천한 사실 등 차은택이 미르 설립·운영에 관여한 사실을 감추기로 하는 내용이 대부분인 것으로 보이는데, 맞는가요.

**답:** 예, 그렇습니다.

**문:** 그럼에도 차은택의 부탁대로 언론 등에 차은택이 재단 설립 및 운영에 전혀 관여하지 않은 것처럼 말하기로 한 이유는 무엇인가요.

**답:** 차은택은 그 이전부터 미르재단의 설립, 운영은 VIP가 직접 지시하여 설립, 운영되는 재단이라는 말을 여러 번 하였고, 청와대 민정수석실에서 저를 사찰하고 있을지도 모른다는 생각에 차은택의 부탁을 바로 거절할 수는 없었습니다.

**문:** 진술인은 미르재단이 VIP가 지시하여 설립, 운영되는 재단이라는 말을 언제, 어떤 경위로 들었나요.

**답:** 재단이 설립되고 얼마 지나지 않은 무렵이었습니다. 당시 이사진들끼리 얼굴도 잘 몰라, 얼굴이라도 익히자는 의미에서 워크숍을 계획하고, 장소는 김영석 이사가 가지고 있는 부여 소재 스튜디오로 정하였습니다. 그런 결정이 있고나서 차은택이 제게 전화를 걸어, 워크숍을 가지 말라고 하는 것이었습니다.

그래서 제가 왜 그러느냐고 물어보니, 차은택이 "미르재단은 VIP

가 지시하여 설립, 운영되는 재단인데 이사진들끼리 따로 모이는 등의 행동을 하는 것은 적절하지 않다"고 하는 것이었습니다. 저로서는 차은택이 VIP를 직접적으로 언급하면서 워크숍을 가지 말라고 하니, 어쩔 수 없이 취소하고 이사들에게는 다음에 가기로 하였다고 말한 사실이 있습니다.

**문:** 차은택이 VIP를 언급한 또 다른 사례도 있는가요.

**답:** 예, 있습니다. 이성한의 해임 여부를 두고 재단 내부적으로 말이 많았던 때인데, 2016년 5월 말경으로 기억합니다. 당시 저와 장순각 이사(한양대 실내건축가 교수) 사이에 이성한이 어떻게 사무총장이 되었는지, 미르재단의 실질적인 주인이 누구인지 등에 관하여 물어보자는 얘기가 나왔습니다. 장순각 이사는 그 전부터 차은택과 친해서 차은택을 "은택아"라고 부를 정도였습니다.

그래서 늦은 시간에 차은택을 장순각 교수의 장충동「작은 집」스튜디오로 불러내었습니다. 그 자리에서 우선 저와 장순각은 이성한이 어떻게 사무총장에 취임하였는지를 물어보았는데, 차은택은 김성현(미르재단 사무부총장)의 소개로 이성한을 사무총장에 임명을 한 것이라고 하였습니다.

또한 차은택에게 미르재단의 배후에 있는 실체가 누구인지에 대해서도 물었는데, 차은택은 VIP의 사업을 역동적으로 추진하기 위해서 만든 민간단체가 미르재단이라고 하였습니다. 공무원 조직은 지시를 해도 잘 돌아가지 않으니 민간단체를 통해서 VIP의 사업을 하는 것이라고 하였습니다.

**문:** 그럼 차은택 자신은 미르재단에서 어떤 역할을 담당한다고 하던가요.

**답:** 차은택은 VIP의 지시를 받고, 그 지시를 미르재단에 내려주는 역할을 하였습니다. VIP 얘기를 할 때는 목에 힘을 주기도 하구요.

**문:** 진술인은 미르재단의 이사장으로 재임할 당시 최순실(또는 최서원)에 관하여 들어본 사실이 있는가요.

**답:** 이번 사건으로 언론에 나오기 전까지는 최순실에 대해서는 전혀 알지 못했습니다.〉

미르재단 이사진은 이사장 김형수와 5명의 이사(이한선·장순각·김영석·송혜진·조희숙), 그리고 1명의 감사(채미옥) 등 총 7명으로 구성되었다. 이사장 김형수와 이사 장순각은 차은택과 친한 사이고, 차은택에 의해 미르재단 이사가 되었다는 사실은 김형수의 진술로 확인되었다.

나머지 이사 중, 상임이사 이한선은 광고회사 HS애드 출신으로, 차은택이 본부장으로 있던 문화창조융합본부에서 같이 근무했다. 이사 김영석은 유명 한복 디자이너이며, 이사 송혜진은 숙명여대 전통문화예술대학원 교수로 국악방송 사장을 역임했다. 김영석과 송혜진은 차은택과 함께 대통령 직속의 문화융성위원회 위원으로 활동했다.

이사 조희숙은 한국 공예디자인문화진흥원 출신인데, 미르재단 이사를 그만 둔 뒤에는 손혜원 의원의 보좌관이 되어 목포 땅 매입에 관여했다. 감사 채미옥은 한국감정원 부동산연구원장인데, 문화융성위원회 위원 출신이다.

최서원은 검찰 조사에서 "미르재단 이사 중, 제가 아는 사람은 김영석 이사뿐"이라며 "그 분이 제 한복을 디자인해 주었기 때문에 이름을 알고 있습니다"라고 진술했다.

## 김수남과 이영렬의 특별한 이력

검찰이 대통령에 대해 구속영장을 청구한 날은 2017년 3월 27일이다. 구속영장은 A4용지 122페이지로 통상적인 영장에 비해 양이 많았다. 나는 대통령 구속영장을 밑줄 치며 읽었다. 범죄사실을 입증하는 증거보다는 그러한 가능성이 있을지도 모른다는 정황증거들만 잔뜩 나열돼 있었다.

검찰이 대통령의 뇌물혐의 소명자료라고 첨부한 것은 특검에서 작성한 「증거목록」인데, 증거의 60% 정도가 신문과 방송 및 각종 인터넷매체에서 보도한 의혹 수준의 기사들을 A4 용지로 출력한 출력물들이었다. 300쪽에 이르는 방대한 분량의 증거목록에는 K스포츠재단 2대 이사장 정동춘이 최순실의 단골 마시지센터 센터장이라는 한겨레신문 기사도 포함돼 있었다.

나는 대통령의 구속영장과 특검이 뇌물혐의로 기소한 이재용(삼성전자 부회장)·최서원의 공소장을 비교했다. 검찰이 작성한 구속영장과 특검 공소장은 글자 하나 다르지 않고 똑같았다. 특검이 대통령이라 기재한 부분을 검찰은 피의자로 바꿨을 뿐이다. 검찰은 특검 수사를 검증하지 않고 그대로 차용했다.

박영수 특검팀은 "증거는 차고 넘친다"고 하면서 "차고 넘치는 증거보따리를 법원에 풀어 놓겠다"고 공언했지만, 이재용과 최서원 피고인의 변호인단은 법정에서 "증거의 대부분을 차지하는 언론 보도는 증거로서의 가치가 없기 때문에 증거채택에 동의할 수 없다"고 반발했다. 재판부도 검찰을 향해 "증거목록에 왜 이렇게 언론 보도가 많냐"고 의문을 제기하기도 했다.

검찰은 안종범 진술과 안종범이 작성한 업무수첩은 금지옥엽(金枝玉葉)처럼 중대하게 취급한 대신에 대한민국 국가수반인 대통령의 진술은 휴지조각처럼 취급했다. 대통령에 대한 조사는 이미 정해진 결론에 따라 진행된 하나의 「통과의례」에 불과했다.

대통령에 대한 구속영장 청구는 주임검사 한웅재가 단독으로 결정할 수 없는 민감한 사안이다. 검찰총장 김수남의 결심이 있었기 때문에 가능했다고 보는 게 합리적 추론이다.

검찰총장 김수남은 특검 수사팀장 윤석열과 서울대 법대 동기다. 나이는 김수남이 한 살 많다. 두 사람은 마흔을 앞두고도 장가를 가지 않아, 검사들 사이에서 총각검사 1호와 2호로 불렸다. 나이 많은 김수남이 1호로 통했다. 두 사람은 그만큼 돈독한 사이다.

나는 이경재 변호사를 통해 검찰총장 김수남과 최초 폭로자 고영태와 관련된 놀라운 「정보」하나를 입수했다. 정보 제공자는 최서원인데, 이경재 변호사는 최서원이 말한 내용을 나에게 알려주었다. 그 내용은 이랬다.

"저는 구속된 이후 하루도 빠짐없이 검찰 청사에 불려가 조사를 받았고, 구치소에서 잠시 쉬고 있을 때는 검사들이 구치소까지 찾아와 조사했습니다. 검찰이 저를 이토록 가혹하게 대하는 데는 김수남 검찰총장의 지시나 묵인이 있었다고 생각합니다.

김수남 총장이 저를 미워하는 데는 이유가 있습니다. 고영태가 2015년 무렵에 당시 대검 차장이던 김수남 검사를 검찰총장이 되게 해달라고 부탁한 적이 있는데 제가 거절했기 때문입니다. 고영태는 저에게 이렇게 말했습니다.

'조만간 검찰총장이 바뀝니다. 3배수로 추천이 되었는데 김수남 대검 차장이 그 속에 포함돼 있습니다. 김수남 대검 차장은 이 정부에서 검찰총장을 하고, 그 다음에 장관까지 할 사람입니다. 그 분이 검찰총장이 되게끔 회장(최서원)님이 도와주었으면 좋겠습니다.'

고영태의 요청에 저는 '나는 검찰 조직을 잘 모른다. 내가 모르는 분야이므로 도와주기 어렵다'고 거절했습니다. 제가 대통령과 김수남 검사 집안 간의 불편한 관계를 어찌 모르겠습니까마는, 그런 내색은 않고 정중하게 거절했습니다.

그랬더니 고영태가 '그렇다면 회장님이 제발 방해만은 하지 말아 주십시오. 나머지 문제는 우리가 알아서 처리하겠습니다. 우리가 정치인들을 많이 알고 있습니다. 경찰청장도 잘 압니다'라고 말했습니다."

고영태가 최서원에게 검찰총장 인사를 부탁한 2015년 8월에서 9월경은 김진태 검찰총장의 임기가 끝나갈 무렵이었다. 그 당시 검찰총장 물망에 오른 검사가 대검 차장 김수남을 비롯해 법무부차관과 서울중앙지검장, 서울·대전·부산·대구·광주고검장 등이었다.

대검 차장 김수남은 1순위 후보에 포함돼 있었지만, 대통령과의 악연 때문에 장담하기가 어려웠다. 대통령이 영남대 이사장 시절에 김수남의 부친 김기택은 영남대 총장이었으나, 총장 임기를 마치지 못하고 물러났다. 그랬던 김기택이 2007년 대통령선거를 앞두고 치러진 한나라당 대통령후보 경선 때, 이명박 지지를 선언하고 외곽조직의 대표까지 맡았다.

이런 악연 때문인지는 몰라도 김수남은 박근혜 정부 출범 후, 동기들에 비해 고검장 승진이 늦었다. 그럼에도 대통령은 2015년 10월 30일, 대검 차장 김수남을 검찰총장 후보자로 지명했다.

나는 김수남과 관련된 최서원의 직접진술을 듣기 위해, 근로자의 날인 2017년 5월 1일 서울 남부구치소에 수감된 최서원을 면회하러 갔다. 오전 11시30분경 면회실에 도착한 나는 접견신청서를 작성하고 접수처에 제출했다. 접수를 담당하는 여자교도관이 나에게 신분증을 달라고 한 뒤, 최서원 피고인과 어떤 관계인지를 물었다. 나는 "같은 교회에 다니는 지인"이라고 말했다. 최서원은 서울 소망교회 신자다.

여자교도관은 "최서원씨는 중요 사건의 피고인이므로 아무나 면회할 수 없고, 그 전에 수용자가 면회를 원하는지 여부를 확인해야 하므로 잠시만 기다려 달라"라고 말했다. 여자교도관은 내가 지켜보는 앞에서 최서원이 수용된 감방의 담당 교도관에게 전화를 걸었다. "지인이라는 우종창이 면회하러 왔다"고 전하자, 잠시 후 담당교도관으로부터 "본인이 면회를 하겠다는 의사를 밝혔다"는 통보가 왔다.

여자교도관은 접견신청서에 「당일 접수」라는 도장을 찍어주면서 "오늘은 여자 수용인들에 대한 면회객이 많으므로 50분가량 기다려야 합니다. 여자 접견실 앞에서 대기하고 있다가 면회 전광판에 수용자 수번과 면회실 번호가 뜨면, 면회실로 들어가면 됩니다"라고 친절하게 설명해 주었다. 그 때가 낮 12시30분경이었다.

나는 면회실 밖에 마련된 벤치에 앉아, 사가지고 간 새우버거와 콜라로 늦은 점심을 먹고 있는데, 웬 교도관이 내 앞에 다가왔다.

"우종창 기자님이시죠. 정규재 TV에 출연한 것을 보았습니다. 총무과장이 찾고 있습니다. 같이 가시지요."

나는 총무과에서 총무계장을 만났다. 그는 단도직입적으로 말했다.

"면회는 불가합니다. 돌아가 주십시오."

"당사자가 면회를 하겠다는 의사를 밝혔는데, 왜 불가하다고 합니까."

내가 따지자 총무계장은 계속해서 면회 불가라는 대답을 계속하면서 "어쨌든 오늘은 면회할 수 없습니다. 미안하지만 돌아가 주십시오"라고 말했다. 나는 돌아설 수밖에 없었다.

김수남은 대통령이 구속되고 두 달이 지난, 2017년 5월 31일 검찰총장직을 사퇴하고 한동안 해외로 나갔다가 2020년에 귀국, 법무법인 태평양의 고문으로 활동하고 있다.

현직 대통령을 최서원과 안종범의 공범이라고 발표한 서울중앙지검장 이영렬은 서울대 법대를 졸업한 뒤, 경희대 행정대학원에서 사법행정학과를 수료했다. 1989년 서울지검 검사를 시작으로, 광주지검 순천지청에서 근무하다 대구지검 검사장을 거쳐 2015년에 서울중앙지검장이 되었다.

이영렬은 법무부 특수법령과 검사로 재직하던 1997년에 북한을 두 차례나 방문했다. 현직 검사의 방북(訪北)은 해방 이후 처음이었다. 이영렬은 한반도에너지개발기구(KEDO)의 경수로 착공을 위한 실무협상단 일원으로 참가했다.

이영렬은 1997년 4월 9일부터 16일 사이에는 함경남도 신포초대소에서, 5월 29일부터 6월 9일 사이엔 평안북도 묘향산 자락의 향산호텔에 투숙했다. 실무협상단이 4월 9일 신포항에 도착했을 때, "왜 검사가 끼여 있느냐"고 북(北) 측에서 따지자, 이영렬은 "협상 의제와 관련된 정부 차원의 법률지원을 위해서다"라고 답변했다.

북측이 "그런 일은 변호사가 하지 않느냐"고 재차 물었다. 이에 이영렬이 "법무부 검사는 정부가 직접 나서서 외국과 경제협상을 할 때 법률상 하자가 있는지를 검증한다"고 대답하자, 북한은 더 이상 문제 삼지 않았다고 한다. 북한은 이영렬의 신분에 대해 초대소와 호텔 숙박부에 '법무부 소속 공익변호사'로 기재하고, 검사라는 표현을 사용하지 않았다고 한다. 이영렬은 방북 후 조선일보와 가진 인터뷰에서 이런 내용들을 밝히고 "첫 번째 방북 때는 솔직히 거부당하면 어쩌나 하고 걱정도 했으나, 별다른 문제없이 융숭한 대접을 받으면서 맡겨진 일을 하고 왔다"고 말했다.

헌법 제84조에도 불구하고 현직 대통령을 증거도 없이 공범이라고 단정하여 탄핵의 단초를 제공한 이영렬과 그 상급자 김수남은, 대통령 사건을 무슨 이유로 위법, 부당하게 처리했는지의 진실을 언젠가는 공개해야 할 것이다.

그것만이,「역사의 법정」에 서야하는 우리 세대 모두가, 다시는 이러한 잘못된 역사를 되풀이하지 않도록 후손들을 위해 감당해야 하는 최소한의 양심적 책무이기 때문이다.

## 안종범 업무수첩 63권의 정체

대통령 사건에서 요물(妖物)로 작용한「안종범 업무수첩」은 안종범이 청와대 경제수석에 취임한 2014년 6월부터 검찰에 긴급 체포되기 전인 2016년 11월 1일까지, 약 2년 동안 개인 일정을 기록한 메모용 수첩이다. 사이즈는 가로 8.5㎝, 세로 16.5㎝ 이며, 권(卷) 당 분량은 약 50쪽이다.

이 수첩의 존재는 안종범이 검찰 조사를 받을 때, 그의 보좌관 김건훈에 의해 공개됐다. 검찰은 김건훈 신체에 대한 압수수색 영장을 발부받은 후, 16권의 수첩을 압수했다. 39권은 특검(特檢) 출범 후 김건훈이 자발적으로 제출했다.

검찰과 특검(特檢)이 안종범 업무수첩을 입수한 날짜와 장소, 권수를 시간 순으로 정리하면 이렇다.

① 2016. 10. 29.; 안종범의 집. 청와대 업무용 큰 수첩. 1권.
② 2016. 11. 7.; 검찰, 김건훈 신체 압수수색. 11권.
③ 2016. 11. 15.; 검찰, 김건훈 신체 압수수색. 5권.
④ 2017. 1. 26.; 김건훈이 특검에 스스로 제출. 39권.
⑤ 2017. 5. 31.; 안종범 재판 때 김건훈이 제출. 7권(복사본).

다 합하면 총 63권인데 법원은 57권만 증거로 인정하고, 청와대 업무용 큰 수첩 1권과 복사본 7권 중에서 5권은 증거에서 배제했다. 그 이유를 1심 재판부는 판결문에 알기 쉽게 설명하지 않았다.

57권의 업무수첩 가운데 검찰이 압수한 16권이 안종범이 새롭게 쓴 업무수첩이다. 안종범은 제4차 검찰 조사(2016. 11. 7.)에서 "제가 2016년 10월 12일, 본건(本件) 관련된 흐름을 정리하면서 제 수첩에 기재를 하였다"고 진술했다.

안종범이 진술한 10월 12일은 미르재단과 K스포츠재단의 설립과 운영을 둘러싼 각종 의혹들에 대해 국정감사가 진행 중일 때였다. 안종범은 국정감사 대비 차원에서, 보좌관 김건훈이 언론에 제기된 각종 의혹들을 정리한 자료를 근거로 새로운 업무수첩을 작성하면서, 1년 전인 2015년에 이미 썼던 업무수첩은 폐기하고, 새로 쓴 업무수첩으로 대체했다.

즉, 검찰이 압수한 16권은 최서원 사건이 터진 후에 안종범이 언론 보도를 근거로 새롭게 정리한 업무수첩인데 반해, 김건훈이 특검에 제출한 39권은 안종범이 2014년부터 사용했던 원래의 수첩이다.

나는 이런 사실을 서울중앙지검 소속 검찰 수사관 최재욱이 작성한 수사보고(2017. 4. 3.)와 한국일보 취재팀을 통해 확인했다. 한국일보는 김건훈이 특검에 제출한 39권의 사본을 그 즉시 입수하고, 특종보도하면서 한국기자협회가 수여하는 이달의 기자상을 받았다. 한국일보가 입수한 업무수첩 39권은 A4 용지로 2400페이지에 달했다.

나는 한국일보 취재팀에게 "그 중에서 2015년 7월 24일과 25일의 기록만 보고 싶다"고 부탁했다. 그 날은 대통령이 대기업 회장 7명과 단독면담한 날이다. 검찰은 대통령이 단독면담 자리에서 문화와 체육재단 설립을 이야기하고, 재단에 출연금을 내도록 강요했다고 판단했는데, 그렇다면 대통령의 지시를 안종범이 업무수첩에 어떤 식으로 적어놓았는지가 궁금했기 때문이다.

놀랍게도 한국일보가 입수한 39권의 업무수첩에는 그 날의 기록이 없었다. 한국일보 취재팀에 의하면, 2015년 7월 7일부터 7월 19일 사이에는 매일매일 적어놓은 기록이 있는데, 7월 20일(월)부터 27일(월) 사이에는 아무런 내용이 적혀있지 않고, 7월 28일부터 다시 기록이 시작되었다는 것이다.

그러니까 안종범은 단독면담과 관련해 대통령으로부터 지시받은 내용이 전혀 없었기 때문에 공란으로 비워둔 것이다. 그런데 놀랍게도 검찰이 압수한 업무수첩에는 내용이 채워져 있었다.

나는 검찰 수사관 최재욱이 작성한 수사보고에서 이 사실을 다시 한 번 확인했다. 최재욱은 검찰과 특검에서 압수한 업무수첩 56권을 사용기간에 따른 날짜순으로 일목요연하게 정리해, 「안종범 업무수첩 정리표」를 작성했다.

정리표에는 검찰이 압수한 업무수첩은 「구(舊) 업무수첩」으로, 특검 입수용은 「신(新) 업무수첩」으로 표시됐다. 검찰이 특검보다 먼저 업무수첩을 압수했기 때문에 이렇게 분류됐다.

나는 정리표에서 ① 2015. 7. 6.~2015. 7. 19.(신 업무수첩), ② 2015. 7. 19.~7. 28.(구 업무수첩), ③ 2015. 7. 28.~2015. 8. 11.(신 업무수첩) 등 3개의 업무수첩이 날짜순으로 정리돼 있음을 확인했다. 바로 ②번 수첩이 안종범이 예전에 썼던 게 아니고, 최서원 사건이 발생한 이후에 새롭게 써서, 예전에 사용했던 수첩 사이에 끼워넣은 것이다.

결론적으로 안종범 업무수첩은 그 내용이 사실이 아니고, 진실도 아니다. 몇 가지 예를 들면 이런 식이다.

첫째, 2015년 7월 24일자 업무수첩에는 제일기획 김재열, 승마, 영재센터라는 단어가 기록돼 있다. 이날 대통령은 현대자동차그룹 정몽구 회장과 김용환 부회장, CJ그룹 손경식 회장, SK이노베이션 김창근 회장을 만났지만, 김재열은 만나지 않았다. 김재열은 제일기획 스포츠사업 총괄사장이었다.

안종범이 김재열과 승마, 영재센터라는 단어를 기록한 것은 그 당시 언론에서 승마 및 동계스포츠 영재센터 지원과 관련하여 삼성그룹을 거론하고 있었고, 김재열이 삼성전자 부회장 이재용의 여동생 남편이기 때문이다.

둘째, 대통령은 2015년 7월 25일, 삼성전자 부회장 이재용과 단독 면담했는데, 업무수첩에는 대통령이 이 면담에서 대한항공 프랑크푸르트 지점장 고창수에 대해 언급했다고 기록돼 있다. 대통령이 삼성전자 부회장을 만난 자리에 대한항공 지점장을 거론했다는 것은 상식적으로 말이 안 된다.

그러나 그 당시 한겨레신문이 「최순실 한마디에…청와대, 대한항공 인사까지 개입」이라는 허위기사를 보도했는데, 이 기사에 등장하는 사람이 고창수다. 최서원이 고영태의 부탁을 받고 고영태 친척인 고창수를 대한항공 제주지점장 자리에 앉혔다는 내용이다. 고영태가 국회청문회에서 "고창수는 친척이 아니고 모르는 사람"이라고 진술하면서 오보로 판명났다.

셋째, 대통령이 단독면담을 하지도 않은 GS와 두산그룹 이름이 업무수첩에 적혀있어, 검사가 이 부분을 안종범에게 추궁했다. 안종범은 "대통령이 저에게 이야기를 하여 적어둔 것인지, 대통령과 구본무 회장이 한 이야기를 기재해 둔 것인지는 정확하게 잘 모르겠습니다"라고 진술했다.

안종범 자신도 업무수첩에 사실이 아닌 내용을 왜 기재했는지 잘 모르겠다는 것이다. GS그룹 허창수 회장은 전경련(全經聯) 회장이다 보니, 안종범은 대통령이 당연히 만난 것으로 넘겨짚은 것 같다.

넷째, 업무수첩에 기재된 내용이 대통령 지시를 적은 게 아니라는 사실은 SK텔레콤 부사장 이형희의 진술조서에서도 확인된다. 서울중앙지검 강상묵 검사는 이형희 부사장 조사(2017. 3. 23.)에서, 안종범이 2016년 1월 25일부터 2월 24일까지 사용한 업무수첩(필자 주; 특검에서 입수한 것으로 본래부터 사용한 것)에 기재된 대통령 지시사항을 제시하고, SK그룹과 관계있는 내용들이 업무수첩에 기재된 이유를 물었다.

업무수첩에 기재된 내용은 ① SK 지주회사 등기이사 등재 최태원, ② 아프리카 이란 순방-이란 원유 공급, 아프리카 원격진료, ③ CJ헬로비전 공정위 인가 신속히 등이다. 이형희의 진술은 이렇다.

"제가 안종범 수석에게 전화로 이야기한 것을 안종범 수석이 기재한 것으로 생각됩니다. 최태원 회장의 SK 지주회사 등기이사 등재 문제는 최태원 회장이 책임경영 차원에서 전면에 나서겠다는 말씀을 미리 드린 것입니다.

그리고 이란 원유 공급, 아프리카 원격진료 부분은 대통령 순방 시, SK와 관련된 일이 없느냐고 안종범 수석이 질문하여, 이란과는 원유를 수입하는 관계가 있고, 아프리카는 아프리카에서 헬스케어 사업을 할 수 있는지 검토하고 있다는 의미였습니다.

마지막으로 CJ헬로비전 공정위 인가 신속히 부분은 CJ헬로비전 인수 문제가 신속히 결정될 수 있도록 살펴봐 달라는 부탁을 한 것입니다. 이란, 아프리카 순방 문제는 안종범이 대통령 순방에 앞서 정보 수집 차원에서 기업별 현황을 파악한 것으로 생각합니다."

안종범은 대통령의 이란 및 아프리카 순방을 앞두고, 참고할 내용이 없는지를 자기와 가까운 이형희에게 물어보았고, 이형희가 한 말을 마치 대통령이 자기에게 지시한 것처럼 업무수첩에 기록해 놓은 것이다.

다섯째, 업무수첩 2016년 2월 29일자(필자 주; 검찰에서 압수한 조작된 업무수첩)에는 VIP 지시사항으로 「SK, 펜싱 테니스 탁구, 가이드러너 학교, 가이드러너 용역 10억」이라는 내용이 기재돼 있다.

그 날은 SK그룹 전무 박영춘이 K스포츠재단 사무총장 정현식과 K스포츠재단 과장 박헌영을 만나 1차 미팅한 날이다. 이 미팅에서 박헌영이 박영춘 전무에게 가이드러너 용역비로 요구한 금액은 10억이 아니고 4억이다.

그리고 박헌영이 해외 전지훈련이 필요한 종목이라고 언급한 것은 펜싱, 배드민턴, 테니스 3개인데, 업무수첩에는 엉뚱하게도 탁구가 들어있다. 삼성전자 부회장 이재용도 법정증언에서 "안종범 업무수첩에 기재된 내용과 제가 대통령과 단독면담에서 주고받은 내용은 다르다"고 진술했다.

안종범 업무수첩은 안종범 개인의 관심사와 언론에 보도된 허위기사들을 기록한 수첩에 불과한데도, 그 진실이 제대로 밝혀지지 않은 것은 검찰이 업무수첩 원본(57권) 전부를 한 번도 법정에 공개하지 않았기 때문이다. 검찰은 관련자들의 진술조서 속에 필요한 부분만 복사해서 붙여놓았을 뿐이다.

검찰 수사는 진실을 규명한 게 아니라, 과거를 짜깁기한 것에 불과했다.

# Ⅳ
# 특검 발족과 배신의 정치인

대한민국 헌정(憲政) 질서를 유린한 특검의 수사행태와 대한민국 체제를 배신한 일부 정치인들의 위선적 행보는 탄핵정국 당시에 일심동체(一心同體)처럼 움직였다. 그 시작은 최순실 특검법 제정이었다.

상주 승마대회의 진실을 날조한 이는 신부 박창일이다. 박창일은 평양에서 범민련 북측 의장 강지영을 만난 종북 주사파다. 여기에 박원오의 거짓말과 노승일의 근거 없는 국회 청문회 주장이 가세하면서 승마 사건의 진실은 묻혀버렸다.

## 파격적인 내용의 특검법

특검법(特檢法)에 의해 특별검사로 임명된 박영수가 활동을 시작한 날은 2016년 12월 1일이다. 대통령 탄핵소추안이 국회에 제출된 날은 12월 3일이며, 탄핵소추안이 국회를 통과한 날은 12월 9일이다. 특검(特檢) 출범 후, 9일 만에 헌법에 보장된 대통령의 모든 권한은 정지됐다.

그 시작은 특검법(정식 명칭; 박근혜 정부의 최순실 등 민간인에 의한 국정농단 사건 규명을 위한 특별검사의 임용 등에 관한 법률) 제정이었다. 일명 최순실 특검법은 특별검사 임명 절차와 파견검사 수에 있어서, 상설 특검법에 비해 파격적인 내용을 담고 있었다.

상설 특검법은 이보다 2년 전인 2014년 6월 19일에 제정된 「특별검사의 임명 등에 관한 법률」을 말한다. 이 법은 특별검사의 정치적 중립성과 공정성을 확보하기 위해, 국회에 특별검사 후보자 추천위원회를 두며, 추천위원은 법무부 차관·법원행정처 차장·대한변협 회장에 국회 추천위원 4명을 포함, 총 7명으로 구성한다고 명시했다.

반면, 최순실 특검법은 제3조(특별검사의 임명) 제2항에 「특별검사를 임명하기 위한 후보자 추천은 원내교섭단체 중 더불어민주당 및 국민의당에 의뢰해야 한다」로 바뀌었고, 제3항과 제4항에는 「15년 이상 판사 또는 검사의 직에 있었던 변호사 중에서 더불어민주당 및 국민의당이 합의한 2명의 특별검사 후보자 중에서 1명을 대통령이 임명하여야 한다」는 식으로 임명 방식을 뜯어고쳤다.

특검법 제정 당시, 국회 의석수는 새누리당이 126석, 더불어민주당 123석, 국민의당 38석, 정의당 6석, 무소속 7석이었다. 정의당과 무소속은 원내교섭단체가 아니었으므로 제외할 수 있겠지만, 3개의 원내교섭단체 중에서 제1당인 새누리당에는 아예 특별검사 추천권을 주지 않았다.

파견검사의 경우에도 5명 이내로 한다는 기존 규정을 무시하고, 20명까지로 대폭 늘렸다. 파견 공무원 수도 30명 이내에서 40명 이내로 확대했다. 그 결과, 총 122명으로 구성된 박영수 특검팀은 웬만한 지방검찰청 규모를 능가했다. 특별검사 박영수와 특검 수사팀장 윤석열이 무소불위(無所不爲)의 강력한 권한을 행사할 수 있었던 근거가 특검법이다.

최순실 특검법이 얼마나 초헌법적이고 정파(政派)적인지는 검찰총장 임명 규정과 비교하면 실감할 수 있다. 검찰청법 제27조 제1항에는 「검찰총장은 15년 이상의 판사·검사·변호사로 재직한 사람 중에서 임명한다」고 규정돼 있다. 그런데 이 조항을 「검찰총장은 15년 이상 법조 경력이 있는 사람 중에서 더불어민주당과 국민의당에서 추천한 2명 중 1명을 임명한다」로 바꾸면, 검찰총장은 국민을 위한 총장이 아니라 특정 정당에 충성하는 총장이 되는 것과 같은 이치다.

특검법 제정 때, 새누리당이 더불어민주당과 국민의당에만 특별검사 추천권을 일임했다는 것은, 두 야당의 구미(口味)에 맞는 사람이 특별검사가 되어, 특검과 야당이 합심하여 대통령을 마음대로 요리해도 좋다는 사인을 준 것과 다름없다.

나아가 야권이 탄핵소추안을 국회에 제출하면, 새누리당도 협조할 용의가 있다는 은밀한 신호를 보낸 것과 같아서, 더불어민주당 원내대표 우상호와 국민의당 원내대표 박지원은 특검법이 통과되자마자, 수적인 열세에도 불구하고 재빠르게 국회 표결을 밀어붙일 수 있었던 것이다.

새누리당의 일부 의원은 특검법 발의 때부터 야당에 동조했다. 더불어민주당 우상호를 대표로 하여, 국회의원 209명이 특검법을 발의한 날은 2016년 11월 15일이다. 더불어민주당과 국민의당 소속 의원 159명에 새누리당의 김무성·김성태·나경원·민경욱·박성중·신보라·유승민·정종섭·주호영·하태경 등 49명이 법안 발의에 동조했다.

특검법은 11월 17일에 열린 국회 본회의에서 출석의원 220명 중 196명의 찬성으로 가결되고, 11월 22일에 시행됐다. 법안 발의에서 시행까지 1주일 밖에 걸리지 않았다. 당시 새누리당 당대표 이정현이 국정감사를 앞두고 느닷없이 단식(기간; 2016. 9. 26.~10. 2.)을 시작하면서 국회는 야당의 독무대가 되었다.

대통령에 대한 탄핵소추는 헌법 제65조에 의거, 국회재적의원 3분의 2 이상의 찬성이 있어야 한다. 야(野) 3당을 모두 합친 의석수에 무소속 전부가 동조하더라도 174석에 불과했고, 탄핵소추안 발의에 동조한 의원도 171명이었다. 탄핵소추안은 국회 문턱을 넘어서기가 어려운 상황이었다.

이런 가운데 새누리당의 움직임이 예사롭지 않았다. 탄핵소추안이 국회에 제출되면, 국회 법제사법위원회(위원장; 새누리당 소속 권성동)는 국회법 제131조에 따라 지체 없이 조사를 시작해야 함에도, 새누리당이 장악한 법사위는 국회법을 지키지 않았다.

심지어 새누리당 원내대표 정진석은 탄핵소추안 표결을 앞두고, "국회의원 개개인이 독립된 헌법기관인 만큼 양심에 따라 투표하는 게 옳다"고 주장했고, 새누리당은 의원 총회에서 일사불란한 당론 채택 대신에, 의원 각자의 자유투표에 맡기기로 결정했다.

집권여당의 원내지도부가 스스로 탄핵의 걸림돌들을 제거해 주면서, 탄핵소추안은 찬성 234, 반대 56, 기권 2, 무효 7, 불참 1(새누리당 최경환)로 통과되었다.

탄핵소추 의결서를 접수한 헌법재판소는 심리를 시작한지 92일 만인, 2017년 3월 10일 대통령에 대한 탄핵(彈劾)을 결정했다. 대한민국 역사상 초유(初有)의 사태인 현직 대통령 탄핵은 특검 출범 3개월 10일 만에 전광석화(電光石火)처럼 이뤄졌다.

대한민국의 헌정(憲政) 질서를 유린한 특검의 수사행태와 대한민국 체제를 배신한 일부 정치인들의 위선적 행보는 탄핵정국 당시에 일심동체(一心同體)처럼 움직였다.

나는 탄핵백서 제4장에서는 일부 정치인들의 강한 권력의지와 이율배반(二律背反)적인 언행(言行), 그리고 특검에서 작성한 승마 뇌물사건의 공소장이 어떤 근거로 사실이 아닌지를 같이 기록했다. 다만, 내가 사건기자 출신이어서 밀실(密室)에서 은밀히 벌어진 권력암투에 관해서는 문외한(門外漢)이므로, 정치권 출신의 전문가들이 이 부분의 역사를 보강해주기를 기대한다.

## 정진석과 유승민, 김무성의 본모습

탄핵정국 당시, 새누리당을 실질적으로 이끈 사람은 원내대표 정진석이었다. 특검법 제정 과정에서 야당에 협조하고, 탄핵소추안 투표를 앞두고 자유투표를 유도한 장본인이 바로 그다. 정진석은 자타가 인정하는 MB(이명박)계다.

정진석은 고려대 정외과 출신으로 1984년 한국일보 기자로 사회생활을 시작했다. 그의 부친 정석모는 박정희 정부에서 충남 도지사와 내무부 장관을 지낸 정치인이다. 정진석은 1999년 자유민주연합 총재 김종필의 특보로 정치에 입문, 부친의 지역구인 충남 공주와 연기 지역을 세습했다.

정진석은 2006년에 자민련을 계승한 국민중심당을 창당하고, 당 최고위원과 원내대표를 지낸 후, 이명박 정부 시절인 2008년 제18대 총선에서 한나라당 비례대표 8번으로 국회의원이 되었다. 정진석은 이명박 정부에서 청와대 정무수석으로 활동했다.

정진석의 지론은 내각제로의 개헌이며, 충청권 맹주(盟主)가 되는 게 그의 꿈이었다. 정진석의 모친(윤석남)은 2021년부터 대권주자로 급부상한 특검 수사팀장 윤석열과 같은 파평 윤씨 집안이며, 1960년생인 정진석은 윤석열과 동갑이다.

박근혜 대통령은 특검이 출범하기 전(2016. 11. 2.), 국정쇄신 차원에서 국무총리와 경제부총리, 국민안전처 장관을 교체하고 국무총리 후보에 국민대 교수 김병준을 지명했다. 이날 새누리당 김무성은 보도자료를 내고, "국회와 상의 없이 일방적으로 총리를 지명한 것은 국민 다수의 뜻에 반하는 길"이라며 "대통령은 김병준 총리 지명을 철회하고 국회와 상의해서 결정하라"고 주장했다. 김무성은 공개적으로 대통령의 고유권한인 총리 지명권을 침해했다.

김무성은 11월 7일에는 국회에서 긴급 기자회견을 열고 "헌법의 최종 수호자인 대통령이 헌법을 훼손했다"며 대통령의 탈당을 촉구했다. 이에 앞서 김무성은 국회 의원회관에서 경기지사 남경필, 제주지사 원희룡, 전 서울시장 오세훈, 전 경기지사 김문수를 만나(2016. 11. 1.), 당 지도부 전원 사퇴와 재창당의 길을 모색했다.

김무성은 서울 중동고와 한양대 출신으로, 첫 직장은 동해제강 전무였다. 김무성은 제5공화국 시절인 1985년 11월, 민추협(민주화추진협의회) 공동의장 김영삼이 자기를 따르는 상도동계를 중심으로 민족문제연구소를 개설할 때, 창립이사 겸 전문위원으로 정계에 입문했다.

그 후 야당인 통일민주당에서 재정국장과 총무국장 등을 지낸 김무성은 김영삼 정부에서 청와대 민정수석실 사정1비서관과 내무부차관을 지낸 후, 1996년 제15대 국회에서 처음 금배지를 달았다.

김무성이 한나라당 원내대표가 된 것은 이명박 정부 시절인 2010년이다. 당시 박근혜 대통령은 국회 기획재정위원회 위원이었다. 김무성은 MB계의 전폭적인 지원에 힘입어 원내대표가 될 수 있었다. 김무성은 흔히 친박(親朴)계로 알려져 있으나, 그를 따르는 의원 대부분이 MB계다. 김무성은 1951년생으로 대통령보다 한 살 많다.

새누리당 유승민은 탄핵소추안 표결을 하루 앞둔 2016년 12월 8일, 공개적으로 대통령 탄핵에 찬성했다. 유승민의 논리는 이랬다. "검찰 공소장을 읽은 저는 탄핵이 불가피하다고 생각했다. 어떤 비난도, 책임도 피하지 않고, 어떤 정치적 계산 없이 오로지 정의가 살아 있는 공화국만을 생각하면서 탄핵소추안 표결에 임하겠다."

유승민이 읽었다는 공소장은 검찰이 현직 대통령을 증거도 없이 최순실과 안종범의 공범이라 적시한 그것이다. 한 편의 소설과 다름없는 이 공소장을 경제학박사 출신인 유승민이 전후 맥락을 살피지도 않고 믿었다는 이야기다.

유승민에 대한 대통령의 애정은 각별했다. 경북고와 서울대 경제학과 출신인 유승민은 2004년 제17대 국회에서 한나라당 비례대표로 처음 국회에 진출했다. 당시 한나라당 대표였던 대통령은 초선의원 유승민을 자신의 비서실장에 기용했다. 초선이 당대표 비서실장이 되는 것은 파격(破格)이라고 한다.

1년 후 국회의원 재·보궐선거가 있자, 유승민은 비례대표를 반납하고 자신의 고향인 대구 동구 을 지역구에 한나라당 후보로 출마했다. 박근혜 대표는 만사를 제치고 대구에 내려가 유승민을 위한 지원유세에 나섰다. 손에 붕대를 감고 시장바닥을 누볐던 대통령은 어쩔 수 없이 대구에서 하루를 숙박하기도 했는데, 이것이 대통령의 「첫 외박」이어서, 두고두고 정치권에 회자(膾炙)되었다.

유승민은 재선의원임에도 불구하고, 2011년 7월에 열린 한나라당 대표 경선에 도전했다. 비록 당대표 자리는 김무성에게 빼앗겼지만, 득표율 2위를 기록하면서 유승민은 중앙 정치무대에 이름을 올렸다. 유승민은 한때 대통령 4년 중임제로의 개헌을 주장했다.

정진석·김무성·유승민의 공통점은 권력의지가 강하다는 것이다. 권력은 마키아벨리의 말처럼 아편이다. 빠지면 헤어나기 어렵다. 돈과 사람이 권력을 보고, 쫓아오기 때문에 한번 잡은 권력은 놓지 않으려 한다. 정진석과 김무성의 욕심은 내각제 개헌, 즉 권력분할을 통해 오랫동안 권력을 쥐고 누리는데 있으나, 유승민의 정치적 속셈은 나도 모른다.

세 사람이 추구한 것은 자신들의 정치적 지지세력 확보이지, 국민 대다수의 이익대변이 아니었다. 이들은 상대방이 내놓은 정책에 흠을 잡고, 자신을 돋보이게 하는 현란한 언변(言辯) 능력은 있지만, 당면한 문제를 정면으로 바라보고 대안(代案)을 제시하는 것에는 능력은 물론이고 관심과 진정성이 부족했다. 대통령이 국익을 우선하여 추진한 수많은 개혁 정책들은, 그들의 정치적 이미지를 장식하기 좋은 비판거리에 불과했다.

새누리당 의원 중에서 대통령 탄핵소추안에 찬성표를 던진 사람은 62명으로 알려져 있다. 이 62명에 대해 일부 우파 진영에서는 자유 대한민국을 팔아먹은 「탄핵 역적」이라 부른다. 62명의 이름과 얼굴 사진을 일목요연하게 정리한 소형 현수막은 태극기 집회에 여러 차례 등장했다.

대통령 탄핵에 찬성표를 던진 새누리당 의원은 김무성·김성태·김세연·김영우·김학용·김현아·박성중·신보라·심재철·오신환·유승민·이은재·이진복·이학재·장제원·정병국·하태경·황영철 등인데, 탄핵에 찬성한 주호영과 나경원, 여상규는 판사 출신이고, 권성동과 경대수는 검사 출신이며, 이혜훈은 교수 출신이다.

## 특검, 특수활동비로 6억6400만원 사용

특별검사 박영수는 2016년 12월 1일, 법무부에 대전고검 검사 윤석열을 특검 수사팀장으로 파견해 줄 것을 요청했다. 파견검사 1호가 윤석열이다. 박영수는 대검(大檢) 중수부장이던 2006년, 현대자동차 비자금 사건을 수사할 때 의정부지검 고양지청 검사였던 윤석열을 수사팀에 합류시킨 적이 있다.

윤석열 다음의 파견검사가 한동훈이다. 검사 한동훈은 현대자동차 비자금 사건 수사 때, 정몽구 회장을 조사했다. 한동훈의 장인 진형구(전 대검 공안부장)와 박영수 특검은 한때「법무법인 강남」소속의 변호사였다.

12월 3일에는 박충근·이용복·양재식·이규철 등 4명의 변호사가 특별검사보로 임명됐다. 특검 조직도에 의하면, 특검은 4개의 수사팀과 1개의 수사지원단, 그리고 대변인으로 구성됐다.

특검은 파견검사 20명, 특별수사관 31명(변호사 26명, 세무사 1명, 의사 1명 등), 파견공무원 40명(검찰수사관 32명, 경찰 2명, 금감원 2명, 국세청 2명, 서울시청 1명, 출입국 관리소 1명) 등 총 122명으로 구성되었다고 이경재 변호사가 쓴 책「417호 대법정」에 기록돼 있다.

수사1팀(팀장; 박충근 특검보)에는 부장검사 신자용, 부부장검사 고형곤, 검사 이방현·김해경·최순호가, 수사2팀(팀장; 이용복 특검보. 나중에 장성욱 특검보로 교체됨)에는 부장검사 양석조, 부부장검사 김태은, 검사 이복현·배문기·이지형이 배치됐다.

수사3팀(팀장; 양재식 특검보) 소속은 부부장검사 김창진, 검사 조상원·문지석·호승진이었고, 특검보 이규철이 특검 대변인을 맡았다. 수사4팀의 팀장 겸 수석검사가 윤석열이다. 수사4팀에는 부장검사 한동훈, 검사 박주성·김영철·강백신·최재순이 포진했다. 그 외 검찰과 국세청, 그리고 금감원에서 파견된 공무원들이 회계분석팀, 계좌추적팀, 포렌직팀(디지털·DB·통화내역·모바일 분석)을 이뤄 수사를 지원했다.

대전고검 검사 윤석열은 검찰 직제상 평검사였으나, 특검보와 동급 대열에 편성됐다. 특검법에 의해, 특검은 고등검사장, 특검보는 지검검사장 예우를 받았다. 모두 차관급에 해당해, 운전기사와 승용차가 지원됐다.

또한 특별검사에게는 그 직무수행에 필요한 사무실과 통신시설 등 장비의 제공을 국가 또는 공공기관에 요청할 수 있는 권한이 주어졌으며, 요청을 받은 기관은 정당한 사유가 없으면 이에 따라야 한다고 특검법에 명시됐다.

2017년도 국회와 행정부의 특수활동비 사용 현황에 의하면, 박영수 특검은 출범 직후인 2016년 12월에, 인건비나 운영비 외에 별도로 특수활동비 4억4300만원을 수령하는 등, 2017년 12월까지 6억6400만원의 특수활동비를 사용한 것으로 파악됐다.

국회 기획재정위원회 소속 자유한국당 의원 심재철이 공개한 내용이다. 심재철은 "특검은 국가정보원 특활비 수사를 시작한 2018년 이후에는 특수활동비를 수령하지 않았다"고 밝혔다. 특수활동비는 격려성 차원의 지원금이다.

박영수 특검팀은 서울 강남구 대치동 대치빌딩에 771평 규모의 특검 사무실을 마련하고, 12월 21일 현판식을 가졌다. 특검법에 명시된 수사 대상은 다음과 같다.

【1. 이재만·정호성·안봉근 등 청와대 관계인이 민간인 최순실(최서원)과 최순득·장시호 등 그의 친척이나 차은택·고영태 등 그와 친분이 있는 주변인 등에게 청와대 문건을 유출하거나 외교·안보상 국가기밀 등을 누설하였다는 의혹사건.

2. 최순실 등이 대한민국 정부 상징 개편 등 정부의 주요 정책결정과 사업에 개입하고, 정부부처·공공기관 및 공기업·사기업의 인사에 불법적인 방법으로 개입하는 등 일련의 관련 의혹사건.

3. 최순실 등, 안종범 전 청와대 정책조정수석비서관 등 청와대 관계인이 재단법인 미르와 재단법인 K스포츠를 설립하여 기업들로 하여금 출연금과 기부금 출연을 강요하였다거나, 노동개혁법안 통과 또는 재벌총수에 대한 사면·복권 또는 기업의 현안 해결 등을 대가로 출연을 받았다는 의혹사건.

4. 최순실 등이 재단법인 미르와 재단법인 K스포츠로부터 사업을 수주하는 방법 등으로 국내외로 자금을 유출하였다는 의혹사건.

5. 최순실 등이 자신들이 설립하거나 자신들과 관련이 있는 법인이나 단체의 운영과정에서 불법적인 방법으로 정부부처·공공기관 및 공기업·사기업으로부터 사업 등을 수주하고, CJ그룹의 연예·문화사업에 대해 장악을 시도하는 등 이권에 개입하고 그와 관련된 재산을 은닉하였다는 의혹사건.

6. 정유라의 청담고등학교 및 이화여자대학교 입학, 선화예술중학교·

청담고등학교·이화여자대학교 재학 중의 학사관리 등에 있어서의 특혜 및 각 학교와 승마협회 등에 대한 외압 등 불법·편법 의혹사건.

7. 삼성 등 각 기업과 승마협회 등이 정유라를 위하여 최순실 등이 설립하거나 관련 있는 법인에 금원을 송금하고, 정유라의 독일 및 국내에서의 승마훈련을 지원하고 기업의 현안을 해결하려 하였다는 의혹사건.

8. 제5호부터 제7호까지의 사건과 관련하여 안종범 전 청와대 정책조정수석비서관, 김상률 전 청와대 교육문화수석비서관, 이재만·정호성·안봉근 전 비서관 등 청와대 관계인, 김종덕 전 문화체육관광부 장관, 김종 전 문화체육관광부 차관, 송성각 전 한국콘텐츠진흥원장 등 공무원과 공공기관 종사자들이 최순실 등을 위하여 불법적인 방법으로 개입하고, 관련 공무원을 불법적으로 인사조치하였다는 의혹사건

9. 제1호부터 제8호까지의 사건과 관련하여 우병우 전 청와대 민정수석비서관이 민정비서관 및 민정수석비서관 재임기간 중 최순실 등의 비리행위 등에 대하여 제대로 감찰·예방하지 못한 직무유기 또는 그 비리행위에 직접 관여하거나 이를 방조 또는 비호하였다는 의혹사건.

10. 이석수 특별감찰관이 재단법인 미르와 재단법인 K스포츠의 모금 및 최순실 등의 비리행위 등을 내사하는 과정에서, 우병우 전 청와대 민정수석비서관이 영향력을 행사하여 해임되도록 하였다는 의혹사건.

11. 최순실 등과 안종범 전 청와대 정책조정수석비서관, 이재만·정호성·안봉근 전 비서관, 재단법인 미르와 재단법인 K스포츠, 전국경제인연합·기업 등이 조직적인 증거인멸을 시도하거나 이를 교사하였다는 의혹사건.

12. 최순실과 그 일가가 불법적으로 재산을 형성하고 은닉하였다는 의혹사건.

13. 최순실 등이 청와대 뉴미디어정책실에 야당의원들의 SNS 불법 사찰 등 부당한 업무지시를 하였다는 의혹사건.

14. 대통령 해외순방에 동행한 성형외과 원장의 서울대병원 강남센터 외래교수 위촉과정 및 해외 진출 지원 등에 청와대와 비서실의 개입과 특혜가 있었다는 의혹사건.

15. 제1호부터 제14호까지의 사건의 수사과정에서 인지된 관련 사건.〕

수사 대상은 시중에 나도는 의혹을 총 망라한 것인데, 수사 과정에서 새로운 범죄 첩보를 인지(認知)하면, 그 부분도 수사할 수 있도록 하는 재량권을 부여했다.

문화예술계 좌파들의 지원을 배제한, 이른바 블랙리스트 사건은 특검법에 명시된 수사 대상이 아니었다. 특검은 대통령비서실장 김기춘과 청와대 정무수석 조윤선, 문체부장관 김종덕을 구속할 때, 이들이 최서원과 공모했다는 혐의를 적용했다.

최서원이 블랙리스트 작성에 관여했다는 언론의 허위보도를 근거로, 김기춘 등을 구속한 특검은 막상 기소할 때는 공모 사실을 입증할 수가 없어, 최서원을 공모자로 적시하지 못했다.

민노총이 주장한, 일명 원샷법 통과 과정에 있었다는 정경유착은 수사 대상 제3호에 포함됐고, 이것이 뇌물수사의 주된 근거가 되었다. 특검은 대통령을 뇌물혐의로 엮기 위해 수사력을 집중했다.

## 삼족(三族)을 멸한다는 협박성 수사

최서원이 특검 조사를 처음 받은 날은 크리스마스 이브인 2016년 12월 24일이었다. 최서원은 이날 오후 1시50분쯤 수갑을 찬 채, 서울구치소 보안과 소속 여성 교도관들의 계호 속에 특검 사무실에 도착, 오후 2시부터 다음날 새벽 1시까지 조사를 받았다.

특검 사무실에 도착한 최서원은 수사팀장 윤석열 방으로 끌려가, 잠시 얘기를 나눈 뒤 17층에 위치한 영상녹화실에서 고형곤 부부장 검사의 조사를 받았다. 검사 고형곤은 최서원의 변호인 자격으로 입회한 오태희 변호사에게 "오늘은 최순실씨의 대략적인 입장을 들어보고, 정식 조사는 다음날부터 하겠다"며 "변호인은 자리를 비켜 달라"고 요구했다.

조사가 아닌 단순한 면담이기 때문에 최서원은 변호인의 조력을 받을 이유가 없다는 것이었다. 수사기관에서의 면담과 조사는 개념이 다르다. 수사관이 수사 초기에 사건의 전반적인 개요를 파악하기 위해, 피조사자와 자유로운 대화 시간을 가지되, 기록을 남기지 않는 게 면담이며, 일문일답식의 신문을 조서에 기록하는 행위가 조사다. 검사가 피조사자와의 면담을 요청할 경우, 변호인은 자리를 피해주는 게 법조계 관행이다.

검사 고형곤은 검찰 특별수사본부 시절에 태블릿PC 사용여부와 관련해, 이미 최서원을 조사한 적이 있기 때문에 최서원과는 구면이다. 그럼에도 검사는 면담을 핑계로 변호인의 입회를 불허했다.

오태희 변호사는 조사실 밖에서 면담이 끝나기를 기다렸다. 면담은 일종의 상견례 자리이므로 대부분 20분을 넘기지 않는다. 면담시간이 2시간을 넘어서자 변호사가 항의했고, 그제야 검사는 변호인의 입회를 허용했다.

변호인이 입회한 가운데 최서원에 대한 조사가 시작됐다. 검사는 "검찰에서의 당신 진술은 전부 거짓말이다. 우리가 새로운 사실들을 가지고 있다. 지금부터 진실을 이야기하라"며 최서원을 다그쳤다.

최서원의 범죄혐의는 직권남용권리행사방해, 강요, 강요미수, 사기미수, 증거인멸교사 등 5개인데, 이 부분은 재판이 진행 중이므로 법원에서 유·무죄를 다툴 사안이며, 특검이 최서원의 범죄혐의와 관련해 새로운 증거를 확보했다면, 그 증거를 토대로 신문하고 추궁하는 게 수사의 기본이다.

그러나 검사는 새로운 범죄혐의는 제시하지 않고, 특검법에 명시된 수사 대상 15개 항목에 대해 하나씩 물었다. 검사가 꼬치꼬치 캐묻는 바람에 조사는 밤 10시20분경에 끝났다. 검사는 변호사에게 "오늘 조사는 끝났습니다. 최서원씨는 서울구치소로 돌려보낼 테니 변호인은 귀가해도 좋습니다"라고 말했다. 오태희 변호사가 특검 사무실을 나온 시각이 밤 10시30분이었다.

약속대로라면 검사 고형곤은 최서원을 서울구치소로 돌려보내야 했다. 하지만 검사는 최서원을 부장검사 신자용 방으로 데리고 갔다. 그 방에서 있었던 조사 분위기에 대해, 최서원은 변호인단에게 이렇게 밝혔다.

【변호사님이 돌아가신 뒤, 담당검사(고형곤)가 저를 부장검사(신자용) 방으로 데려 갔습니다. 그 방에서 저는 2시간가량 또 다시 조사를 받았습니다. 제가 사실이 아닌 질문에 대해서는 "아니다"라고 말하고, 모르는 것은 "모른다"고 대답했습니다.

그랬더니 신자용 부장검사가 저에게 "특검에 들어온 이상, 협조하는 게 좋을 것이다. 당신과 대통령 사이에서 있었던 모든 일을 다 불어라. 그렇지 않으면 당신의 삼족(三族)을 멸할 것이며, 당신은 물론이고 당신 딸 정유라와 당신 손자도 영원히 감옥에서 썩게 할 것이다. 뿐만 아니라 당신의 모든 일가친척을 샅샅이 조사하여 이 사회에서 영원히 발을 붙이지 못하게 할 것이다"라는 취지로 말했습니다.

지금까지 살아오면서 그처럼 험한 말을 들은 것은 처음입니다. 2016년 10월 31일에 긴급 체포되어, 거의 하루도 빠짐없이 검찰 조사를 받느라 지칠 대로 지친 상태에서 그런 험한 말을 들으니 너무나 무섭고 두려웠습니다.

특검 사무실을 나와 서울구치소를 향해 출발한 시각이 12월 25일 오전 1시경이었습니다. 신자용 부장검사가 저에게 폭언한 말을 밖에서 대기하고 있던 여성 교도관들도 다 들은 모양입니다. 서울구치소로 돌아가는 차 안에서 여성 교도관들이 저에게 "어찌 그렇게 심한 말을 할 수 있느냐"며 저를 위로해 주었습니다.】

최서원 변호인단은 12월 30일, 특검 소속 부장검사의 거친 말과 강압적 수사에 항의하는 의견서를 특검에 제출했다. 변호인단은 의견서에서 특검이 12월 24일 밤 11시부터 다음날 새벽 1시까지 조사한 것은 심야(深夜) 조사 금지규정에 위배되며, 심야 조사를 받을 때 변호인의 조력을 받지 못한 것은 헌법 및 형사소송법에 보장된 피조사자의 권리를 침해했다고 비판했다.

변호인단은 의견서 말미에 "특검 수사팀의 부장검사가 피조사자에게 충격적인 폭언을 한데 대해, 특검 내부에서 조사해 달라"고 요청하고, "조사를 담당했던 부장검사 및 부부장 검사를 수사라인에서 제외하는 등 이에 대한 적절한 조치가 이루어지지 않으면 피조사자는 특검 조사에 응할 수 없으며, 강제수사권을 발동해 체포영장을 발부하더라도 피조사자는 묵비권 등 헌법에 부여된 모든 권리를 행사하겠다"고 통보했다.

최서원도 특검의 거듭된 소환 요청에 "삼족을 멸한다는 폭언을 들은 이후, 무섭고 두려워서 특검에 나가지 못하겠다. 재발 방지대책을 마련해 주지 않으면 특검에 출두하지 않겠다"는 취지의 불출석 사유서를 3차례나 제출했다.

나는 특검의 입장을 듣기 위해 2017년 1월 18일, 신자용 부장검사에게 질문지를 보냈다. 신자용은 답변서에서 "최서원에게 대통령과의 관계에 대해 말하지 않으면 삼족을 멸하겠다는 말을 한 사실이 없다. 면담은 12월 24일 밤 10시30분부터 밤 11시37분까지 이루어졌다. 조사를 앞둔 면담이었고, 당시 최서원은 변호인의 조력을 요청하지도 않았으며, 앞으로 조사를 받겠다고 하는 등 최서원의 어떠한 권리도 침해한 사실이 없다"고 주장했다.

사실여부는 특검의 내부자료, 즉 사무실 내에 설치된 CCTV 화면이나 사무실 방문 시각과 퇴근 시각을 기록한 근무일지 등을 공개하면 명확하게 드러날 텐데, 특검 측은 제시하지 않았다.

## 국회 청문회는 소문을 퍼뜨린 대형 확성기

특검법 발의 직후, 정치권은 특위(정식 명칭; 박근혜 정부의 최순실 등 민간인에 의한 국정농단 의혹사건 진상 규명을 위한 국정조사특별위원회) 구성에 합의했다. 여당과 야당은 합심하여 특검(特檢)과 국정조사라는 투 트랙으로 대통령을 압박했다. 국회는 통상적으로 사용되던 게이트나 로비나 의혹이란 단어 대신에 국정농단이라는 일종의 조어(造語)까지 창작했다.

특위위원장은 새누리당 김성태가 맡았고, 이완영(새누리당), 박범계(더불어민주당), 김경진(국민의당)이 각 당(黨)의 간사였다. 특위 위원은 새누리당의 경우, 이만희·이혜훈·장제원·정유섭·추경호·황영철·하태경이었고, 더불어민주당은 김한정·도종환·박영선·손혜원·안민석이었으며, 국민의당 이용주와 정의당 윤소하가 특위 위원에 포함됐다.

2016년 11월 17일부터 이듬해 1월 15일까지, 60일 동안 활동한 특위가 국회 청문회에 소환할 증인 선정을 끝낸 날은 11월 29일이다. 구속 기소된 최서원·안종범·정호성의 모든 수사기록이 공개된 후여서, 특위 위원들이 기록만 읽었더라면 국회 청문회는 의혹해소에 많은 도움이 되었을 것이다.

나는 TV를 통해 국회 청문회를 지켜보면서 특위 위원들의 주장과 검찰 조서에서 확인된 사실관계를 비교했다. 국회 청문회는 언론에 보도된 허위기사와 일부 증인들의 근거 없는 주장을 고스란히 전달하는, 다시 말해 진상 규명이 아니라 더 많은 의혹을 양산하고 퍼뜨리는 대형 확성기로 작용했다.

국회 특위는 크리스마스 다음날인 2016년 12월 26일, 최서원이 수감된 서울구치소에서 감옥 청문회를 열었다. 최서원이 형사소송법 제148조에 근거하여, 국회 증언을 거부했기 때문이다. 최서원이 감방에서 나오지 않자, 더불어민주당 소속 박영선은 감방 문 앞까지 휴대폰을 가지고 들어가, 최서원에게 출석을 강요했다.

최서원은 서울구치소장의 권유에 의해 마지못해 청문회장에 나왔다. 이 자리에서 더불어민주당 안민석이 최서원에게 "국민들은 당신이 종신형을 받아야 된다고 생각하고 있는데, 어떻게 생각하느냐"고 물었다. 특검에서 이미 삼족을 멸한다는 말을 들었던 터라, 최서원은 거침없이 "종신형을 받을 각오가 되어 있습니다"라고 대답했다.

삼족을 멸한다는 폭언이 있은 후, 최서원은 특검 소환에 계속 불응했다. 이렇게 되자 특검은 체포영장을 발부받아, 최서원을 서울구치소에서 특검 사무실까지 강제 연행했다. 2017년 1월 25일로, 설 연휴를 앞두고 있을 때였다.

최서원은 특검 사무실 앞에 늘어선 취재진의 플래시를 받으며 걸어가면서 "여기는 더 이상 민주주의 특검이 아닙니다"라며 절규하듯이 외쳤다. 최서원의 고함과 절규는 생방송으로 중계되었고, 최서원은 동네북이 되었다.

최서원에 대한 수사는 현직 대통령과 직접적인 관련이 있다. 대통령 의상을 제작한 신사동 의상실 조사에서 뇌물혐의를 입증할 증거를 찾지 못한 특검은 대통령과 최서원을 경제공동체로 옭아매기 위해, 고문과 다름없는 언어폭력으로 인권을 유린하는 한편, 사건 관련자들에게는 대통령 지시가 있었다는 진술을 강요했다. 특검 대변인 이규철은 확인되지 않은 피의사실을 매일 브리핑했고, 언론은 이를 받아 적는데 바빴다.

### 노승일, "영어와 독일어 할 줄 모릅니다"

고영태의 친구 노승일이 국회 청문회에 출석한 날은 2017년 1월 9일이다. 노승일은 처음엔 참고인이었으나 증인으로 신분이 바뀌었다. 노승일의 학력과 경력은 검찰 조서에 이렇게 기록돼 있다.

【초등학교 4학년 때 배드민턴 시작. 1995년 2월 서울체육고등학교 졸업. 1995년 한국체육대학 입학. 전국 체전 서울 대표선수로 참가하여 단체전에서 금메달 수상. 1999년 2월 한국체대 졸업. 1999년 8월부

터 그 해 12월까지 경기도 가평에 있는 설악중학에서 체육담당 기간제 교사로 근무.

2002년 2월부터 2013년 3월까지 11년간 메리츠증권 서울 종로지점 등에서 근무. 고객에게 계좌 개설 권유 및 고객의 자산관리 담당. 2013년 4월부터 2015년 7월까지 서울 노원구·은평구 및 경기도 의정부시와 양주시 등에서 배드민턴 코치생활. 2016년 1월 11일, 고영태 소개로 K스포츠재단 입사.】

노승일은 특검이 대통령과 삼성전자 부회장 이재용, 최서원의 딸 정유라를 승마 뇌물로 엮는 과정에서 전(前) 대한승마협회 전무 박원오와 함께 특검 수사에 협력한 장본인이다.

노승일이 독일로 출국한 날은 2015년 8월 11일이다. 노승일은 독일에서 3개월가량 체류한 뒤, 같은 해 11월 30일 귀국했다. 노승일이 독일로 출국할 당시의 생활과 독일에서 한 일은 「노승일의 정조준」(지은이; 노승일)이라는 책에 소개돼 있다. 이 책은 문재인 정부 출범 후인 2018년 3월 5일에 출간됐다.

책에 의하면, 노승일은 증권회사 다닐 때, 월급이 100만원이었으나 세금을 제외하고 받는 돈은 88만원이었고, 늘어나는 빚을 감당 못해 이혼까지 했다. 증권회사를 그만둔 뒤에는 배드민턴 레슨코치로 일하며 돈을 벌었고, 레슨이 끝난 새벽 2시부터 다음 날 오후 2시까지는 구리 농수산물시장 내 청과물 시장에서 일했다.

당시 힘들었던 사정이 노승일 책에 이렇게 기록돼 있다.

"부채도 많고 갚을 곳도 많았다. 지인들에게 돈을 빌려 돌려막기를 하는 것도 괴로운 일이었다. 잠을 안자고 일을 할 수 있고, 돈을 갚을 수 있다면 무엇이든, 얼마든지 할 수 있었다. 나는 살고 싶었다.

배드민턴 레슨코치 수입 180만원에 청과시장 200만원을 합쳐도 부채를 갚기에는 빠듯했고, 월세를 낼 수 없어 집주인 아주머니가 전화해서 방을 빼달라고 할까봐 늘 걱정을 하고, 전기료와 가스사용료, 상하수도 사용료는 독촉이 들어와야 납부를 했다. 월세 보증금 300만원은 독일로 향할 때 한 푼도 받지 못했다. 월세가 밀려도 딱 한 번 전화해 주신 집주인 아주머니께 죄송하고 고마운 마음뿐이다."

생활고에 시달려 두 번이나 이혼한 노승일은 독일로 이민 갈 결심을 했다. 노승일은 검찰 1차 조사에서 최재순 검사가 출입국기록을 제시하고, 독일 출국 목적에 대해 묻자, "이민을 가고 싶은 마음이 있어, 독일 뒤셀도르프로 가서 지인의 집에서 머무르면서 독일에서 할 일이 무엇인지, 자영업으로 무엇이 적당한지 등을 검토하였다"라고 진술했다.

그러나 노승일은 고영태와 함께 조사를 받는 자리에서는 "고영태가 저보고 독일에 가서 최순실 회장의 코어스포츠 설립을 도와, 일해 볼 것을 제안하여"라는 식으로 번복했다. 삼성전자와 용역계약을 체결한 코어스포츠라는 법인의 설립과 운영을 노승일 본인이 담당했다고 진술한 것이다.

독일에서 법인을 설립하고 운영하려면 독일어나 영어를 할 줄 알아야 한다. 최서원의 변호인 이경재 변호사가 법정에 증인으로 출석한 노승일에게 "증인은 독일어나 영어를 구사할 줄 아나요"라고 물어보자, 노승일은 "할 줄 모른다"고 대답했다.

이경재 변호사가 "독일어를 할 줄 모르는 증인이 독일에서 어떻게 법인설립을 하고 운영을 했느냐"고 추궁하자, 노승일은 "독일에 거주하는 한국인 출신 변리사를 알고 있다"고 대답했다. 법인설립은 변호사 소관이고, 변리사는 특허 분야 전문인이다. 노승일은 변호사와 변리사 업무를 구분하지 못했다.

「노승일의 정조준」에 의하면, 노승일은 국제운전면허증을 가지고 독일로 갔다. 노승일이 독일에서 3개월 동안 한 일은, 독일 프랑크푸르트공항에 내린 최서원을 픽업하고, 승마장과 호텔 사이의 운전이었다. 노승일의 봉급은 코어스포츠에서 지급됐다.

독일에서 두 달가량 운전기사 역할을 한 노승일은 최서원에게 "뒤셀도르프에 사는 여자 친구와 독일에서 살려면 취업비자가 필요하다"며 도움을 요청했다. 이에 최서원은 "한국에 있는 당신 자식들은 누가 책임질 것이냐. 당장 한국으로 돌아가라"며 거부했다.

이 바람에 월급 지급이 중단된 노승일은 수염도 깎지 못하고 국수를 간장에 말아먹으며 예거호프 승마장에서 힘든 생활을 한 뒤, 뒤셀도르프에 살던 여자 친구의 도움으로 귀국했다.

노승일은 예거호프 승마장에 거주할 때, 전(前) 대한승마협회 전무 박원오와 가깝게 지냈다. 노승일의 책에는 박원오가 많은 도움을 준 고마운 「원장님」으로 표현돼 있다. 노승일은 독일에서 박원오와 친하게 지냈다는 사실을 의도적으로 숨기기 위해, 자기 책에 박원오의 실명을 공개하지 않았다.

## 「위대한 증인」 노승일의 주장 근거는 "감지했다"는 것

노승일이 국회 청문회에 출석한 날(2017. 1. 9.), 더불어민주당 위원 안민석이 노승일에게 대통령과 두 재단 사이의 관계를 물었다. 노승일이 방송에서 "박근혜 대통령이 퇴임 후에 미르재단과 K스포츠재단의 이사장으로 오기로 했다"고 주장한 적이 있기 때문이다.

다음은 국회 속기록에 기록된 안민석과 노승일의 일문일답이다.

《**안민석:** 일전에 어느 방송에서 미르재단과 K스포츠재단이 통합된 다음에 박 대통령이 퇴임 후에 통합재단 이사장을 맡을 계획이라고 주장을 하셨지요.

**노승일:** 예, 맞습니다.

**안민석:** 그 근거가 무엇이었고 누구한테 그 얘기를 들었어요.

**노승일:** 그 부분은 일단 미르가 먼저 성격적으로 좀 비슷하게 만들어졌고요, 2015년에….

**안민석:** 누구한테 그 이야기를 들었어요, 아니면 본인의 판단입니까.

**노승일:** 제가 그 부분은 조금씩 감지를 했습니다.

**안민석:** 감지를?

**노승일:** 예.》

증거를 제시한 게 아니고, 감(感)으로 알아챘다는 주장만 펼쳤을 뿐인데도, 더불어민주당 위원들은 노승일을 치켜세웠다. 박범계 위원은 "증인은 이번 청문회에서 가장 위대한 증인입니다. 증인에 대해서 제가 보낼 수 있는 최대한의 경의를 보냅니다"라고 말했고, 박영선 위원은 "그리고 또 한 가지, 용기가 세상을 바꾼다는 것을 저는 노승일 참고인을 통해서 다시 한 번 확인했습니다. 신변의 위협이 있었을 텐데 잘 버텨주셔서 감사하다는 말씀을 드린다"고 했다.

더불어민주당 위원 손혜원이 "왜 독일에다가 승마장을 차리고 독일에서 돈을 받는 이런 협상들이 이루어졌을까요"라고 묻자, 노승일은 "

은밀하게 진행하기 위해서는 독일이 낫다고 판단했던 것 같다"고 대답했다. 손혜원은 더 이상 추궁하지 않았다. 손혜원은 자신의 페이스북에 "의인들을 보호하라"는 글과 함께, 고영태·노승일과 같이 찍은 사진을 올렸다.

노승일은 국회 청문회와 언론 인터뷰 등을 통해, "정유라는 하루에 한 시간 밖에 연습하지 않았다. 삼성전자가 코어스포츠에 입금한 돈은 정유라가 낳은 아기를 위한 용품과 분유 값 및 정유라가 키우는 강아지 비용 등에 사용됐다"며 "최서원과 정유라는 코어스포츠라는 페이퍼컴퍼니를 통해 삼성전자로부터 돈을 받았다"고 주장했다.

노승일의 이 주장은 승마의 생리를 모르고 한 말이다. 배드민턴 선수 출신인 노승일은 법정증언에서 "승마는 모른다"고 시인했다. 정유라는 마장마술 선수다. 마장마술은 말과 기수가 한 몸이 되어 연기를 펼치는 기술로, 기수(騎手)보다 말이 더 빨리 지치기 때문에 하루에 1시간 이상의 연습은 할 수가 없다.

노승일은 국회 청문회에서 "대통령과 최서원, 삼성그룹을 망하게 하기 위해 출석했다"고 주장했다. 노승일의 이런 무책임한 주장이 아무런 여과장치 없이 국민들 속에 파고들었고, 승마뇌물의 진실을 가리는 부연(浮煙) 막 같은 역할을 했다.

## 안민석과 노컷뉴스…상주 승마의 진실

승마 뇌물사건은 대통령이 최서원과 공모하여, 삼성전자 부회장 이재용으로부터 뇌물을 수수(授受)했다는 것인데, 특검(特檢) 공소장은 「피고인 박근혜, 최서원, 이재용 간 뇌물수수 합의 과정」에서부터 시작한다. 인용하면 이렇다.

【① 최서원은 2013년 4월경 전국 승마대회에 출전한 자신의 딸 정유라가 우승을 하지 못하자, 대한 승마협회 임원들과 위 대회 심판들에 대하여 경찰로 하여금 내사를 진행하게 하였고,

② 2013년 7월경 피고인(박근혜)에게 문체부 담당자로 하여금 대한 승마협회 비위를 조사하고, 최서원이 원하는 조치를 할 수 있도록 도와달라고 부탁을 하였고,

③ 문체부 담당자 노태강 등의 보고 내용에 불만을 갖게 된 최서원의 요구에 따라 피고인은 문체부장관에게 노태강 등에 대한 공개적 좌천인사를 지시하였으며,

④ 2014년 9월 초순경 최서원은 대한 승마협회 회장사를 맡고 있던 한화그룹이 승마 국가대표 선수인 정유라에 대한 지원이 소극적이라 판단하고, 피고인에게 회장사를 삼성그룹으로 바꾸어, 보다 적극적인 지원을 하게 해달라고 요청하였고,

⑤ 피고인은 이재용이 자신의 승계작업 등에 정부의 도움을 필요로 한다는 점을 이용하여, 최서원의 요청을 수락함으로써 피고인과 최서원은 이재용에게 요구하여 뇌물을 수수하기로 공모했다는 것이다.】

공소사실 ①항이 승마 뇌물사건의 대전제(大前提)다. 2013년 4월경에 열린 전국 승마대회에서 정유라가 우승하지 못하자 이에 불만을 품은 최서원이 대통령에게 지원을 요청하면서 승마 뇌물이 시작되었다는 것이다. 나는 이 승마대회의 진실부터 추적했다.

나는 더불어민주당 안민석 의원이 쓴 책, 「끝나지 않은 전쟁/최순실 국정농단 천 일의 추적기」에서 승마대회와 관련된 단서를 발견했다. 그 내용은 이런 취지다.

【2014년 1월 15일, 한 통의 전화가 대한민국의 운명을 뒤흔든 역사적인 순간이었음을 누가 알았으랴! 박창일 신부님의 전화였다.

"승마계가 지금 쑥대밭이 됐는데, 문체부 체육국장이 쫓겨나고, 체육과장도 다른 데로 좌천되고 승마협회의 심판들이 다 경찰에서 조사를 받았어. 이런 말도 안 되는 일이 지금 일어났는데, 그 뒤에 최순실이 있다는 거야. 안 의원, 최순실이라고 알아?"

베일에 가려진 국정농단의 주인공 최순실의 이름을 그날 신부님으로부터 처음 들었다. 이것이 최순실과의 악연의 시작이었다.(이하 중략).

2013년 2월에 박근혜 대통령이 취임하고 처음으로 대한승마협회 주관으로 열린 대회가 바로 4월에 있었던 상주대회였다. 이 대회의 마장마술 고등부 경기에서 정유라가 준우승을 했다. 정유라의 준우승 사건이 박근혜·최순실 국정농단의 서막이었다.

당시 우승자는 고등학교 3학년에 재학 중인 김혁이었다. 독일 승마 유학을 마치고 돌아온 김혁의 마장마술 경기력은 국내 최고 수준이었다. 정유라는 김혁의 경기력을 따라갈 수 없었다. 최순실은 김혁의 우승이 그를 편애하는 심판들의 농간이라고 생각했을 것이다.

최순실은 박근혜에게 이 결과를 이야기하면서, 심판들이 성적을 조작했다고 한 것 같다. 며칠 뒤 상주대회 마장마술 경기 심판 전원이 상주경찰서로 불려갔다. 상주경찰서에서는 심판들을 불러다가 마장마술 경기가 조작된 것이 아니냐고 추궁하기 시작했다.】

나는 안민석이 쓴 책 내용을 근거로, 2013년 4월에 있었다는 상주 승마대회의 실체를 확인하기 위해, 관련 기사들을 검색한 끝에 1건의 기사를 찾았다. 노컷뉴스가 2013년 4월 18일, 지방뉴스로 보도한 기사였다. 이 기사는 대구와 경북지역에 거주하는 독자들을 위한 것이어서 전국적으로 널리 알려지지 않았다.

그런데 노컷뉴스 보도는 안민석의 책 내용과 딴판이었다. 대구 CBS 소속 김세훈 기자가 쓴, 노컷뉴스 기사를 전문(全文) 그대로 인용한다.

【명실상부한 승마도시로 자리매김하고 있는 상주시가 최근 열린 승마대회에서 촉발된 특혜 시비로 곤혹을 치르고 있다. 특히 승마협회의 고위 간부가 특혜에 개입했다는 의혹이 일면서 경찰이 수사에 나서고 있다. 17일 경북도와 경찰 등에 따르면, 지난 9일부터 엿새간 펼쳐진 KRA(한국마사회)컵 전국 승마대회에서 마필의 숙소격인 마방 배정이 불공정했다며 일부 참가 선수들이 반발하고 있다.

거세하지 않았거나 몸집이 비대하지 않은 이상, 경기에 출전하는 마필은 대회용 '임시마방'에 머무는 게 원칙인데, 협회 측이 특정 선수에게 상주승마장 자체 시설인 '본마방'을 내줬다는 것이다. 가로 3.5m, 세로 3.5m 크기의 본마방은 임시마방(3.5×3.0)에 비해 공간이 큰데다 실내에 자리 잡고 있어, 마필이 좋은 컨디션을 유지하는데 비교우위에 있는 것으로 알려져 있다.

실제 '본마방'을 썼던 선수는 학생부 마장마술 종목에 출전해 3관왕을 차지한 것으로 확인됐다. 불과 지난달 첫 데뷔전을 치를 만큼 짧은 선수 경력을 감안하면 단순히 기량 성장으로만 보기는 힘들다는 지적이다.

경북도 관계자는 "승마장이 마련한 임시용 마방은 186칸에 불과해 대회에 참가하는 말들을 모두 수용할 수 없어, 본마방을 일부 개방한 것 같다"면서 "대회 공정성을 훼손할 소지가 커, 향후 대회에선 본마방을 열지 않도록 시정조치를 내렸다"고 말했다.

이런 가운데 이번 대회 심판위원장이자 경북승마협회 고위 간부인 L씨가 종목 채점과 마방 배정에 모종의 영향력을 행사했다는 뒷말도 무성하다. 특혜를 받았다고 지목된 선수의 학부모와 L씨가 대회를 앞두고 수상쩍은 접촉을 했다는 의혹이 나오는 탓이다.

마장마술 종목은 장애물 경기와 달리 심판의 주관적인 평가와 채점으로 순위가 가려지는 만큼 심판과 선수 측 관계자의 만남 자체가 금기시된다. L씨는 사실무근이라며 관련 의혹을 전면 부인하고 있다. 그는 "마방 배정에 심판이 관여할 권한도 없고, 더구나 선수의 학부모와 사전에 접촉한 사실 자체가 없다"며 "왜 그런 터무니없는 오해가 나오는지 모르겠다"고 말했다.

그러나 한 경찰관계자는 "학부모와 식사를 함께 한 건 맞지만, 부적절한 처신은 하지 않았다며 L씨가 주변에 만남 사실을 인정했다는 증언도 나오고 있어 확인작업을 벌이고 있다"고 전했다.】

이 기사는 마장마술 종목에 출전해 3관왕을 차지한 선수의 학부모가 대회를 앞두고 경북승마협회 고위 간부 L씨와 수상쩍은 접촉을 했다는 의혹을 폭로하는 내용이다. 일종의 고발성 기사였다. 이 승마대회에 정유라가 고등부 마장마술 종목에 출전해 2등을 한 것은 사실이지만, 기사 어디에도 최서원이나 정유라에 대한 언급은 없다.

특히 학생부 마장마술 종목에 출전해 3관왕을 차지한 우승자가 불과 지난달에 첫 데뷔전을 치를 만큼 선수 경력이 짧았다는 기사 내용은 안민석의 책과 상당히 차이가 있었다.

## 신부 박창일, 범민련 북측 의장과 사진 찍어

대통령 변호인단은 경북 상주경찰서 지능팀이 대회가 끝난 후인 2013년 8월 5일에 작성한 「전국 승마대회 내사사건 수사 결과」 보고서를 법정에 증거물로 제출했다. 내용은 이렇다.

【① 내사 혐의점; 대상자들은 제42회 KRA컵 전국승마대회 출전한 고등부 출전선수 김혁 소유 말 2필을 본마방에 입방시켜 최상의 컨디션으로 경기를 치루게 하여, 마장마술 3개 분야(S-1, A, B클래스)에서 1등을 하게 하여 특정 후보에게 특혜를 주고 성적을 조작한 혐의점.
② 우편물(편지) 관련하여; 전규식 명의와 박학수 명의 우편물은 발신인이 가명 사용, 수사기관에 편지 발송한 것으로 내사할 가치가 없는 것으로 판단.
③ 내사 사항; 피내사자 이현배(경북 승마협회 부회장 겸 대한승마협회 심판위원장)는 정아미(상주 국제승마장 마방 배정 교관)에게 마방 배정 특혜 및 심판진들에게 성적조작 지시하거나 관여 사실 부인. 언론 보도내용대로 특정 선수 보호자와 사전 접촉, 식사 접대, 전화 통화사실 부인.
정아미는 자체 마방 규정 이행. 다른 마장마술과 장애물경기 참가 선수가 본마방 신청 취소하는 바람에 김혁 선수가 본마방 신청하여 대체해 준 것으로, 이현배 지시받고 특혜 준 사실 부인.
서성호(대한승마협회 전무이사)는 마방 배정은 정아미 교관의 고유권한. 심판이사가 심판진을 배정하므로 성적 조작에 관여한 사실 부인. 심판원 관리 시행세칙이 개정된 것은 인정하나, 이사회에서 승인된 이후부터 적용되므로 42회 경기대회 때는 기존 규정대로 심판진들이 점수 채점(경기이사 김종찬과 심판진 양창규 · 김남수의 진술과 부합).

　김혁 선수 보호자 김정O 상대 조사; 피내사자 이현배 등과 사전 접촉, 전화 통화, 식사 제공, 금품수수 사실 부인.

　④ 내사 의견; 국민체육진흥법 적용 불가. 내사 혐의점을 인정할 만한 명백한 증거를 발견치 못하였고, 범죄사실 인정키 어려워 내사종결 의견임.】

　상주경찰서 지능팀이 내사에 착수한 것은 노컷뉴스에 보도된 고발기사와 우편으로 접수된 익명의 고발장 때문이었다.

　안민석 책에는 상주 승마대회 사건의 제보자가 신부 박창일이라고 명시돼 있다. 안민석은 박창일에 대해, 단순한 천주교 신부가 아니고,「평화 3000」이라는 북한 지원단체를 만들어 2007년 평양 사동에 인조잔디구장을 지어주었으며, 안민석 자신도 박창일을 따라 평양과 개성, 금강산에 열 번 이상을 다녀왔다고 책에서 자랑했다.

　나는 신부 박창일을 추적했다. 박창일은 5 · 18 광주사태 때 광주가톨릭대 학생이었고, 천주교 정의구현사제단에서 통일위원장으로 활동했다. 박창일이 평양 순안공항에서 범민련(조국통일범민족연합) 북측 의장 강지영을 만나, 함께 찍은 사진도 박창일 자료 속에서 찾았다.

　뜻밖에도 박창일은 안민석은 물론이고, 고영태가 접촉했던 더불어민주당 의원 오영훈과도 친밀한 관계였다. 나는 이런 사실을 버닝썬 사건의 피해자 김상교를 통해 확인했다. 박창일은 세상 돌아가는 흐름을 잘 알고, 정치적 감각이 꽤 높은 사람이라고 안민석은 자기 책에 적어 놓았다.

박창일은 예수성심전교수도회 소속인데, 숙소는 청와대 인근인 종로구 자하문로에 있었다. 숙소에 전화를 걸었더니 담당자는 "박창일 신부는 교구 소속이 아니다. 사회사목 담당이어서 일정을 알지 못한다. 수시로 해외에 나가기 때문에 찾아온다고 해서 만날 수 있는 것도 아니다"라고 말했다.

특검 공소장의 대전제인 상주 승마대회는 노컷뉴스 보도와 비교하면 사실과 다름을 알 수 있다. 그러니까 정유라가 2013년 4월 상주 승마대회에서 준우승했다는 사실 하나를 이용하여, 천주교 내의 북한 추종세력이 더불어민주당 내 일부 의원과 재야 단체에 퍼뜨린 악성 마타도어(흑색선전)임을 추론할 수 있다.

## 노태강이 체육국장에서 경질된 사유

청와대가 승마협회 비리를 조사하도록 했다는 공소사실 ②항은 검찰 조사를 받은 진재수(전 문체부 체육정책과장)의 자필진술서와 대조하면 사실이 아님을 확인할 수 있다. 진재수는 2013년 4월, 문체부 체육국 체육정책과장(서기관)에 임명되었으나, 그 해 10월 한국예술종합학교 총무과장으로 좌천되었고, 거기서 2년 8개월을 근무한 뒤, 2016년 7월 29일 명예 퇴직했다.

특검 출범 전, 검찰에 소환된 진재수는 "2013년 6월초 청와대 교육문화수석실 행정관 강정원 과장으로부터 '대통령기 승마대회를 왜 지방에서 개최하는지 사유를 파악해 청와대에 보고하라'는 지시에 이어, '대통령기 대회를 잘 챙기라'는 지시를 받고, 6월 15일 과천에서 열린 대통령기 승마대회에 직접 나가 현장을 확인했다"고 진술했다(2016. 11. 12.).

청와대 지시 사항이 승마협회 비리 조사가 아니라는 것이다. 그런데 진재수를 조사한 배문기 검사가 무슨 이유에서인지는 몰라도 일문일답식의 진술조서를 작성하지 않고, 자필진술서를 받는 선에서 조사를 끝냈다.

진재수가 자필로 쓴 이 진술서가 A4 용지로 5장(표지를 포함하면 총 8장)인데다, 특검이 승마 사건 수사 때, 유독 진재수만 조사하지 않는 바람에 그의 존재는 수많은 기록 속에 파묻혀 버렸다. 꽁꽁 숨어있던 진재수의 자필진술서 찾아낸 사람이 오태희 변호사다.

진재수는 대통령 사건의 증인으로 채택돼, 2017년 8월 17일 법정에 출석했다. 그날 나도 법정에 있었다. 하지만 이미 기울어진 운동장이어서 진재수 증언은 대세를 바꾸지 못했다. 진재수는 삼성전자 부회장 이재용 재판에서는 증인으로 채택되지도 않았다.

최서원의 요구에 의해 문체부 체육국장 노태강 등이 좌천되었다는 공소사실 ③항의 사실관계는 공무상 비밀누설 혐의로 조사받은 정호성의 진술조서 속에 들어있기 때문에 발견하기가 쉽지 않다. 정호성을 상대로 이 부분을 조사한 사람은 유경필 검사다. 다음은 일문일답이다.

**〈검사:** 언론 보도에 의하면, 2013년 4월경 상주에서 개최된 승마대회에서 최순실의 딸 정유라가 2등을 한 사건을 계기로 대통령이 경위 파악을 지시하였고, 문체부 노태강 체육국장과 진재수 체육정책과장이 승마협회는 물론, 정유라 측도 문제라는 취지의 보고서를 올렸다가 2013년 8월경 경질되었다고 하는데, 대통령은 그 연장선상에서 비서실장에게 체육계 비리 척결을 지시한 것은 아닌가요.

**정호성:** 아닙니다. 대통령님이 상주 승마대회와 관련하여 경위파악

을 지시한 적은 없는 것으로 알고 있습니다. 대통령님이 체육계 비리 척결을 처음 언급한 계기는 태권도 대표선수 선발 과정에서 편파 판정 시비 끝에 선수의 아버지가 자살하는 사건 때문이었습니다. 대통령님은 그 사건이 신문에 보도된 직후인 2013년 6월경에 개최된 국무회의에서 체육계 비리 척결에 대해 강한 어조로 말씀하셨습니다.

그 후 두 달 정도 지난 2013년 8월경, 대통령님이 저에게 "체육계 비리 척결에 대해 아무런 진척이 없다. 그 이유가 무엇인지, 누가 잘못하고 있는 것인지 알아보라"고 지시하셨고, 저는 당시 조응천 공직기강비서관에게 대통령님의 지시사항을 전달하였습니다.

**문**: 그 후 어떻게 되었는가요.

**답**: 그로부터 며칠 후에 조응천 비서관이 "노태강 국장과 진재수 과장이 일을 제대로 수행하지 않고 있다. 교체가 바람직하다"라는 취지의 보고서를 올렸습니다. 저는 그 보고서를 대통령님에게 올려드렸고, 그로부터 며칠 안에 문체부장관 보고를 받으시는 자리에서 두 사람에 대한 언급을 하셨던 것으로 알고 있습니다.

**문**: 노태강 국장 등이 교체된 이유는 최순실의 딸 정유라 사건과는 아무런 관련이 없는 것인가요.

**답**: 제가 아는 범위 내에서는 관련이 없습니다.〉

노태강과 진재수는 공직기강비서관 조응천이 대통령에게 보고한 부정적인 내용 때문에 한직으로 좌천됐다. 때문에 노태강이 조응천에게 전후 사정을 물었더라면 진실에 눈을 떴을 것이다. 노태강의 좌천 사유가 잘못 알려진 데는 허위보도를 한 언론의 책임이 커지만, 문체부장관 유진룡의 이중적 처신이 영향을 끼쳤다는 점을 지적하지 않을 수 없다.

유진룡은 대통령이 국무회의에서 지시한 태권도 비리 척결을 체육국장 노태강에게 전달하지 않았고, 그 후 노태강이 인사 조치되자 책임을 모면하기 위해 "대통령이 승마만 챙겼다. 대통령으로부터 '노태강 국장과 진재수 과장, 참 나쁜 사람이라더라. 인사조치하라'는 말을 들었다"는 취지의 일방적 주장을 주변에 퍼뜨린 장본인이다.

대통령은 검찰 조사에서 유진룡의 주장을 부인했다. 다음은 대통령과 검사와의 일문일답이다.

**〈검사:** 피의자는 2013년 8월 21일경 대면보고 자리에서 유진룡과 모철민(당시 청와대 교문수석)에게 "노태강 국장과 진재수 과장, 참 나쁜 사람이라더라. 인사조치하라"고 말을 한 사실이 있습니까.

**박근혜:** '나쁜 사람이다'라고 말한 것은 기억이 나지 않고, 노태강, 진재수에 대해 인사조치하라고 말한 기억은 있습니다. 체육계 비리에 대해서 말이 많아, 비리를 근절할 수 있는 이행방안을 마련하라고 지시한 적이 있습니다. 그런데 민정으로부터 그 지시사항이 잘 이해되지 않는다는 보고를 받았고, 노태강 등의 개인적인 비위 등도 고려하여 문책성 인사를 하라고 한 것입니다.

**문:** 피의자는 노태강에 대한 인사문제를 최순실과 상의한 적이 있습니까.

**답:** 그런 적 없습니다. 왜 최순실하고 상의를 합니까. 그건 말이 안 되는 이야기입니다.

**문:** 피의자는 2013년 8월 21일경 대면보고 자리에서 유진룡으로부터 "외부의 부정확한 평가에 의해 인사상 불이익을 주는 것은 부당합니다"라는 말을 들은 사실이 있습니까.

답: 유진룡으로부터 그런 이야기를 들은 적이 없습니다. 장관들이 대통령에게 인사 관련해서 그렇게 이야기를 할 수 없습니다. 만약 말을 하더라도 보고서를 작성해서 정식 보고를 하지, 대면하는 자리에서 그런 이야기를 할 수는 없습니다.

문: 피의자는 2016년 3월에서 4월경 김상률(당시 청와대 교문수석)에게 "문체부에 노태강, 진재수라는 공무원들이 있는데 산하 기관으로 보임하라"는 말을 한 사실이 있습니까.

답: 그런 기억은 없습니다. 제가 문책성 인사를 한 번 했으니, 문체부에서 알아서 문책성 인사를 했을 것입니다.

문: 김상률은 위 일시경 대통령이 전화하여 위와 같은 말을 하였다고 하고, 김종덕은 김상률로부터 노태강 사직과 관련하여, "대통령 지시사항이다"라는 말을 들었다고 합니다. 김상률에게 위와 같은 말을 한 것이 사실 아닙니까.

답: 그런 말을 한 사실이 없습니다. 방금 전도 말씀드렸지만 대통령이 문책성 인사를 하라고 하면 끝이고, 그 다음은 문체부에서 알아서 할 일입니다.〉

대통령은 검찰이 노태강 인사 문제를 집요하게 캐묻자, 서울구치소에서 기억을 되살려, 추가로 이렇게 진술했다.

"노태강이라는 이름이 왜 다시 등장을 했을까 생각해 보니, 2016년경에 프랑스와 한국이 수교 130년을 맞아 양국 간에 이를 기념하는 행사를 준비하게 되었습니다. 당시 프랑스 대통령도 행사 준비 등 지원을 잘해 주어, 프랑스에서는 2016년을 한국 방문 기념의 해로 지정을 하는 등 적극적으로 나서 주었습니다.

당시 프랑스 장식 박물관에서는 한국의 도자기와 옷 등을 전시해서 성과가 좋았던 것으로 기억되며, 이에 우리도 준비를 잘하기로 하였던 것입니다. 그런데 우리 국립중앙박물관이랑 프랑스박물관 간에 준비하는 과정에서, 프랑스에서는 루이뷔통 등 명품을 몇 점 정도 전시를 하려고 하는데, 우리 측에서 지금 매매가 되고 있는 물건은 전시의 대상이 될 수 없다고 경직되게 해석을 하여 진행이 잘 되지 않는다고 하였습니다.

이 문제로 프랑스 측에서 기분이 상하여, 협상이 오락가락하다가 결국 프랑스가 우리나라에서는 전시회를 하지 않는 것으로 정리가 되었습니다. 이런 문제 역시 전통과 현대가 연결되는 것으로 보아, 경직되게 해석을 할 이유가 없는 것인데 결국 외교문제로까지 비화될 수 있어 걱정도 했습니다. 만약에 제가 노태강에 대하여 산하기관으로 조치를 하라고 했다면 이에 대한 책임을 물었던 것이 아닌가 짐작될 뿐입니다."

문체부 체육국장에서 국립중앙박물관 교육문화교류단장으로 좌천된 노태강은 한불(韓佛) 수교 130주년 기념식 때, 프랑스 명품의 전시를 거부하다가 또 다시 스포츠안전재단 사무총장으로 전보됐다.

노태강은 그러나 문재인 정부 출범 후, 문체부 제2차관에 기용되었고, 2020년 11월에는 스위스 주재 한국대사로 자리를 옮겼다. 대통령에게 징역 20년형을 확정 선고한 대법원 3부의 주심 대법관 노태악은 노태강의 동생이다.

## 대통령과 이재용, 대구에서의 면담

최서원이 대한승마협회 회장사를 한화그룹에서 삼성그룹으로 바꿨다는 공소사실 ④항은 대한승마협회 전무였던 박원오의 일방적 주장이다. 특검은 대통령이 이재용과 처음 만난 날이 2014년 9월 15일이란 이유로, 대통령이 이 자리에서 정유라에 대한 승마지원과 승마협회를 삼성그룹에서 맡아달라고 요구했다고 주장했다.

대통령은 2014년 9월 15일, 창조경제혁신센터 대구 지역 개소식에서 이재용을 처음 만났다. 이재용은 만난 장소와 그 당시 분위기에 대해 법정에서 이렇게 진술했다(2017. 8. 3.).

"젊은 창업자들이 10여 개의 부스를 조그맣게 만들어 놓고, 그들의 아이디어가 담긴 아이템을 대통령에게 소개하는 행사가 오전부터 진행되었습니다. 저는 대통령과 거리를 약간 두며 따라 갔습니다. 부스 2~3개의 소개가 끝났을 무렵, 안봉근 비서관이 서에 '대통령이 삼깐 보기를 원하다'고 하면서, 센터 3층에 마련된 장소로 데려갔습니다.

벤처기업 사무실처럼 뚫려있는 공간이었는데, 유리로 칸막이가 되어 있어 밖에서도 안이 훤히 보이는 회의실이었습니다. 어느 정도 기다리고 있다가 그곳으로 온 대통령과 이야기를 나누게 되었습니다. 대통령이 저에게 '개소식이 잘 준비된 것 같다. 회장님 건강은 어떠시냐'고 묻고 난 뒤, '삼성이 승마협회를 맡아서 올림픽을 위해 우수 선수들을 육성하고, 좋은 말도 구입하고 제대로 지원하면 좋겠다'고 요청했습니다.

대통령이 '잘 부탁한다'고 하기에, 먼저 내려가라는 말로 알아듣고 자리에서 일어나 내려왔습니다. 사전에 연락받은 것이 아니어서 면담 시간은 5분이 안 되었던 것 같습니다. 저는 승마협회 상황을 몰랐기 때문에 대통령께 예를 갖추는 차원에서 '잘 알겠습니다'라는 정도로만 답변하였습니다. 대통령은 정유라라는 이름을 언급한 사실이 없습니다. 저는 대통령과 따로 점심을 먹었습니다."

이 면담에 대해 특검은 공소장에서 "이재용은 이러한 대통령의 요구를 들어줄 경우, 향후 중간 금융지주회사제 도입, 삼성SDS 및 제일모직 상장 심사 등 승계작업에 필요한 박근혜 정부의 도움을 받을 수 있다고 생각하고, 그 자리에서 대한승마협회 회장사 인수 및 정유라에 대한 승마지원 요구를 수락함으로써, 이재용과 피고인(박근혜) 간에 부정한 청탁의 대가로 뇌물을 수수하기로 하는 합의가 이루어졌다"라고 적시했다.

이에 대해 이재용은 법정에서 "그런 생각을 해 본 적도 없고, 그날은 그럴 겨를도 없었다"라고 진술했다. 이재용은 창조경제혁신센터 개소식 행사를 마친 후, 미래전략실 실장(회장급) 최지성에게 "대통령께서 불러, 승마협회를 맡아달라고 한다. 한번 알아봐 달라고 전달했다"고 진술했다.

그 무렵 삼성은 자체 승마단을 운영하고 있었고, 삼성그룹의 브랜드 가치를 높이기 위해 1990년대부터 유럽의 메이저 승마대회인 네이션스컵 메인 스폰서로 활동했다. 이재용은 나중에 최지성으로부터 "대통령 요청을 기업 입장에서 거절하기 어려울 것 같다. 승마협회 인수를 추진하겠다는 말을 들었다"고 진술했다. 삼성전자 대외협력 사장 박상진이 대한승마협회 회장에 취임한 날은 2015년 3월 15일이다.

## 특검이 주장하는 이재용 승계작업

승마 뇌물에 대한 특검(特檢) 공소사실은, 그 기본 전제가 대부분 사실이 아님을 나는 확인했다. 단순한 구조의 승마 사건이 복잡하게 보이는 것은 특검이 뇌물죄를 적용하기 위해 삼성이 출연하거나 지원한 돈을 이재용의 경영권 승계작업과 접목시켰기 때문이다.

그렇게 해야 승마 뇌물에 대한 포괄적 대가(代價) 관계를 구성해 낼 수 있고, 미르나 K스포츠 재단, 동계스포츠 영재센터에 출연한 돈에 대해 적용한 제3자 뇌물죄의 구성 요건인 부정한 청탁에 대한 포괄적 근거를 마련할 수 있기 때문이다.

이재용의 승계작업과 관련된 특검 공소장의 전제는 이렇다.

"2014년 5월경 이건희 회장이 급성 심근경색으로 쓰러진 이후, 이재용의 승계작업을 보다 서둘러 진행할 필요성이 커졌고, 이재용은 다른 주요 정치세력들과 비교하여 친(親) 대기업 성향으로 평가되는 박근혜 정부 임기 이후에는 승계작업을 성공하는 것이 훨씬 어려워질 것으로 판단하고 이를 실행에 옮기게 되었다."

특검이 이재용 승계작업의 첫 번째 시도로 꼽은 게, 중간 금융지주회사 제도 도입 추진이다. 이 제도는 공정거래법을 개정하여, 일정한 요건을 갖추면 일반 지주회사도 금융계열사를 지배할 수 있도록 허용하는 것을 말한다.

특검은 중간 금융지주회사 도입을 비판하는 기사 대부분을 증거서류로 첨부했다. 그 양이 A4 용지로 430여 페이지에 이른다. 두꺼운 책 1권 분량이다. 예컨대,「중간 금융지주회사 대안될까…숨죽인 재계」(이데일리. 2015. 8. 26.),「이재용의 뉴 삼성 탄력 받나…힘 실리는 중간 금융지주사」(뉴시스. 2016. 11. 7.),「삼성전자 지주회사 전환 검토…지배구조 개편 공식화」(연합뉴스. 2016. 11. 29.) 등이다.

특검 주장은 그러나, 박근혜 정부가 이 제도의 도입을 검토한 시점과 삼성그룹이 승계작업을 시작한 시기와 비교하면 1년 정도 차이가 난다. 박근혜 정부가 중간 금융지주회사 제도 도입을 국정과제로 채택한 것은 정부 출범 초인 2013년 5월경이고, 이듬해 2014년 2월에는 이 제도를 경제혁신 3개년 계획에 포함시켰다.

반면, 이건희 회장은 그보다 1년 후인 2014년 5월경, 급성 심근경색으로 쓰러졌다. 박근혜 정부는 이건희 회장 건강과는 무관하게, 중간 금융지주회사 제도 도입을 추진했다. 특검 논리대로라면, 대통령은 이건희 회장이 쓰러질 것이라는 사실을 이미 1년 전에 예측하고, 이재용을 위한 정책을 추진했다는 이야기가 된다.

특검은 박근혜 정부에서 추진한 경제정책 중에서 이재용에게 조금이라도 이득이 될 내용이라고 추정되면, 승계작업의 일환이라고 예단(豫斷)했다. 특검이 승계작업의 두 번째 시도로 꼽은 삼성SDS 및 제일모직의 유가증권 시장 상장의 경우에도 결과적으로는 이재용에게 도움이 되지 않는 것이었다.

특검은 삼성SDS와 제일모직 지분을 상당수 보유한 이재용이 두 회사의 상장을 통해 막대한 이익을 올릴 수 있고, 이런 방법으로 이건희 회장 사망에 대비한 상속세를 마련할 가능성이 있기 때문에 특혜라고 주장했다.

삼성SDS는 한국거래소의 상장 심사를 거쳐, 2014년 11월 14일에 상장되긴 했으나 이재용은 특검 논리대로의 이득을 얻지 못했다. 그것은 삼성SDS 상장 직후인 이듬해 2월, 더불어민주당 의원 박영선이 일명「이학수 법」을 발의하면서 제동이 걸렸기 때문이다.

「이학수 법」은 삼성그룹 전(前) 부회장 이학수와 삼성물산 전 사장 김인주가 1999년에 230억원 규모의 삼성SDS 신주인수권부사채(발행회사의 주식을 매입할 수 있는 권리가 부여된 사채)를 저가(低價)로 발행해 부당이익을 얻은 것을 막기 위해 발의한 법안이다.

이재용이 삼성SDS 상장을 통해 막대한 이득을 취했다는 특검 주장은 「이학수 법」 때문에 사실상 불가능했다. 또 제일모직의 경우엔 2014년 12월 18일에 상장되었지만, 그 후 삼성물산과 합병되는 사정 변경이 있었기 때문에 특검 주장은 설득력이 없다.

세 번째 시도가 삼성중공업과 삼성엔지니어링 간의 합병 무산이라는 것이다. 두 회사의 합병은 주주총회에서 승인되었지만, 두 회사의 주식을 보유하고 있던 국민연금공단이 제동을 걸어 무산됐다. 결과가 이렇기 때문에 이재용이 취한 이득은 없다.

그럼에도 특검이 유독 이 부분을 언급한 것은, 이재용이 이때부터 승계작업의 성공을 위해서는 국민연금공단 등 정부 기관의 도움이 필요하다는 것을 절감하게 되었다는 사실을 주장하고 싶었기 때문이다.

그런데 아이러니컬하게도 삼성중공업과 삼성엔지니어링 간의 합병을 강력하게 저지한 국민연금공단 기금운영본부장 홍완선이 나중에 삼성물산과 제일모직 합병에 찬성했다는 이유로 특검에 의해 기소되는 일이 생겼다. 특검이 불구속 기소한 홍완선은 2심에서 법정 구속되었으나, 2018년 5월에 대법원의 구속취소로 석방됐다.

네 번째 시도가 삼성테크윈 등 4개 비핵심 계열사의 한화그룹 매각 건이다. 이 건은 산업통상자원부의 승인에 이어, 공정거래위원회의 심사를 거쳐 2015년 5월경 매각이 완료됐다. 적법하게 이뤄진 이 매각에 대해, 특검은 노조와 언론에서 매각을 반대했다는 이유로 승계작업의 일환이라고 주장했다. 이재용이 삼성테크윈 등 4개 계열사의 주식을 1주도 갖고 있지 않다는 사실은 법정에서 확인됐다.

## 진퇴양난에 빠진 문형표 장관 사건

특검이 다섯 번째 시도로 꼽은 게 삼성물산과 제일모직 합병이다. 이재용이 두 회사 합병을 성사시킨 뒤, 합병 후의 삼성물산이 삼성그룹의 핵심 계열사인 삼성전자와 삼성생명을 동시에 지배하는 사실상의 지주회사 역할을 하도록 계획했다는 것이다.

특검은 그들의 논리를 입증하기 위해, 삼성물산과 제일모직 합병에 반대한 모든 기사를 증거로 첨부했다. 당시 대부분의 언론은 삼성물산의 주식 11.21%와 제일모직의 주식 4.84%를 보유한 국민연금공단이 합병 비율 때문에 반대한다는 취지의 기사를 쏟아냈는데, 이 기사들이 증거였다.

특검은 합병에 반대한 국민연금공단이 입장을 바꾼 것은 대통령이 이재용의 승계작업을 돕기 위해 문형표 보건복지부 장관에게 지시를 내렸고, 보건복지부의 지시를 받은 국민연금공단 기금운영본부장 홍완선이 투자위원회로 하여금 찬성하도록 하는 압력을 행사했다고 추론했다.

특검은 보건복지부 장관 문형표를 2016년 12월 28일 새벽에 긴급 체포하고, 곧 이어 구속했다. 직권남용과 국회에서의 증언·감정 등에 관한 법률위반 혐의였다. 1심과 2심에서 똑같이 징역 2년6월의 실형을 선고받은 문형표는 2017년 11월 29일 대법원에 상고했다.

그런데 대법원 2부(주심; 조재연 대법관)에서 "쟁점들을 검토할 시간이 필요하다"며 직권으로 문형표에 대해 구속취소 결정을 내렸다. 문형표는 2018년 5월 15일 석방됐다. 문형표 석방 후 3년이 다 지나가는 동안, 대법원은 최종 선고를 못 내리고 있다.

그럴 수밖에 없는 데는 사정이 있다. 대법원이 1심, 2심에서 유죄가 확정된 문형표의 상고를 기각하면 형이 확정되는데, 이렇게 하면 대한민국 정부는 삼성물산 주식 상당수를 보유한 외국계 사모펀드 엘리엇에게 1조원 이상을 배상해야 한다. 합병을 반대한 엘리엇이 특검 공소사실을 근거로 대한민국 정부에 손해배상 소송을 제기해 놓았기 때문이다.

반대로 대법원이 문형표에게 무죄를 선고하면, 삼성물산과 제일모직 합병은 대통령 지시와는 무관한 것이 되고, 엘리엇에 손해배상을 할 책임도 사라진다. 그러나 그럴 경우, 대법원이 특검 수사가 무리했다는 사실을 국민들에게 알리는 꼴이 된다. 대법원은 외국자본의 손을 들어줄 수도 없고, 그렇다고 특검 수사가 잘못되었다고 확인시켜 줄 수도 없는 진퇴양난(進退兩難)에 처해있다.

삼성물산과 제일모직 합병은 국민연금공단보다 더 많은 주식을 갖고 있던 소액주주들이 합병에 찬성하는 바람에 통과되었다는 것이 정설이다. 국민연금공단도 합병으로 인해 이익을 본 게 사실이다.

나는 석방된 보건복지부 장관 문형표를 만나, 합병에 찬성하라는 대통령의 지시가 있었는지를 확인해 보았다. 문형표는 자기 사건이 대법원에서 심리 중이라는 이유로 답변하기를 주저하면서도, 한 가지 사실만은 기록으로 남겨놓아야 한다고 말했다.

다음은 문형표의 말이다.

"내가 만약 대통령 지시를 받았다면, 나는 그 지시를 아랫사람들에게 전달했을 것이다. 그렇게 되면 보고체계에 따라 내 지시가 전달되고, 보고되었을 것이다. 나나 내 주변 사람이 아무리 억울하다고 주장해도, 특검이 보고체계를 조사하면 사실관계 확인이 가능하다.

나는 대통령으로부터 합병에 찬성하라는 지시를 받은 적이 없고, 국민연금공단에 그런 지시를 내린 적도 없다. 나는 특검에서 있는 그대로를 진술했다. 그 바람에 담당 검사(김창진 부부장검사)와 3시간 가량을 논쟁했다. 검사가 나를 설득시키기 위해 특검 수사팀장 윤석열에게로 데려갔다.

나는 윤석열에게도 똑같이 주장했다. 그랬더니 윤석열이 나보고 '대통령이 시켰다고 진술해라. 그러면 끝난다. 왜 쓸데없이 혼자서 고집을 피우고 고생을 사서 하느냐'고 회유했다. 하지만 사실이 아닌 것을 사실이라고 말할 수는 없지 않은가. 재판을 받을 때도 내가 이렇게 주장하니까, 재판장이 '나도 그 점을 이상하게 생각한다'는 말을 했다."

나는 박근혜 정부의 청와대 수석비서관들을 상대로 문형표의 업무 스타일을 물어보았다. 대답은 이랬다. "소신이 뚜렷하고 원칙대로 일한 장관을 꼽는다면 문형표 보건복지부 장관과 이기권 고용노동부 장관을 꼽을 수 있다."

나는 문재인 정부와 김명수 대법원장 체제의 대법원이 문형표 사건, 다시 말해 삼성물산과 제일모직 합병 건에 대해, 대통령의 지시가 있었는지 없었는지에 관하여 어떻게 판단할지 예의주시하고 있다.

## 증거서류 대부분은 언론 기사

특검이 그 다음으로 꼽은 게, 「계열사 합병 과정에서 엘리엇 등 외국자본에 대한 경영권 방어 강화 추진」이다. 공소장에 따르면, 삼성물산과 제일모직 합병 과정에서 엘리엇의 반대로 어려움을 겪은 이재용은 2015년 7월 10일에 열린 전경련(全經聯) 경제정책위원회 회의에 박상진 사장을 보내, "엘리엇과 같은 외국자본의 공격에 대해 경영권 방어를 강화할 수 있도록 기업 간 소규모 합병 시, 이사회 결의만으로 가능하게 하는 기업활력 재고를 위한 특별법의 신속한 국회통과가 필요하다는 취지의 건의를 하도록 지시했다"는 것이다.

특검은 민노총과 행동을 같이하는 투기자본 감시센터의 고발취지대로, 새누리당 총재인 대통령이 막강한 권한을 전(全) 방위적으로 행사하여 일명 원샷법을 통과시켰다고 추론하고, 이재용이 박상진 사장에게 그런 건의를 하도록 지시했다는 말을 증거로 삼았다.

특검이 이를 입증하려면 원샷법 발의자인 새누리당 의원 이현재를 비롯하여, 법안에 찬성한 의원들을 차례로 소환해, 과연 대통령의 압력이 있었는지의 여부를 확인하는 것이 합리적이고 공정한 수사다. 그러나 특검 증거목록에는 국회의원들을 소환하거나 조사했다는 기록이 없다.

특검이 정경유착과 관련된 부정한 청탁의 근거로 제시한 것은 전경련 보도자료와 언론 기사였다. 전경련이 2015년 11월 25일, 경제 5단체와 함께 발표한 성명서(제목; 조속한 경제 활성화 및 일자리 창출 입법을 촉구한다)와 전경련이 같은 해 12월 21일, 경제 5단체와 함께 공동으로 발표한 성명서(제목; 노동개혁법, 경제 활성화법 입법 촉구) 등이다. 전경련의 기본적인 활동마저도 특검은 부정한 청탁으로 해석했다.

특검은 경향신문과 아시아경제, 뉴스핌, 이데일리 등에서 보도한 「원샷법 시행…삼성 사업개편 탄력 전망」, 「정부, 현대·삼성중 원샷법 지원 검토」 등의 기사도 증거로 첨부했다.

특검은 대통령에 대한 뇌물죄 성립의 법적 근거를 구하기 위해, 민변이 제출한 의견서도 증거자료에 포함시켰다. 특검이 어느 한쪽 진영에 치우쳐져 있는 민변의 의견서를 증거자료에 포함시켰다면, 그 반대편인 대한변협의 의견서도 참고자료로 채택하는 것이 형평성에 맞는 태도인데, 대한변협 의견서는 증거목록에 없다.

특검은 삼성생명의 금융지주회사 전환 계획도 이재용의 경영권 승계를 돕기 위한 작업의 일환이라 추론하고, 이재용이 이 문제를 2016년 2월 15일 대통령과 단독면담에서 직접 부탁했다고 주장했다. 하지만 삼성생명의 금융지주회사 전환 계획은 삼성이 스스로 포기한 사업이다. 특검 논리대로 대통령이 이재용의 뒤를 받쳐주었다면, 삼성그룹이 이 사업을 포기할 리가 없었을 것이다.

이밖에 삼성바이오로직스의 상장 성공, 메르스 사태 발생 때 삼성서울병원에 대한 정부의 제재 수위가 약한 점 등도 특검은 대통령이 이재용을 돕기 위한 작업의 하나라고 판단했다. 특검 수사는 관계자의 진술이나 사실에 근거한 것이 아니라, 예단과 추론, 언론 기사뿐이었다.

증거목록에 기재된 언론사 중에는 내가 처음 보는 이름도 꽤 있었다. 소개하면, 민족의학신문, 시민사회신문, 조세일보, 쿠키뉴스, 뉴스토마토, 더 스쿠프, 뉴스웨이, 닥터스뉴스, 헤드라인뉴스, 시사워크, 머니S, 아시아투데이, 뉴스핌, 아이뉴스, 메트로, 팩트올, 지디넷 코리아, 이뉴스 투데이 등이다.

특검이 언론에 보도된 기사를 증거서류로 제출할 수는 있다. 그러려면 그 기사가 사실에 근거하여 작성되었는지, 시중에 떠도는 유언비어를 확인하지 않고 기사화했는지를 검증해야 한다. 이른바 국정농단 사건이 언론 보도에 의해 시작되었다는 점을 감안하면, 보도의 진실성 여부를 밝히는 것도 특별검사의 임무라 할 수 있다.

그러나 특검의 증거목록은 온갖 기사들을 기계적으로 오려 붙여놓은 다음, 여론의 대세가 유죄임을 법원에 과시하여, 여론재판으로 몰고 간 것을 스스로 자백하는 것과 다름없다는 느낌을 지울 수 없었다.

기자는 세간의 잡다한 소문에 기대어 펜을 비틀어 교묘한 허위 기사를 쓰고, 검사는 그 내용을 현란한 칼질로 재단하여 증거로 둔갑시키고, 판사는 이를 균형추 없는 저울에 달아, 기획된 「국정농단」의 세부 사항들을 완성시켰다. 나는 역사가 그들을 불법탄핵의 충실한 부역자라고 기록할 것이라 생각한다.

## 말 3마리의 소유권에 대하여

특검 공소장에 기록된 승마 뇌물 액수는 이렇다.

【페이퍼컴퍼니인 코어스포츠는 2015년 8월 26일, 삼성전자와 실제로 존재하지 않은 용역계약서(내용; 삼성전자가 코어스포츠에 선수단 지원 및 장비 구입, 대회 참가비 및 인건비, 말·차량 구입비 명목으로 2015년 8월경부터 2018년 12월 말경까지 합계 213억원을 지급한다)를 작성함으로써 피고인(박근혜)의 요구에 따라 최서원이 이재용으로부터 받기로 한 정유라의 승마 관련 지원을 용역계약에 따른 용역대금 지급인 것처럼 가장(假裝)하였다.

그 약속에 따라 이재용으로부터 합계 36억3484만원을 용역대금 명목으로 입금받고, 추가로 합계 41억6251만원을 말 구입비 및 부대비용 명목으로 지급받아, 합계 77억9735만원의 뇌물을 수수하였다.】

특검이 대통령과 최서원의 공모 혐의를 입증하기 위해, 증거서류로 첨부한 기사는 「삼성 지원 이유 묻자, 대통령이 정유라 아낀다」(SBS. 2016. 11. 6.), 「승마협희·삼성 주연의 승마공주 구하기」(노컷뉴스. 2016. 10. 13.), 「최순실·현명관 마사회장 전화 통화하는 사이」(조선일보. 2016. 11. 7.) 등이다.

이런 언론 보도가 사실이 아님은 더불어민주당 의원 김현권의 경우에서 확인할 수 있다. 김현권은 언론 보도를 근거로 "마사회 회장 현명관의 부인이 최순실의 측근"이라고 주장했다가, 현명관 부인에게 제소(提訴)됐다. 서울고법 민사13부는 항소심 선고에서 "김현권 의원은 명예훼손에 따른 700만원의 배상책임을 져야한다"고 판결한바 있다(2018. 11. 2.).

특검은 최서원이 대주주인 코어스포츠를 페이퍼컴퍼니로 보았고, 삼성전자와 코어스포츠 간의 계약은 실제로 존재하지 않는 계약서라고 주장했다. 검사나 검찰수사관이 독일 현지에서 확인한 게 아니고, 노승일의 진술에 의존했다.

삼성전자와 코어스포츠는 2015년 8월 26일, 독일 프랑크푸르트에 위치한 인터콘티넨탈 호텔 19층 연회장에서 용역계약서를 체결했다. 삼성 측에서는 삼성 법무실 소속 정OO 변호사와 대한승마협회장 박상진, 황성수(대한승마협회 부회장)가, 코어스포츠에서는 공동 대표인 독일인 쿼이퍼스와 한국계 독일 변호사 박승관이 참석했다. 쿼이퍼스는 독일 헤센주 승마협회장이다. 최서원이 체결식장에 없었다는 사실은 노승일의 법정증언에서 확인됐다.

특검 공소장에 의하면, 코어스포츠는 2015년 9월 14일에 10억8687만원(81만520유로)을, 같은 해 12월 1일엔 8억7935만원(71만6049유로)을 삼성전자로부터 송금받았다. 석 달에 한 번씩 평균 9억원이 송금된 이유는 코어스포츠가 인보이스(사용명세서)를 보내면, 그걸 근거로 삼성전자가 분기별로 송금하고 나중에 정산하는 방식이기 때문이다. 노승일은 법정에서 "작성된 인보이스를 은행에 제출하는 일은 내가 담당했다"고 진술했다.

코어스포츠가 페이퍼컴퍼니란 주장에 대해 최서원은 "한국에서는 식대의 경우, 영수증만 제출하면 공제가 되지만 독일은 밥 먹은 사람 명단과 무슨 목적으로 왜 먹었는지를 기재해야 세금 혜택을 받을 수 있다"면서 "독일 세무당국에 요청하면 자금 사용처를 알 수 있을 텐데, 검찰이 자료 요청을 하지 않았다"고 반박했다.

최서원의 변호인 오태희 변호사도 의견서에서 "용역계약서는 실제로 존재하는 서류이며, 돈을 송금받은 코어스포츠는 독일 법에 의거해 독일인이 회사 대표이며, 회사에 등록된 독일인 공인세무사가 세금 문제를 처리해 왔다"고 주장했다.

코어스포츠의 직원은 총 10명인데, 그 중 2명이 독일인이었다고 변호인단은 말했다. 독일인 캄플라테는 정유라의 승마코치이고, 랄프는 승마장 관리인이었다고 한다. 한국인 직원 중 노승일·박재희·장남수·우홍준 등 4명이 경리업무를, 신주평과 김성현이 마장(馬場) 관리를, 이건희가 마필 관리사였다.

코어스포츠 사무실은 예거호프 승마장에 있었고, 마필 및 마장 관리를 위해 마구, 트랙터, 기타 사무기기 등의 설비도 갖췄다고 한다. 이들의 봉급은 코어스포츠 계좌에서 지급되었고, 급여 지급 때 세금 및 보험료도 납부됐다. 코어스포츠는 독일 법에 따라 컨설팅 회사로 인정받았기 때문에, 회사에서 4대 보험을 지급하지 않으면 체류비자가 나오지 않는다고 한다.

정유라는 독일에 체류하던 2015년 10월 23일부터 2016년 9월 23일까지 1년 동안, 유럽에서 열리는 각종 승마대회에 36회나 출전했다고 검찰 조서에 기록돼 있다. 정유라가 참가한 대회는 프랑스에서 열린

비아리츠·르망·리스 대회와 폴란드의 자그쇼프 대회, 덴마크의 올보르 대회, 독일의 하겐·다룸슈타트 대회, 오스트리아의 람프레히트하우젠 대회 등이다.

정유라의 훈련비와 말 이동 비용, 숙박과 음식비, 코치비 등은 코어스포츠에서 지급됐다. 이 기간 중 정유라가 탄 말이 살시도와 라우싱 1233(이 2마리 말은 성적 부진으로 블라디미르와 스타사로 교체됨), 비타나V 등 총 5마리였다.

정유라는 2016년 6월, 독일 하겐에서 열린 승마대회에 비타나V를 타고 출전했다. 비타나V는 삼성전자가 덴마크의 거상(巨商) 안드레아스에게서 구입했다. 이때 삼성은 정유라에 대한 지원을 숨기기 위해, 삼성전자 소유의 비타나V를 안드레아스가 소유하는 것처럼 이면계약을 체결했다.

비타나V는 2002년생으로 2016년 당시에는 나이가 많았다. 하지만 그 당시 유일한 그랑프리급 말이어서 유럽 승마계의 주목을 받았다. 비타나V를 타고 승마대회에 출전한 정유라는 말의 다리 상태가 좋지 않음을 파악했다.

삼성전자는 비타나V를 구입한지 6개월 만에 안드레아스로부터 말 2마리를 받는 조건으로 교체했다. 계약 후 1년 안에는 구입자가 팔기를 원하면 아무 조건 없이 똑같은 가격을 지불하거나, 그 값에 상응하는 말로 바꿔준다는 계약조건에 따른 것이다.

비타나V는 대회 출전용으로는 부적합했지만, 종마(種馬) 생산용 암말이어서 가치가 상당했다. 삼성전자는 비타나V를 안드레아스의 마장(馬場)에 맡기고 관리를 위탁했다. 그런데 비타나V의 전(前) 소유주인 스페인 사람 몰간이 유럽의 승마전문지인 '유로드레사지'와 인터뷰에서 "삼성승마단 소속 정유라에게 비타나V를 팔았다"고 주장했다.

전후 사정이 생략된 이 기사를 경향신문이 2016년 9월 23일에 인용, 보도하면서 삼성이 최고급 말을 최서원의 딸 정유라에게 사 준 것처럼 오해를 불러일으키는 계기가 되었다.

정유라는 독일 다룸슈타트에서 개최된 승마대회를 끝으로 대회에 출전하지 못했다. 최서원이 구속되었기 때문이다. 정유라는 그동안 월 5천유로(2021년 환율 기준으로 670만원 상당)를 받아 독일 생활비로 사용해 왔으나, 2016년 8월부터 삼성전자가 용역대금 지급을 중단하자, 한국에서 가지고 간 말 2마리를 팔아서 생활했다.

말 소유권을 둘러싼 의혹은 삼성전자가 서울고등법원에 사실조회 회신서(2018. 4. 27.)를 보내면서 해소됐다. 법원에서 요구한 조회사항은 ① 마필 살시도(변경 후 이름은 살바토르31), 비타나V, 라우싱1233의 구입 시부터 현재까지의 상황, ② 위 마필의 소유관계(구입, 관리, 처분)와 관련된 자료 일체, ③ 보험계약 체결과 관련된 자료 등이다.

삼성전자는 회신서에서 말 3마리는 삼성전자 승마단의 해외 전지훈련 지원을 위해 구입한 것이며, 삼성전자의 유형 자산으로 등재돼 있다고 밝혔다. 삼성전자는 말 3마리에 대한 생명보험과 책임보험의 체결일자와 계약자, 수익자가 모두 삼성전자 명의로 된 보험증서를 첨부했다.

삼성승마단 소속이 아닌 정유라가 승마훈련이나 승마대회 출전을 위해 말 3마리를 사용한 근거는, 용역계약서 제65조에 의거해 마필 관리를 코어스포츠에 위탁했기 때문이라고 해명했다.

삼성전자는 회신서를 제출한 시점을 기준으로, ① 라우싱1233은 국내로 반입하여 본사 승마단(안양 마장)에서 보관 중이고, ② 비타나V는 마필 바이러스인 동맥염 양성 반응을 보여, 수입 불가 판정을 받는 바람에 독일 프랑크푸르트 근교에 보관 중이며, ③ 살시도는 2017년 2월경 영국에 거주하는 제3자에게 매각했다고 통보했다.

정유라가 삼성전자 승마단 소유의 말을 이용할 수 있었던 것은 특혜가 아니라 관행이었다는 사실은 법정에서 확인됐다. 증인으로 출석한 승마선수 최준상은 "삼성승마단 소속으로 2008년 북경올림픽에 출전할 때, 삼성에서 구매해서 지원해준 6억원 상당의 친퀘첸토라는 말을 이용했다"고 증언했다.

한국마사회 소속 승마선수이자 감독인 박재홍도 법정에서 "1996년부터 1998년까지 삼성전자 승마단 선수로 근무했는데, 삼성전자가 회사 소유로 마필을 구입하여 선수들이 이용하게 했다"고 증언했다.

이재용 사건의 1심 재판부는 판결문에서 "삼성전자는 마필의 소유권은 삼성이 갖되, 선수들이 마필을 훈련이나 대회 출전에 사용할 수 있도록 하는 방식으로 승마단을 운영했던 사실이 인정된다"며 "피고인 이재용이 2014년 9월 15일과 2015년 7월 25일 대통령으로부터 승마 유망주들이 올림픽에 참가할 수 있도록 좋은 말도 사주는 등 적극 지원해달라는 취지의 말을 들었더라도, 이를 마필을 구매하여 훈련에 제공하라는 의미를 넘어 마필의 소유권을 이전하라는 의미로 받아들였을 것이라 단정할 수 없다"고 설시(說示)했다.

그러나 대통령 사건의 2심 재판장 김문석 판사는 판결문(2018. 8. 24.)에서 "피고인 최서원과 박상진(삼성전자 대외협력 사장 겸 대한승마협회 회장) 사이에 2015년 11월 15일경에는 살시도 및 향후 구입할 마필에 관하여 실질적인 사용 및 처분권한이 최서원에게 있다는 의사의 합치가 있었다고 넉넉히 인정된다"며 "피고인 최서원에게 있다고 합의한 것이 대통령과 피고인 사이의 공모범위를 넘어서지도 않는다"고 적시했다. "넉넉히 인정된다"는 2심 재판부의 이 판단에 대해 나는 악마의 미소를 보았다고 비판했다.

## 박원오와 박상진의 은밀한 거래

승마 사건에 엄청난 흑막(黑幕)이 있는 것처럼 알려진 것은 노승일의 주장 외에 두 사람의 진술이 더 있기 때문이다. 대한승마협회 회장 박상진과 전(前) 대한승마협회 전무 박원오의 진술이다.

박원오는 조선대 설립자 박철웅의 조카로 광주서중 3학년 때, 승마를 시작했다. 박원오는 특검 조사에서 "1995년부터 2008년까지 13년간 대한승마협회 전무로 일했다"고 진술했다. 승마협회 전무가 되고 1년 후, 박원오는 수원지방법원 성남지원에서 변호사법 위반(보석허가를 받도록 판사에게 청탁해 주겠다며 300만원 수수)으로 징역 8월에 집행유예 2년을 선고받았다(1996. 4. 4.).

박원오는 2008년 8월 8일에는 승마협회의 공금 횡령과 배임수재 혐의로 서울서부지방법원에서 징역 2년을 선고받고, 법정 구속됐다. 항소심에서 1년 6월로 감형된 박원오는 2010년 2월경 출소했다. 출소 후 경기도의 한 개척교회에서 숙식을 해결하던 박원오는 2013년 4월경, 경기도 안성시 일죽면에 위치한 '금안회'라는 승마장에서 우연히 최서원 부부를 만나, 인사를 나눴다.

최서원이 박원오를 처음 알게 된 것은 2005년 서울승마원에서다. 당시 최서원은 언니 최순득의 권유로 온 가족이 승마를 배우기 시작했는데, 서울승마원 원장이 박원오였다. 최순득의 딸 장시호도 승마선수 출신이다.

최서원은 세월이 많이 흘렀지만, 감옥에서 출소한 박원오를 따뜻하게 대했다. 이 광경을 목격한 사람이 당시 대한승마협회 감사 홍성탁과 마사회 감독 박재홍이었다. 박원오는 홍성탁에게서 최서원의 남편 정윤회가 박근혜 대통령의 비서실장을 지냈다는 말을 들었다. 박원오의 진술조서에 기록된 내용이다.

박원오는 이때부터 최서원을 이용해, 자기를 감옥에 보낸 승마협회 임원들에게 복수할 계획을 품었다. 그것이 승마협회 임원들의 비리를 기록한 승마계 살생부다. 박원오는 법정에서 "홍성탁, 서성우(전 대한승마협회 전무), 박재홍 등 5명의 도움을 받아 살생부를 작성했다"고 진술했다.

박원오는 자기 후임자인 대한승마협회 전무 김종찬을 통해, 승마협회장이 된 박상진에게 접근했다. 김종찬의 주선으로 2015년 4월부터 5월 사이에 서울 강남의 고급 일식집에서 박상진을 여러 차례 만난 박원오는 박상진에게 "이참에 아시아승마연맹(AEF) 회장 선거에 나서라"고 부추겼다.

박원오는 자신의 승마계 인맥을 활용해 회장 선거를 돕겠다고 제의하고, 선거운동비로 2억원을 받았다. 이어 2015년 7월경에는 박상진과 자문계약(계약기간; 2015. 7. 1.~2018. 12. 31.까지)을 맺고, 자문료로 매달 1250만원을 받았다.

계약 목적은 AEF 회장 선거지원과 대한승마협회 및 아시아승마연맹의 운영과 관련된 자문이었다. 박원오는 박상진과 개인적으로 자문계약을 맺은 사실을, 이 사건 수사로 밝혀질 때까지 최서원에게 한 번도 내색하지 않았다.

박상진은 2015년 10월 12일, 아시아승마연맹 회의에서 회장에 당선됐다. 박원오는 그 공로로 아시아승마연맹 기술지원위원회 위원장에 임명됐다. 박상진은 박원오를 이용해 명예를 얻었고, 박원오는 박상진을 통해 경제적 이익을 취했다. 법정에서 모두 밝혀진 내용이다.

박상진은 1977년 8월, 삼성전자에 입사한 정통 삼성맨이다. 최지성 미래전략실 회장이 박상진과 입사 동기다. 박상진은 삼성전자 유럽 법인장, 동남아 총괄 부사장을 거쳐 2010년 1월, 삼성SDI 사장에 임명되었으나 회사에 1조원가량의 손실을 끼친 일로 2014년 12월 1일에 단행된 그룹 정기인사에서 삼성전자 대외협력 사장으로 전보되었고, 최지성의 권유로 대한승마협회 회장이 되었다.

삼성전자와 코어스포츠가 용역계약서를 체결할 당시의 주역이 박상진과 박원오다. 용역계약서 초안은 박원오가 작성했다. 박원오는 한국마사회 말보건원장 안계명이 작성한 「도쿄올림픽 출전 준비를 위한 한국 승마 선수단 지원 방안 검토」라는 제목의 보고서를 참고했다.

이 보고서는 안계명이 마사회 부회장 이상영으로부터 "올림픽을 잘 챙기라"는 지시를 받고, 2015년 6월에 작성했다. 올림픽 3종목(장애물·마장마술·종합마술)의 본선 출전 및 입상을 위해 종목별 출전 선수 4명을 선발한 뒤, 선수 1인당 말 3마리를 지원하여, 2016년 6월 1일부터 2020년 8월 30일까지 4년간, 독일로 해외 전지훈련을 실시한다는 내용이다. 여기에 드는 총 비용이 1560억원이었다.

안계명이 작성한 이 보고서에 대해 마사회 회장 현명관은 "취지나 방향은 괜찮으나 공기업에서 감당하기에는 지원 금액이 너무 커서 현실성이 없다"며 받아들이지 않았다. 예산의 상당 부분을 마장마술이 차지했기 때문에 안계명은 마사회가 운영하는 「렛츠런 승마단」을 활용하면 685억원으로 낮출 수 있다고 재차 건의했으나 채택되지 않았다.

안계명은 용도 폐기된 이 보고서를 2015년 8월경 대한승마협회 사무국 직원 한세웅 대리를 통해 김종찬 전무에게 파일로 보내주었고, 이와 별도로 박원오가 메일로 보내달라고 하여 보내준 적이 있다고 검찰에서 진술했다.

대한승마협회는 안계명의 보고서를 참고자료로 하여, 「한국 승마 중장기 로드맵」을 작성했는데, 박원오는 이 로드맵을 근거로 213억원짜리 용역계약서를 작성했다. 삼성전자와 코어스포츠가 맺은 용역계약서는 2020년 동경올림픽을 대비한 선수 육성 계획의 일환이었다. 이 중 140억원이 말 구입비로 책정됐는데, 말 전문가가 박원오다.

용역계약서 체결 후, 박원오는 최서원에게 코어스포츠 지분 20%를 요구했다. 최서원은 박원오가 말 전문가이고, 국제심판 자격이 있기 때문에 요구를 수락했다고 한다. 박원오는 코어스포츠 지분 20%의 소유주를 자기 처남 명의로 해달라고 요구하고, 공증까지 받았다. 코어스포츠 주주가 된 박원오는 지분에 상응하는 돈을 매달 월급으로 받아갔다.

그 후 최서원은 박원오가 살시도를 구입하는 과정에서 말 값을 속여, 코어스포츠에 해를 끼친 사실을 확인하고, 박원오와의 관계를 단절했다. 최서원과 박상진이 처음으로 만난 것은 2015년 12월 31일이며, 장소는 인천 영종도에 있는 그랜드하얏트 호텔이었다. 최서원과 박상진이 그 전에는 한 번도 통화한 적이 없고, 모르는 사이라는 사실은 법정에서 확인됐다.

## 이재용이 박상진을 질책한 이유

승마 뇌물사건의 사실관계가 제대로 규명되지 않은 데는 이재용 변호인단에게도 일말의 책임이 없지 않다는 게 내 판단이다. 이재용 변호인단의 궁극적 목표는 삼성 측에게 뇌물공여죄가 성립되지 않는다는 것이었고, 무엇보다 중요한 것은 구속된 이재용의 조기 석방이었다.

변호인단은 대통령의 요구 때문에 마지못해 최서원의 부탁을 들어줄 수밖에 없었으므로, 강요죄의 피해자라는 식으로 프레임을 구성해 전체적인 변론을 폈다. 나는 이재용 변호인단이 작성한 의견서를 보면서, 한편으로는 그 처지를 이해했지만, 그 주장이 사실이 아니었기에 분노했다. 나는 내 의견을 간접적으로 전달했다. 하지만 이재용 변호인단은 나와 접촉하는 것을 피했다.

하지만 재판에 임하는 이재용의 태도는 달랐다. 이재용은 유·불리를 가리지 않고, 자기가 경험한 모든 사실을 법정에서 공개했다. 나는 이재용의 법정녹취록(2017. 8. 2.~2017. 8. 3.)을 통해, 승마협회장 박상진이 박원오의 말을 믿게 된 속사정을 파악할 수 있었다.

이재용은 2015년 7월 23일 오전 10시경, 즉 이틀 후로 예정된 대통령과의 단독면담을 앞두고 자기 집무실에서 대책회의를 하던 중, 삼성그룹의 원로에 해당하는 박상진을 심하게 질책한 적이 있었다. 미래전략실 실장 최지성과 미래전략실 차장(사장급) 장충기, 홍보팀장(사장급) 이인용이 참석한 자리였다.

이재용은 박상진에게 대한승마협회 운영이 어떻게 되고 있는지, 올림픽 출전을 위한 계획은 어떻게 마련돼 있는지 등을 물었다. 그런데 박상진이 엉뚱하게도 "승마협회 내부에 파벌이 심해 이를 정리하는 일을 수개월째 하고 있고, 아시아승마연맹 회장 선거에 출마할 계획"이라고 보고했다.

이재용이 박상진을 질책한 내용은 이재용의 법정증언에 기록돼 있다. 인용하면 이렇다.

"제가 설명을 드려야 그날 회의의 분위기와 그 뒤에 박상진이 한 행동을 이해하기가 편할 것 같습니다. 제가 트집을 잡았습니다. 트집을 잡은 이유를 가만히 생각해보면, 박(상진) 사장한테 한 번도 말한 적이 없는데, 박 사장이 SDI라는 전자계열사 중 배터리를 만드는 회사의 사장을 하였습니다.

당시 제 머릿속에 박 사장의 경영스타일에 대해 약간의 불만이나 아쉬움이 있었던 것이, 박 사장의 전임자 분이 유럽의 전장(電裝)업체와 조인트벤처를 만들었는데, 박 사장이 SDI 사장이 되고 나서, 그 협력관계를 끝냈습니다. 조인트벤처가 만들어지고 그것이 유지되는데 저 나름대로 노력도 하고, 열정을 가지고 했었는데 박상진이 CEO가 되고 나서 그 계약을 해지하였습니다. 그리고 나서부터 그 사업의 부실이 조금씩 생겨서 나중에는 1조원에 가까운 부실이 생겼습니다.

그래서 박 사장에게 약간의 불만이 있었는데, 제가 제일 싫어하는 보고방식이, 대책 없이 저에게 문제점만 갖고 와서 나열하고 가는 것입니다. 대책은 하나도 없고, '승마협회에 파벌이 많다. 복잡하다, 골치 아프다'고 하여, 약간 짜증도 난데다가 그 다음에 이야기 한 것이 아시아승마연맹 회장을 하겠다는 것이었습니다.

제가 또 싫어하는 것 중의 하나가 쓸데없는 감투를 쓰는 것이어서 … (말이 없음)…, 일이 안 풀리려니까 이렇게 된 것입니다. 저는 그 다음날 (창조경제혁신센터 센터장 회의) 버벅거리면 어쩌지 하는 걱정도 있어서 예행연습을 해야 된다는 생각이 있었는데, 와서 불평만 하고 쓸데없는 감투만 맡겠다고 하니까 아마 제가 무언가 트집을 잡고 싶었던 것 같습니다. 그래서 '아시아승마연맹 회장 선거에 출마할 필요가 있겠느냐'고 트집을 잡았습니다.

정유라나 최서원에 대해 언급할 분위기는 아니었습니다. 박상진 사장이 가고난 뒤 최지성 실장이 '아시아승마연맹 회장 출마는 놔두는 것이 좋겠다. 이 문제는 내게 맡겨 달라'고 하여 더 이상 반대하지 않았습니다."

이재용에게서 뜻밖의 핀잔을 들은 박상진은 그 원인이 최서원과 정유라에게 있다고 잘못 판단했다. 박상진은 그동안 박원오가 뜬금없이 말했던 대통령과 최서원 관계를 확대 해석하고, 그로부터 4일 후 독일에서 박원오를 만나, 최서원 핑계를 되는 박원오의 요구를 수용하는 용역계약서에 서명한 것이다.

박상진은 검찰에서의 1차 조사(2016. 11. 12.)에서 "박원오는 ① 최순실이 혼자 살고 있는 대통령의 내밀한 부분을 챙기는 사람이다, ② 최순실이 대통령과 친(親) 자매 이상으로 돈독하다, ③ 박근혜 대통령은 최순실의 딸 정유연을 친딸처럼 아끼고 있다고 말하면서, 정유연이 독일에서 전지훈련을 할 수 있도록 300억원 정도의 지원을 요청했다"고 진술했다.

박상진은 그러면서 "박원오의 말이 사실인지, 신빙할 수 있는 것인지에 대해서는 따로 검증하거나 확인한 사실은 없다"고 진술했다. 박원오의 말을 전적으로 믿었다는 것인데, 박원오는 대통령 사건의 증인으로 출석해서는 "박상진에게 그런 말을 한 적이 없다"고 부인했다.

대한승마협회 전무 김종찬은 검찰 조사에서 박원오에게서 들은 말이라고 하면서 이렇게 진술했다.

"박원오로부터 ① 2013년 4월 상주 승마 때 유라가 우승을 못해 상주경찰서에서 조사했다, ② 조사 결과 문제가 없자, 최서원이 문체부를 통해 승마협회 비리를 감사케 했다, ③ 그런데 박원오가 최순실 지시로 문체부에 승마협회 비리를 얘기했는데, 박원오도 횡령죄로 실형을 받는 등 문제가 있다고 문체부에서 청와대에 보고했다, ④ 그러자 대통령이 보고서를 올린 문체부 담당자들을 날려버렸다, ⑤ 최순실은 그 정도 파워 있는 사람이라는 말을 들은 적이 있습니다."

김종찬 진술에 대해 박원오는 법정증언(2017. 5. 31.)에서 "김종찬에게 그런 말을 한 적이 없다"고 부인했다.

한국마사회 부회장을 지낸 이상영은 박원오의 승마계 선배다. 이상영은 이재용 재판에 증인으로 출석, 박원오에게서 들은 말이라고 하면서 이렇게 증언했다.

"박원오가 저에게 ① 삼성이 승마협회장을 맡기로 했다, ② 삼성이 정유라를 포함한 승마 선수들의 전지훈련을 지원키 위해 독일에서 승마장을 구입하는 등 700억 이상 투자하기로 했다, ③ 최순실이 청와대 내실을 지원하는 역할을 한다, ④ 대통령은 최순실의 딸 유라를 아낀다는 취지의 진술을 한 적이 있습니다."

이에 대해 박원오는 법정에서 "이상영 부회장을 안다"는 사실은 시인했으나, "이상영 부회장에게 그런 말을 한 적이 없다"고 부인했다. 그날 나도 법정에 있었다. 박원오는 검찰 주(主) 심문엔 바로바로 대답했으나, 이경재 변호사의 반대심문엔 "잘 들리지 않는다. 다시 한 번 말해달라"며 능청스러운 태도를 보였다.

대한승마협회 전무 김종찬이나 마사회 부회장 이상영의 진술은 언론에 보도된 허위기사들과 거의 같은 내용이었다. 나는 박원오의 거짓말이 대한승마협회와 마사회 등을 통해 퍼지고, 그 거짓말이 마치 사실인양 언론에 보도되었음을 확인했다. 거대한 「거짓말의 고리」는, 그 진원지가 박원오였다.

안민석은 자기가 쓴 책에서 박원오에 대해 이렇게 적었다.

"박원오는 승마계에서 수완이 매우 뛰어나고 모사를 잘 꾸미는 사람으로 소문이 나 있었다. 그는 승마계의 인맥으로 대학입시를 좌지우지했다. 그는 재벌가들의 자제들에게 승마를 하게 하고, 대회에 나가 상을 받게 한 후 이를 통해 대학에 들어가게 했다"

## 영재센터 뇌물사건의 진상

「한국 동계스포츠 영재센터」는 동계올림픽에 출전했던 국가대표 선수들이 영재를 발굴하고 육성하기 위해 설립한 사단법인체다. 동계올림픽은 빙상(스케이팅)과 설상(스키)에서 펼쳐지는 경기여서, 이 종목 출신들이 영재센터 이사진이었다.

초대 회장 박재혁은 스키 국가대표이고, 전무 이규혁은 스피드 스케이팅의 간판스타였다. 쇼트트랙 종목에서 금메달 4개와 동메달 1개를 획득한 전이경을 비롯, 제갈성렬(스케이팅), 허승욱(스키), 조용제(스키), 오세종(쇼트트랙), 최재봉(스케이팅), 변종문(스키), 강민혁(스키) 등이 이사였다.

이 단체의 사무총장이 최서원의 이종조카 장시호였다. 승마 특기생으로 2003년 연세대 체육교육학과를 졸업한 장시호는 영재센터 전무 이규혁의 중학교 후배다. 이규혁은 전국 빙상연합회 회장 이익환의 아들인데, 이익환은 1992년부터 8년간 빙상연합 회장을 지냈고, 그 자리를 이어받아 15년간 회장을 맡았던 사람은 이규혁의 어머니 이인숙이다.

국회 교육문화체육관광위원회 소속 국민의당 의원 송기석이 공개한 내용이다. 이규혁 자신도 2015년 5월부터 2016년 2월까지 빙상연합회 회장으로 활동했고, 이 무렵 동계스포츠 영재센터가 설립됐다.

영재센터 의혹 사건은 검찰이 2016년 11월 16일, 전(前) 문체부 2차관 김종을 조사하고, 11월 18일 장시호를 긴급 체포하면서 수사가 시작됐다. 진술조서에 기재된 장시호의 학력과 경력은 다음과 같다.

"서울 신사중 1학년 때부터 1999년까지 승마선수 생활. 현대고등학교 졸업. 2003년 연세대 체육교육학과(승마 특기생) 졸업. 2005년 동국대 영상영화학과 대학원에 다니다가 2006년 결혼, 9개월 후 이혼. 2013년 본명 장유진을 장시호 개명."

검찰 수사 결과, 동계스포츠 영재센터는 설립 두 달 후인 2015년 9월 4일, 문체부에 '2018 평창 동계올림픽 기원 제1회 동계스포츠 영재캠프' 사업을 추진한다며 국고 보조금을 요청했다. 문체부는 같은 달 25일에 1차로 4천만원을 지원하고, 총 2회에 걸쳐 2억3970만원을 보조했다.

영재센터 전무 이규혁은 2016년 1월 20일, 한국관광공사의 자회사인 GKL(그랜드 코리아레저) 대표 이기우에게 후원을 부탁했다. GKL은 2016년 4월 8일에 5천만원을, 같은 해 6월 8일에 1억5천만원 등 합계 2억원을 지원했다. 대한 빙상경기연맹 회장이자 제일기획 스포츠사업 총괄사장 김재열은 삼성전자 자금 16억2800만원을 2회에 걸쳐 영재센터에 후원했다.

검찰은 영재센터 사무총장 장시호를 11월 21일 구속했다. 보조금관리에 관한 법률 위반과 후원금 3억1천만원을 횡령한 혐의였다. 검찰은 삼성전자가 영재센터에 2차례 후원한 행위와 관련, 장시호와 김종에게 직권남용권리행사 방해와 강요 혐의를 적용했다.

그런데 검찰 수사를 이어받은 박영수 특검(特檢)이 영재센터에 지원된 삼성전자 자금 16억2800만원만 별도로 떼어내, 대통령과 최서원에게 제3자 뇌물혐의를 적용했다. 이것이 영재센터 뇌물수수 사건의 본질이다.

특검 수사를 근거로 김수남 총장 체제의 검찰이 작성한 공소장 취지는 이렇다.

【① 최서원은 2015년 7월 23일 독일에서 귀국하자마자, 피고인(박근혜)과 이재용의 2015년 7월 25일자 단독면담 일정을 정호성을 통하여 전달받은 후, 피고인에게 영재센터가 삼성그룹으로부터 지원받을 수 있도록 도와달라고 요청하면서, 장시호와 함께 만든 영재센터 사업계획안을 전달하였고,

② 피고인은 2015년 7월 25일 이재용과 단독면담한 자리에서, 대통령 임기 내에 승계작업을 도와주겠다는 입장을 밝히면서 "동계스포츠 메달리스트들이 설립한 영재센터에 돈을 지원하라. 제일기획 김재열 사장에게 지원하게 하라"고 요구했고, 이재용이 피고인의 요구를 승낙함으로서 부정한 청탁의 대가로 뇌물을 수수하기로 합의가 이뤄졌으며,

③ 최서원은 2016년 2월 14일, 피고인과 이재용의 2016년 2월 15일자 단독면담 일정을 파악한 후, 피고인에게 추가 지원을 받을 수 있도록 도와달라고 요청하면서 장시호를 시켜 급히 만든 영재센터 사업계획안(9억7618만원의 예산 액수 기재)을 전달하였고,

④ 이로써 피고인은 대통령의 직권을 남용하여, 이재용으로 하여금 2015년 10월 2일에 삼성전자 회사 자금 5억5천만원(부가가치세 5천만원 포함)을, 2016년 3월 3일에는 삼성전자 회사자금 10억7800만원(부가가치세 9800만원 포함) 등 합계 16억2800만원을 제3자인 영재센터에 공여하게 하였다는 것이다.】

먼저, 공소장의 사실관계부터 확인해 보자. 동계스포츠 영재센터가 사단법인체로 등록된 날은 2015년 7월 14일이다. 대통령과 이재용의 단독면담이 있기 11일 전이다. 그러면 영재센터는 누가, 무슨 의도로 설립하게 되었을까.

그 경위에 대해 장시호는 검찰 제1차 조사(2016. 11. 18.)에서 이렇게 진술했다.

"이모(최서원)와는 원래부터 자주 연락을 하는 사이가 아니었고, 특히 2014년경 저희 엄마(최순득)와 이모가 다투셔서 저도 연락을 하지 않고 지냈습니다.

제가 이혼 후 제주도에서 살던 2015년경, 저와 연인이었던 김동성(쇼트트랙 금메달리스트)과 함께 '김동성의 인재육성 프로그램'이라는 이름으로 계획서를 짠 적이 있습니다. 이를 이규혁에게 보여주었더니 '참 좋은 계획이니 같이 해보자'고 하여, 영재센터가 설립되게 된 것입니다.

이규혁이 허승욱, 전이경, 제갈성렬 등을 섭외하여 이사진을 구성했고, 사단법인 주소지(강원도 평창군)는 박재혁의 5층짜리 건물로 정했습니다. 제가 최순실에게 이규혁 등과 함께 영재센터를 만들려고 한다는 이야기를 한 사실이 있는데, 최순실이 저에게 '집에서 애나 잘 키워라'라고 하면서 핀잔만 들었습니다."

그랬던 장시호가 구속영장 청구를 앞둔 제3차 검찰 조사(2016. 11. 20.)부터 진술을 번복했다. 그 이유에 대해 장시호는 "촛불집회가 열린다는 이야기를 듣고, 사실대로 이야기하려고 마음을 먹었다"고 진술했다. 장시호의 진술조서(3회에서 8회까지)에 기록된 영재센터 설립 과정은 이렇다.

"2015년 1월경, 김동성이 최순실에게 찾아간 모양입니다. 김동성은 제가 어렸을 때, 저와 결혼을 전제로 사귀던 친구여서 최순실도 잘 알고 있으며, 김동성이 최순실을 이모라고 부릅니다. 그때 김동성이 동계스포츠 후학 양성 프로그램을 하고 싶다고 하였습니다.

당시 최순실은 스포츠 인재 육성 프로그램을 기획하고 있었는데, 김동성이 계획한 프로그램이 더 이용가치가 있다고 판단했는지, 김동성에게 저와 상의하여 동계스포츠 후학 양성 프로그램의 계획을 짜보라고 하였습니다. 그러면서 저도 김동성과 오랜만에 다시 만나게 된 것입니다.

그러다가 갑자기 김동성이 강릉시청 빙상단 감독 자리에 가고 싶다며 최순실에게 부탁을 하였는데, 최순실이 거절하였습니다. 김동성은 기분이 나빴던지 영재센터 일도 하지 않겠다며 아예 사업에서 빠졌습니다. 그러자 최순실이 저에게 단체의 이름을 「한국 동계스포츠 영재센터」로 정해주면서, 법인으로 만들어야 한다고 하며, 저에게 정관 등 필요한 서류작업을 하라고 하였습니다.

제가 최순실에게 재단법인은 초기 설립자금이 사단법인에 비해 많이 든다고 하자, 최순실은 사단법인으로 만들자고 하였습니다. 그래서 제가 이규혁을 찾아가 도움을 요청하였고, 이규혁이 허승욱, 전이경, 제갈성렬을 섭외하여 이사진을 구성하였습니다. 최순실은 뭐든지 전면에 나서는 일이 없습니다. 주로 저를 전면에 내세웠고, 그 이유는 저를 자기 옆에 두고 정유라와 그 아들을 돌봐달라는 뜻도 있었던 것 같습니다."

장시호의 이 진술이 대통령과 최서원을 뇌물수수 혐의로 엮는데 이용됐다. 하지만 이 진술은 영재센터 설립 무렵에 있었던 최서원과 장시호, 정유라 간의 불편한 관계를 감안하면 합리적 의심이 가능하다.

## 최서원, 정유라, 장시호의 불편한 관계

최서원의 딸 정유라가 아들을 출산한 날은 2015년 5월 8일이다. 최서원은 결혼식도 올리지 않은 딸의 출산을 앞두게 되자, 이 사실을 숨기기 위해 출산 한 달 전에 정유라를 장시호가 살던 제주도 서귀포시로 내려 보냈다.

정유라는 이종사촌 언니인 장시호 집에 짐을 풀었으나, 개와 고양이를 키운다는 이유로 장시호가 박대하자, 얼마 머물지를 못하고 거처를 옮긴 뒤 출산했다. 장시호가 최서원에게서 영재센터 설립을 지시받았다던 무렵에 이런 일이 있었다.

최서원과 정유라, 그리고 장시호 관계가 그 당시 평탄하지 않았기 때문에 장시호 진술은 경험칙상의 합리적 판단으로 미뤄, 충분한 의심이 가능하다. 장시호는 검찰 조사에서 정유라 출산 사실을 숨겼고, 검찰도 그 부분을 묻지 않았다.

영재센터가 설립된 날은 7월 14일인데, 최서원이 7월 8일부터 7월 23일까지 독일에 있었다는 사실은 출입국기록에서 확인된다. 최서원은 정유라 출산을 앞두고 4월 11일 독일로 출국했다. 딸 정유라를 국제적인 승마선수로 키우며 독일에서 말 사업을 하려고 했던 최서원은 독일에서 1주일 가량 머물며 정유라와 함께 살 집을 물색했다.

출산 후 어느 정도 산후조리를 마친 정유라는 갓 태어난 아기와 아기를 돌볼 가사도우미와 함께 6월 30일 독일로 출국했고, 바로 그날 최서원은 한국에서 키우던 말 4마리 모두를 배편으로 독일에 보냈다. 이 중 2마리는 정유라가 2014년 인천아시안게임에서 금메달을 딸 때, 탔던 말이다. 그러고 나서 최서원도 7월 8일 독일로 출국했던 것이다.

최서원이 인천국제공항을 통해 귀국한 날은, 2015년 7월 23일 오후 1시57분57초인 것으로 특검 수사에서 확인됐다. 이틀 후인 7월 25일에 대통령과 이재용의 단독면담이 있었고, 최서원이 이 사실을 정호성 비서관을 통해 통보받은 것으로 짐작한 특검은 최서원이 독일에서 귀국하자마자 장시호와 함께 만든 영재센터 사업계획서를 대통령에게 전달했고, 대통령은 이 계획서를 근거로 이재용에게 지원을 요청했다고 공소장에 적시했다.

이 과정에서 특검은 검찰 조사에서 확인된 사실관계들을 공소장에 전혀 반영하지 않았다. 예컨대 "최순실이 저에게 '위에다 갈 거니까 잘못 쓰면 안 된다'고 하며, 20억원 규모의 승마 관련 사업계획서를 주면서, 이것을 동계스포츠로 바꾸어 오라고 하여, 여직원 김소율과 함께 영재센터 연간 사업계획서를 만들어 최순실에게 주었다"는 장시호 진술 중에서, 장시호가 최서원의 지시를 받은 날이 2015년 8월 초순경이라고 검찰에서 진술했음에도, 특검은 이 부분을 외면했다.

특검은 최서원의 일거수일투족을 대통령과 이재용 간의 단독면담에 갖다 붙였다. 심지어 영재센터 직원 김소율이 검찰에서 "최순실로부터 승마 관련 사업계획서를 받은 적이 없다"는 진술도 특검은 반영하지 않았다.

최서원도 피고인 최후심문에서 "대통령과 대기업 회장 간의 면담 자체를 알지 못했다"고 진술했다. 게다가 전(前) 대한승마협회 전무 박원오가 213억원 규모의 「한국 승마 중장기 로드맵」을 작성한 시점은 2015년 8월경으로, 단독면담이 있고난 이후여서 최서원은 승마와 관련된 어떠한 사업계획서도 갖고 있지 않았다.

삼성전자가 회사자금 5억5천만원을 영재센터에 1차 송금한 날은

2015년 10월 2일이다. 대통령과 이재용 간의 단독면담이 있고나서 두 달이 지난 후였다. 장시호는 지원금 5억원에 부가가치세 5천만원을 더한 5억5천만원을 삼성전자에 요청하고, 세금계산서를 발급했다. 그 결과 뇌물 액수에 부가세가 명시됐는데, 나는 공소장 뇌물액수에 부가세를 표시해 놓은 것은 처음 보았다.

삼성전자의 2차 후원금 10억7800만원(부가가치세 9800만원 포함)이 영재센터 계좌에 입금된 날은 2016년 3월 3일이다. 대통령은 이보다 보름 전인 2월 15일에 이재용과 단독 면담했다.

특검 수사에 의하면, 최서원이 대통령에게 부탁해 삼성전자에 2차로 요청했다는 후원금 액수는 9억7618만원인데, 이 금액은 장시호가 급히 만들어 최서원에게 건넸다는 「종합형 스포츠클럽 '꿈나무 드림팀' 육성 계획안」에 적힌 숫자였다.

이 액수에 대해, 특검 파견검사 박주성은 장시호에게 "위 영재센터 계획안의 마지막 페이지 '국내/외 예산안'을 보면, 예산 합계 금액이 976,180,000원으로 되어있고, 삼성 측에서는 백만원 단위 금액은 반올림하여 9억8천만원을 후원금으로 승인해 주었고, 이에 부가가치세 10%를 더하여 10억7800만원을 송금한 것인가요"라고 물었고, 장시호는 "예, 그렇습니다"라고 진술했다.

나는 이 일문일답식의 조서를 읽으면서, 특검이 대통령의 뇌물액수를 특정하려고 엄청나게 노력했음을 확인했다. 나는 20년 가까이 경찰과 법조를 출입한 사건기자였지만, 뇌물을 요청한 측에서 만원 단위까지 아주 구체적으로 특정한 사례를 본 적이 없다.

장시호가 꿈나무 드림팀 육성 계획안을 영재센터 사무실 컴퓨터에서 인쇄한 시각은 2016년 2월 15일 오전 9시55분이었다. 특검이 영재센터 컴퓨터에서 확인한 시각이다. 장시호는 이 시각에 출력한 인쇄물을 나라시(무등록 택시) 편으로 최서원의 미승빌딩에 보냈다고 주장했고, 특검은 이를 근거로 최서원이 이 인쇄물을 곧바로 청와대에 있는 대통령에게 보내, 이재용과의 단독면담에서 참고자료로 활용했다고 공소장에 적었다.

그런데, 대통령과 단독면담을 마치고 서울 역삼동에 위치한 삼성전자 사무실로 복귀한 이재용의 승용차가 주차장에 도착한 시각이 오전 11시 이전이라는 점을 감안하면, 대통령이 단독면담 전에 이 인쇄물을 받아보았다는 것은 시간적으로 불가능했다. 그 바람에 판결문에도 「불상의 경위」로 이 인쇄물이 전달되었다고 기재돼 있다.

## 이규혁의 솔직하지 못한 태도

영재센터 사건이 잘못 알려지게 된 것은 이규혁의 솔직하지 못한 태도 때문이라고 나는 판단한다. 탄핵정국 당시, 방송해설가로 활동했던 이규혁은 2016년 10월말, 한겨레신문과 인터뷰에서 장시호나 장유진에 대해 모른다고 주장했다.

그러나 중앙일보와 인터뷰(2016. 11. 1.)에서는 "장유진은 중학교 후배다. 내 재능을 기부하는 차원에서 영재들을 가르치려 했다. 돈 받은 것은 하나도 없다"고 말했으나, 이것 역시 거짓말이다.

장시호는 영재센터 설립 직후, 누림기획이라는 회사를 만들어 영재센터와 홍보계약을 체결하고, 영재센터 자금 9800만원을 누림기획에 홍보비 명목으로 송금했는데, 이규혁이 누림기획의 지분 30%를 소유한 것으로 드러났기 때문이다.

이에 대해 이규혁은 연합뉴스와 인터뷰(2016. 11. 21.)에서 "누림기획 지분은 내 것이 아니고, 내 인감을 도용당했다"고 주장했으나, 국회 청문회(2016. 12. 15.)에 출석해서는 "명의를 도용당한 게 아니라 명의를 빌려준 것"이라고 또 다시 말을 바꾸었다.

대한 빙상경기연맹 회장이자 제일기획 스포츠사업 총괄사장 김재열이 영재센터를 후원한 것은 이규혁 때문이었다. 이규혁은 검찰에서 "2015년 8월 20일경 김재열 회장으로부터 만나자는 연락을 받고, 그 다음날 오전 10시30분 코엑스 인터콘티넨탈 호텔 커피숍에서 김재열을 만났다"며 "장시호가 파워포인트(PPT)로 작성한 영재센터 설립 취지와 향후 계획을 설명했더니, 김재열 회장이 '좋은 취지인 것 같다'며 호의적인 반응을 보였다"고 진술했다.

그로부터 두 달 후, 삼성전자는 1차 후원금 5억5천만원을 영재센터에 지원했다. 김재열은 검찰 조사에서 "1차 후원금은 이규혁의 취지에 공감했기 때문"이라고 진술했다. 검사가 "영재센터에 5억5천만원이나 되는 거액을 후원한 것을 보면, 단순히 이규혁의 취지에 공감해서가 아니라 김종 차관의 요청이 있었기 때문이 아니냐"고 추궁했으나, 김재열은 "아니다"라고 부인했다.

장시호 1심 판결문에도 "대통령이 이재용에게 영재센터 후원을 지시한 사실을 김재열이 알고 있었다고 인정할만한 증거가 없다"고 기록돼 있다. 삼성전자가 2차 후원금 10억7800만원을 영재센터에 입금한 2016년 3월 3일, 김재열은 서울 강남구 청담동 소재 코지마라는 일식집에서 이규혁을 만났다.

특검은 김재열과 이규혁의 이 만남이 대통령과 이재용의 단독면담(2016. 2. 15.) 이후여서 대통령의 요청 때문인 것으로 추론했다. 이에 대해 김재열은 "이규혁의 근황이 궁금해서 저녁이나 먹자고 연락한 날이 2016년 2월 13일이다. 그런데 그날 이규혁에게 다른 일정이 있다고 해서, 날짜를 확정하지 못하다가 2월 23일에 다시 연락해서 3월 3일로 날짜를 잡았다"고 진술했다.

아무튼 대통령이 이재용에게 동계스포츠 영재센터에 지원을 요구했다는 특검 주장은 무엇보다 사실관계에서 틀렸고, 유일한 증거는 안종범이 최서원 사건 발생 후에 새롭게 쓴 업무수첩 뿐이다.(이 부분은 안종범 업무수첩에 자세히 기록돼 있다.)

장시호는 검찰과 특검에서 10차례 이상 조사를 받았다. 특검에서 장시호를 조사한 특검 파견검사가 박주성·김영철·이복현이다.

장시호의 어머니 최순득은 대통령과 친밀한 관계인 것처럼 많은 언론에 보도됐는데, 이 부분은 서울중앙지검 소속 차상우 검사가 장시호를 상대로 신문한 적이 있다. 다음은 검사와 장시호 간의 일문일답이다.

**〈검사:** 피의자의 모 최순득이 김장김치를 담그면 그것을 피의자가 청와대에 심부름하여 박근혜 대통령에게 전달해 준 적이 있나요.

**장시호:** 전혀 없습니다. 저는 지금까지 청와대에 가본 적이 없습니다. 한번은 최순실에게 제 아들 장O이 청와대를 견학할 수 있게 해달라고 부탁한 적이 있는데, 최순실이 화를 내면서 못하게 한 적도 있습니다.

**문:** 그러면 박근혜 대통령이 대통령이 되기 전에는 김장김치를 준 사실이 있나요.

**답:** 모릅니다. 없을 것 같은데요.

**문:** 2006년 5월 20일경, 당시 박근혜 한나라당 대표가 면도칼 피습을 당하였는데, 그 당시 피의자의 모 최순득의 집에서 박근혜 대표가 요

양한 적이 있는가요.

**답:** 그런 사실 전혀 없습니다. 2006년 6월 4일 제가 결혼하였는데, 박근혜 대표가 제 결혼식에 하객으로 온 사실은 있습니다. 그 이전이나 그 이후에도 박근혜 대통령이 저희 집에 온 사실은 전혀 없습니다.

**문:** 피의자는 박근혜 대통령에게 대포폰을 전해준 적이 있는가요.

**답:** 2016년 6월 17일경에 최순실이 저에게 자기 운전기사인 문OO 부장 신분증으로 휴대전화를 개통해 달라고 해서, 최순실에게 전해준 적이 있습니다. 그 휴대폰이 어떻게 사용되었는지는 제가 알 수 있는 부분이 아닙니다. 그 외에 제가 최순실에게 휴대폰 개통해 준 적은 없습니다.

**문:** 피의자는 최순실이 차움병원에서 주사제 등을 처방받아 대통령에게 자져다 준다는 사실을 알고 있는가요.

**답:** 네. 최근 언론을 통해서 알게 되었습니다. 그 전에는 전혀 모르고 있었습니다. 엄마에게 확인해보니 엄마도 모르는 일이라고 하였습니다.〉

## 특검 수사와 인권유린

국가인권위원회는 "모든 개인이 가지는 불가침의 기본적 인권을 보호하고, 그 수준을 향상시킴으로써 인간으로서의 존엄과 가치를 구현하고 민주적 기본질서의 확립에 이바지함"을 목적으로 2001년 11월 26일에 설립됐다. 국가인권위는 독립된 국가기관이다.

국가인권위는 2017년 1월 20일, 구속여부가 결정되지 않은 피의자를 교도소에 유치(留置)해 알몸 신체검사 등 일반 수용자와 동일한 입소

절차를 밟게 하는 것은 헌법 제10조에 보장된 인격권을 침해하는 행위라고 판단하고, 개선을 권고했다.

국가인권위가 이런 결정을 내리게 된 것은, 명예훼손 혐의로 구속영장 실질심사를 받은 이○○ 등이 영장이 발부되기도 전에 교도소에 수감돼, 죄수복으로 갈아입고 항문검색 등 신체검사를 받은 뒤, 각자 방을 배정받아 수감되었는데, 구속영장이 기각돼 석방되면서 국가인권위에 그 부당성을 호소하는 진정서를 제출했기 때문이다.

국가인권위는 이 진정을 받아들여, 해당 지역의 지청장(검찰)과 지원장(법원)에게 관행을 개선하라고 권고했다. 국가인권위의 이 권고는 언론에도 보도됐다. 이 결정이 있고나서 한 달 뒤인 2017년 2월 20일, 전(前) 청와대 민정수석 우병우에게 사전 구속영장을 청구한 박영수 특검은 영장발부를 기다리는 우병우를 서울구치소에 유치했다. 이는 국가인권위의 권고를 정면으로 위반한 것이다.

무소불위와 다름없는 특검의 이 조치로 우병우는 서울구치소에서 입고 간 사복을 벗고, 죄수복으로 갈아입는 과정에서 인권유린을 당한 뒤, 구속영장이 기각되자 서울구치소에서 풀려났다. 특검 수사 기간 동안, 영장이 청구되었다가 기각된 삼성전자 부회장 이재용을 비롯한 많은 사람들은 어느 누구도 예외 없이 서울구치소에 유치돼 인권유린을 당했다.

특검 수사를 이어받은 검찰이 2017년 4월 11일, 우병우에 대해 2차 구속영장을 청구할 때는 상황이 달랐다. 검찰은 구속영장 발부를 기다리던 우병우를 서울중앙지검 내 구류시설에 유치했다. 우병우는 입고 간 옷을 벗지 않고 대기하다가 법원에서 영장이 기각되자 풀려났다. 이것이 정당한 법집행이다.

2017년 새해가 막 시작되던 1월 2일, 특검은 이화여대 교수 류철균을 구속했다. 최서원의 딸 정유라에게 학점 특혜를 주었다는 혐의다. 특검이 류철균에게 적용한 혐의는 업무방해, 위계공무방해, 사문서위조교사, 위조사문서행사, 국회에서의 증언·감정 등에 관한 법률위반 등 7개였다.
   특검이 신년 벽두에, 이화여대 교수 가운데 제일 먼저 류철균을 구속한 것은, 그가 베스트셀러 소설「영원한 제국」의 저자로 유명인이었기 때문인 것으로 추정된다. 소설가 이인화의 본명이 류철균이다.
   류철균은 석방 후 조선일보와 인터뷰(2021. 3. 6. 보도)에서 특검 수사의 문제점에 대해 이렇게 말했다.
   "정유라는 전혀 모른다. 문제가 된 강의(제목; K무크-영화 스토리텔링의 이해)는 학생 2956명이 들었다. 시범 강의여서 큰 잘못이 없으면 거의 다 학점을 줘서 통과시켰다. 그 중 하나가 정유라였던 거다. 다른 건 괜찮은데, 내가 조교를 협박했다거나, 그래서 검찰에서 조교와 대질신문을 했다는 것, 내가 정유라를 대리해 수강까지 신청했다는 건 검찰 조서에도 없는 가짜 뉴스다.
   사건 당시엔 모두가 흥분해서 불명확한 기사를 쓸 수 있지만, 지금까지도 나무위키 같은 사이트에 그런 거짓들이 사실인양 적혀있어 고통스럽다. 판결문과 검찰 조서를 수차례 보내, 내용을 수정해달라고 요청했는데도 들어주지 않더라. 그래서 나무위키 사용자 3명을 고소했다."
   최서원의 변호인 이경재 변호사는 2017년 12월 7일에 제출한 의견서에서, 특검 수사와 공소 과정에 있었던 위법, 부당성을 이렇게 지적했다.
   "특검(특검보 포함)은 특검법에 의해 수사 및 공소유지를 주도적으로 해야 할 책무와 권한을 갖고 있습니다. 파견검사는 보조자에 지나지 않습니다. 그런데 유감스럽게도 변호인들은 특검이나 특검보 명의로 조사, 작성된 조서를 아직까지 발견하지 못했습니다. 모두 파견검사 팀장인 윤석열 휘하의 검사 20명에 의해, 조서가 작성된 것만 발견할 수 있을 뿐입니다.

그렇다면 이는 특검이 자신의 수사책무를 윤석열 파견검사 팀장에게 일괄 하도급 했다고 해도 과언이 아닙니다. 이 같은 특검 수사 체제에서는 특검의 수사가 인권규정을 지키고, 객관·공정하게 이루어질 수 있었겠는지 의문입니다.

다음, 공소 유지에 대해 살펴봅니다. 특검은 자신의 입으로 국민들은 세기의 재판을 보게 될 것이라고 공언하고, 정경유착의 고리를 끊는 계기가 되어야 한다고 호언했습니다. 이 같은 중차대한 세기의 재판에 기소 후 이제까지 특검은 얼굴을 보인 적이 없습니다. 기껏해야 이재용 뇌물공여 사건 결심공판에서 논고문을 읽는 게 전부였던 것으로 기억합니다.

지금까지 공소 유지는 모두 파견검사들이 했습니다. 특검보가 참석하지만 참석에 의미가 있을 뿐, 모든 공소 유지 활동은 파견검사 몫이었습니다. 이런 상태에서 특검은 공소 유지 책무를 했다고 할 수 있을까요.

이 사건 복잡·방대성, 정치적 민감성, 정보기술적인 미묘성, 국민적 관심, 극단적으로 상반된 의견충돌이 장정(長征) 같은 공판정에서 연일 벌어지는데, 특검은 종시일관 현장에 부재하여, 이 같은 재판과정이 그의 머리에 반영되어 있다고 보기 어렵습니다.

파견검사들은 그동안 재판 과정에서 밝혀진 사실조차 반영치 아니하고, 처음 기소 때 가지고 있던 기소심증과 추리를 오늘까지도 완강히 고집하고 있습니다. 특검이 직접 중요 재판에 입회했다면 공소 유지하는 입장과 주장에 탄력성이 있었을 텐데 아쉽습니다. 변호인은 이건 뇌물

사건은 특검에 의한 위법·부당한 수사 하청구조, 파견검사에 의한 공소 유지 전단과 통제장치 부재 등이 원인이 된, 대단히 정치적이고 의혹제기 지향적이며, 객관추리력이 부족한 기소와 공소 유지라고 생각합니다."

이경재 변호사는 특검법 제3조 제2항과 제3항, 제4항이 국민주권주의(헌법 제1조 2항), 평등권(헌법 제11조 제1항), 공정한 재판을 받을 권리(헌법 제27조 제1항), 의회주의 원칙(다수결 원칙과 소수자 보호의 조화)에 위배된다는 이유로 2017년 3월 7일 서울중앙지방법원에 위헌심판 제청신청을 했다.

한 달 후인 4월 7일, 법원이 "이유 없다"는 사유로 기각하자, 이경재 변호사는 4월 21일 헌법재판소에 헌법소원 심판청구를 제기했다. 나는 이 청구가 기각될 줄 알았는데, 의외로 헌법재판소는 곧바로 기각하지 않고, 1년 10개월 동안 가지고 있다가 대통령 2심 판결(2018. 8. 24.)이 있은 후인 2019년 2월 28일에 기각 결정을 내렸다.

기각 취지는 이렇다. "특검제도 창설은 본질적으로 국회의 폭넓은 재량에 속한다. 따라서 특검 후보자를 누가 추천할 것인지에 대한 판단도 국회의 폭넓은 재량이 인정되고, 명백히 자의적이거나 현저히 부당하다고 단정할 수 없다."

헌법재판소는 대통령 탄핵 심판에서도 국회의 자율성과 재량을 내세워, 국회의 탄핵소추 과정이 적법하다고 한바 있다.

헌법재판소는 우리 헌법정신에 따라, 국회가 의안(議案) 의결 과정에서 가지는 재량의 한계를 헌법 가치적으로 정할 책무가 있는 헌법기관이다. 헌법적으로 허용되는 국가기관의 재량과 자의성에 대한 통제의 범위는 그 나라의 법치수준과 문명수준을 보여준다.

대통령 탄핵사건은 자유민주주의 헌법 하에서 구성된 국가기관들이 그 본질적 임무를 스스로 포기하고, 자신을 낳은 어머니와 같은 자유민주주의 헌법가치를 외면하여 우리의 법치 수준을 나락으로 떨어뜨린 시발점이 되었다.

　대통령 탄핵 이후 시간이 지날수록 드러나고 있는, 우리 사회의 난맥상과 헌법 가치적 이념지표의 상실이 이를 입증하고 있다. 헌법재판소가 초헌법적인 특검법에 대해, 헌법소원을 기각하기로 결정한 것은 이런 현실에서 어쩌면 당연한 것이고, 당초 기대해서는 안 될 신기루 같은 희망이었는지도 모른다.

## "사람을 어떻게, 이렇게 더럽게 만듭니까"

　대통령은 검찰 조사를 5번 받았다. 대통령은 본인이 보고를 받았거나 알고 있는 사실은 조리 있게 설명했다. 모른다거나 기억나지 않는다는 답변은 간혹 있었다. 그러나 뇌물과 관련된 신문에 대해서는 격하게 반발했다.

　대통령은 "사람을 어떻게 그렇게 더럽게 만듭니까! 저는 대한민국을 위해 임기 3년 반, 하루하루를 노력했습니다. 만약에 뇌물을 받는다면 제가 쓸 수 있게 몰래 받지, 모든 국민이 다 아는 공익재단을 만들어서 출연을 받겠습니까. 모든 기업은 항상 현안이 있습니다. 재단 출연금까지 뇌물로 본다면 그동안 기업들이 정부가 주도하는 일에 성금을 내거나 하는 것도 전부 뇌물이라는 것인데, 이것은 말이 안 되는 것입니다"라고 진술했다.

　A4 용지로 298장에 달하는 대통령의 진술조서 중에서 영재센터와

이재용 승계작업, 승마 뇌물 부분을 발췌, 인용한다. 다음은 대통령과 검사의 일문일답이다.

**〈검사:** 이재용에게 한국 동계스포츠 영재센터를 지원해 달라고 말한 사실이 있습니까.

**대통령:** 없습니다. 영재센터 자체도 제 머릿속에 없었습니다. 이번 사건이 터지고 나서 영재센터라는 단체가 있다는 것을 알았습니다.

**문:** 그 무렵 삼성 미래전략실 요청으로 김재열(제일기획 스포츠사업 총괄사장)은 김종(문체부 2차관)에게 대통령이 말한 사업이 무엇인지 확인했는데, 김종은 "영재센터이고 BH 관심사항이다"라고 답한 사실이 확인됩니다. 이재용에게 말한 위 사업은 영재센터를 말한 것입니까.

**답:** 저는 영재센터 자체를 모릅니다. 게다가 제가 잘 이해가 안 되는 게, 저는 김종과는 대면은 말할 것도 없고, 전화도 한 적이 없습니다. 그런데 김종이 영재센터에 대해 BH 관심사항이라고 말한다는 것 자체가 이해가 안 됩니다.

**문:** 장시호는 알고 있습니까.

**답:** 장시호도 이번에 보도 등을 통해 최순실의 언니의 딸이라는 사실을 알았습니다.

**문:** 장시호는 2016년 2월 14일 최순실이 "청와대와 삼성에 갈 거니까 잘 만들라"고 하여 위 계획안을 작성했다고 합니다. 위 계획안을 최순실로부터 받은 것입니까.

**답:** 사실이 아닙니다. 최순실로부터 영재센터에 대해 얘기를 듣거나 계획안을 받은 사실이 없습니다.

**문:** 피의자는 최순실의 딸 정유라가 승마선수인 것을 알고 있었습니까.

**답:** 정유라는 아주 어렸을 때 만나보고 그 이후에는 본 사실도 없습니다. 다만 정유라가 승마선수라는 사실 정도는 알고 있었습니다. 저는 정유라의 이름도 정유연으로 기억하고 있습니다. 이 사건이 있고 나서 정유연이 정유라로 이름을 바꾼 것을 알게 되었습니다.

**문:** 피의자는 2014년 9월경 이재용 삼성 부회장에게 대한승마협회를 삼성이 맡아 달라고 말한 사실이 있습니까.

**답:** 그런 제의를 한 사실이 있습니다.

**문:** 이재용은 2014년 9월 15일 대구 창조경제혁신센터 개소식 후 개별면담을 했는데, 대통령께서 "삼성이 승마협회를 맡고, 올림픽에 대비하여 선수들에게 좋은 말을 사주고 전지훈련도 도와 달라"고 했다고 합니다. 사실입니까.

**답:** 주변에서 이재용 부회장을 만나 격려를 하면 좋겠다는 건의가 있었고, 그래서 따로 만난 사실이 있습니다. 그 당시 여러 군데서 승마협회가 운영이 잘 안 된다는 말도 듣고, 예전에 삼성이 승마협회를 맡아서 잘 운영한 경험이 있기 때문에 제가 이재용 부회장에게 삼성이 맡아서 해 주면 어떻겠냐는 말을 하였습니다. 그러나 좋은 말을 사주라는 등의 구체적인 말을 한 사실은 없습니다.

**문:** 이재용은 2015년 7월 25일 개별면담 중 대통령께서 "삼성이 승마협회 운용을 잘못하고 있다. 한화보다 못한 것 같다"고 질책하셨다고 합니다. 이와 같이 말한 사실이 있습니까.

**답:** 어이가 없습니다. 어떻게 질책을 합니까. 저는 그런 사실이 없습니다. 제가 제의를 하여 삼성이 승마협회를 맡았는데 제가 고맙게 생각하여야 하지 않겠습니까.

**문:** 또한 이재용은 대통령께서 "승마협회에 있는 삼성의 이영국, 권

오택이 문제이니 김재열 사장 직계로 교체하라"고 하셨다고 합니다. 이재용의 진술이 사실입니까.

**답:** 그런 사실이 전혀 없습니다. 저는 승마협회에서 어떤 분들이 일하는지도 모르는데, 제가 어떻게 그런 이야기를 할 수 있겠습니까.

**문:** 피의자는 1회 조사 및 구속 전 피의자 신문 시, 단독면담 직후인 2015년 7월 27일 삼성전자 사장 박상진이 독일까지 가서 최순실의 측근인 박원오를 만나고, 이후 최순실이 운영하는 코어스포츠에 약 78억 원을 지급한 사실에 대해 "이번에 사건이 있고 나서 알았고, 왜 그렇게 했을까 의아하게 생각한다"고 진술했습니다. 맞습니까.

**답:** 맞습니다.

**문:** 피의자가 위와 같이 의아하게 생각하는 이유는 무엇입니까.

**답:** 삼성이 최순실과 아무런 이해관계가 없는데, 그렇게 돈을 보내준 것 자체가 이해가 가지 않았습니다. 뉴스를 보고 말도 안 되는 이야기라 생각했고, 놀라움의 연속이었습니다.

**문:** (검사가 피의자에게 청와대 경제수석실 작성의 '삼성 관련 말씀자료' 사본을 제시하면서) 위 말씀자료에는 삼성그룹 현안 및 피의자의 답변 내용이 기재되어 있습니다. 답변 내용과 같이 말한 것이 사실 아닙니까.

**답:** 앞에서도 말씀드렸지만 말씀자료라는 것은 어디까지나 자료입니다. 비서실에서 인터넷이나 기사 등을 취합해서 참고자료라고 만드는 것 같은데, 거기에는 제가 말하기 부적절한 것들도 다 넣는 것 같습니다. 그래서 말씀자료를 보고 제가 선별을 하고, 또 제가 하고 싶은 얘기는 따로 메모를 하기도 합니다. 말씀자료에 기재되어 있는 것은 비서실 생각입니다. 제가 말씀자료 그대로 말한다는 것은 사실과 다릅니다.

**문:** 피의자는 이재용으로부터 삼성물산·제일모직 간 합병, 순환출자 해소를 위한 삼성물산 주식 처분 최소화, 삼성생명의 금융지주회사 전환, 바이오로직스의 상장 및 규제완화 등과 관련하여 부탁을 받고, 정유라 승마 지원금, 영재센터 및 미르·K스포츠재단에 대한 후원금을 받은 것입니까.

**답:** 있을 수 없는 일입니다. 순환출자 문제는 제가 아예 모르고, 바이오산업 문제는 아이디어 차원에서 이재용으로부터 들을 수는 있었겠지만, 구체적인 부탁을 받은 것이 없습니다. 그리고 규제 문제는 국익차원에서 대통령이 해야 하는 일이라 생각합니다.

제가 정치생활을 하는 동안 대가관계로 뭘 주고받고, 그런 일을 한 적이 없고, 할 수도 없는, 더러운 일이라고 생각합니다. 그런데 제가 대가관계로 돈을 받았다고 하다니 어이가 없고 그런 일을 하려고 제가 대통령을 했겠습니까.

제가 나라를 위해 밤잠을 설쳐가면서 기업들이 밖에서 나가 활발하게 활동할 수 있게 하고, 국내에서는 어떻게 일자리를 만들 수 있을까 그렇게 고민을 하고, 3년 반을 고생을 고생인지 모르고 살았는데, 제가 그 더러운 돈 받겠다고 …(말이 없음)….

사람을 어떻게 그렇게 더럽게 만듭니까! 저는 대한민국을 위해 임기 3년 반, 하루하루를 노력했습니다. 특히 삼성이 미르·K재단에 낸 돈까지 뇌물이라고 한다는 것인데, 만약에 뇌물을 받는다면 제가 쓸 수 있게 몰래 받지, 모든 국민이 다 아는 공익재단을 만들어서 출연을 받겠습니까. 그 돈은 제가 한 푼도 쓸 수 없습니다.

그리고 모든 기업은 항상 현안이 있습니다. 재단 출연금까지 뇌물로 본다면 그동안 기업들이 정부가 주도하는 일에 성금을 내거나 하는 것도 전부 뇌물이라는 것인데, 이것은 말이 안 된다는 것입니다. 게다가 삼성의 경우, 이재용의 경영권 승계를 위해 국민연금을 동원하여 합병에 찬성을 하게 하였다는 것인데, 삼성에서 저에게 무엇을 해달라는 말이 없었고, 저도 해 줄 게 없었는데 어떻게 뇌물이 된다는 건지 모르겠습니다.〉

## 대법원 소수의견 속에 숨어있는 진실

1심 재판부(김세윤 판사)는 최서원이 최후심문에서 증언한 내용을 대통령 판결문(2018. 4. 6.)에 반영하지 않았다. 2심 재판부(김문석 판사)는 1심 법원의 판단을 그대로 인용했다(2018. 8. 24.).

그러나 대법원은 파기환송 판결문(2019. 8. 29.)에서 대통령 사건을 다시 심리해서 판단하라고 지적했다. 하지만 파기환송심 재판부(오석준 판사)는 대법원의 권고를 무시하고, 실체적 사유에 대한 추가 심리 없이 대통령에게 유죄를 선고했다(2020. 7. 10.).

대법원은 대통령과 최서원, 이재용이 연루된 세 사건을 같은 날(2019. 8. 29.) 동시에 파기 환송했다. 대통령 판결문은 A4 용지로 15장, 최서원은 70장, 이재용은 59장이다. 이 판결에서 주목할 부분은 승마 뇌물 사건과 영재센터 제3자 뇌물수수 사건에 대해, 비록 소수의견이기는 하지만 조희대, 안철상, 이동원 등 3명의 대법관이 최서원과 이재용에게 무죄를 선고해야 한다고 주장했다는 사실이다.

또 박상옥 대법관은 비공무원이 뇌물수수죄의 공동정범이 될 수 있는지 여부와 그 범위에 관하여 다수의견에 동의할 수 없다는 의견을 제시했다. 이런 내용의 소수의견은 최서원과 이재용 판결문에만 실려 있다. 대통령은 상고를 하지 않았기 때문이다.

조희대, 안철상, 이동원 대법관은 소수의견에서 ① 공무원(대통령)과 비공무원(최서원)이 뇌물수수죄의 공동정범이 될 수 있는 범위에 관하여, ② 말들이 뇌물인지 여부에 관하여, ③ 영재센터 관련 부정한 청탁을 인정할 수 있는지 여부에 관하여, 법적으로 성립되지 않는다는 의견을 제시하고, 원심판결의 유죄부분은 파기되어야 한다고 지적했다. 조희대, 안철상, 이동원 대법관의 소수의견 취지를 판결문에서 인용한다.

【① 공무원과 비공무원이 뇌물수수죄의 공동정범이 될 수 있는 범위에 관하여; 공무원과 비공무원이 뇌물을 받으면 뇌물을 비공무원에게 귀속시키기로 미리 모의하거나, 뇌물의 성질에 비추어 비공무원이 전적으로 사용하거나 소비할 것임이 명백한 경우에, 공무원이 증뢰자(이재용)로 하여금 비공무원에게 뇌물을 공여하게 하였다면 형법 제130조의 제3자뇌물수수죄의 성립 여부가 문제될 뿐이며, 공무원과 비공무원에게 형법 제129조 제1항의 뇌물수수죄의 공동정범이 성립한다고 할 수 없다.

공동정범에서 공동가공의 의사는 공동의 의사로, 특정한 범죄행위를 하기 위하여 일체가 되어 서로 다른 사람의 행위를 이용하여 자기의 의사를 실행에 옮기는 것을 내용으로 한다. 뇌물수수죄와 제3자뇌물수수죄를 구별하여 규정하고 있는 형법의 태도를 고려하면, 뇌물수수죄의 공동정범에서 공동가공 의사의 내용인 '특정한 범죄 행위'는 '공무원이 전적으로 또는 비공무원과 함께 뇌물을 수수하기로 하는 범죄행위'를 말한다.

원심의 판단에는 공무원과 비공무원이 뇌물수수죄의 공동정범이 될 수 있는 범위 및 제3자 뇌물수수죄에 관한 법리를 오해한 잘못이 있다. 따라서 원심판결에서 정유라 승마 지원 관련 특정범죄가중법 위반(뇌물) 부분은 파기되어야 한다.

② 말들이 뇌물인지 여부에 관하여; 피고인 최서원이 전 대통령의 권력을 배경으로 삼성전자와 이 사건 용역계약을 체결하고, 삼성전자로 하여금 고가의 말을 구매하도록 하여 인도받고, 박상진(한국승마협회장) 등은 피고인 최서원의 요구에 따르는 관계에 있었다.

그러나 그와 같은 사정만으로 2015년 11월 15일경 또는 그 이후, 피고인 최서원과 박상진 사이에 살시도, 비타나, 라우싱의 소유권이나 실질적인 처분권한을 피고인 최서원에게 이전하기로 하는 합의가 있었다고 볼 수 없다. 그 밖에 살시도 구입 당시와 비타나, 라우싱 구입 당시의 차이점 등을 종합해 보더라도 마찬가지이다.

결국 피고인 최서원이 이재용 등으로부터 살시도, 비타나, 라우싱을 뇌물로 수수하였다고 인정하기 어렵다. 그런데도 원심은 피고인 최서원이 이재용 등으로부터 위 말들 자체를 뇌물로 수수하였다고 판단하였다. 이러한 원심의 판단은 뇌물에 관한 법리를 오해하고, 논리와 경험의 법칙에 반하여 자유심증주의의 한계를 벗어난 잘못이 있다.

따라서 원심판결에서 정유라 승마 지원 관련, 특정범죄가중법 위반(뇌물) 중, 말들 자체를 뇌물로 판단한 부분과 이를 전제로 한 범죄수익은닉규제법 위반 부분은 파기되어야 한다.

③ 영재센터 관련 부정한 청탁을 인정할 수 있는지 여부에 관하여; 특별검사(박영수)가 사실심에 제출한 모든 증거들을 종합해 보더라도, 특별검사가 공소사실에서 특정한 부정한 청탁의 대상이 되는 '승계작업'을 인정할 수 없다.

특별검사가 주장하는 현안들 중 일부는 그것이 성공할 경우에는 이재용의 삼성전자 또는 삼성생명에 대한 지배력 확보에 직접적·간접적으로 유리한 영향을 미치는 효과가 있었다고 인정할 수 있는 것도 있다. 그러나 이는 사후적·결과적으로 그러한 효과가 일부 확인된다는 것으로, 구조조정을 통한 사업의 합리화 등 여러 효과들 중의 하나일 뿐이다. 이러한 사정만으로는 승계작업을 인정할 수 없다.

전 대통령과 이재용이 부정한 청탁이 없었다고 주장하는 이 사건에서는 결국 안종범의 업무수첩 등 외에는 부정한 청탁을 입증할 만한 결정적인 증거는 없다. 안종범의 업무수첩 중, 대화 내용 부분은 증거능력이 없어 증거로 할 수 없다. 판사가 법률전문가라고 하더라도 증거능력이 없는 안종범 업무수첩의 내용이 머릿속에 잔영으로 남아, 심증을 형성하는 데에 영향을 받았을 가능성을 배제할 수 없다.

범죄사실은 검사가 증명하여야 하고 그와 같은 증거가 없으면 무죄로 판단하여야 한다. 이는 헌법과 형사소송법의 명령이고, 대법원 판례도 계속하여 같은 취지로 판시해 오고 있다.

구체적인 증거와 사실에 근거하지 않고 막연하게, 개별적인 현안도 아닌 포괄적인 현안인 승계작업이 있었다고 인정하고, 또 명시적이 아닌 묵시적인 부정한 청탁이 있었다고 인정하게 되면, 피고인의 방어권 확보를 현저히 곤란하게 할 뿐만 아니라 누구도 범죄의 혐의로부터 자유로울 수 없게 만든다.

원심은 부정한 청탁을 명확하게 증명할 만한 별다른 증거가 없는데도 영재센터 관련 부정한 청탁을 인정하였다. 따라서 원심판결 중 영재센터 관련 특정범죄가중법 위반(뇌물) 부분을 파기하여야 한다.]

소수의견 작성에 참여한 조희대 대법관은 대법관 중에서 가장 선임자이며, 형사재판 경험이 풍부하고, 형사 법리에도 아주 밝다는 평가를 받는 정통 법관이다. 나는 이 소수의견이 논리적이고 합리적인 법리에 따른 것이고, 사실과 증거에 입각하여 판단한 내용이라고 자신 있게 말할 수 있다. 하지만 좌파 색채가 짙은 김명수 원장 체제의 대법원은 9대 4로 나뉘어, 소수의견을 배척했다.

JTBC의 「최순실 사용 태블릿PC」 보도를 방아쇠로 하여, 본격적으로 시작된 「국정농단」 사건은 동경올림픽 출전을 위해 정유라에게 지원된 말 3마리가 뇌물인지에 대한 논쟁으로 마침표를 찍었다.

원점에서 이성(理性)을 차리고 다시 생각해 본다면, 뇌물을 이런 방식으로 받는 고위 공무원이 있다고 상정하는 것 자체가 상식에 맞지 않는 넌센스 아닌가. 현직 대통령을 탄핵하여 권좌에서 끌어내리고, 가혹한 인신감금을 통해 정치적 생명마저 끊으려고 하는 시도는 몇몇이 모여 궁리를 짜낸다고 하여 이루어지는 일이 아니다.

기획된 「국정농단」 사건의 실행은 낡고 부패한 기득권을 지키기 위해, 탐욕을 부린 기득권층과 정직과 성실함을 잊고 선전과 선동에 현혹되어 스스로의 주권을 타락시킨 국민들이 어우러져 만들어낸, 우리 사회 다수의 어둠과 위선의 자화상이었다.

비리법권천(非理法權天)이라는 고사(故事)가 있다. 중국의 사상가 한비자가 한 말이다. "비(非)는 이치를 이길 수 없고, 이(理)치는 법을 이길 수 없으며, 법(法)은 권력을 이길 수 없고, 권(權)력은 천(天)을 이길 수 없다"는 말이다. 천(天)은 곧 민심을 뜻한다.

나는 2016년 10월부터 기자의 관점에서 대통령 사건을 바라보고, 현장에서 사실과 진실을 추적하여 국민들에게 전달하는 작업을 해왔다.

나는 법률가는 아니지만 대통령 판결과 관련해 꼭 하나 지적하고 싶은 게 있다.

최서원이 유죄라고 해서, 대통령을 유죄로 단정할 수 있는 법적 근거와 증거가 무엇이냐는 것이다. 나는 이 화두(話頭)를 법학 교수와 법률 전문가들에게 던지며, 그들도 그들의 관점에서 진실과 정의로 가는 길에 동참해 주기를 희망한다.

# V
# 대한민국 탄핵
# 거리로 나선 태극기

　박근혜 대통령에 대한 탄핵 선동은 미르재단과 K스포츠 재단에서 받은 출연금이 경제공동체인 최서원과 사적 이익을 도모하여 받은 뇌물이라는 고발장에서 시작했다. 국민들 뇌리에 가장 강력한 인상으로 남아 있는 탄핵사유가 이것이다. 그러나 실제 재판에서 미르재단과 K스포츠재단 출연금 중 뇌물죄로 기소된 것은 삼성이 출연한 204억원 뿐이었고, 이마저도 제1심부터 대법원까지 모두 무죄가 선고됐다.

　탄핵 당시 온갖 가짜 뉴스를 쏟아냈던 주류 언론들은 태극기를 들고 거리로 나선 애국 국민들의 피맺힌 외침을 지금까지 철저히 외면하고 침묵하고 있다. 낡고 부패한 위선자들의 비겁한 침묵으로, 다가오는 빛과 진실의 시대를 막을 수는 없다. 이것은 섭리다.

## 대통령 권한대행 황교안의 모호한 처신

　헌법재판소가 대통령 탄핵소추 의결서를 접수한 날은 2016년 12월 9일이다. 당시 헌법재판관은 소장 박한철을 비롯, 이정미·김이수·이진성·김창종·안창호·강일원·서기석·조용호 등 9명이었다.
　9명의 재판관 중 3명은 대통령이 임명하고, 3명은 국회에서 선출하며, 3명은 대법원장이 지명하게끔 헌법재판소법 제3조(구성)에 규정돼 있다. 헌법재판관은 국회 인사청문회를 거쳐 대통령이 임명한다. 재판관의 임기는 6년이며 연임은 가능하나, 정년(停年)은 70세로 제한됐다.
　탄핵소추 의결서가 접수됐을 때, 헌법재판관 2명은 임기 만료를 앞두고 있었다. 소장 박한철 재판관의 임기가 2017년 1월 31일까지였고, 이정미 재판관은 2017년 3월 13일이었다. 헌법재판소법 제6조(재판관의 임명) 제3항에는 「재판관의 임기가 만료되거나 정년이 도래하는 경우에는 임기 만료일 또는 정년 도래일까지 후임자를 임명하여야 한다」는 강제규정이 명시돼 있다.
　이정미 재판관은 대법원장이 지명한 케이스여서, 당시 대법원장 양승태는 이정미 재판관의 임기가 끝나기 전인 2017년 3월 6일, 이선애 변호사를 후임자로 지명했다. 국회 인사청문회를 통과한 이선애 지명자는 대통령 권한대행 황교안에 의해, 2017년 3월 29일 헌법재판관에 임명됐다.
　박한철 재판관은 대통령 몫이어서 대통령 권한대행 황교안이 후임 재판관 지명권과 임명권을 갖고 있었다. 박한철 재판관의 임기가 끝나 가는데도, 법무장관과 국무총리를 지낸 황교안은 자신의 권한을 행사하지 않았다. 자유한국당 의원 나경원이 대통령 권한대행에게 박한철 후임의 재판관 임명을 촉구까지 했으나 황교안은 외면했다.

그 당시 대권(大權) 주자 중의 1명으로 거론된 황교안의 의도가 무엇인지, 나는 모른다. 황교안은 언젠가는 역사의 법정에서 그 진실을 밝혀야 하는 것이, 한때 대한민국의 최고 국정책임자 지위에 있었던 사람으로서의 책임과 의무일 것이다.

박한철 재판관 후임자의 지명권은 문재인 대통령이 행사했다. 문재인은 2017년 8월 8일, 박한철 후임으로 이유정 변호사를 내정했으나 국회 인사청문회를 통과하지 못하자, 같은 해 10월 18일 광주고등법원장 유남석을 재지명해, 유남석이 2021년 현재의 헌법재판소 소장이다.

자신의 후임자 임명이 지체되자, 헌법재판소장 박한철은 임기 만료 6일을 앞두고(2017. 1. 25.), 헌법재판소 심판정에서 열린 변론기일에서 「폭탄선언」을 했다. 취지는 이렇다.

"제 임기가 1월 31일에 만료되고, 다른 한 분의 재판관 역시 3월 13일 임기 만료를 목전에 두고 있다. 그럼에도 후임자 임명 절차가 전혀 이뤄지지 않고 있다. 심판 절차가 지연되는 경우, 심판 정족수(재판관 6명 이상)를 가까스로 충족하는 7명의 재판관만으로 재판을 할 수도 있는데, 이는 심판결과를 왜곡시킬 수 있다. 따라서 늦어도 3월 13일까지는 이 사건의 최종 결정이 선고되어야 할 것이다."

탄핵심판은 국회에서 통과된 탄핵소추 의결서가 헌재(憲裁)에 도착한 날부터 180일 내에 선고하게끔 헌법재판소법 제38조(심판 기간)에 규정돼 있으므로, 2017년 6월 초까지 시간적 여유가 있었다. 그럼에도 박한철 소장은 2017년 3월 13일 이전에 탄핵심판을 끝내야 한다며 선고기일을 못 박았다.

헌법재판소법 제51조(심판절차의 정지)에는 「피청구인에 대한 탄핵심판

청구와 동일한 사유로 형사소송이 진행되고 있는 경우에는 재판부는 심판절차를 정지할 수 있다」라고 규정해 놓았다. 국회의 탄핵소추안은 최서원·안종범·정호성의 공소장이 주된 근거로 작성되었기 때문에 박근혜 대통령에 대한 탄핵은 동일한 사유의 형사소송이 진행되고 있는 경우에 해당한다.

이럴 경우, 헌법재판소는 제51조를 근거로 탄핵심판 절차를 정지하는 것이 헌법을 수호하는 기본 임무라 할 수 있다. 헌법재판소법 제51조의 「할 수 있다」라는 규정은 강제성은 없으나, 국회가 탄핵안 의결 과정에서 아무런 사실조사를 하지 않고, 관련 형사사건의 공소장과 언론 기사만 첨부해 놓은 상황이어서 헌법재판소는 제51조에 근거하여, 탄핵심판 절차를 정지하는 것이 「정당한 법절차」(due process)에 부합했다.

절차 위반은 이것뿐이 아니다. 국회는 조작되고 선동된 여론에 편승하여, 증거도 없이 국가원수로서의 지위를 가지는 현직 대통령에 대한 탄핵소추안을 의결했고, 헌법재판소는 재판관 2명의 잔여 임기가 얼마 남지 않았다는, 대단히 우연한 사정을 이유로 심리 기간을 제한한 다음, 쫓기듯이 심판절차를 진행했다.

심지어 헌법재판소 구성 권한을 가진 대통령 권한대행과 국회와 사법부는 또 다른 헌법기관임에도 헌법재판관 지명권을 행사하지 않는 이상한 방법으로 헌법재판소 궐위사태를 방치했다. 나아가 헌법재판소는 8인의 재판관 체제 하에, 무조건 결론을 도출해야 한다는, 즉 문명국가에서는 상정하기 힘든 현실론을 명분으로 내세워 진실규명이라는 본연의 의무를 외면했다.

이른바 촛불이라는 광장의 「인민재판」은 헌법과 헌법재판소법을 무력화시켰고, 헌법재판소는 이런 일련의 분위기에 기대어 탄핵의 형식적 절차를 완성하는 용도로 법을 해석하고 적용했다. 검찰은 탄핵 이후 이어진 수사를 통해, 뒤늦게 탄핵사유를 보완하면서 탄핵의 실체를 은폐하기에 급급했다.

　이러한 위선적 행태들이 연속되면서, 합법적인 선거를 통해 당선된 대통령에 대한 무자비한 인권유린과 정치보복은 아직도 계속되고 있다. 탄핵 이후, 우리 사회 법치주의의 시계바늘은 완전히 거꾸로 돌아가기 시작했다.

## 강일원 주심 재판관의 「진검승부」의 의미

　2016년 12월 22일 오후 2시, 헌법재판소 소(小) 심판정에서 대통령 탄핵소추안의 쟁점과 증거들을 정리하는 준비기일이 열렸다. 헌법재판관 3명(이정미·이진성·강일원)과 국회 소추위원 2명(국회 법사위원장 권성동과 황정근 변호사), 그리고 대통령의 대리인(이중환 변호사)이 참석했다.

　이를 변론준비 절차기일이라고 하는데, 이때 오고간 문답(問答)을 헌법재판소 소속 속기사들이 속기록 형태로 기록한 게, 「준비절차 조서」다. 이 조서는 대통령 탄핵이라는 역사적 사건이 어떤 식으로 심리가 진행되었는지를 최초로 기록한 사초(史草)라고 할 수 있다.

　탄핵심판과 관련된 헌법재판소 변론(辯論) 장면은 헌법재판소 홈페이지의 「변론 동영상」을 통해 국민들에게 공개되었으나, 변론 전(前)에 있었던 준비절차 조서는 속기록 형태로 존재할 뿐, 일반에 공개되지 않았다.

나는 ① 2016년 12월 22일에 열린 제1차 준비절차 조서, ② 2016년 12월 27일의 제2차 준비절차 조서, ③ 2016년 12월 30일의 제3차 준비절차 조서를 모두 입수했다. 총 73페이지 분량이다.

나는 이 조서를 통해, 헌법재판소가 대통령 탄핵소추(대통령의 헌법과 법률 위반 행위를 기록한 것)와 직결된 쟁점들을 정리한다는 미명(美名) 아래, 국회에서 이미 통과된 탄핵소추 사유를 5개의 유형으로 재분류해, 국회 소추위원들로 하여금 탄핵소추 사유를 다시 작성하도록 충고한 흔적을 발견했다.

국회가 재적의원 3분의 2의 찬성으로 의결한 탄핵소추안은 형사재판에서의 공소장과 같은 역할을 하는 것으로, 범행 일시와 장소, 방법 등이 구체적으로 기록된 문서다. 이 문서를 기초로, 과연 대통령을 탄핵할만한 사유가 되는지, 아닌지를 심리하고 판단해야할 헌법재판소가 수정을 권유했다는 것은, 탄핵「심판」을 맡은 헌법재판관들이 국회를 대변하는 「선수」로 뛰겠다는 의사표시와 다름없다.

탄핵심판 사건의 주심을 맡은 강일원 재판관은 제2회 변론 준비기일에서는 이보다 한 걸음 더 나아가, 대통령 대리인단이 문제제기한 탄핵소추 절차의 위법성은 따지지 말고, 탄핵소추 내용이 사실인지 아닌지 하는 부분만 판단하여, "헌법재판소가 (대통령을 상대로) 진검승부를 하겠다"는 뜻을 노골적으로 드러냈다.

준비절차 조서에 기록된 강일원 주심 재판관의 편파적이고 독선(獨善)적인 발언을 통해, 우리는 탄핵심판 무렵에 있었던 헌법재판소 내부의 기류를 엿볼 수 있을 것이다. 인용하면 이렇다.

【2016년 12월 22일. 제1차 준비절차 조서.

**재판관 이정미:** 오늘의 재판 진행순서에 대해서 말씀드리겠습니다. 먼저 재판부에서 고지하여야 할 사항에 대해서 말씀드리고, 그 후 주심 재판관인 강일원 재판관께서 이 사건의 쟁점에 관하여 정리하겠습니다. 그 다음, 이진성 재판관께서 증거에 관하여 정리하고, 마지막으로 제가 마무리를 한 다음에, 다음 기일을 고지하도록 하겠습니다.

**재판관 강일원:** 소추위원 측에서 제출한 탄핵소추 의결서를 저희 재판부에서 다 읽었습니다. 거기에 보면, 탄핵소추 사유로 헌법위배 행위가 5개, 법률위배 행위가 4개로 정리되어 있습니다. 맞지요.

**국회소추 위원 황정근:** 예, 맞습니다.

**강일원:** 우리 헌법재판소가 가지고 있는 유일한 선례가 2004헌나1 사건(노무현 대통령 탄핵 사건)이 있습니다. 그 사건에서는 지금처럼 9개의 사유를 개별적으로 판단하지 않고, 잘 아시는 것처럼 유형별로 나누어 판단한바 있습니다. 저희 재판부에서도 이 점을 논의했는데, 종전 선례의 태도가 옳다고 보고 있습니다. 그래서 9개 사유를 지난번 선례처럼 유형별로 정리해서 볼 예정입니다. 혹시 소추위원 측에서 탄핵소추 사유를 유형별로 정리해 둔 게 있으신가요.

**황정근:** 지금은 13개를 준비서면에서 나누어서 그냥 했습니다.

**강일원:** 재판의 촉진을 위해, 우리 재판부에서 이미 이 부분에 대해 논의를 좀 했습니다. 우리 재판부에서 보기로는 여러 가지 탄핵소추 사유를 5개 종류로 유형화할 수 있지 않는가 해서, 제가 제안을 드릴 텐데 검토해 주었으면 좋겠습니다.

첫 번째로 할 수 있는 게, 사용한 용어를 그대로 사용하면 「비선조직에 따른 인치주의로 국민주권주의와 법치국가 원칙 등을 위배했다」는 부분, 이게 첫 번째 유형이 될 것 같습니다.

두 번째 유형으로 볼 수 있는 것이 「대통령으로서의 권한 남용」에 관한 부분이고, 세 번째로 유형화할 수 있는 부분이 「언론의 자유 침해」가 될 것 같습니다. 네 번째로 정리할 수 있는 것이 「생명권 보호의무 위반」이고, 다섯 번째 유형이 「뇌물 수수 등 각종 형사법 위반」으로 볼 수 있습니다.

그래서 우리 재판부에서는 이렇게 5개 유형 정도로 구분할 수 있지 않을까 생각하는데요, 이런 유형별로 정리를 해주었으면 하는데, 혹시 다른 의견이 있으신지요.

**국회 법사위원장 권성동:** 없습니다. 정리된 그대로 하겠습니다.」

강일원 주심 재판관의 이 충고와 결정에 따라, 국회 소추위원 측은 2017년 2월 1일, 종전의 40여 쪽짜리 탄핵소추 의결서의 거의 배(倍)가 되는 70여 쪽의 새로운 탄핵소추장을 준비서면이라는 이름으로 헌법재판소에 제출했고, 헌재(憲裁)는 이 준비서면을 근거로 탄핵심판을 진행했다.

그 문제점에 대해 대통령 대리인 김평우 변호사는 이렇게 지적했다.

"탄핵소추장을 변경하려면 탄핵소추 의결과 마찬가지로, 국회 재적의원 3분의 2 이상의 찬성이 있어야 하는 것은 삼척동자도 아는 법리입니다. 청구인 측의 법률구성이 잘못되었으면, 청구를 각하(却下)하거나 기각(棄却)하면 됩니다. 탄핵소추장 내용에서 모호한 말의 의미를 분명히 밝히라고 지시하는 것은 몰라도, 법률구성이 애매모호하니 이렇게 고치라고 모범답안을 가르쳐주는 것은 공정한 법관의 직무수행이나 직업윤리가 아닙니다. 이 나라 최고의 기라성 같은 변호사들의 법률지식과 실력이 무엇이 모자란다고 재판을 담당한 재판관까지 나서서 법률구성의 잘못을 잡아주고 있단 말입니까."

강일원 주심 재판관의 「진검승부」 발언은 2016년 12월 27일에 있었던 제2차 변론 준비기일에서 있었다. 발언을 인용하면 이렇다.

**【강일원:** 제가 마지막으로 드릴 말씀인 것 같은데요, 피청구인(대통령)께서 낸 준비서면에 보면 "이 사건은 여러 가지가 있지만 결국은 사실 인정이 핵심이다"라고 적어주셨지요.

**대통령 대리인 이중환:** 예.

**강일원:** 그 부분은 저희 재판부도 같은 의견이고, 아마 청구인(국회) 쪽도 같은 생각일 것 같습니다. 그래서 증거조사가 매우 중요한 부분이 될 것 같은데, 관련해서 법무부에서 제출한 의견서는 한 번 보셨습니까.

**황정근:** 예, 검토하겠습니다.

**강일원:** 법무부에서 제출한 의견서를 보면, 사실관계는 결국 재판에서 밝혀지는 부분이라서 객관적인 절차에 관한 것만 적어왔는데, 법무부 의견을 보면 이 사건에서 청구인 측이 제출한 탄핵소추 심판 자체는 법률상 요건을 다 지킨 것으로 보고 있는 것 같습니다. 그건 보셨습니까.

**이중환:** 봤습니다.

**강일원:** 지난번에 저희가 쟁점을 정리하면서 심판청구의 적법요건으로 4가지 적어준 것 중에서, 2가지만 남겨놓고 나머지는 본안(本案)에서 판단하기로 했는데, 남겨놓은 2가지도 첫 번째 것은 "어떻게 아무런 객관적 증거도 없이 탄핵소추를 했느냐. 부적법하다"는 주장인데, 증거 없이 제출되면 기각 아니겠습니까.

그 부분도 지난번에 말한 것처럼, 탄핵소추가 굉장히 부실하게 되어 있다, 그래서 그 부분을 강조하는 취지로 저희가 이해해도 되지 않을까 싶은데요. 그러면 이제 남는 하나가, 법사위 조사 절차 등을 거치지 않고 본안 표결을 한 것, 말하자면 사실관계를 충분히 조사하고 법사위 조사

절차도 거쳐서 본안 표결을 했어야 되는데, 그거를 거치지 않아서 국회법 위반 등으로 위법하다, 이런 주장을 하셨거든요.

그 부분은 아주 적절한 지적이기는 한데, 저희들이 한 번 논의를 해봤습니다만, 혹시 이 부분이 꼭 필요하다 그러면 저희들이 다시 한 번 논의를 해보고요, 그렇지 않고 말씀하신 것처럼 이 사건의 쟁점은 사실인정 부분이니, 말하자면 본안에 집중한다는 취지에서 앞서 말씀드렸던 여러 가지 적법요건 부분은, 이건 소추가 좀 부실하게 되었으니 증거조사나 본안 판단에서 그런 부분을 참작해야 된다, 이렇게 좀 이해하면 안 될까 싶습니다.

충분히 이해하셨으리라 믿습니다. 그러면, 이른바 절차적인건 좀 치워버리고, 저희가 정말 이른바 진검승부를 한번 해보지요. 본안에 대해서 사실 인정을 중심으로 해가지고.]

주심 재판관 강일원이 공개적으로 천명한 진검승부라는 말의 의미는 앞뒤 문맥을 종합해서 볼 때, 대통령 측에서 문제제기한 탄핵소추 절차의 위법성은 헌재(憲裁)에서 따지지 말고, 자신이 이미 5개 유형으로 정리한 탄핵소추 사유가 사실인지, 아닌지 하는 부분만 판단하여, 단칼에 결판을 내겠다는 취지다.

이것은 강일원이 주심 재판관으로서 탄핵심판을 신속하게 처리 하겠다는 의지의 표현일 뿐 아니라 진검승부라는 그럴듯한 단어를 통해, 위법한 절차와 관련된 논점을 희석시키면서 대통령 측을 겁박한 것으로 해석될 수 있다.

강일원 재판관의 독선적인 행위에 대해 김평우 변호사는 이렇게 반박했다.

"국회의 탄핵소추 의결이 헌법 또는 법률상의 적법절차에 맞느냐, 안 맞느냐를 헌법전문 사법기관이자, 헌법상 탄핵 사건의 전속 관할법원인 헌법재판소에서 다루지 않겠다면 대한민국에서 어느누가 다룬단 말입니까.

탄핵심판 사건은 우리나라의 경우, 그 전례가 2004년의 노무현 대통령 탄핵사건 1건 뿐입니다. 당시에는 노무현 대통령의 공개발언 내용이 주로 문제가 되어, 사실관계는 쟁점이 되지 않고 순전히 법률해석만 쟁점이 되었습니다.

반면, 이번 사건의 경우에는 사실관계가 모두 다투어지고 있고, 수사가 계속 진행되면서 많은 주장들이 거짓으로 드러나고 있어, 절차의 졸속성이 크게 문제가 됩니다. 강일원 재판관의 판단과 처분, 결정은 아무런 법적근거가 없는 개인의 독선적 처분입니다. 나라의 명운을 좌우하는 역사적, 국가적 사건을 재판함에 있어서는 절차적 정의와 실체적 진실의 실현에 조그만 하자(瑕疵)도 있어서는 안 될 것입니다."

## 탄핵심판의 위법, 부당성에 대한 주장

이중환 변호사는 탄핵심판에서 대통령을 변호한 대리인의 대표 였다. 대통령은 법무연수원 원장과 국무총리를 지낸 정홍원에게 좌장(座長)을 맡아달라고 부탁했으나 여의치 않자, 검사 출신인 이중환을 대리인 대표로 기용했다. 이중환은 헌법재판소 연구관으로 2년간 파견, 근무한 경력이 있다.

나는 이중환 변호사에게 탄핵심판의 절차적 위법, 부당성에 대해 물어보았다. 이중환은 서울지방변호사회 발행의 「변호사」지(誌)에 수록된 「박근혜 전 대통령 탄핵심판 사건의 피청구인 대표대리인의 소회」라는 글과 월간중앙에 보도(2019. 4. 17. 발행)된 자신의 인터뷰 기사를 참고해 달라고 하면서 인터뷰에 응했다.

다음은 이중환 변호사가 지적한 탄핵심판의 위법, 부당성 부분을 정리한 것이다.

첫째, 헌법재판소는 탄핵결정문에서 대통령에게 「헌법수호의 의지가 없다」고 판단했는데, 이 판단이 왜 있었는지에 대한 이중환 변호사의 설명이다.

"헌법재판소는 결정문에서 「피청구인(대통령)이 검찰 조사나 특별검사에 의한 수사에 응하지 않았고, 청와대에 대한 압수수색을 거부한 점에 비추어보면, 피청구인의 헌법수호 의지가 분명하게 드러나지 않는다」고 기록했습니다.

그러나 그 부분은 탄핵소추 의결서의 소추사유에 기재돼 있지 않았고, 탄핵심판 변론에서도 전혀 심리가 이뤄지지 않았습니다. 때문에 대통령 대리인단은 그 부분에 대해 의견을 제시할 기회가 없었습니다.

대통령의 행위는 헌법 제84조에 의해, 재직 중에 기소될 수 있는 「내란 또는 외환의 죄」에 해당하지 않아 기소될 수 없으므로, 기소를 전제로 하는 수사에 응하지 않는 행위가 헌법위배에 해당한다고 볼 수 없습니다.

또한 특별검사가 청와대에 대한 압수수색을 시도할 때, 대통령은 직무가 정지된 상태여서 압수수색을 거부할 권한도 가지고 있지 않았습니다. 헌법재판소는 이런 사실관계들을 전혀 고려하지 않았거나, 고려하기가 싫었다고 생각합니다."

둘째, 탄핵심판의 절차적 위법성에 대한 이중환 변호사의 의견이다.

"① 대통령에 대한 국회의 탄핵소추 의결서의 소추사유는 헌법위배

행위 5개, 법률 위배행위 8개였는데, 대통령 대리인단은 소추사유 중, 헌법위배 부분은 소추사유가 추상적이고 사실관계가 특정되지 않았으므로 각하돼야 한다고 주장했습니다.

예를 들면 「국무위원이 아닌 최순실에게 국무회의의 심의를 거쳐야 하는 사항을 미리 알려주고 심의에 영향력을 행사하도록 하였다」는 소추 사실은 일시와 장소가 전혀 특정되지 않았습니다. 헌법위배 부분의 소추사유는 모두 위와 같은 형식으로 특정되지 않은 사실들이었습니다.

② 탄핵소추 의결 당시, 가장 중요한 소추사유는 「대통령이 3대 대기업(삼성·SK·롯데) 회장들을 상대로 재단에 출연을 요구하고, 대기업들로 하여금 대통령과 최순실이 지배하는 2개 재단에 360억원을 출연케 함으로써 결국 대통령이 대기업들로부터 뇌물을 수수했다」는 것이었습니다.

국회가 헌법재판소에 증거자료로 제출한 것은 최서원에 대한 공소장과 언론에 보도된 기사 등으로, 소추사유를 직접적으로 입증하는 증거는 없었습니다. 검찰 공소장은 법원에 대한 검찰의 의견제시에 불과합니다. 대통령과 최서원이 공모하여 미르재단과 K스포츠재단에 3개 대기업들로 하여금 360억원을 출연하도록 하여 뇌물을 받았다는 부분은 1심과 항소심에서 무죄가 선고되었습니다.

③ 헌재(憲裁)는 최서원의 국정개입과 대통령의 권한남용에 대해, 사실관계 인정과 법률판단을 잘못했습니다. 흔히 「국정농단」이라고 하는 것을, 헌법재판소는 「국정개입 허용」이라고 표현했습니다. 최서원은 일부 사안에 대해 대통령에게 조언하거나, 추천은 했지만, 국정을 농단한 사실은 없습니다.

대표적인 것으로 「최순실이 추천한 일부 공직자는 최순실의 이권 추구를 돕는 역할을 하였다. 문화체육관광부 제2차관으로 임명된 김종은 내부 문건을 최순실에게 전달하고, 최순실의 요구사항을 정책에 반영하는 등 최순실에게 적극적으로 협력하였다. 최순실의 추천으로 민관합동 창조경제추진단 단장으로 임명된 차은택의 지인들은 최순실의 요구사항대로 미르를 운영하는 등 최순실의 사익추구에 적극적으로 협조하였다」는 부분은 대통령이 전혀 공모하지 않은 내용입니다.

④ 헌재(憲裁)는「피청구인이 최순실의 추천에 따른 공직자 4명을 임명했고, 최순실의 추천에 따른 다수의 공직자 임명은 피청구인이 공익실현의무를 위반한 것이다」고 했습니다. 대통령이 임명할 수 있는 공직자가 10명이라면 4명은 다수입니다.

그러나 대통령이 임명할 수 있는 공직자는 적게는 3000명, 많게는 그 수의 10배라고 합니다. 헌법재판소의「다수」에 대한 수학적 개념 내지 판단은 무엇에 근거한 것인지 모르겠습니다.

⑤ 대통령이 최서원에게 말씀자료 등을 보내, 의견을 구하는 것은 헌법상 공익실현의무 위반으로 볼 수 없습니다. 헌재의 논리에 따르면, 대통령의 공적 발언이나 연설문등을 공직자 아닌 자에게 보여주고 의견을 구하거나, 대통령이 공무원이 아닌 가족·친지·친구·후원자들로부터 의견을 들어 정책에 반영하는 행위가 헌법위배에 해당한다는 것입니다.

물론, 대통령에게 사적인 의견을 개진하는 자의 불법적 행동에 대해서는 대통령이 정치적 책임을 져야 합니다. 하지만 대통령이 주변 사람과 공모하여 불법적 행위를 하지 않는 한, 이러한 의견청취 행위와 같은 정치적 업무 방식을 탄핵 대상으로 삼는 것은 대통령제에 대한 과도한 제한입니다.

⑥ 노무현 대통령 사건에서 헌재(憲裁)는 대통령이 공모하지 않은 부분에 대해서는 책임을 지우지 않는다는 원칙을 세웠는데, 박근혜

대통령 사건에서 판단을 달리한 점도 이해하기 어렵습니다. 헌재(憲裁) 결정문에는 대통령과 최태민 관계, 대통령 취임 전의 비서실 운영 형태까지 기재돼 있습니다.

⑦ 헌재는 결정문에서 「2월 1일자 준비서면에서 주장한 소추사유 중, 소추의결서에 기재되지 아니한 소추사유를 추가하거나 변경한 것으로 볼 여지가 있는 부분은 이 사건 판단 범위에서 제외했다」고 적었으나, 대통령에 대한 탄핵소추를 인용한 사실에는 소추의결서에 기재돼 있지 않은 것들이 많이 포함돼 있습니다.

대통령 대리인단은 2017년 2월 3일과 2월 6일, 두 차례에 걸쳐 서면을 제출하면서, 「소추위원 측의 소추사유 변경은 기본적 사실관계에서 국회 소추의결서에 기재된 소추사유와 다르거나, 추가로 기재되었으므로 탄핵심판의 대상으로 삼을 수 없다」는 취지의 주장을 했습니다.

그런데도 헌재(憲裁)는 탄핵심판 결정문에 「2월 1일의 소추사유 유형별 정리 자체에 대하여, 피청구인이 이의를 제기하지 아니한 채, 변론을 진행하였다」고 기술했습니다. 이는 사실과 다릅니다. 결국 헌재(憲裁)는 국회의 탄핵소추 의결서에 들어있지 않은 부분까지 심리를 진행했습니다. 재판부는 기소된 부분에 관해서만 판단한다는 사법적 원칙을 어긴 것입니다.

⑧ 헌법재판소는 최서원의 형사사건 기록을 검찰로부터 받아, 심판절차를 진행했습니다. 헌법재판소법 제32조(자료 제출 요구 등)에 단서조항(재판·소추 또는 범죄수사가 진행 중인 사건의 기록에 대하여는 송부를 요구할 수 없다)이 있는 이유는, 검찰이 작성한 수사기록에 의존해 심리가 이뤄진다면, 검찰이 의도한 방향으로 사실을 인정하게

되는 문제가 발생할 우려가 있기 때문입니다. 대통령 대리인단은 이 단서 조항을 근거로 수사기록 송부(送付) 결정에 대해 이의신청을 했는데, 헌법재판소가 기각했습니다.

⑨ 국회에서 의결한 소추사유와 헌법재판소가 탄핵을 결정한 사유가 일치하지 않습니다. 이것은 법률적으로 중대한 결함입니다. 소추사유 중 헌법위배 부분은 법률가가 작성하였는지가 의심스러울 정도로 엉성했습니다.

탄핵심판 결정문에는 국회의 탄핵소추 의결서가 첨부돼 있지 않습니다. 저는 헌재(憲裁)가 소추사유와 실제로 탄핵을 결정한 사유의 차이가 크다는 점을 감추기 위해, 일부러 누락시켰다고 의심하고 있습니다."

헌법재판소의 이런 부당한 행위를 근거로, 탄핵결정의 번복 가능성을 물어보자, 이중환 변호사는 이렇게 말했다.

"헌법재판소의 탄핵심판은 1심이 최종심입니다. 결정을 뒤집을 방법은 없습니다. 박근혜 대통령에 대한 탄핵심판 과정을 교훈으로 삼아, 그릇된 제도와 틀린 법률해석을 바로잡자는 것이지 무효라고 주장하는 것은 아닙니다."

헌법재판소가 대통령 탄핵사유로 꼽은 것은 세 가지였다. 하나는 공익실현의무 위반(미르재단과 K스포츠재단 설립은 헌법 제7조 제1항 등을 위반했다)이고, 또 하나는 기업의 자유와 재산권 침해(현대자동차에 KD코퍼레이션의 납품을 의뢰하고, 롯데그룹에 70억을 요구한 것은 헌법 제15조와 제23조 제1항 등을 위반했다)이다. 세 번째가 국가공무원법 제60조(비밀엄수의 의무) 위배다.

## 강일원 부친과 박정희 대통령 관계

헌법재판소법 제24조(제척·기피 및 회피) 제5호 제3항에는 「재판관에게 공정한 심판을 기대하기 어려운 사정이 있는 경우, 당사자는 기피신청을 할 수 있다」고 규정돼 있다. 이 규정에 근거하여 이중환 변호사는 강일원 주심 재판관에 대한 기피신청을 검토한 적이 있다고 말했다.

이중환 변호사의 말이다.

"저는 탄핵심판이 진행되던 2017년 1월 말경, 「대통령 선친인 박정희 대통령이 집권한 후, 강일원 주심 재판관의 부친이 정치적 변동에 따라 큰 어려움을 겪었고, 강일원은 그것이 부당한 일이라 생각하는 것으로 안다」는 내용의 정보를 전달받았습니다. 충분히 믿을만한 정보라고 판단해, 주심 재판관에 대한 기피신청을 검토했습니다.

그런데, 같은 법 제3항에 「변론기일에 출석하여 본안(本案)에 관한 진술을 한 때에는 기피신청을 하지 못 한다」는 규정이 있습니다. 제가 2017년 1월 3일의 1차 변론 기일에 출석해, 본안에 관한 변론을 했기 때문에 기피신청의 시기를 놓쳤음을 알게 되었습니다.

저는 지금도 주심 재판관이 스스로 주심 자리에서 물러나고, 헌법재판소는 주심 재판관을 변경하는 절차를 진행했어야 하는 게 옳았다고 생각합니다."

나는 사실여부를 확인하기 위해, 강일원 부친에 대해 취재했다. 나는 신문 부고(訃告)란에서 강일원의 부친 강창호가 2014년 1월 18일에 별세했다는 기사를 발견했다. 부고에 의하면, 강창호는 3남3녀를 두었는데 강일원은 차남이었다.

강일원의 부친이 박정희 대통령 집권 후의 정치적 변동에 따라 큰 어려움을 겪었다면, 아마 1972년 10월 유신(維新)에 해당하는 시기일 것이다. 1972년이면 강일원의 나이 14세에 해당하는데, 1970년대의 그 나이는 지금에 비해 훨씬 조숙했었고, 그때 집안에 큰 변고가 있었다면 어린 강일원의 뇌리에 각인되었을 것이다.

나는 강일원의 부친이 어떤 일에 종사했는지는 확인하지 못했다. 그런데 이중환 변호사가 월간중앙과 인터뷰에서 강일원 부친과 박정희 대통령 관계를 언급하자, 강일원이 월간중앙에 반론권을 요구하는 일이 있었다.

월간중앙에 보도된 강일원의 주장은 이랬다.

"선친이 장면 전(前) 총리와 개인적인 친분이 있었다. 그것 때문에 나온 얘기로 짐작되는데, 선친은 사업을 했다. 정치활동을 한 적이 없다. 설사 무엇인가 불이익이 있었다고 해도, 그것이 내가 주심 회피신청을 해야 하는 이유가 될 수 없다. 내가 객관성을 의심받을 수 있다고 생각하는 일이 전혀 없었다. 과도한 주장이라고 생각한다."

강일원이 언급한 장면(張勉) 총리는 1960년 제2공화국 시절의 국무총리였으나, 박정희 장군이 주도한 1961년 5·16 군사혁명으로 인해 권력을 잃었다. 강일원의 부친이 장면 총리와 개인적 친분이 있는 사업가라고 했으니, 박정희 정부와 어떤 관계인지는 짐작하기 어렵지 않다.

강일원은 1985년 서울형사지법 판사를 시작으로, 법원행정처 사법정책실장과 기획조정실장을 거쳐 2008년 대법원장 비서실장을 지냈다. 강일원과 가까운 친구가 새누리당 국회의원 유기준이다. 두 사람은 동갑이며, 서울대 법대 동기다. 사법연수원 기수로 따지면 강일원은 14기, 유기준은 15기다.

박근혜 정부에서 해양수산부 장관을 지낸 유기준은 대통령 탄핵심판이 끝나고 1년쯤 지나, 친구들과 함께 강일원과 저녁을 먹은 적이 있다. 이 자리에서 유기준은 강일원에게서 탄핵심판과 관련된 이야기를 들었다며 나에게 말해주었다.

"대통령 사건 주심 재판관이었을 때, 강일원은 박근혜 대통령이 스스로 하야(下野)하기를 원했다고 한다. 강일원은 자신의 의중을 정치권은 물론이고, 청와대에도 간접적으로 전달했는데, 대통령만 모르는 것 같아서 청와대에 압력을 가하기 위해 탄핵심판을 서둘렀다고 했다. 박근혜 대통령이 자진 하야했더라면 8대 0이라는 결과는 나오지 않았을 것이라고 강일원은 여러 친구들이 있는 자리에서 당당하게 이야기했다."

나는 유기준에게 강일원의 정치적 성향을 물어보았다. 유기준은 이렇게 말했다.

"강일원은 2006년부터 1년간, 대전고등법원 부장판사를 지냈다. 그 시절, 강일원이 전담했던 사건이 공직선거법 항소심이었다. 항소심에서 100만원 이상의 벌금형이 선고되면, 정치인은 공직 선거에 출마할 자격을 상실한다. 그러니 정치인들로서는 강일원 판사의 눈치를 보지 않을 수 없었다.

그런데 강일원의 판결이 참 독특했다는 말이 많았다. 예컨대 1심에서 벌금 150만원을 선고받은 정치인에게 벌금 액수를 감해주긴 했으나 30만원만 깎아주었다. 이런 식으로 벌금액이 120만원으로 확정되니까, 선처를 받긴 했지만 결과적으로 출마를 못한다. 깎았다고 하는 게, 깎은 게 아니어서 정치인들 사이에서의 강일원은 귀족주의 근성이 강한 저승사자로 통했다.

한 번은 강일원이 우리 당(黨)에 놀러온 적이 있었다. 원내대표와 국무총리를 지낸 이완구가 강일원 앞에서 쩔쩔매는 것을 보고, 강일원의 위세를 실감했다. 국회는 헌법재판관 3명을 선출할 권한이 있는데, 1명은 여당 몫이고 1명은 야당 몫이며, 나머지 1명은 여야(與野) 합의로 선출한다. 강일원은 이 방법으로 헌법재판관이 되었다."

## 2017년 3월 10일의 대한민국

　헌법재판소는 2017년 2월 27일 오후 8시30분쯤 변론을 종결했다. 변론이 종결되면 헌법재판소는 평의(評議)에 착수한다. 평의에서는 주심 재판관이 제일 먼저 쟁점과 정리된 내용을 보고하고, 이 보고를 기초로 7명의 재판관이 돌아가면서 자기 의견을 개진한다. 의견 개진은 맨 나중에 임명된 재판관(조용호)부터 시작해, 선임 재판관(이정미)은 맨 나중에 한다.
　평의에서는 강일원 주심 재판관의 편견(偏見)이 가미된 보고 내용이 전체 분위기를 압도했을 가능성이 높다. 그동안 헌법재판소에서 다뤘던 대부분의 위헌제청 사건은 한 번의 평의로 끝났으므로 강일원 주심 재판관의 의도대로 되었더라면 헌법재판소는 1차 평의에서 결론을 내리고 선고기일을 지정했을 것이다.
　그러나 대통령 탄핵사건은 3월 7일까지 5차례의 평의를 가졌지만 선고기일을 정하지 못했다. 「다수의견」이 결정되지 않았기 때문이다. 헌법재판소 재판관을 역임한 최광율 변호사는 "평의를 여러 번 했다는 것은 이례적인 경우"라고 말했다.
　만약 헌법재판관 6명이 탄핵에 찬성하는 인용의견을 냈다면, 헌재(憲裁)는 이 결정에 따라 선고기일을 정하면 된다. 강일원 주심 재판관이 대표로 다수의견을 쓰고, 기각이나 각하 의견을 낸 헌법재판관 2명이 소수의견을 쓰면 끝이다.

변론을 종결한 헌법재판소가 선고기일을 발표하지 못하고 계속해서 평의를 했다는 것은 헌법재판관들 사이에 격론이 벌어졌거나, 법리적 이유 외에 다른 사정을 고려하여 논의를 진행한 것임을 추측케 했다. 이런 분위기에서 헌법재판들은 8대 0, 즉 전원일치로 탄핵 인용 결정을 내렸다.

그 이유를 추론할 수 있는 단서를 나는 MBC 법조 출입기자로부터 들었다. MBC는 2016년과 2017년의 탄핵정국 무렵에는 나름대로 객관적인 보도를 했기 때문에 나는 취재 과정에서 MBC 후배기자들의 도움을 많이 받았다.

MBC 법조 출입기자는 나에게 이렇게 말했다.

"대통령 탄핵이 결정되고 한 달쯤 지났을 무렵, 헌법재판소 출입기자들과 재판관들이 저녁을 함께한 적이 있습니다. 이 자리에서 어느 재판관으로부터 놀라운 정보를 입수했는데, 사실관계는 선배님이 취재하세요."

그가 헌법재판관으로부터 들었다는 정보 내용은 이랬다.

"나는 약 10만 페이지에 달하는 대통령 탄핵심판 기록을 다 읽었다. 기록 속에 대통령이 무죄라는 증거가 들어있다. 다만, 그 증거들이 이곳저곳에 흩어져 있어서 찾기가 어려울 뿐이다. 나는 대통령이 무죄임을 알고 있었으나, 그 당시 재판관들 내부에서는 단 한 명의 이탈자도 나와서는 안 된다는 강경 분위기가 지배하고 있었다."

나는 그런 말을 한 재판관의 이름을 알지만 공개하지 않는다. 그는 법관 출신이다. 그에게 연락을 취했더니, "내가 기록을 다 읽은 것은 사실이다. 그러나 그 이상은 말할 수 없다. 먼 훗날 시간이 나게 되면 얼굴이나 한번 보자"며 전화를 끊었다.

2017년 3월 10일, 헌법재판소장 직무대행 이정미 재판관이 "대통령 박근혜를 파면한다"고 선고했을 때, 나는 내 눈을 질끈 감았다. 온 세상이 일순간에 하얗게 변했기 때문이다.

그 날, 감사원장과 헌법재판소 재판관을 역임한 원로 법조인 이시윤은 헌법재판소 법정에 있었다. 8순이 넘은 고령에도 불구하고, 이시윤은 박근혜 대통령 탄핵심판 심리를 방청석에 앉아서 지켜본 분이다.

이시윤은 이정미의 파면이란 표현에 대해 "탄핵을 인용한다는 법률적 용어가 있음에도 불구하고, 혹은 탄핵을 결정한다 라고만 해도 될 것을, 굳이 파면한다는 자극적인 용어를 사용한 것은 신중하지 못한 자세"라고 비판했다.

초대 헌법재판관을 지낸 이시윤은 주간조선과 인터뷰(2017. 3. 20. 발행)에서 탄핵심판의 절차상 위법행위에 대해 이렇게 지적했다.

"내가 소송법 전문이기 때문에 개인적인 관심으로 박근혜 대통령 탄핵재판을 많이 방청했다. 대통령에 대한 탄핵은 최고위 공무원에 대한 일종의 징계 절차다. 그런 중대한 사안에 대한 의결을 하려면 본인에게 당연히 의견진술 기회를 부여했어야 했다. 국회에 직접 나오든지, 아니면 서면으로 하든지 그런 기회를 주는 게 적법절차에 부합했다고 본다.

이 중요한 심판을 리드할 사람 없이, 소장 공백 상태에서 재판을 진행한 것도 절차상 하자라고 본다. 180일 이내에 탄핵재판을 끝내야 하는 긴급한 상황에서는 황교안 대통령 권한대행이 어찌됐든 소장을 임명했어야 했다. 나중에 국회 인사청문회 과정에서 난투극이 벌어진다고 하더라도, 긴급한 상황이었으니까 헌재(憲裁) 소장 후임자를 임명했어야 했다."

그 날, 헌법재판소 주변을 에워싼 수많은 애국 국민들은 경찰의 과잉 진압으로 인해, 5명이 사망했다. 경찰버스 위에 달려있던 대형 스피커가 바닥으로 떨어지는 바람에 두개골이 함몰돼 즉사한 분도 있고, 인파에 쓸려 질식사한 분도 있다. 신원이 확인된 사람은 이정남(1943년생), 김완식(1945년생), 김주빈(1945년생), 김해수(1950년생)였다.

이들의 죽음은 기성 주류 언론에 거의 보도되지 않았고, 서울시를 비롯한 관계 당국에서는 헌법재판소 부근에서 다친 수많은 국민들에게 자기 돈으로 치료하도록 했다. 오히려 경찰은 군중을 선동했다는 이유로 몇몇 사람을 구속시켰다.

그 날, 대법원 내부의 분위기도 심상치 않았다. 조선일보 사회부 조백건 기자의 칼럼을 인용한다.

【고영한 당시 법원행정처 처장(대법관)과 전국 법원장 35명이 대법원 회의실에 둘러앉은 건 2017년 3월 10일 오전 10시였다. 양승태 대법원이 진보 성향 판사 모임인 국제인권법연구회 판사들을 뒷조사했다는 「판사 블랙리스트」 의혹 보도가 나온 직후였다. 이날은 박근혜 전 대통령 탄핵 선고일이기도 했다.

날카롭게 쏘아붙이는 김명수 춘천지법원장 한 명에게 참석자 모두가 쩔쩔맸다. 박근혜 전 대통령 탄핵과 문재인 정권 출범이 거의 확실시되는 상황에서, 진보 판사 400여 명을 회원으로 둔, 국제인권 법연구회 수장인 그는 기세등등했다. "임종헌 행정처 차장부터 당장 보직 해임하라"고 했다.

회의 도중 「박근혜 탄핵 인용」이라 적힌 쪽지가 참석자들에게 돌자, 분위기는 더 얼어붙었다. 김명수 독무대였다. 거의 유일하게 한 법원장이 "의혹을 사실로 속단하느냐"고 반박했다. 이 법원장은 회의 후 동료

법원장들에게서 "김명수가 누군지 모르냐", "왜 그랬느냐"는 말을 들었다. 6개월 뒤, 김명수 법원장은 대법원장이 됐고, 반대 발언을 한 법원장은 적폐로 찍혀 갖은 공격을 받았다.]

그날, 박근혜 대통령은 서울 삼성동 자택에서 전(前) 부총리 최경환과 조원진, 윤상현 의원 등 3명을 만났다. 대통령은 "눈이 내릴 때 눈사람을 만들려면, 누군가 눈을 뭉치게 할 수 있는 돌멩이 역할을 해야 한다"고 말했다.

나는 탄핵결정문에 적시된 많은 내용이 내가 취재한 사실관계와 차이가 있음을 확인하고, 2017년 3월 14일 이정미·김이수·이진성·김창종·안창호·강일원·서기석·조용호 재판관 등 8명을 허위공문서작성, 직무유기, 직권남용혐의로 형사고발하고, 4월 7일에는 헌법재판관 8명을 상대로 손해배상청구소송을 제기했다.

검찰은 헌법재판관들에 대한 형사고발은 무혐의 처분했다. 그러나 손해배상 청구소송은 서울중앙지방법원에 계류 중이다. 담당 재판부는 서울중앙지법 제207민사단독이며, 사건번호는 2017가단33078이다. 다음 재판 기일은 2021년 5월 25일로 지정돼 있다.

## 대한민국을 수호하는 태극기 등장

자유 대한민국을 사랑하는 애국 국민들이 대한민국을 지키기 위해, 태극기를 들고 거리에 나서기 시작한 날은 2016년 11월 3일이다. 늦은 가을비가 추적추적 내리는 수요일이었다. 「민중총궐기 투쟁본부」라는 좌파 단체가 이른바 촛불집회를 주도하고 있던 무렵이다.

첫 태극기 집회는 서울역 광장에서 열렸다. 이날 태극기 집회는 경실련(경제정의실천연합) 사무총장 출신의 서경석 목사와 「대한민국 수호 천주교인 모임」 공동대표 이계성 교장(전 서울 양천고), 전주대 총장을 지낸 서울교회 이종윤 목사 등 30여개 애국 단체의 지도자들이 주도했다.

이계성 대표는 태극기 집회가 열리게 된 배경에 대해 "촛불집회에 참석한 사람들 중의 일부는 박근혜 대통령의 안위(安危)을 걱정해서 나온 것이지, 탄핵에 찬성해서 나온 것이 아니라는 사실을 확인한 게 계기였다"며 "촛불에 맞서서 우리도 대한민국을 지키기 위해 집회를 갖기로 했다"고 말했다.

대규모 집회를 열려면 홍보를 위한 수단과 그 비용이 필요했다. 1차로 신문에 광고를 싣기로 하고, 애국 단체 대표들이 십시일반으로 갹출했다. 신문 광고를 보고, 첫 태극기 집회에 참석한 사람이 500여명이었다. 30대에서 60대에 이르기까지 다양한 연령층이 전국에서 모였다고 이계성 대표가 말했다. 애국 국민들은 광고비로 사용하라며 모금함을 채워주었다고 한다.

태극기 집회는 2016년 11월 한 달 동안은 매주 수요일에 열렸으나, 참석 인원이 서서히 증가하면서 12월부터는 집회 날짜가 토요일로 정해졌다. 애국 국민들이 주도하는 토요 태극기 집회는 이렇게 정착되었다.

태극기 집회는 서울·부산·대구·대전 등 대도시를 비롯해 경북 문경과 상주, 창원 등 지방 도시로 퍼져나갔다. 서울의 경우, 애국 국민들이 주로 모이는 장소는 3군데였다. 서울 광화문 동화면세점 앞과, 서울 시청 덕수궁 앞, 서울역 광장이다.

동화면세점 앞의 태극기 집회는 「일파만파 애국자 총연합」이 주도한다.

이 단체의 공동 대표는 김수열과 이정휴다. 김수열은 육군사관학교 33기 출신으로, 예편 후엔 조선일보 비상기획관을 지냈고, 이정휴는 헌법재판소 심판자료국 국장 출신이다.

김수열은 단체 설립 배경에 대해 "육사(陸士) 구국동지회와 상의한 끝에, 육사 33기가 대한민국을 지키는 하나의 파도(波濤)가 되어, 일파만파를 일으키는 선봉장이 되기로 했다"고 말했다. 육사 출신의 예비역 군인과 그 가족들, 그리고 전직 고위 공무원 등 4천여 명이 일파만파 회원들이다.

박근혜 대통령 탄핵 직후인 2017년 5월에 결성된 일파만파는 처음에는 서울 삼성동 코엑스 앞 집회와 서울시청 앞 및 서울 대학로 마로니에 공원 등에서 열린 태극기 집회에 힘을 보태다가, 2018년 4월 14일 토요일부터 서울 광화문의 한 복판인 동화면세점 앞에 자리를 잡았다. 일파만파 주최의 태극기 집회에는 육사(陸士), 해사(海士), 공사(空士)와 3군 사관학교 출신의 예비역들이 대거 참석한다.

서울시청 덕수궁 앞의 태극기 집회는 「태극기혁명 국민운동본부」(약칭; 국본)가 주도한다. 대통령 탄핵 직후인 2017년 4월 19일에 결성된 국본의 공동 대표 중 1명이 도태우 변호사다. 도태우는 대통령 사건의 1심 변호사였다. 이 단체의 사무총장 민중홍은 하이패스 개발에 관여한 엔지니어 출신이다.

국본의 주축은 「나라지킴이 고교연합」이다. 이 단체의 회원은 대한민국이 산업화를 이루던 1960년대와 1970년대에 전국의 남·여 고등학교에 다녔던 세대들이다. 그 힘들고 어려웠던 시절, 대한민국을 위해 피와 땀과 눈물을 흘렸던 선배 세대들이 기울어진 대한민국을 바로 세우고, 종북 좌파 세력들에 대항하기 위해 결성했다.

2017년 2월 23일에 결성된 나라지킴이 고교연합에 가입한 전국 고교 수는 350여개에 이르고, 회원은 1만명에 육박한다. 회장은 경기고 60학번(1960년 입학) 김일두다. 김일두는 코오롱건설 사장과 신세기통신 대표이사를 지냈다. 사무총장 김광찬은 마산고 68학번 이다.

서울역 광장에서 매주 토요일마다 열리는 태극기 집회는 우리공화당(대표; 조원진)이 이끌고 있다. 우리공화당의 전신인 대한애국당은 2017년 8월 30일, 이승만 대통령의 건국 정신과 박정희 대통령의 산업화 및 부국강병정신을 계승하고, 박근혜 대통령의 자유 통일 의지를 구현하기 위해 설립된 정당이다.

서울·인천·대전·대구·부산·울산·제주 등 전국 광역시도에 지구당을 두고 있으며, 당원 수는 50만명으로 알려져 있다. 우리공화당은 창당 직후부터 「천만인 무죄석방 본부」와 함께 박근혜 대통령 인권유린 규탄 및 무죄석방 서명대를 전국 200군데에 설치하고, 서명운동을 받고 있다.

우리공화당은 2021년 1월 기준으로, 총 11회에 걸쳐 박근혜 대통령 무죄석방 서명부를 법원에 제출했다. 대통령 사건의 최종 선고를 앞둔 2021년 1월 11일에는 전국에서 230여만 명이 서명한 서명부를 대법원에 제출했다.

나는 대통령 사건을 취재하면서 애국 국민들의 열정과 정치적 각성의 물결을 실감했다. 나는 토요 태극기 집회 현장에서 내가 촬영한 동영상을 「대통령을 묻어버린 거짓의 산」 유튜브에 올렸다.

신동아 사진기자 출신 최배진이 촬영한 태극기 집회 동영상은 치밀한 화면 구성과 카메라 앵글 각도에서 타의추종을 불허했다. 「배진 유튜브」를 통해 공개된 태극기 집회는 유네스코 지정의 세계적인 문화재가 될 수 있을 정도의 가치를 지닌 자료라고 나는 생각한다.

## 박근혜 대통령 탄핵은 대한민국 탄핵

대통령 사건의 항소심 첫 재판은 2018년 6월 22일 오전 10시, 서울고등법원 403호 법정에서 열렸다. 재판거부 선언을 한 대통령은 법정에 출석하지 않았고, 3명의 국선 전담변호인이 대신 출석했다. 권태섭·김효선·김지예 변호사다. 법정 안은 기자 5명에 방청객 7명이 전부일 정도로 한산했다.

이날 재판에서 배문기 검사가 김문석 재판장에게 이렇게 물었다.

"박근혜 피고인은 항소포기 의사를 밝혔다. 1심을 인정하고 항소를 하지 않았다. 때문에 국선 전담변호인들이 무죄를 주장하는 것은 잘못되었다고 생각한다. 이에 대한 재판부의 입장을 알고 싶다."

김문석 재판장은 그런 질문을 예상하고 있었다는 듯, 단호하게 말했다. "공범이 있을 경우에 공범에게 무죄가 선고되면, 피고인이 항소를 하지 않았더라도 재판부가 직권으로 원심을 파기할 수 있는 사유가 된다. 이것은 재판부의 의무사항이다."

나는 김문석 재판장의 이 말에서 희망을 보았다. 게다가 롯데그룹 신동빈 회장이 법정에서 대통령에게 우호적인 증언을 하는 일도 있었다. 1심에서 징역 2년6월을 선고받고 법정 구속된 신동빈은 최서원 재판에 증인으로 출석한 자리에서 이렇게 진술했다.

"박근혜 대통령처럼 청렴하고 정직한 분이 대한민국에 누가 있느냐. 그런 분 앞에서 내가 어떻게 감히 청탁을 할 수 있겠느냐. 내가 평창 동계올림픽 스키 종목에 100억원 등 모두 500억원을 지원했는데, 그

500억원은 아무런 조건 없이 지원한 돈이다."

신동빈은 부정한 청탁과 대가성 여부를 추궁하는 검찰과 특검의 매서운 심문에 "대통령과의 단독면담에서 그런 일이 없었다"고 진술했다. 검찰이 안종범 진술을 근거로 추궁하자, 신동빈은 "안종범이 무슨 이야기를 하는지 도저히 이해를 못 하겠다"고 반박했다.

최서원 피고인에 대한 항소심은 석 달 열흘 만에 끝나고, 2018년 6월 15일 결심공판이 열렸다. 최서원은 결심공판에서 피고인 최후진술을 했다. 피고인의 입장을 법정에서 밝힐 수 있는 마지막 기회다. 최서원은 서울 동부구치소에서 직접 작성한 진술서를 법정에서 읽었다.

"저는 비선 실세가 아닙니다. 박근혜 대통령을 이용하여 사익(私益)을 취하려고 생각한 적이 없습니다. 삼성이 정유라에 대해 승마지원을 하려고 했다는 것은 사전에 알지 못했고, 정유라가 승마지원 대상에 포함된 것이라고 해서 참여했을 뿐입니다.

국회에서 「승마 공주」 문제가 터져 주목을 받고 있는 상황에서, 어떻게 대통령에게 청탁할 염치가 있었겠습니까. 이 사건은 제 아버지 최태민을 이용하여 박근혜 대통령을 죽이고, 정치생명까지 끊으려고 기획한 것입니다. 만약 나에게 다음 생(生)이 있다면, 딸과 아버지로서 잘 살고 싶습니다."

대통령 항소심 재판에서 약간의 분위기 변화를 감지한 나는 새로운 전략이 필요함을 느꼈다. 대통령 사건의 진실은 사건기록 속에 있는데, 그 기록이 워낙 방대하기 때문에 찾기가 힘들고, 설령 진실을 끄집어낸다 하더라도 이미 언론을 통해 각인된 이미지를 지우기가 쉽지 않다고 느꼈기 때문이다. 나는 진실을 알리는 작업과 함께 판사의 마음을 움직여 보기로 했다.

판사는 재판권을 행사하는 판관(判官)이다. 검찰과 언론이 뭐라고 주장해도 판사가 작성한 판결문을 이기지 못한다. 다만, 대한민국 판사들은 한 달에 평균 200여 건의 사건을 판단하고 심판하다보니, 기록을 찬찬히 읽을 시간이 부족하다. 판사 눈에 진실이 보여야 사건의 실체를 밝힐 수 있다.

나는 감옥에 수감돼 있을 때, 어느 억울한 피고인을 위해 탄원서를 써 준 일이 있다. 내가 쓴 탄원서로 그 피고인은 석방되었다. 나는 그 피고인이 가장 억울해 하는 점이 무엇인지를 들었고, 그의 기록 속에서 그 증거를 찾아낸 후, 그 증거의 중요성을 인간적으로 호소하는 탄원서를 대신 써주었을 뿐이다.

나는 이런 방법을 대통령 사건에 적용하기로 했다. 대통령 사건의 항소심 재판부에 대통령의 불구속 재판과 무죄 석방을 탄원하는 인간적인 호소문을 탄원서 형태로 써서 보내기로 결심했다.

탄원서 보내기 운동은 2018년 6월 18일, 「거짓과 진실」 유튜브 방송을 통해 시작됐다. 반응은 나쁘지 않았다. 그 다음날인 6월 19일, 11통의 탄원서가 대통령 사건 재판부인 서울고등법원 제4형사부에 제출됐다. 6월 20일에 17통, 6월 21일 16통, 6월 22일 15통, 6월 25일 29통, 6월 26일에는 56통이 접수됐다. 주말을 빼고 1주일 만에 144통이 접수됐다.

탄원서 보내기 운동에 동참한 사람들은 거의가 예순이 넘었다. 아흔 두 살의 할아버지도 있었다. 이 분들은 중학교와 고등학교에 다닐 때, 월남전에 파병된 군인들과 일선 국군장병들에게 위문편지를 써본 경험이 있다.

이 분들이 나에게 감수를 부탁하며 보낸 탄원서에는 그 분들의 풍부한 인생경험이 녹아있었다. 손 볼 곳이 없었고 사연도 다 달랐다. 그 속에는 대한민국을 사랑하고, 박근혜 대통령을 지키겠다는 마음 하나가 들어있었을 뿐이다.

나는 여든두 살의 할머니가 보낸 탄원서를 읽으면서 박근혜 대통령 탄핵의 진정한 의미에 눈을 뜨게 되었다. 할머니는 탄원서 첫 부분에 자기 신상을 밝혔다.

"1937년 모월 모일 생입니다. 아홉 살 때 해방을 맞이했고, 열네 살 때 6·25 사변을 겪었습니다. 그 후 어렵고 힘든 시절을 잘 견뎌내고 아무런 근심 걱정 없이 노후를 보낼 생각에, 여가 선용을 하던 차에 난데없이 박근혜 대통령 탄핵을 맞이하게 되었습니다.

저도 처음엔 언론의 허위기사에 속아서 박근혜 대통령에 대한 원망과 실망이 눈덩이처럼 쌓여갔습니다. 그러나 얼마가지 않아 차츰 진실을 알게 되었으며, 무자비한 박영수 특별검사의 횡포에 경악하였습니다.

저는 2016년 10월부터 생활에 큰 변화가 일어났습니다. 눈을 뜨자마자 하는 일이, 휴대폰을 손에 드는 것이었습니다. 오늘은 혹시 좋은 소식이 있을까, 박근혜 대통령에 대한 재판이 어떻게 진행되고 있을까, 노심초사하면서 하루 종일 휴대폰을 손에서 놓을 수가 없었습니다. 휴대폰을 손에서 놓지 못하는 바람에 눈이 짓물러 버렸습니다."

이 할머니는 탄원서에서 박근혜 대통령이 탄핵된 이유를 이렇게 분석했다.

"그 전의 대통령들은 측근 정치인들을 챙기고, 기자들도 챙기고, 기업과 사법부, 입법부 모두를 챙겼지만, 박근혜 대통령은 그런 대통령들과는 달랐습니다. 오직 나라를 위해 열심히 일하면 모든 사람들이 따라올 줄 알았습니다. 그런데, 대한민국의 100년 후를 내다보고 시작한 공무원연금 개혁이 오히려 수많은 공무원들을 적(敵)으로 만들었고, 뒤이어 군인연금, 사학연금을 개혁하려 했으니 적이 많을 수밖에 없었습니다.

　박근혜 대통령은 통진당 해산, 전교조의 법외 노조화, 국정교과서 발행, 노동개혁 등등 많은 일을 함으로써 많은 적들이 생겼고, 그 수많은 적들이 탄핵의 주범이고 동조한 세력들입니다. 박근혜 대통령 탄핵은 대한민국 탄핵입니다."

　박근혜 대통령 탄핵은 대한민국 탄핵이라는 이 표현을 보는 순간, 나도 깨달았다. 역시 연륜(年輪)이란 것은 무시할 수 없다. 대통령 탄핵은 그 할머니가 지적한 대로, 현직 대통령인 박근혜 개인을 책망한 게 아니라, 대한민국을 부정하는 세력들이 자유 대한민국을 처벌하고 파면한 것과 같은 행위로 보는 것이 정확할 것이다.

　나는 올해 72세라고 밝힌 한 할머니가 보낸 탄원서를 읽으며 가슴이 쓰렸다. 사연은 이랬다.

　"존경하는 재판장님, 저는 72세에 혼자 사는 여인입니다. 어머니를 모시고 살았습니다. 아니, 어머니가 저를 데리고 살았다는 표현이 맞겠습니다. 8년 전, 그 어머니를 보내드리고 나서 얼마나 후회가 되었는지 모릅니다.

　남자들도 마찬가지겠지만, 여자들은 나이가 들면 여기저기 안 아픈 데가 없습니다. 자다가 여기저기 옮겨 다닙니다. 몸이 안 편해서요. 우리 어머니도 이렇게 괴로우셨겠구나, 내가 늙어보고 어머니를 모셨으면 좀 잘 모셨을 텐데 하는 후회가 항상 마음을 짓누릅니다.

　존경하는 재판장님! 재판장님도 어머니가 계실테고, 그리고 아내도 나이 들어 갈 것입니다. 그 어머니가, 그 아내가 좁은 감방에 계신다고 생각해 보십시오. 제발 우리 박근혜 대통령님 석방시켜 주십시오. 그래서 이것저것 치료도 받고 몸을 추스를 수 있게 해 주십시오. 그러면서 재판은 받으실 수 있지 않습니까. 제발 부탁드립니다. 사람은 누구나 늙어갑니다. 후일에 내가 과연 뭘 잘했는지, 뿌듯한 기억 하나를 남길 수 있게 되기를 빕니다."

미국 캘리포니아 라크레센타에 거주하는 한 교민이 나에게 탄원서 감수를 부탁했다. 그는 박정희 대통령이 서거한 1979년의 10·26 사태와 이어 벌어진 12·12 사태 및 1980년 광주 5·18 사태 당시 군 복무 중이었고, 1980년에 만기 제대한 후, 가족이 사는 캘리포니아에 정착했다고 한다. 나도 1980년 7월에 육군병장으로 만기 전역했기 때문에 그 시절을 잘 안다.

그는 항공 분야에서 근무해 법을 전공하지는 않았지만, 캘리포니아 지역 사회에서 여러 차례 배심원으로 선택되어 형사재판과 민사재판에 참여했다고 한다. 배심원으로 선택되면 판사가 지침을 주는데, 그때 지시받은 5가지 지침을 박근혜 대통령 구명을 위한 탄원서에 적어 놓았다. 소개하면 이렇다.

"① 증명과 증거는 합리적 의심을 능가해야 한다. 합리적 의심이 들면 무죄다, ② 유죄가 확정되기 전까지 모든 피고인은 무죄다, ③ 범죄 입증의 책임은 검사에게 있다, ④ 배심원의 의무는 공정하고 편파적이지 않아야 한다, ⑤ 증거가 조작되었을 경우에는 재판 자체가 성립하지 않는다. 오히려 형법으로 처벌한다."

미국은 판사가 형사사건 배심원들에게 교육하는 지침이 이렇다는 것이다. 그는 탄원서 서두에 미국 사례를 소개한 후, 죄가 확정되기도 전에 박근혜 대통령을 감옥에 가두는 것은 잘못이며, 박근혜 대통령의 혐의가 뇌물이라고 하는데 증언만 있지 뇌물의 증거가 없기 때문에 미국 재판의 경우처럼 확고한 증거들을 직시한 다음에 사건의 본질을 살펴봐 달라고 탄원했다.

법무부장관 조국과 같은 집안의 어른이라는 분도 탄원서를 제출했다. 그 분은 탄원서를 제출하게 된 사연과 함께 탄원서 전문을 이메일로 보내주었다. 사연은 이렇다.

"거짓과 선동이 난무하는 작금의 상황에서, 아무 것도 할 수 없는 내 자신의 미력하고 초라한 처지에 분노하다 우 기자의 제안에 따라 2018년 7월 11일부로 탄원서를 발송하게 되었다. 사건의 진실을 규명하기 위해 사실과 논리적인 근거로 계몽방송을 해주는 모습에 감사하는 마음이다. 역사는 반드시 양심과 진실의 편이 되고야 말 것이다."

대통령의 성심여중 1년 후배라고 신분을 밝힌 시청자는 손으로 직접 쓴 탄원서를 국제우편으로 보내왔다. 보낸 주소는 미국 하와이였다. 그녀는 탄원서에서 학창 시절에 본 박근혜 대통령 모습을 적었다.

"박근혜 대통령은 중·고 시절에 얼마나 교복을 오래 입었기에 만져보면 반들반들했고, 소매의 실밥은 풀려있었습니다. 그렇게 소박하고 욕심 없이 살아온 분이 박근혜 대통령입니다."

탄원서는 2018년 7월 16일에 960통을 넘어섰고, 7월 19일에 1200통을 돌파했다. 탄원서가 1천통을 넘어서자, 조선일보는 2018년 7월 19일자 신문에서 "박근혜 대통령 2심을 앞두고 탄원서 1천통 넘어"라는 제목의 기사를 보도하면서, 2심에서 1천통이 넘는 탄원서가 제출된 것은 드문 일이라고 평했다.

2018년 8월 17일 기준으로 1600통의 탄원서가 항소심 재판부에 제출됐다. 이 탄원서는 대통령 항소심 사건 기록에 첨부됐기 때문에 역사의 기록으로 보존된다. 먼 훗날 우리의 후손들이 박근혜 대통령 탄핵 사건을 조사하고 연구할 때, 이 탄원서는 이 시대를 살아온 평범한 선조들의 애국심과 활동 내용을 알 수 있는 소중한 자료로 활용될 것이다. 나는 우리 역사에서 탄원서 보내기 운동이 비폭력 저항운동으로 평가받기를 희망한다.

## 민초(民草)들의 탄원서 대(對) 특검의 의견서

탄원서 보내기 운동이 탄력을 받을 무렵, 박영수 특검이 부산히 움직였다. 특검은 탄원서 보내기 운동으로 다수의 탄원서들이 재판부에 속속 도착하자, 재판부를 압박하는 의견서를 이틀에 한 번꼴로 제출했다. 탄원서가 960통을 넘어선 날, 특검은 15번째의 항소심 의견서를 제출했고, 탄원서가 1천통을 돌파하자 16번째 의견서를 제출했다. 1200통을 넘어서자 특검은 17번째 의견서와 참고자료를 제출했다.

특검은 재단 출연금도 뇌물이라는 학계의 소수 학설을 의견서로 제출하는 한편, 국민들 사이에서 거의 조롱거리에 가까웠던 묵시적 청탁을 완화하기 위해, 기발한 논리를 개발했다. 이 논리는 특검이 제출한 항소심 의견서 15번에 나온다. 의견서 맨 앞부분을 인용하면 이렇다

"사건의 객관적 실체를 이해하는 데 있어, 그 사건의 상황에 맞는 관점을 정립하고, 그에 따른 적합한 기준을 세우는 일이 우선되어야 합니다. 이 사건 범행의 한쪽 당사자는 제왕적 대통령제의 박근혜 대통령입니다. 특히 박근혜 대통령은 서슬 퍼런 유신체제에서 5년이 넘도록 퍼스트레이디 역할을 경험했던 사람입니다. 이 사건 범행의 또 다른 당사자는 삼성공화국의 황태자라 불리는 이재용입니다.

이 사건은 그러한 박근혜, 이재용 두 사람이 만나 검은 거래를 한 사건입니다. 두 사람의 만남에서 검은 거래와 관련하여 이러쿵저러쿵 긴 말이 오간다고 볼 수는 없습니다. 박근혜 대통령이나 이재용 모두 달변가가 아니고, 달변가일 필요도 없습니다."

특검은 묵시적 청탁이라는 직접적 표현보다는 대통령과 이재용 두 사람이 모두 달변가가 아니라는 점을 부각시켜, 두 사람 간의 검은 거래는 말이 필요치 않은 묵시적 청탁임을 강조했다.

대통령 항소심 결심 공판은 2018년 7월 20일 오전 10시, 서울고등법원 제403호 법정에서 열렸다. 이날 법정에는 모처럼 15명의 기자가 참관했다. 34석의 방청석도 가득 찼다.

김민형 검사는 구형에서 "1심에서 무죄가 난 부분을 모두 유죄로 선고해달라. 삼성 승마 뇌물과 관련해 최서원 피고인이 32억원에 해당하는 살시도, 비타나, 라우싱 등 명마 3마리를 받았으니 뇌물이 맞다. 박근혜 피고인에게 징역 30년에 벌금 1185억원을 선고해 달라"고 말했다. 구형 이유가 1심 때와 똑같고 아주 간단했으나 대통령이 직접 받은 뇌물이 없으므로 검찰은 추징금을 구형하지 못했다.

국선 변호인 3명은 돌아가며 검찰 주장을 반박했다. 안종범이 검찰과 특검에서 여러 차례 진술을 번복했고, 특검 조사 때는 특검에서 회유받은 적이 있다고 실토했으므로 진실성이 없다는 것, 특히 안종범 업무수첩에 대해서는 이재용의 항소심에서 증거능력이 없다고 판단했으므로 이를 참작해 달라고 주장했다.

국선 전담변호인들은 최후 변론 말미에서 "부디 선입견을 갖지 말고, 오직 증거에 의해서 유·무죄를 판단해 달라"고 요청했다.

대통령 항소심 선고는 2018년 8월 24일, 서울중앙지방법원 312호

법정에서 열렸다. 선고 시각은 오전 10시였다. 그런데 김문석 재판장이 재판 시작 2분 전인 오전 9시58분에 법정에 들어왔다. 김문석 재판장은 방청석을 쳐다보며 엷은 미소를 지어보였다. 평소 재판 때는 다소 창백한 인상이었으나, 이날은 얼굴에 약간의 홍조(紅潮)가 비쳤다. 딱히 짚이는 데는 없었지만 뭔가 이상하다는 느낌이 왔다.

재판장 자리에 앉은 김문석 판사는 "시작하려면 2분이 남았으므로 2분 후에 선고를 시작하겠다"고 뜸을 들였다. 대통령 항소심 판결문은 A4용지로 342쪽이다. 1심 판결문(607쪽)의 반 분량이다.

김문석 재판장은 대통령에게 징역 25년에 벌금 200억원을 선고했다. 1심과 비교하면 형량이 1년 늘고, 벌금액이 180억에서 200억으로 20억원이 늘었다. 범죄수익금이 없으므로 추징금 선고는 없었다.

김문석 재판장은 그러나 안종범에게는 관대했다. 안종범은 1심에서 징역 6년에 벌금 1억원이 선고되었고, 범죄수익금 4200만원은 추징금으로 부과되었으며 안종범이 뇌물로 받은 보테가 핸드백 1점과 루이비통 가방 1점은 몰수 판결을 받았다.

그러나 안종범은 2심에서 징역 5년에 벌금 6천만원이 선고됐다. 형량이 1년 줄었고, 벌금액도 줄고, 추징금은 4200만원에서 1990만원으로 축소됐다. 김세윤 판사는 1심에서 "안종범이 벌금 1억을 내지 않으면 1년간 노역장에 유치한다"라고 선고했으나, 김문석 판사는 2심에서 "벌금 6천만원을 납부하지 않으면 하루 일당을 20만원으로 계산해 300일을 노역장에 유치한다"고 선고했다. 300일이면 1년에서 60일이 빠지므로 노역장 유치 기간도 줄여주었다.

김문석 판사가 유독 안종범에게 이런 관용을 베푼 이유는 판결문에 이렇게 적시돼 있다. "피고인의 진술이 이 사건 실체파악에 상당한 도움이 되었다"는 것이다. 나는 김문석 판사의 이런 판단에 얼이 빠졌다. 내 눈에 헛것이 보였다. 혀를 쏙 내밀고 나를 약 올리는 악마의 모습이었다.

김문석 판사는 대한민국을 사랑하는 애국 국민들이 재판부에 제출한 1600통의 탄원서에 대해서는 한 마디도 언급하지 않았다. 대개의 경우, 판사들은 양형 부분에서 한 줄이라도 탄원서 제출을 언급하는데, 그런 게 아예 없었다. 김문석 판사에게 일말의 희망을 걸었던 내가 바보였다.

## 대법원에 직권파기 의견서 제출

대통령 사건은 2018년 9월 12일 대법원에 접수됐다. 대통령은 상고의사를 밝히지 않았지만, 검찰이 항소심에서 무죄가 된 부분에 대해 상고했기 때문이다. 마지막 남은 저항 수단은 대법원에 "진실을 밝혀 달라"고 호소하는 길 뿐이다.

나는 대법원에 「직권파기를 위한 의견서」를 제출하기로 마음먹었다. 의견서는 형사사건에서 피고인의 변호사가 법원에 제출하는 서류다. 나는 변호사가 아니므로 의견서를 제출할 자격이 없다. 그러나 진정서나 탄원서보다는 의견서가 더 힘 있어 보이는 양식이기에 이렇게 하기로 결심했다.

대법원에서 재판을 담당하는 대법관은 13명이다. 대법관들에게 대통령 사건의 진실을 호소하는 방법은 검찰 조서와 법원녹취록에 기재된 객관적 증거들을 근거로, 대통령 사건의 전체 내용을 알기 쉽게 설명하는 일이다. 법리보다 앞서는 것은 사실관계이기 때문이다.

내가 갖고 있는 유일한 무기는 발로 뛰어 현장을 확인한 취재내용과 사건기록이다. 재판 과정에서 있었던 검찰과 변호인 간의 공방은 법정에서 직접 취재했다. 검찰과 특검, 그리고 변호인이 제출한 의견서도 상당 부분 갖고 있다. 승마 뇌물과 관련된 이재용 사건의 기록은 오태희 변호사를 통해 입수했다.

나에게 큰 도움이 된 자료가 하나 더 있다. 대통령 사건에 직·간접적으로 관련된 사람들이 후일담 형식으로 출간한 쓴 책이다. TV조선 이진동 기자가 쓴 책(제목; 이렇게 시작되었다), 한겨레신문 특별취재반이 쓴 책(제목; 최순실 게이트), 더불어민주당 의원 안민석이 쓴 책(제목; 끝나지 않은 전쟁), K스포츠재단 사업부장 노승일이 쓴 책(제목; 노승일의 정조준) 등이다. 이들은 책에서 사건 진행 당시에 있었던 자기들의 역할을 자랑삼아 공개했는데, 사건의 실체 파악에 큰 도움이 되었다.

나는 대통령 사건의 전체 모습을 한 눈에 조망할 수 있는 「직권파기를 위한 의견서-서(緒)」를 2018년 10월 15일 대법원에 제출했다. 제목에 붙인 서(緒)는 실마리라는 뜻이다. 대통령 사건의 객관적 실체를 밝힐 수 있는 실마리, 즉 한 올의 실에 대한 고찰이라고 밝혔다.

이 의견서는 「거짓과 진실」 대표기자 우종창 외 5인의 이름으로 제출됐다. 나는 이 의견서를 직접 들고 대법원을 찾아갔다. 민원실 직원은 의견서를 한 번 훑어보더니 접수도장을 찍어주었다. 일단 1차 관문은 통과한 셈이다. 의견서 초안은 내가 썼고, 나를 도와주는 변호사와 IT 전문가들이 감수했다.

이어 10월 29일에는 「직권파기를 위한 의견서 총론」을 제출했다. 나는 총론에서 대통령과 최서원 관계, 미르와 K스포츠재단 설립 과정, 정유라의 승마 지원과 관련된 안종범 업무수첩의 증거능력에 대한 오해와 진실을 기록했다.

11월 13일에는 「직권파기를 위한 의견서 각론1」을 제출했다. 각론1에는 최초 고발인 투기자본 감시센터의 정체와 결론을 정해놓고 진행된 특검 수사의 위법·부당성, 정동구 이사장이 밝힌 K스포츠재단 설립의 진실, 노승일의 경력과 진술의 신뢰성에 대해 기록했다.

2019년 4월 16일은 대통령에게 추가로 발부된 구속영장, 즉 SK 뇌물요구 사건의 구속영장 시한이 만료되는 날이다. 대법원에서의 구속기간이 이날자로 만료되기 때문에 더 이상 대통령을 붙잡아 둘 근거가 없다. 나는 이날 서울구치소 정문 앞에서 태극기 애국 국민들과 함께 대통령이 걸어 나오기를 기대하며 밤샘했다.

그러나 검찰은 대통령에게 다른 명에를 덮어씌웠다. 이날 자정을 기해, 징역 2년형이 확정된 공직선거법 위반죄에 대해 형 집행을 시작한 것이다.

이 사건은 1년 전인 2018년 11월 29일에 이미 형이 확정되었기 때문에, 그날 자정부터 형 집행이 가능했으나 검찰은 그동안 가만히 있다가 추가 구속영장의 효력이 실효(失效)되기 직전에 부랴부랴 형 집행을 시작했다. 검찰의 이 행위는 명백하고 의도적인 인권유린 이어서, 대통령은 2019년 4월 16일부터 「불법감금」 상태에 놓였다는 게 내 판단이다.

형 집행을 담당하는 기관은 검찰이다. 나는 검찰을 상대로 저항하기 시작했다. 나는 2019년 4월 29일, 서울중앙지검에 형 집행정지 요청서를 제출했다. 서울구치소를 관할하는 검찰청이 서울중앙지검이기 때문이다.

나는 형 집행정지 요청서에서 이렇게 주장했다.

"대통령은 2017년 3월 31일에 구속돼, 2019년 4월 16일을 기준으로, 총 2년 18일간을 감옥살이하였습니다. 공직선거법 위반 사건으로 확정된 징역 2년을 이미 초과하였습니다. 그러므로 현재 불구속 상태로 다른 사건의 재판이 진행 중인 상황에서, 별건(別件)으로 형 집행을 시작한 것은 무죄추정의 원칙에 비추어 불법입니다.

게다가 형 집행정지 사유를 정해놓은 형사소송법 제471조 제1항 제7호의 「기타 중대한 사유가 있는 때」에 해당한다 할 것입니다. 박근혜 대통령은 현재 별건 형 집행을 통한 불법감금 상태에서 인권유린을 당하고 있는데, 검찰이 이런 식으로 형 집행을 하면 자유 대한민국 국민 모두가 인권침해를 당할 우려가 있습니다."

나는 형 집행정지 요청서 말미에 "더 이상의 거짓과 위선은 도저히 참을 수 없는 불법의 단계로 넘어가, 최후의 헌법수호 수단인 국민 저항권이 발동될 상황을 맞이하게 될 것"이라고 지적하고 "박근혜 대통령을 석방하는 신속한 결정을 내려주기 바란다"고 요청했다. 이 요청에 검찰은 아무런 답변을 하지 않았다.

### 대통령의 안위와 품위

대통령 사건의 최종 선고는 2021년 1월 14일 오전 11시20분경 대법원 제2호 법정에서 있었다. 민유숙 대법관이 대통령 사건번호(대법원 2020도9836)와 피고인 이름을 거론한 뒤, "검사의 상고를 기각한다"는 단 한마디 말로 선고를 끝냈다. 선고에 걸린 시간은 1분 남짓이었다.

이로써 대통령 사건은 막을 내렸다. 대통령에게는 징역 20년과 벌금 180억, 추징금 35억원이 선고됐다. 뇌물죄(징역 15년)와 국고손실죄(징역 5년)를 합친 형량인데, 이미 형이 확정된 공직선거법 위반죄(징역 2년)를 추가하면 징역 22년이다. 여기에 벌금 180억원을 납부하지 않으면 노역장 유치 기간 3년이 추가된다.

형이 확정된 시점에서 나는 대통령 사건을 반추해 보기로 했다.

대통령 사건은 대한민국의 수많은 언론에서 "대통령이 최순실과 함께 미르와 K스포츠재단을 만든 뒤, 출연금 명목으로 기업 회장들로부터 774억원의 뇌물을 수수했다"는 허위보도를 하면서 시작됐다.

언론 보도를 근거로 수사에 착수한 검찰 제1기 특별수사본부는 탄핵소추안의 국회 표결을 앞두고 느닷없이 "대통령이 최서원과 안종범의 공범"이라는 충격적인 내용을 발표했다. 그렇지만 검찰은 대통령과 공범이라는 최서원에게서 뇌물을 받은 증거를 찾지 못했기 때문에, 즉 재단 출연금을 뇌물로 볼 수 없었기 때문에 최서원에게 최초로 적용한 혐의는 직권남용권리행사방해와 강요, 강요미수 등이었다.

검찰은 처음엔 국정농단 행태를 직권남용과 강요, 강요미수에 의한 것이라고 평가하여 의율(擬律)했고, 헌법재판소도 그러한 검찰 공소장 논리를 근거로 대통령을 탄핵했다.

그러나 박영수 특검(特檢)과 윤석열 특검 수사팀장은 국정농단 사건을 최서원과 경제공동체 관계인 대통령이 이재용의 삼성그룹 경영권 승계작업을 도와주고, 그 대가로 재단 출연금과 정유라 승마 지원비 등을 뇌물을 받았다고 주장했다. 국정농단이라는 하나의 사태에 대해 검찰과 특검이 적용한 법률적 평가는 이처럼 달랐다.

두 개의 상반된 시각이 존재하는 상태에서 특검으로부터 사건을 이어받은 검찰은 대통령에게 어떤 혐의를 적용해 구속할 것인지에 대해 고민할 수밖에 없었다. 김수남 검찰총장 체제의 검찰은 자기들이 최초 수사했던 결론을 버리고, 특검의 논리를 따라갔다. 검찰 스스로 무능함을 자인한 셈이다.

그러면서 검찰은 법원이 특검(特檢)의 입증 부족을 이유로 뇌물 혐의에 무죄를 선고할 경우에 대비, 대통령에게 뇌물 혐의와 함께 직권남용권리행사방해, 강요, 강요미수 혐의를 덧씌워 버렸다. 2중, 3중으로 대통령을 꽁꽁 엮어버린 것이다.

검찰은 대통령을 구속한 뒤, 수사 결과를 발표(2017. 4. 17.)하면서 대통령의 혐의를 18개로 세분했다. 대통령이 마치 엄청난 죄를 저지른 것처럼 국민의 눈을 속였다. 문재인 정부가 출범(2017. 5. 9.)한 후, 이른바 적폐청산이라는 미명하에 전(前) 정권 인사들에 대한 대대적인 정치보복 수사가 이어지면서 검찰은 구속된 대통령에게 공직선거법 위반과 국정원 특활비 수수, 즉 국고손실 혐의를 추가 적용했다.

그 결과, 대통령 사건 판결문, 즉 1심, 2심, 3심, 파기환송 판결문 4개는 내가 도저히 이해할 수 없을 정도로 난해했다. 상상적 경합이니, 일부 무죄니, 일부 유죄 등으로 매우 복잡하게 적혀있었다. 예컨대 직권남용이 무죄일 경우에는 강요나 강요미수를 유죄라고 했고, 직권남용을 유죄라고 한 경우에는 강요나 강요미수를 무죄라고 하는 식이다.

내 방송을 시청한 많은 독자들이 대통령의 18개 혐의를 유죄와 무죄로 구분해서 알기 쉽게 알려달라고 요청하지만 나는 자신 있게 대답하지 못한다. 그 부분은 법률전문가들의 영역이다. 전문가들이 판결문을 분석하면, 검찰과 특검과 법원이 어떤 식의 「법 기술」을 부렸는지 실감할 수 있을 것이다.

다만, 한 가지 분명하게 말할 수 있는 것은, 탄핵 선동의 시작점이었던 "미르재단과 K스포츠재단에서 받은 출연금 774억원이 대통령과 경제공동체인 최서원이 사적이익을 도모하여 받은 뇌물"이라는 혐의는 아무런 죄가 되지 않는 것으로 판명났다는 점이다.

탄핵 선동 당시 언론에서 보도한 내용이나 국회가 제출한 당초의 탄핵소추안에서 기재된 내용과는 달리, 미르재단과 K스포츠재단 출연금

중 뇌물죄로 기소된 부분은 삼성이 출연한 204억원(미르재단 125억원, K스포츠재단 79억원)뿐이었고, 그것마저도 제1심부터 대법원까지 모두 무죄가 났다. 그러니까 언론에서 제기한 미르와 K스포츠재단 출연금은 애초부터 뇌물죄가 아니었고, 탄핵을 선동하기 위해 꾸며진 가공의 혐의였다는 이야기다.

검찰은 추징금 35억원과 벌금 180억원을 징수하기 위해, 대통령 내곡동 사저에 대해 공매처분 결정을 내렸다. 공매 작업은 한국자산관리공사가 대행하고 있다. 사저가 공매 처분되면 대통령을 거처할 곳이 없게 된다.

박근혜 대통령이 인신감금 상태에서 풀려나 자유의 몸이 되면, 대통령의 진실과 정책을 신뢰하고 따른 애국 국민들 입장에서 가장 중요하다고 생각하는 것이 대통령의 안위(安危)와 품위(品位)일 것이다.

대통령은 비록 탄핵을 당하긴 했지만, 「전직 대통령 예우에 관한 법률」에 따라, 국가에서 「필요한 기간의 경호 및 경비」는 제공한다. 안위는 대한민국이 보장하므로 걱정할 필요가 없는데, 머무를 집이 없어지고 연금혜택마저 없는 게 엄연한 현실이다.

이런 상황에서 국민의 한 사람으로 어떻게 행동하는 것이, 원칙과 약속을 중시한 박근혜 대통령이 정치지도자로서의 품위를 지키고, 위상을 복원하는데 조금이라도 도움이 되는 일일까 생각하면 걱정부터 앞선다.

전직 기자인 내가 할 수 있는 일이라고는 국민들에게 진실을 지속적으로 알리고, 자유 대한민국을 온몸으로 지탱하고 있는 대통령의 투쟁에 미력이나마 보탬이 될 수 있는 제도적 투쟁 방법을 찾는 것이라 여겨진다. 물론 대통령의 의중과 선택이 우선이다.

법적으로 가능한 수단은 재심(再審)을 통해 진실을 밝히고, 유죄를 무죄로 바로잡는 길이다. 쉬운 일은 아니지만 내가 탄핵백서에서 밝힌 단서들을 근거로, 그리고 여러 전문가들의 도움을 받아 재심 추진에 필요한 근거와 자료들을 취합하는 작업을 진행할 생각이다.

기자의 천적(天敵)은 기자다. 나는 기자들이 저질러 놓은 대통령 사건을 바로 잡겠다는 생각에서 이른바 촛불이 등장한 2016년 10월부터, 탄핵백서 집필을 끝낸 2021년 3월말까지 4년 6개월을 쉬지 않고 왔다. 길고 긴 기다림의 시간이 언제 끝날지 나도 모른다.

나는 내가 하는 일을 운명(運命)이 아닌 숙명(宿命)이라 여긴다. 내가 좋아서 하는 일이기 때문에 즐거운 마음으로 받아들이고 있다. 불가능하다고 여겼던 파란장미가 열정과 노력이 쌓이고 쌓여 세상에 나왔듯이, 어둠과 위선의 시대가 가고 빛과 진실의 새로운 시대가 기적처럼 곧 도래하리라 오늘도 소망한다.

조상들이 살다간 아름다운 땅 우리 한반도에 희망과 번영의 자유 대한민국이 대대손손 이어지길 기원하며, 「어둠과 위선의 기록/박근혜 탄핵백서」를 마친다. (끝)

# 부록

## 박근혜 대통령 취임사

## 박근혜 대통령 취임사

희망의 새 시대를 열겠습니다.

존경하는 국민여러분! 700만 해외동포 여러분!

저는 오늘 대한민국의 제18대 대통령에 취임하면서 희망의 새 시대를 열겠다는 각오로 이 자리에 섰습니다. 저에게 이런 막중한 시대적 소명을 맡겨주신 국민 여러분께 깊이 감사드리며, 이 자리에 참석해주신 이명박 대통령과 전직 대통령, 그리고 세계 각국의 경축사절과 내외 귀빈 여러분께도 감사드립니다.

저는 대한민국의 대통령으로서 국민 여러분의 뜻에 부응하여 경제 부흥과 국민행복, 문화융성을 이뤄낼 것입니다. 부강하고, 국민 모두가 함께 행복한 대한민국을 만드는데 저의 모든 것을 바치겠습니다.

국민여러분!

오늘의 대한민국은 국민의 노력과 피와 땀으로 이룩된 것입니다. 하면 된다는 국민들의 강한 의지와 저력이 산업화와 민주화를 동시에 이룬 위대한 성취의 역사를 만들었습니다.

한강의 기적으로 불리는 우리의 역사는 독일의 광산에서, 열사의 중동 사막에서, 밤새 불이 꺼지지 않은 공장과 연구실에서, 그리고 영하 수십 도의 최전방 전선에서 가족과 조국을 위해 헌신하신 위대한 우리 국민들이 계셔서 가능했습니다. 저는 오늘의 대한민국을 만드신 모든 우리 국민들께 진심으로 경의를 표합니다.

존경하는 국민 여러분!

격동의 현대사 속에서 수많은 고난과 역경을 극복해 온 우리 앞에 지금 글로벌 경제 위기와 북한의 핵무장 위협과 같은 안보위기가 이어지고 있습니다. 글로벌 금융위기 이후 자본주의 역시 새로운 도전에 직면해 있습니다.
이번 도전은 과거와는 달리 우리가 스스로 새로운 길을 개척해야만 극복해나갈 수 있습니다. 새로운 길을 개척하는 것은 쉽지 않은 일입니다. 그러나 저는 우리 대한민국의 국민을 믿습니다. 역동적인 우리 국민의 강인함과 저력을 믿습니다.
이제 자랑스러운 우리 국민 여러분과 함께 희망의 새 시대, '제2의 한강의 기적'을 만드는 위대한 도전에 나서고자 합니다. 국민 개개인의 행복의 크기가 국력의 크기가 되고, 그 국력을 모든 국민이 함께 향유하는 희망의 새 시대를 열겠습니다.

존경하는 국민 여러분!

저는 오늘 국가발전과 국민행복이 선 순환하는 새로운 미래를 만들기 위해 우리가 나아갈 방향을 제시하고자 합니다. 새 정부는 '경제부흥'과 '국민행복', 그리고 '문화융성'을 통해 새로운 희망의 시대를 열어갈 것입니다.

첫째, 경제부흥을 이루기 위해 창조경제와 경제민주화를 추진해 가겠습니다. 세계적으로 경제의 패러다임이 바뀌고 있습니다. 창조경제는 과학기술과 산업이 융합하고, 문화와 산업이 융합하고, 산업 간의 벽을 허문 경계선에 창조의 꽃을 피우는 것입니다.

기존의 시장을 단순히 확대하는 방식에서 벗어나 융합의 터전 위에 새로운 시장, 새로운 일자리를 만드는 것입니다. 창조경제의 중심에는 제가 핵심적인 가치를 두고 있는 과학기술과 IT산업이 있습니다. 저는 우리 과학기술을 세계적인 수준으로 끌어올릴 것입 니다. 그리고 이러한 과학기술들을 전 분야에 적용해 창조경제를 구현 하겠습니다.

새 정부의 미래창조과학부는 이와 같은 새로운 패러다임에 맞춰 창조경제를 선도적으로 이끌어 나갈 것입니다. 창조경제는 사람이 핵심입니다. 이제 한 사람의 개인이 국가의 가치를 높이고, 경제를 살려낼 수 있는 시대입니다.

지구촌 곳곳에서 활약하고 있는 수많은 우리 인재들이 국가를 위해 헌신할 수 있도록 기회를 부여하겠습니다. 또한 국내의 인재들을 창의와 열정이 가득한 융합형 인재로 키워 미래 한국의 주축으로 삼겠습니다.

창조경제가 꽃을 피우려면 경제민주화가 이루어져야만 합니다. 공정한 시장질서가 확립되어야만 국민 모두가 희망을 갖고 땀 흘려 일할 수 있다고 생각합니다. 열심히 노력하면 누구나 일어설 수 있도록 중소기업 육성정책을 펼쳐서 대기업과 중소기업이 상생할 수 있도록 하는 것이 제가 추구하는 경제의 중요한 목표입니다.

소상공인과 중소기업들을 좌절하게 하는 각종 불공정행위를 근절하고 과거의 잘못된 관행을 고쳐서, 어느 분야에서 어떤 일에 종사하던 간에 모두가 최대한 역량을 발휘할 수 있도록 적극 지원할 것입니다. 그런 경제 주체들이 하나가 되고 다함께 힘을 모을 때 국민이 행복해지고, 국가 경쟁력이 높아질 수 있습니다. 저는 그 토대 위에 경제부흥을 이루고, 국민이 행복한 제2의 한강의 기적을 이루겠습니다.

국민 여러분!

국가가 아무리 발전한다 해도 국민의 삶이 불안하다면 아무 의미가 없을 것입니다. 노후가 불안하지 않고, 아이를 낳고 기르는 것이 진정한 축복이 될 때 국민 행복시대는 만들어지는 것입니다. 어떤 국민도 기초적인 삶을 영위할 수 없을지 모른다는 두려움이 있어서는 안 됩니다. 국민맞춤형의 새로운 복지패러다임으로 국민들이 근심 없이 각자의 일에 즐겁게 종사하면서 자신의 역량을 발휘하고, 국가발전에 기여할 수 있도록 할 것입니다.

저는 개인의 꿈을 이루고 희망의 새 시대를 여는 일은 교육에서 시작된다고 생각합니다. 교육을 통해 개인의 잠재된 능력을 최대한 끌어낼 수 있도록 적극 지원하고, 국민 개개인의 능력을 주춧돌로 삼아 국가가 발전하게 되는 새로운 시스템을 만들어야 합니다.

아는 사람은 좋아하는 사람만 못하고, 좋아하는 사람은 즐기는 사람만 못하다고 했습니다. 배움을 즐길 수 있고, 일을 사랑할 수 있는 국민이 많아질 때, 진정한 국민행복 시대를 열 수 있습니다. 어느 나라나 가장 중요한 자산은 사람입니다. 개인의 능력이 사장되고, 창의성이 상실되는 천편일률적인 경쟁에만 매달려있으면 우리의 미래도 얼어붙을 것입니다.

저는 어릴 때부터 모든 학생들의 잠재력을 찾아내는 일이 국가 발전의 원동력이 될 것이라고 믿습니다. 앞으로 학생 개개인의 소질과 능력을 찾아내서 자신만의 소중한 꿈을 이루어가고, 그것으로 평가받는 교육시스템을 만들어서 사회에 나와서도 훌륭한 인재가 되도록 할 것입니다.

학벌과 스펙으로 모든 것이 결정되는 사회에서는 개인의 꿈과 끼가 클 수 없고, 희망도 자랄 수 없습니다. 개개인의 꿈과 끼가 열매를 맺을 수 있도록 우리 사회를 학벌위주에서 능력위주로 바꿔가겠습니다.

또한, 국민의 생명과 안전을 지키는 것은 국민 행복의 필수적인 요건입니다. 대한민국 어느 곳에서도, 여성이나 장애인 또는 그 누구라도 안심하고 살아갈 수 있는 안전한 사회를 만드는데 정부 역량을 집중할 것입니다. 힘이 아닌 공정한 법이 실현되는 사회, 사회적 약자에게 법이 정의로운 방패가 되어 주는 사회를 만들겠습니다.

존경하는 국민 여러분!

21세기는 문화가 국력인 시대입니다. 국민 개개인의 상상력이 콘텐츠가 되는 시대입니다. 지금 한류 문화가 세계인들의 사랑을 받으면서 기쁨과 행복을 주고 있고, 국민들에게 큰 자긍심이 되고 있습니다. 이것은 우리 대한민국의 5천년 유·무형의 찬란한 문화유산과 정신문화의 바탕 위에서 이루어진 것입니다.

새 정부에서는 우리 정신문화의 가치를 높이고, 사회 곳곳에 문화의 가치가 스며들게 하여 국민 모두가 문화가 있는 삶을 누릴 수 있도록 하겠습니다. 문화의 가치로 사회적 갈등을 치유하고 지역과 세대와 계층 간의 문화격차를 해소하고, 생활 속의 문화, 문화가 있는 복지, 문화로 더 행복한 나라를 만들겠습니다.

다양한 장르의 창작활동을 지원하고 문화와 첨단기술이 융합된 콘텐츠산업 육성을 통해 창조경제를 견인하고, 새 일자리를 만들어 나갈 것입니다. 인종과 언어, 이념과 관습을 넘어 세계가 하나 되는 문화, 인류 평화발전에 기여하고 기쁨을 나누는 문화, 새 시대의 삶을 바꾸는 '문화융성'의 시대를 국민 여러분과 함께 열어가겠습니다.

국민 여러분!

국민행복은 국민이 편안하고 안전할 때 꽃 피울 수 있습니다. 저는 국민의 생명과 대한민국의 안전을 위협하는 그 어떤 행위도 용납하지 않을 것입니다. 최근 북한의 핵실험은 민족의 생존과 미래에 대한 도전이며, 그 최대 피해자는 바로 북한이 될 것이라는 점을 분명히 인식해야 할 것입니다.

　북한은 하루빨리 핵을 내려놓고, 평화와 공동발전의 길로 나오기 바랍니다. 더이상 핵과 미사일 개발에 아까운 자원을 소모하면서 전 세계에 등을 돌리며 고립을 자초하지 말고, 국제사회의 책임있는 일원으로 함께 발전하게 되기를 기대합니다.

　현재 우리가 처한 안보 상황이 너무도 엄중하지만 여기에만 머물 수는 없습니다. 저는 한반도 신뢰 프로세스로 한민족 모두가 보다 풍요롭고 자유롭게 생활하며, 자신의 꿈을 이룰 수 있는 행복한 통일시대의 기반을 만들고자 합니다. 확실한 억지력을 바탕으로 남북 간에 신뢰를 쌓기 위해 한 걸음 한 걸음 나아가겠습니다.

　서로 대화하고 약속을 지킬 때 신뢰는 쌓일 수 있습니다. 북한이 국제사회의 규범을 준수하고 올바른 선택을 해서 한반도 신뢰 프로세스가 진전될 수 있기를 바랍니다.

　제가 꿈꾸는 국민행복시대는 동시에 한반도 행복시대를 열고, 지구촌 행복시대를 여는데 기여하는 시대입니다. 앞으로 아시아에서 긴장과 갈등을 완화하고 평화와 협력이 더욱 확산될 수 있도록 미국, 중국, 일본, 러시아 및 아시아, 대양주 국가 등 역내 국가들과 더욱 돈독히 신뢰를 쌓을 것입니다. 나아가 세계 이웃들의 아픔을 함께 고민하고, 지구촌 문제 해결에도 기여하는 대한민국을 만들겠습니다.

　존경하는 국민 여러분!

　저는 오늘 대한민국의 제18대 대통령의 임무를 시작합니다. 이

막중한 임무를 부여해주신 국민 여러분과 함께 새로운 희망의 시대를 반드시 열어나갈 것입니다. 나라의 국정 책임은 대통령이 지고, 나라의 운명은 국민이 결정하는 것입니다. 우리 대한민국이 나가는 새로운 길에 국민 여러분이 힘을 주시고 활력을 불어넣어 주시길 바랍니다.

우리는 지금, 국가와 국민이 동반의 길을 함께 걷고, 국가 발전과 국민 행복이 선순환의 구조를 이루는 새로운 시대의 출발선에 서 있습니다. 우리가 그 길을 성공적으로 가기 위해서는 정부와 국민이 서로를 믿고 신뢰하면서 동반자의 길을 걸어가야만 합니다.

저는 깨끗하고 투명하고 유능한 정부를 반드시 만들어서 국민 여러분의 신뢰를 얻겠습니다. 정부에 대한 국민의 불신을 씻어내고 신뢰의 자본을 쌓겠습니다. 국민 여러분께서도 각자의 위치에서 자신뿐만 아니라 공동의 이익을 위해 같이 힘을 모아 주실 것을 부탁드립니다.

어려운 시절 우리는 콩 한쪽도 나눠먹고 살았습니다. 우리 조상은 늦가을에 감을 따면서 까치밥으로 몇 개의 감을 남겨두는 배려의 마음을 가지고 살았습니다. 계와 품앗이라는 공동과 공유의 삶을 살아온 민족입니다.

그 정신을 다시 한 번 되살려서 책임과 배려가 넘치는 사회를 만들어 간다면, 우리 모두가 꿈꾸는 국민 행복의 새 시대를 반드시 만들 수 있습니다. 그것이 방향을 잃은 자본주의의 새로운 모델이 될 것이며, 세계가 맞닥뜨린 불확실성의 미래를 해결하는 모범적인 해답이 될 수 있을 것입니다.

국민 여러분께서도 저와 정부를 믿고, 새로운 미래로 나가는 길에 동참하여 주십시오. 우리 국민 모두가 또 한 번 새로운 한강의 기적을 일으키는 기적의 주인공이 될 수 있도록 함께 힘을 합쳐 국민행복, 희망의 새 시대를 만들어 갑시다.

감사합니다.

우종창 기자가 말하는
대한민국 제18대 대통령 박근혜의 탄핵, 수사, 재판 정리

어둠과 위선의 기록 박근혜 탄핵백서

**발행일**   2021년 4월 8일 초판 1쇄 발행
            2021년 5월 18일 초판 2쇄 발행
**지은이**   우종창
**표지 디자인**   김현지, 와제이
**편집 디자인**   와제이
**펴낸 곳**   거짓과 진실 출판사

**주 소**   서울 강북구 솔매로 29, 301호
**전 화**   070-4038-1445
**핸드폰**   010-5307-5472
**팩 스**   070-4038-1445
**이메일**   wjc57@naver.com
**홈페이지**   www.truepark1.com
**등 록**   2018. 7. 16. 제 2017-000026호
**ISBN**   979-11-967994-4-1

@우종창, 2021

정가 20,000원

※ 이 책에 실린 저작물은 저자의 허락 없이는 무단 복제나 전제를 할 수 없습니다.
※ 잘못된 책은 거짓과 진실(010-5307-5472)에 연락하면 바꿔 드립니다.